WALTER DIETRICH · THOMAS NAUMANN

DIE SAMUELBÜCHER

ERTRÄGE DER FORSCHUNG

Band 287

WALTER DIETRICH · THOMAS NAUMANN

DIE SAMUELBÜCHER

WISSENSCHAFTLICHE BUCHGESELLSCHAFT
DARMSTADT

Einbandgestaltung: Neil McBeath, Stuttgart.

Die Deutsche Bibliothek – CIP-Einheitsaufnahme

Dietrich, Walter:
Die Samuelbücher / Walter Dietrich; Thomas
Naumann. – Darmstadt: Wiss. Buchges., 1995
(Erträge der Forschung; Bd. 287)
ISBN 3-534-10027-1
NE: Naumann, Thomas:; GT

Bestellnummer 10027-1

Gedruckt auf säurefreiem und alterungsbeständigem Offsetpapier
Elektronische Manuskripterstellung von Lukas Mühlethaler
Druck und Einband: Wissenschaftliche Buchgesellschaft, Darmstadt
Printed in Germany

ISSN 0174-0695
ISBN 3-534-10027-1

INHALT

ABKÜRZUNGEN

Die Abkürzungen folgen dem Abkürzungsverzeichnis der TRE (^{2}1994). Für das vorliegende Buch spezifische Abkürzungen sind:

AG	Aufstiegsgeschichte
LG	Ladegeschichte
TFG	Thronfolgegeschichte

zudem:

I	1. Samuel
II	2. Samuel

VORWORT

Gegenstand dieses Buches ist die Erforschung der Literatur und Literaturgeschichte der Samuelbücher: Worin liegt nach den Erkenntnissen der Exegetinnen und Exegeten der Zauber dieser seit je faszinierenden Bücher der Bibel begründet, wie sind sie entstanden, wie hat in ihnen Israel die Zeit seiner Staatenbildung und seines Eintretens in die altorientalische Staatenwelt geschildert, wie konnte es als Spätling der Welt- und Kulturgeschichte derart bleibende literarische, theologische, auch politische Maßstäbe setzen?

Unüberschaubar ist die Zahl und ist erst recht die Arbeit all derer, die sich um die Erhellung der Geschichten von den ersten Königen und Propheten Israels verdient gemacht haben. Die vorliegende Darstellung, wiewohl recht umfang- und facettenreich, vermag immer noch nur einen unvollkommenen Eindruck von dem aufgewandten Methoden-, Überzeugungs- und Gedankenreichtum zu geben. Vieles mußte wegbleiben oder zu kurz kommen: die ältere Forschungsgeschichte; Arbeiten zur Wirkungsgeschichte; Beiträge zu den großen Bereichen der Textgeschichte, der Geschichte der frühen Königszeit, auch der alttestamentlichen Theologiegeschichte; Veröffentlichungen, die nicht in den großen Forschungssprachen abgefaßt sind; leider auch die ganze Argumentationsfülle besonders breit angelegter gelehrter Werke: durchgehende Auslegungen, Kommentare, auch Kompendien, Lehrbücher.

Abgesehen von diesen Einschränkungen, haben wir uns bemüht, möglichst alle, die in neuerer und neuester Zeit zum Verstehen der Samuelbücher beigetragen haben, aufzunehmen und, wenigstens in wichtigen Anliegen oder exemplarischen Gedankengängen, zur Sprache und miteinander ins Gespräch zu bringen. Einzig Wissenschaftlichkeit, d.h. argumentative Vermittelbarkeit der Erwägungen und Behauptungen, galt uns als Maßstab, nicht das eigene Urteil oder der persönliche Geschmack. Insbesondere lag uns daran, unterschiedliche methodische Ansätze – etwa den der Konzentration auf den biblischen

Endtext oder denjenigen der historisch-kritschen Analyse – in fruchtbarer gegenseitiger Spannung zu halten. Freilich kann und will unsere Darbietung nicht um jeden Preis neutral und kühl, ausgewogen und objektiv sein; wir wählen aus, gewichten, werten mitunter auch, wollen aber im ganzen zurücktreten hinter den biblischen und den forschungsgeschichtlichen Gegenstand. Wo uns dies nicht voll gelungen ist, wo Mißverständnisse unterlaufen oder ernsthafte Lücken geblieben sind, da bitten wir vorweg um Verzeihung – und womöglich um Belehrung.

Dieses Buch will zu einer sachgemäßen Interpretation der Samuelbücher (an der wir uns auch selber weiter beteiligen wollen!) Hilfe bieten und Vorarbeit leisten. Wir gehen dabei im wesentlichen der kanonischen Textfolge nach, jeweils zuerst größere Textzusammenhänge und dann einzelne Abschnitte in den Blick nehmend. Wer sich also über Sachfragen zum biblischen Text informieren will, wird über das Inhaltsverzeichnis und das Bibelstellenregister leicht finden können, was wir dazu zu bieten haben. Wer sich über den Forschungsgang oder einzelne Forschungspositionen orientieren möchte, wählt am besten den Weg über die – bewußt breit angelegte – Bibliographie und das Register der Autorinnen und Autoren.

Wir haben dieses Buch gemeinschaftlich erarbeitet, über vieles gesprochen und über manches gestritten. Wir legen es als geschlossenes Ganzes vor, zeichnen aber als Verfasser nur für unsere jeweiligen Anteile: die Kapitel A, B und C einerseits (W.D.), D und E andererseits (T.N.).

Danken möchten wir einer Reihe von Mitarbeiterinnen am alttestamentlichen Seminar der Universität Bern: Sophia Bietenhard und Stefan Wälchli halfen bei der Literaturbeschaffung, Martina C. Steffen hat in ungewöhnlich sorgfältiger Weise Korrektur gelesen und Lukas Mühlethaler in mühevollen Stunden am Computer Layout und Druckvorlage sowie Literaturverzeichnis und Register hergestellt. Möchte dieses Buch angehenden wie arrivierten, jedenfalls allen engagierten Exegetinnen und Interpreten der Samuelbücher nützlich sein!

Bern, im Juni 1994

Walter Dietrich *Thomas Naumann*

A. DIE SAMUEL-SAUL-GESCHICHTE

1. Die israelitische Staatsgründung nach der biblischen Darstellung

Im biblischen Geschichtsaufriß schildern die beiden Samuelbücher die Gründung des israelitischen Staates durch die beiden ersten Könige Saul und David. Voran geht die vorstaatliche Zeit Israels, die in den Gestalten Elis und Samuels bis an die Schwelle der Staatlichkeit heranreicht; danach folgt, beschrieben in den Königsbüchern und beginnend mit Davids Nachfolger Salomo, die staatliche Zeit mit einem fest etablierten Königtum.

Die Samuelbücher markieren also einen Epochenwechsel in der biblischen Geschichte. Insofern haben sie ihr eigenes Thema, dessen vielfältige Facetten sie in fast epischer Breite und in höchst lebendiger Anschaulichkeit vor Augen führen. Auf der anderen Seite aber sind sie wieder nur Teil eines größeren Ganzen, nämlich der biblischen Darstellung der Geschichte Israels, die von der Landnahme bis zum Verlust des Landes reicht, also vom Deuteronomium bis zum Ende des 2. Königsbuches.

Über die Erforschung des damit bezeichneten dtr Geschichtswerkes ist hier nicht umfassend zu orientieren; dies tun die drei gründlichen Forschungsberichte von RADJAWANE (1974), H.WEIPPERT (1985) und PREUSS (1993). Für den hiesigen Zusammenhang genügen einige Hinweise. In der neueren und neuesten Forschung schälen sich drei Grundpositionen heraus.

1. Die dtr Geschichte ist das Werk eines Verfassers aus der Exilszeit, der mehr oder weniger ausgiebig ihm schriftlich vorliegendes Quellenmaterial oder ihm mündlich überkommene Tradition benutzte.

2. Das dtr Geschichtswerk ist auf zwei Stufen entstanden: einer vorexilischen, welche aufgrund reichhaltigen Quellenmaterials die Geschichte überwiegend positiv auf den Reformkönig Joschia hin deutet, und einer zweiten, exilischen, welche das Vorgängerwerk nur mehr

knapp erweitert und negativ auf die Katastrophe von 587 hin uminterpretiert.

3. Das Geschichtswerk ist in exilischer und nachexilischer Zeit auf mehreren (meist: drei) Redaktionsstufen zustandegekommen, die alle aufgrund einer vom Dtn geprägten Geschichtstheologie je verschiedenes Quellenmaterial verarbeiten und dabei unterschiedliche Themenschwerpunkte haben: die eigentliche Historiographie, die Prophetie, eine Tora-gemäße Orthodoxie.

Diese Grundpositionen ergeben bei der Einschätzung der konkreten Texte bestimmte Konsequenzen. Bei Annahme der Einheitlichkeit sind Spannungen im Text entweder auf disparates Quellenmaterial oder auf eine nicht einlinige Denk- und Darstellungsweise zurückzuführen. Bei den Positionen 2 und 3 lassen sich divergierende Stoffe, Themen, Perspektiven auf verschiedene Redaktionsstufen mit je eigenem zeit- und ideengeschichtlichem Hintergrund zurückführen.

Auf die Samuelbücher für sich und als ganze ist die redaktionsgeschichtliche Fragestellung nicht oft angewandt worden. Natürlich streifen alle Monographien zum gesamten dtr Geschichtswerk auch den Samuel-Stoff, doch gilt hier gemeinhin die dtr Bearbeitung als zurückhaltend bis marginal, der Text weit überwiegend als unmittelbar älteren Quellen entnommen. Die große, sogleich näher zu diskutierende Ausnahme sind die Berichte über die Entstehung des Königtums, I Sam 7 - 12.

Einige wenige Forscher allerdings haben eine extreme Gegenposition bezogen: Die gesamte Darstellung in den Samuelbüchern sei so durchgreifend dtr gestaltet, daß es sinnlos sei, nach Quellen zu suchen, daß vielmehr alles auf eine sachgemäße Interpretation des redaktionellen Endtextes ankomme. CARLSON (1964) spricht pauschal von der D-Gruppe, die das Bild Davids durchgehend nach den Maximen der altorientalischen Königsideologie gezeichnet habe. Dabei habe sie nur eine einzige, einfache und grundlegende Unterscheidung getroffen: Bis II 8 schildere sie David als unter Gottes Segen, danach als unter seinem Fluch stehend. VAN SETERS (1983) sieht das dtr Geschichtswerk nach gleichen Strukturprinzipien gestaltet wie antik-griechische Historiographie, namentlich diejenige Herodots. Wie jener, so nehme sich der nachexilische jüdische Verfasser alle Freiheit, seinen Stoff nach von ihm bestimmten bzw. in der antiken Kultur üblichen Prinzipien darzubieten; die Suche nach einem von ihm genutzten Quellenfundus erübrigt sich.

Eher die zweite der oben skizzierten Positionen scheint PECKHAM (1985) zu bevorzugen. Freilich, mit einer redaktionskritischen Unterscheidung von Quellen und Redaktionen hält er sich nicht auf. Spannungen im Endtext führt er generell auf die Differenz zwischen zwei dtr Gesamterzählern zurück. Der erste habe ein schmales Grundgerüst (aus Teilen von I 1; 9f.; 11; 17f.; 31) errichtet, der zweite dann nach bestimmten Strukturprinzipien das große Gebäude der Gesamterzählung von Samuel, Saul und David aufgezogen. Die Beschränkung auf eine rein formalistische

Sichtweise, der Verzicht auf nahezu jede Interpretation der Texte sowie das Fehlen redaktionskritisch exakt erarbeiteter Profile der beiden postulierten Verfasser läßt diesen Entwurf als wenig befriedigend erscheinen.

Demgegenüber ungemein gründlich und differenziert sind die beiden, nach Position 3 gearbeiteten Monographien von VEIJOLA (1975, 1977). In ihnen nimmt er praktisch den gesamten Samuel- und einigen Stoff aus dem Richterbuch in den Blick und weist dabei ein beachtlich breites Textspektrum, keineswegs aber pauschal den Gesamttext, der dtr Redaktion zu. Der Erstverfasser hat mit Wohlwollen die Einführung des Königtums in Israel und mit vollkommener Zustimmung die Entstehung des davidischen Reichs und der davidischen Dynastie beschrieben: vor allem für das 2. Samuelbuch sich weitgehend auf vorgegebene Quellen abstützend, diese aber auch kräftig erweiternd und umfassend kommentierend. In dieses grundlegende Werk arbeitete ein zweiter, an der Prophetie orientierter Redaktor kritische – auch gegen David kritische – Akzente ein, während ein dritter schon die ersten Könige der Forderung nach kompromißloser Toratreue unterworfen sehen wollte und das Königtum insgesamt der Abweichung vom Willen und der Leitung JHWHs verdächtigte.

Die Unterscheidung von Quellen und Redaktion einerseits und von verschiedenen Stadien der Redaktionsgeschichte andererseits ermöglicht es, Profile und Intentionen der verschiedenen Textstufen besonders prägnant herauszuarbeiten. Solche diachronische Arbeitsweise unterscheidet sich von, muß aber nicht in Widerspruch stehen zu einer synchronischen Betrachtungsweise, die betont den heute vorliegenden Endtext in den Blick nimmt. Im folgenden wird sich freilich zeigen, daß die Exegeten jeweils eher das eine zu tun und das andere zu unterlassen geneigt sind. Arbeitstechnisch und -ökonomisch mag das seinen Sinn haben; und die Samuelbücher bieten wahrlich Stoff genug zur Anwendung beider Ansätze. Grundsätzlich-methodisch sollte an dieser Stelle kein Hiat zugelassen werden.

Der oben angesprochene Übergang von der Stämme- zur Königszeit ist in besonderer Weise thematisiert in der ersten Hälfte des 1. Samuelbuches. Gestalten wie Eli und Samuel verkörpern Versuche zur Wahrung der alten Lebens- und Gesellschaftsordnung; Samuel fungiert zugleich als der erste in der Reihe der Propheten, die den Staat Israel durch seine Geschichte hindurch kritisch begleiten sollten; Saul aber ist, wiewohl noch deutlich genug Erbe des alten Systems, bereits Repräsentant des neuen: der Herrschaft eines einzelnen über alle israelitischen Stämme; an ihm zeigen sich bereits die Stärken wie die Schwächen dieses Prinzips.

Die biblische Präsentation des Epochenwechsels wirkt in sich durchaus geschlossen und eindrucksvoll. Am Ende des Richterbuches steht die bitter-klagende Feststellung, daß es damals „noch keinen König gab in Israel und ein jeder tat, was recht war in seinen Augen" (21,25). Zu dem blutig-wirren Chaos, das damit charakterisiert wird, führt eine deutlich absteigende Linie: von der triumphalen Landnahme und großzügigen Landverteilung im Josuabuch über das Hin und Her von Gottlosigkeit und Gottgefälligkeit bis hin zu mitunter sehr zweifelhaften 'Richter'-Gestalten wie Simson oder gar den mißratenen Eli- und Samuel-Söhnen. In dem militärischen Desaster gegen die Philister und dem Versinken in Rechtsunsicherheit wird diese Linie zu Ende geführt.

Doch im Niedergang bahnt sich bereits die Rettung – und zwar tendenziell dauerhafte Rettung – an: der Aufstieg zunächst des geistlichen Führers Samuel und dann des politisch-militärischen Führers Saul.

Nach JOBLING (1986), der Ri 2 bis I Sam 12 demgemäß als einen einzigen großen Zusammenhang betrachtet, ist dessen heimliche Leitfrage die, ob das Richtertum den geschichtlichen Erfordernissen Israels genügt hätte – oder ob es des Königtums bedurfte. Dabei malt der biblische Erzähler keineswegs Schwarz-Weiß, gibt keine glatt-einfache Antwort. So wenig wie später die Könige, so wenig werden die einzelnen Retter (einschließlich Eli und Samuel) als nur gut oder nur schlecht gezeichnet. Desgleichen haben beide politischen Systeme ihre Vorzüge und ihre Nachteile. Das Richtertum, das per se nicht erblich ist, leidet unter den schlimmen „gaps" zwischen den einzelnen Rettern: den Epochen der Sünde und des Unfriedens; es fehlt hier an einer kontinuierlichen, Auswüchsen und Katastrophen wehrenden Steuerung des Volksganzen. Das Königtum bietet demgegenüber dauerhafte Herrschaftsverhältnisse, wird aber Auswüchse und Katastrophen nur teilweise verhindern, sie auf der anderen Seite selbst mit bewirken. So verwebt der Erzähler die Retter- und die Samuel-Saul-Geschichten zu einer dialektisch fein gesponnenen „'debate' between judgeship and kingship" (64). In diesem subtilen Gewebe nach verschiedenen Positionen, gar Verfassern oder auch Quellen forschen zu wollen, bedeutete nur dessen Zerstörung und sei überdies aussichtslos.

Auch nach DRAGGA (1987) werden das Richtertum und das beginnende Königtum erzählerisch zueinander ins Verhältnis gesetzt. Der erste König Saul wird angeblich an den Richtern gemessen – doch fällt hier das Urteil viel eindeutiger aus: Das Königtum, zumindest dasjenige Sauls, bedeutet einen rapiden Abstieg gegenüber dem Richtertum. Saul versagt, wo die Richter sich bewährt haben: Gideon war den Weisungen Gottes in der Schlacht absolut gehorsam, Saul nicht (Ri 7 / I Sam 13,1ff.); Jeftach wie Saul schwören vor der Schlacht einen Eid, beide setzen dadurch das Leben eines eigenen Kindes aufs Spiel – aber nur Jeftach hält seinen Eid, während Saul ihn bricht (Ri 11,30ff. / I Sam 14,24ff.; ist ein solcher Vorwurf an Saul nicht geradezu geschmacklos?); Samuel – auch er ja ein Richter – tötet dem Willen

Gottes gemäß den Amalekiterkönig Agag, während Saul ihn verschont (I 15; auch in diesem Fall läßt sich über Geschmack streiten).

Unter methodisch ähnlichen Voraussetzungen entwickelt PRESTON (1982) eine ganz andere Gesamtperspektive. Er nimmt zusammen mit dem 1. Samuel- nicht das Richter-, sondern das 2. Samuelbuch in den Blick. Die Schicksale aller Leitfiguren in den Samuelbüchern verlaufen, spezifisch israelitisch, nach dem Schema „rise of the lowly, fall of the mighty" (28, vgl. I Sam 2,4ff.), wobei das des Aufsteigenden mit dem des vor ihm Abstürzenden jeweils verknüpft wird. Im Mittelpunkt steht Saul, in vielem die Mitte zwischen Samuel und David bildend. Viel deutlicher als diese Beiden ist er durchweg mit Sympathie gezeichnet. Samuel unterminiert von Anfang an seine Herrschaft, David bringt sie am Ende geschickt an sich. Dem Wesen Israels aber, der „covenantal tribal league" (31), entspricht am ehesten ein Führer vom Schlage Sauls: zurückhaltend, fast unsicher, selbstkritisch, aufopfernd; man vergleiche nur seinen heroischen Tod mit dem so unheroischen Davids, dessen und erst recht Salomos Hang zum Despotismus mit Sauls Bescheidenheit!

Eindimensional-flächig sieht auch BERGES (1989) den Samuel-Stoff vor sich liegen. Nur am Endtext ist er interessiert, ihn will er in sich und aus der (nach-) exilischen Zeitgeschichte heraus verständlich machen. So geht er ihn Kapitel für Kapitel, z.T. Vers für Vers entlang und sucht nach Querverbindungen nicht nur innerhalb der Samuelbücher, sondern über diese hinaus vor allem zu anderen Textzeugnissen vorrangig aus der Exilszeit. Dabei fallen mancherlei anregende Beobachtungen und Vermutungen ab. Insgesamt soll der Dtr (BERGES scheint nur mit einem zu rechnen, z.B. 49) an der Gestalt Sauls demonstriert haben, wie wenig sich das Königtum zur Lösung der existenzbestimmenden Fragen Israels – der Sicherung nach außen, der inneren Rechtssicherheit und der Kultreinheit – eignete; Samuel als idealer Prophet überstrahlt nicht nur den ersten König, sondern gleich noch die Priesterschaft und den Tempel samt Lade, worin sich sowohl Lage wie Zukunft des exilischen Israel abbildeten. – Mißlich ist an alledem die völlige Ausblendung der diachronen Frage: Gab es nur eine einzige Redaktion? Hat sie vorgegebene Materialien im skizzierten Sinn nur gewählt und geordnet, oder hat sie diese entsprechend überformt – oder hat sie vollkommen frei und kreativ gestaltet? Liegt es etwa an dtr Planung oder an der Beschaffenheit der Quellen, daß die Geographie von Ri 17 - 21 und I Sam 1 - 7 sich streckenweise deckt (15f.); daß wie die Eliden, I Sam 4 und 22, so auch die Sauliden, II Sam 21, ausgelöscht werden (27ff.)? Bezieht sich die These, I Sam 11,12f. signalisiere die Übernahme von Gerichtshoheit in staatliche Obhut, auf die Historie oder auf die – gar erst dtr – Historiographie (112f.)? Kann man eine „thematische Untersuchung" – so der Untertitel des Buches – ohne Rücksicht auf (literar-) geschichtliche Tiefenschärfe der Texte durchführen?

Noch weiter als die bisher vorgestellten Exegeten faßt GARSIEL (1985) den Kontext für die Samuel-Saul-Erzählungen. Von der Tradition jüdischer Bibelauslegung herkommend, verwirft auch er jegliche Thesen von einer mehrstufigen Entstehung des Gesamttextes. Vielmehr gelte es, dessen „comparative structures" und „linkage techniques" (17f.) zu erfassen. So spürt GARSIEL unzählige Verbindungslinien sowohl zwischen den verschiedenen Erzählungen von I Sam 1 - 15 als auch zwischen diesen und etwa den Mose-, Josua-, Richter- und selbstverständlich den Davidgeschichten auf. Da er dabei rein inhaltlich vorgeht, sind seine Einsichten methodisch kaum abzusichern. Der Sache nach wollen unsere Texte, zuerst an den einzelnen 'Rettern' (darunter Eli und Samuel) und dann an den ersten Königen, angeblich die Gefährlichkeit erblicher Herrschaft aufzeigen.

Eine wieder andere Gesamtintention lauscht ESLINGER (1985) dem Makrotext ab. Hauptthema, befindet er, sei der Bund zwischen Israel und seinem Gott. Gott hat wegen der korrupten Eli-Söhne vernichtend zugeschlagen – dabei aber sein ganzes Volk getroffen (I 2 - 4) und dadurch den Bund grundsätzlich in Frage gestellt, womöglich gar gebrochen. Auf die göttliche Überreaktion reagiert das Volk mit Abfall zu anderen Göttern, von denen sie Samuel erst wieder befreien muß, ehe die Philister geschlagen werden können (I 7). Als dann Samuel Elis Fehler wiederholt, seine Söhne als Nachfolger einzusetzen, fürchtet das Volk eine erneute Überreaktion Gottes und sucht sich dagegen durch den Königswunsch zu sichern (8,1-5). Gott wertet das zwar als Bundesbruch, gibt aber nach, weil er die dahinterstehende Befürchtung versteht. Freilich wirkt er darauf hin, daß das Königtum in Israel nicht autonom werde, wie bei 'anderen Völkern', sondern im Rahmen des Bundes bleibe; dementsprechend instruiert er Samuel und wählt er Saul aus. – Der Erzähler bezieht in diesem Wechselspiel keine Stellung (auch nicht zugunsten Gottes!). Was aussieht wie Widersprüche, Spannungen, Dubletten, ist in Wahrheit nur die Brechung der Ereignisse in der Perspektive der beteiligten Charaktere (bzw. im Nachdenken des Geschichtsschreibers). Redaktions- und überlieferungsgeschichtliche Analysen werden damit gegenstandslos.

Überblickt man die neueren Versuche zu einer ganzheitlichen Betrachtung von I Sam 1 - 15 innerhalb des umgebenden Erzählkontextes, so stellt sich – ungeachtet der mancherlei bedenkenswerten Beobachtungen und Behauptungen – der Eindruck einer gewissen Willkürlichkeit ein. Die *literary analysis*, die mit dem ausdrücklichen Anspruch antritt, der angeblichen Beliebigkeit historisch-kritischer Argumentation durch die strenge Bezogenheit auf den Endtext ein Ende zu setzen, produziert kaum minder disparate Ergebnisse. Das muß noch kein Verdikt sein. Vielleicht bedarf es noch genaueren Zusehens, vielleicht auch ist Einmütigkeit gar nicht anzustreben. In jedem Fall ist die möglichst feinfühlige und exakte, freilich auch methodisch gesicherte Wahrnehmung des jetzt vorliegenden Bibeltextes ein sinnvolles und ehrenwertes Ziel. Das schließt indes das Bemühen um die Vorgeschichte des Textes, um die zeitgeschichtliche Einordnung und die kontextuelle Interpretation aller Textebenen nicht aus, sondern setzt sie gerade voraus.

Neuerdings hat MOMMER (1991) einen sehr gründlichen und eindrucksvollen Versuch eben dazu vorgelegt. Er geht von der Annahme nur *einer* dtr Redaktion aus (die allenfalls an ganz wenigen Stellen sporadische Erweiterungen erfahren hat), ist aber ständig auf der Suche nach vor-dtr Textstufen. Sein erklärtes Ziel ist es, überlieferungsgeschichtlich möglichst nahe an die Gestalt Samuels heranzukommen. So tastet er sich bei jedem Text von der dtr Endgestalt zurück über von Dtr benutzte kleinere Geschichtsdarstellungen bis zu den Einzelüberlieferungen und ihren Entstehungsgründen. Zwar bleibt er im Ergebnis zurückhaltend bis skeptisch (Samuel ist historisch nur mehr als Antipode des entstehenden Königstums zu fassen, nicht als dessen Förderer), doch meint er, sich erstaunliche Frühdatierungen großer Teile des Textmaterials zutrauen zu können. So macht er eine Geschichte Samuels (I Sam *1 bis 4; *7) ausfindig, die in nordisraelitischen Prophetenkreisen des 9./8. Jahrhunderts redigiert wurde, aber wesentlich ältere Nachrichten enthält. Davon isoliert er eine am nordisraelitischen Königshof, also jedenfalls vor 722 entstandene Saulgeschichte (I Sam *8 - 14). Diese wiederum birgt in sich eine „Gründungserzählung des Königtums“ (I Sam *8; *10,17-25) aus der Zeit zwischen 926 und 883, eine saulfreundliche Erzählung aus der Opposition am Hof Salomos (9,1 - 10,16) und eine weitere aus der Zeit des davidisch-salomonischen Reichs (I Sam *11) usw. Erst Dtr hat die großen Textblöcke miteinander verschweißt; wie sie aus dem Nordreich auf ihn gekommen sind, erfahren wir freilich nicht. In seine, zum Königtum weit überwiegend sehr positiv eingestellten Quellen brachte Dtr – vor allem in I Sam *8 und 12 – eine scharf königtumskritische Note ein: nicht weil er das Königtum als solches verurteilte, sondern weil er es als Ausdruck mangelnden Vertrauens in Gottes Schutz für Israel beurteilte. Spannungen in seinem Werk rühren von letztlich nicht völlig ausgleichbaren, divergierenden Tendenzen in seinen Quellentexten und zwischen deren und seiner eigenen Position her.

Ob man auf diese Weise alle Divergenzen wird erklären und miteinander versöhnen können? Immerhin ist dies ein Versuch, die gesamte Textmasse von I Sam 1 - 15 in differenzierter Überlieferungs- und Kompositionsgeschichte gestaffelt und trotzdem durch nur eine Schlußredaktion gebündelt zu sehen.

2. Die Jugendgeschichte Samuels (I Sam 1 - 3)

Die Eingangskapitel des 1. Samuelbuches erzählen von dem Zur-Welt-Kommen und Aufwachsen und dem schließlichen Aufstieg des jungen Samuel zum Leiter Israels. Zu diesem Hauptthema gibt es zwei erzählerische Nebenthemen: das Erleben der Herkunftsfamilie

Samuels, namentlich seiner Mutter Hanna, und das Wirken der Priesterfamilie von Schilo, der Eliden. Das von einer zunächst unfruchtbaren Frau wunderbarerweise doch noch zur Welt gebrachte Kind wird von der dankbaren Mutter Gott geweiht und an den Tempel zu Schilo zum Dienst übergeben. Dort gerät der junge Samuel in die Turbulenzen, die sich um Eli und seine Söhne entwickeln, und tritt endlich selber an Elis Stelle.

In der Forschung hat sich seit langem die Annahme eingebürgert, die Kapitel I 1 - 3 nähmen im 1. Samuelbuch traditionsgeschichtlich und literarisch eine Sonderstellung ein.

Dagegen hat besonders vehement WILLIS Protest erhoben. Ohne die Fortführung in der Erzählung vom Geschick der Lade (I 4 - 6) bleibe die von Samuels Leben bei den Ladepriestern ein Torso: die Sünden der Eliden (I 2) verlangten nach Sühne – wie sie in I 4 erzählt werde; die in I 4 in den Mittelpunkt rückende Lade verlange nach einer Vorstellung – wie sie in 3,3 geboten werde; das Motiv der Schwachsichtigkeit Elis ziehe sich von 1,12f. über 2,22-24 und 3,2 nach 4,15 durch (1971, 294ff.; 1979, 206ff.). SPINA (1991) legt den Akzent auf die Gestalt Samuels: Dessen Schweigen in I 4 - 6 rechtfertige nicht die Annahme einer eigenständigen 'Ladegeschichte' (s. dazu unten C. 1.). Vielmehr werde in I 1 - 3 sorgfältig das Auftreten eines, in Israel lange vermißten, *Propheten* vorbereitet; in 4,1a mache der Prophet Samuel Anstalten, das Wort zu ergreifen, schweige dann aber zwanzig Jahre lang (7,2!), weil Israel in Aktionismus verfallen sei und ihn gar nicht hören wolle – bis es endlich durch die Not zur Umkehr gezwungen werde. GITAY (1992) betont erneut die Einbindung von I 4 - 6 in den jetzigen größeren Kontext: Die Weissagung 2,27ff. gehe in I 4 in Erfüllung, die Ortsangabe „Eben-ha-ezer" finde sich in 4,1 und 7,12. Was die stilistischen und thematischen Differenzen zwischen I 4 - 6 und den umgebenden Kapiteln angehe, so gelte es, moderne Kriterien wie formale Geschlossenheit und unterschiedliche Grade historischer Wahrscheinlichkeit von den antiken Texten fernzuhalten; in I 4 - 6 werde bewußt anders (nämlich mythisierend-legendenhaft) erzählt als in den umgebenden Kapiteln, um eine sehr eigene theologische Aussage (nämlich die von der machtvollen Unverfügbarkeit Gottes) den Lesenden nahezubringen.

Einige dieser Argumente müssen nachdenklich stimmen und lassen zumindest eine äußerst sorgfältige Planung der Schlußredaktion erkennen, die heterogene Stoffe sehr geschickt ineinander verflocht und zu einem schlüssigen Ganzen formte. Dennoch springen das völlige Fehlen Samuels und die völlig eigenständige Thematik von I 4 - 6 derart ins Auge, daß mit einer traditionsgeschichtlichen Eigenständigkeit des Stoffes der LG doch zu rechnen ist.

Demgegenüber postuliert WILLIS einen gemeinsamen traditionsgeschichtlichen Werdegang von I 1 - 7. Die Erzählung gehe in ihrem Ursprung auf Schüler Samuels am Heiligtum von Rama zurück und sei später von den Zadokiden aufgenommen und um den Grundstock der Davidstradition erweitert worden. Die Intention dabei sei es, im Übergang der geistlichen Führung von Eli auf Samuel bereits den Übergang von der Richter- zur Königs- und dann speziell zur Davidszeit zu schildern und zu legitimieren (1971, 305ff.; 1979, 211f.). Gerade in der Jugendgeschichte spiegele sich historisch treulich die gesamte Lebensgeschichte Samuels. Sie antizipiere sein späteres Wirken als Priester, Prophet und Richter; dies alles zugleich sei Samuel gewesen, freilich nicht im klassischen Sinn der Begriffe, weil das die unsicheren Zeitläufte nicht zuließen... (1972)

Diese traditionsgeschichtlichen Bögen und historischen Thesen scheinen ein wenig weit gespannt und kühn, die Frühdatierung des gesamten Materials allzu wenig gesichert. Doch kommt bei WILLIS eine Möglichkeit ins Blickfeld, die festgehalten zu werden verdient: daß in I Sam 1ff. nicht nur vor-dtr, sondern außer-judäische, nicht davididisch gefärbte Überlieferungselemente erhalten sein könnten, deren Wurzeln ins Nordreich Israel zurückreichen.

Verschiedentlich wurde die These vertreten, es habe einmal eine Saul-Erzählung nordisraelitischer Herkunft, mit dem ersten (nord-) israelitischen König als Heros, gegeben.

HYLANDER (1932) versuchte, mit Hilfe einer fragwürdigen 'stoffanalytischen' Methode, aus I Sam 1 und Ri 13 (?!) eine Geburtsgeschichte Sauls zu rekonstruieren, wofür er sich vor allem auf das Leitwort *š'l* meinte berufen zu können, das augenscheinlich eine Etymologie für 'Saul', nicht für 'Samuel' biete (11ff.; ein temperamentvolles Gegenplädoyer bei TSEVAT, 1987). Die Fortsetzung lag dann ursprünglich in einer Vorform von I 9,1 - 10,16 (139ff.), gefolgt von einer Kombination aus I 13f. und I 7 (wobei auch hier „Saul“ anstelle „Samuels“ stand, 155ff.) usw.

Eher noch abenteuerlicher fällt die Spurensuche bei DUS (1968) aus. Er wagt sogar eine wörtliche Wiedergabe der vermeintlichen Geburtsgeschichte Sauls, des Sohnes von Hanna und Kisch (168f.), und verfolgt diesen Faden ebenfalls über I 9f. weiter nach I 13f.; 11; 15(!?); 28; 31. Die jetzige Gestalt von I 1 - 3 sei eine in zadokidischen Kreisen entstandene Einführung zur LG, ins Prodavidisch-Erbauliche gewendet in der Hoffnung, daß die Schrift in dieser Gestalt publiziert werden dürfe (178ff. – offenbar eine Rückprojektion der Prager Verhältnisse der Dus'schen auf die Jerusalemer Verhältnisse der davidischen Zeit).

Auch wer willkürliche Textänderungen und -umstellungen zur Gewinnung vollständiger, unter dem jetzigen Text verborgen liegender Vorformen ablehnt, wird das Durchschimmern eines fortlaufenden, offenbar nordisraelitisch getönten Erzählfadens im Hintergrund nicht nur von I 1 - 3, sondern auch im weiteren Fortgang des 1. Samuelbuches nicht voreilig abstreiten dürfen.

Anklängen und Anspielungen zwischen I 1 und der späteren Saul-Geschichte auf der Ebene des jetzt vorliegenden Gesamttextes geht POLZIN (1985) in einer Art nach, die er selbst „both a formal and a creative or intuitive process" nennt (228). Er hegt die Erwartung, daß im Anfangskapitel eines biblischen Buches – wie es ja auch im Josua- und im Richterbuch der Fall sei – nicht eine Einzelüberlieferung stehe, sondern „a prospective statement about the entire book" (so 219 – ohne Rücksicht auf nachweisbare redaktionelle Anteile, die in Jos 1, Ri 1 und I Sam 1 sehr unterschiedlich sein dürften).

Gestützt auf Gewährsleute aus der russischen Erzählforschung, beleuchtet POLZIN nun die einzelnen Charaktere (Elkana, Hanna, Eli) und die Haltung des Erzählers. Wenn dieser Hanna ständig das Wort *š'l* gebrauchen läßt (wie die Israeliten bei ihrem Königswunsch in I 8); wenn er Elkana ob ihres Kinderwunsches sich zurückgesetzt fühlen läßt (so angeblich 1,8 – wie sich dann Gott durch den Königswunsch zurückgesetzt fühlen wird); wenn er Elkana als trotzdem großmütig und liebevoll schildert (so wie sich auch Gott gegenüber seinem störrischen Volk verhalten wird); wenn er schließlich Elkana auf die Einhaltung göttlicher Zusagen hoffen läßt (1,23 – so wie es nachher um die Einhaltung oder Nichteinhaltung der dem Saul gegebenen Zusagen gehen wird): dann wird deutlich, daß „the birth of Samuel ... introduces and foreshadows the birth of kingship in Israel" (226).

POLZIN (und ebenso auch GARSIEL 1985, 72-74) benutzen Allerweltswörter wie *hēqîm*, *miṣṣab* oder auch *š'l*, um diachrone Gräben zwischen diversen Texten und Textschichten einfach zu überspringen und etwa eine Randfigur wie Elkana mit Gott zu parallelisieren! Auf diese Weise lassen sich freilich dem Endtext Geheimnisse ablauschen, die kaum jemand, wohl nicht einmal der theoretische Endverfasser, in ihn hineingelegt hat.

Auch BRUEGGEMANN (1990b) gewinnt I Sam 1 „A Sense of Beginning" ab. Die Samuelbücher wollten *Gott* als Initiator des Königtums hinstellen, also werde im ersten Kapitel klar gemacht, daß man im Folgenden nicht „a standard political narrative" zu erwarten habe (33). Angesichts der hilflosen Männer Elkana und Eli bleibt Hanna gar nichts anderes übrig, als sich Gott zuzuwenden; und der Erzähler läßt wiederholt deutlich werden: „Yahweh is the key actor in the narrative" (37). Hanna tritt als einzige Figur mit dem Hauptakteur in Interaktion – und gewinnt dabei überragende Statur: „Hannah gains her voice and her own decisive role" - nicht nur in ihrer privaten, sondern „in the history of Israel" (42). Denn Hannas Wandlung von Elend zu Kraft entspricht die bevorstehende Wandlung Israels. Es ist kennzeichnend für die Bibel, daß „Israel's monarchy has to begin in weakness, barenness, prayer, and miracle" (47).

RENDTORFF (1991) argumentiert in eine ähnliche Richtung. Mitnichten schilderten die Kapitel eine private Idylle; immer wieder leuchteten „Signale" für die nationale Tragweite des scheinbar familiären Geschehens auf (134), im Gebet der Hanna werde geradezu „die Königsgeschichte präludiert" (137). Mehr noch: Durch die Motive von Kinderlosigkeit und Eifersucht zwischen zwei Frauen würden Gen 29 und Ri 13 „in Erinnerung gerufen" (133), und die Würdigung Samuels in 3,19f. „erinnert an die entsprechenden Aussagen am Ende des Buches Josua (21,45; 23,14)" (137). Die Frage ist, wie solche 'Erinnerungen' zu qualifizieren sind: Sind da bewußt Anklänge geschaffen worden? Von wem, in welcher Absicht? Inwieweit ergaben sich die Anklänge aus der Aufnahme vorgegebener Überlieferungen, wo haben diese ihren 'Sitz im Leben'?

Die diachronische und die synchronische Betrachtungsweise biblischer Texte haben, so zeigt sich schon nach den ersten Beispielen, ihre je spezifischen Stärken und Schwächen. Die Diachronie verspricht in die Textaussagen historische Konkretion und Tiefenschärfe zu bringen, droht aber den jetzt vorliegenden, vermutlich organisch gewachsenen und in seiner Endgestalt ja weitgehend sinnvollen Text bis zur Unkenntlichkeit und Unerklärbarkeit zu atomisieren. Die Synchronie kann die Aussageintention des biblischen Endtextes sorgfältig aufnehmen und tiefgründig deuten, droht aber den historischen Entstehungsgrund der Texte auszublenden und durch wahllose Aneinanderreihung und Gewichtung wirklicher oder vermeintlicher Aussagen der Beliebigkeit Tür und Tor zu öffnen. Viel liegt bei der synchronischen Arbeit daran, wie diszipliniert sie sich jeweils an tatsächlich auf der gleichen Ebene liegende Texte hält – und nicht Dinge zusammenmischt, die zunächst sorgfältig zu unterscheiden und nur in einem methodisch reflektierten Prozeß auf ihre möglichen Zusammenhänge zu befragen sind: Einzelerzählung und Gesamtredaktion, Sage und Geschichtsschreibung, erzählte Zeit und Zeit des Erzählers, Historie und Theologie.

Unter den Einzeltexten in I Sam 1 - 3 hat immer wieder das sog. Hanna-Lied 2,1-10 die besondere Aufmerksamkeit der Ausleger gefunden. Das mag an seinen zentral-biblischen Aussagen, aber auch an seiner liturgischen Bedeutung sowohl im Judentum wie im Christentum liegen.

Wiederholt kommt die – hier nicht weiter zu verfolgende – Wirkungsgeschichte des Textes in den Blick: in der hebräisch-griechischen Textgestaltung (BOGAERT 1980, 247ff.; LEWIS 1994), in der Interpretation des Talmud (KLEIN 1970, 678 mit Anm. 7) sowie im 51. Kapitel der „Biblischen Altertümer" des Pseudo-Philo (PHILONENKO 1962; BOGAERT 1980, 252ff.), in der Neudichtung des neutestamentlichen „Magnifikat“ Lk 1,46ff. (BOGAERT 1980, 256ff.; BECKER-SPÖRL 1992, 78ff.) und der Verwendung in der lateinisch-kirchlichen Tradition (DE BOER 1963).

Umstritten ist die Frage, ob der jetzige biblische Text eine schriftliche oder mündliche Vorgeschichte hatte. Auffällig ist bereits, daß er in der MT- und in der LXX-Fassung an leicht unterschiedlichen Stellen in den Kontext eingearbeitet wurde (vgl. TOV 1987, 157f.). Anscheinend stand er – als liturgische Beigabe? – einst am Rand der Samuel-Erzählung und wurde dieser erst relativ spät inkorporiert. Dies sagt freilich über das Alter des Liedes, erst recht einzelner seiner Teile oder der in ihm verwendeten Motive noch nicht viel aus.

Manche Autoren allerdings halten den Psalm insgesamt für spät, in nachexilischer Zeit entstanden. TOURNAY (1981) entdeckt allerlei Analogien zu jungen, vor allem in V.9f. zu jüngsten Schichten des Alten Testaments und schließt auf eine Grundfassung aus der Zeit des Zweiten Tempels und eine messianische Bearbeitung in der Makkabäerzeit. Ähnlich sieht MATHYS (1994, 126ff.), der das Lied im Kontext aller in die Geschichts- und Prophetenbücher nachträglich eingesetzten Psalmen untersucht, in ihm einen zentralen, wichtige Anliegen der gesamten Textgruppe bündelnden und darum besonders spät anzusetzenden „nachdeuteronomistischen“ (126) Text.

Das andere Extrem bildet WILLIS (1973b; ähnlich wieder LETTINGA 1984, 36f.) mit der Mutmaßung, Hanna höchstpersönlich sei die Verfasserin. Einige Aussagen des Liedes – etwa über die Schöpfung, über das Ergehen der Nation, gar des Königs – seien von ihr nicht zu erwarten? Nun, dann habe sie sich eben hymnisches Gut aus dem Kult von Schilo zu eigen gemacht... FREEDMAN (1976, 71f.) und MCCARTER (1980b, 75f.) wollen in ihrer Datierung – aufgrund einer ziemlich willkürlichen Auswertung von Gottesbezeichnungen in der angeblich ältesten Poesie Israels – nur bis ins 10. oder 9. Jahrhundert heruntergehen, geben damit aber immerhin schon das Postulat der Authentizität auf.

Eine mittlere Position rechnet mit später Entstehung oder Redigierung eines Liedes, das in seinem Kern jedoch oder in bestimmten Aussagen älteres, sprich: vorexilisches Gut enthält. DE BOER (1977) denkt sich den Text aus „verschiedenen Teilen“ zusammengesetzt. Den Ausgangspunkt bildete ein individuelles Danklied in V.*1-3, das aus weisheitlicher Sicht erweitert (die *kî*-Sätze in V.1-3 sowie die Verse 4-8) und nachexilisch mit Akzenten dtr Geschichtstheologie (V.9) und neu erwachender nationaler (noch nicht: messianischer) Hoffnung versehen worden sei (V.10). Auch LORETZ (1973) hält V.9f. für einen Zusatz, durch den „der Verfasser“ (mutmaßlich: der Redaktor) „den Lobgesang auf das Thema des Königtums“ ausgerichtet habe.

Gerade umgekehrt sieht KLEIN (1970; ähnlich BOGAERT 1980) in den abschließenden Segenswünschen für den König den Kern des Liedes. V.10 greife auf V.1 zurück, sei also integraler Bestandteil des Textes. Wie in anderen Hymnen auch (z.B. Ps 28; 29; 89 A) gelten dem König Fürbitte und Zuspruch. Der Psalm habe seinen ursprünglichen Sitz im Leben „after a national military victory“ (also nicht in der Biographie eines oder einer einzelnen, 679) – natürlich zur Königszeit; erst später habe man ihn als individuelles Danklied verstanden und als solches der Hanna in den Mund gelegt. Ähnlich LEWIS (1994): Das Gedicht einschließlich V.10 sei ein Dankgesang zur Geburt eines königlichen Thronerben (wobei es danach aussieht, „that the heir comes from common stock", 44), sei dann auf andere Geburtsgeschichten und schließlich auch auf die Hanna-Erzählung übertragen worden.

Es gibt Diskrepanzen zwischen dem Lied und seinem jetzigen Kontext (vgl. BARTELMUS 1987, 32f.): Wie kann eine Frau wie Hanna – in vorstaatlicher Zeit, wohlgemerkt – derart nationale, militärische, monarchistische Töne anschlagen, wie es in V.4.10b geschieht, wie kann sie die Schöpfung rühmen (V.8b), JHWH als den einzigen Gott preisen (V.2), und, scheinbar viel persönlicher, der Unfruchtbaren sieben Kinder zusprechen (V.5), wo sie selbst laut 2,21 doch ‘nur’ sechs bekam? Und auch für den Hochmut der ‘Feinde’ (V.1.3) gibt es näherliegende Deutungen als die auf das Verhalten von Hannas Nebenbuhlerin Peninna (vgl. 1,2.6).

Immerhin empfanden die biblischen Verfasser solche Ungereimtheiten offenbar als wenig gewichtig, gemessen an der Nähe gerade der zuletzt aufgeführten Sätze zur Lebenssituation Hannas – und des ganzen Liedes zur damaligen geschichtlichen Situation Israels. Das Großtun der Feinde, die Hilfe Gottes gegen ihre Übermacht (V.1-3), die Niederlage des Überlegenen und der Sieg des Unterlegenen (V.4), überhaupt das „renversement des situations humaines" (eine glückliche Formulierung TOURNAYS, 1981, 555) in V.4-8, die Bewahrung des Gottwohlgefälligen und die Verstoßung des Ungerechten (V.9.10a), die Aufrichtung des „Horns des Gesalbten" (V.10b): das alles läßt sich trefflich als vorgreifende Auslegung der Geschichten von Samuel und Eli, von Saul und David, als „Leseanweisung für das, was folgt" (MATHYS 1994, 133) begreifen.

MATHYS, der sorgfältig alle nur möglichen gegenseitigen Anklänge zwischen Text und Kontext zusammenstellt (131ff.), dürfte mit der Behauptung indes zu weit gehen, das Hanna-Lied sei eigens zur Interpretation der Samuelbücher und zur Einfügung an seinem jetzigen Ort komponiert worden. Die Dissonanzen zum Kontext sind dafür doch zu groß, die behaupteten Assonanzen wirken zum Teil zu wenig spezifisch und gar zu gesucht.

Viel spricht für die Möglichkeit, daß ein älterer, an sich schon ganz gut auf die Samuelbücher passender Psalm durch Zufügungen und Abänderungen noch zusätzlich seinem jetzigen Kontext und dem Geschmack bzw. dem Glauben der Zeit angeglichen wurde, in der er der Hanna zugeeignet wurde. Der Text ist formal nicht so glatt und einheitlich, er ist auch inhaltlich nicht derart aus einem Guß, daß man sich dies nicht vorstellen könnte. Verschiedenste Versuche (etwa von HAUPT 1904, LORETZ 1973, FREEDMAN 1978, TOURNAY 1981, BARTELMUS 1987), ihm einen klaren Aufbau, eine bündige Form, eine gleichmäßige Metrik abzugewinnen – und zu diesem Zweck auch störende Textteile zu beseitigen oder fehlende zu ergänzen –, haben zu keinem überzeugenden Ergebnis geführt. Offenbar sind in dieses Lied Erfahrungen verschiedener Zeiten eingegangen, haben bei seiner Komposition und Ausgestaltung verschiedene Interessen mitgewirkt; so eigentümlich sind in ihm bewährt-konventionelle und gewagtgrundstürzende Einsichten miteinander vermischt, daß man es sehr wohl als biblisches Credo ansprechen könnte.

Der als Priesterdiener an den Tempel von Schilo gelangte Samuel wird im folgenden im Gegenüber zu den Söhnen Elis geschildert. Auf eigenartige Weise verschränken sich die Nachrichten über sein Aufstreben und ihr frevelhaftes Tun in I 2,11ff. Vermutlich sind hier zwei, ursprünglich selbständige Erzählfäden ineinander verflochten.

MOMMER (1991, 13ff.) unterscheidet die Erzählung über Samuels Jugend (beginnend in 1,1-3a.4-28, fortgeführt in 2,19-21a und dann in I 3) von einer Polemik gegen den Kult in Schilo, erst nachträglich auf die Eliden und damit zur Erklärung für den Verlust der Lade in I 4 umgemünzt (1,3b; 2,12-17.22-25). Die einstige Selbständigkeit dieser Eliden-Szenen hatte auch DIETRICH (1987, 11ff.) behauptet, sie freilich als von Anfang an zur LG gehörig eingestuft (s. unten C. 1.1). Ist es so, dann läuft die eigentliche Jugendgeschichte Samuels auf die Ablösung des alten Eli hinaus.

Die Gerichtsrede eines namenlosen Gottesmannes an Eli 2,27-36 hat spätestens seit VEIJOLAS Analyse (1975, 35ff.) als insgesamt dtr zu gelten. In mehrfachen Weissagungsbögen nimmt sie die unheilvolle Geschichte des elidischen Priestergeschlechts von der Katastrophe I 4 über das Massaker in Nob I 22 und die Einsetzung der Zadokiden in Jerusalem bis hin zur Neuordnung des Kultes unter Joschia II Kön 23,9 in den Blick (vgl. DIETRICH 1987, 110ff., und MOMMER 1991, 8ff.). ROOY (1990), der ein ganzes Kaleidoskop von Forschungsmeinungen über den Abschnitt vorführt – nur nicht die eben erwähnten –, betont mit einigem Recht, der Autor wolle keine Aussage über die Alternative zwischen Eliden und Zadokiden oder zwischen Priestertum und Prophetie machen, sondern die im dtr Geschichtswerk oft genug an Königen demonstrierte Einsicht, „that sin results in punishment" (216), hier auch an Priestern exemplifizieren.

Dieser dtr Einschub hatte nun aber Rückwirkungen auch auf die so tiefgründige und überaus schön gestaltete Offenbarungserzählung I 3. Deren Mitte, die eigentliche Gottesrede an den jungen Samuel in 3,11-14, ist jetzt mit einer Spiegelung der Prophetenrede 2,27ff. ausgefüllt.

Einstmals mag hier die Ablösung Elis durch Samuel angekündigt gewesen sein (so MOMMER 1991, 13). Damit aber schimmert eine Fassung durch, nach der Samuel eine priesterliche Stellung errang. Nach DIETRICH (1987, 119f.) ist dies ein erratischer Überlieferungsstrang, der sich in I 7 fortsetze und gegenüber dem später gängig gewordenen Bild von Samuel als dem Propheten Priorität beanspruchen könne. Genau andersherum urteilt in diesem Punkt MOMMER (1991, 18ff.).

Hinter der jetzigen Fassung von I 3 wird allem Anschein nach eine ursprünglich nordisraelitische Tradition greifbar. Kann man die Erzählung einer bestimmten Gattung zuordnen? Oft – und auch wieder von MOMMER (1991, 23f.) – wird behauptet, es handle sich um einen (prophetischen) Berufungsbericht. GNUSE (1982) bestreitet das unter Hinweis auf das Fehlen einiger dafür typischer Gattungsmerkmale und kommt durch den Vergleich mit altorientalischen Analogien auf die Gattungsbezeichnung „an auditory message dream theophany" (385). Erst die „editorial addition" in 3,19-21(!) mache die Geschichte zur Inauguralvision.

Mehrere neuere Interpretationen klammern Fragen nach der Diachronie der Erzählung I 3 völlig aus:

WILSON (1979) greift zur Bestimmung des Erzählhorizontes auf Erkenntnisse der Sozialanthropologie zurück. Ein in Afrika nachgewiesenes „pattern" schildere in ganz ähnlichen Schritten wie I 3 die Wandlung einer marginalen zu einer zentralen Persönlichkeit: Der Betroffene hat transzendente Erfahrungen, wendet sich zu ihrer Deutung an einen arrivierten Experten, erhält von diesem rituelle Anweisungen, wird so zum Wissenden in dem betreffenden Kult und rückt am Ende an seinem Förderer vorbei in eine gesellschaftliche Machtposition auf.

FISHBANE (1982) bleibt im engeren kulturgeschichtlichen Kontext der Erzählung: Auch er redet von einem „pattern", freilich von dem im Alten Orient wohlbekannten der Inkubation am Heiligtum (192). Der in I 3 vorliegende Bericht sei besonders kunstvoll gestaltet: voller Wortspiele, voller Anklänge an I 2, voller ironischer Hinweise an den Leser, überdies im ganzen chiastisch aufgebaut: A) Gott schweigt, V.1-3; B) Gott erscheint Samuel, V.4-9; C) das Orakel, V.10-15; B') Samuel und Eli, V.16-18; C') Gott redet hinfort durch Samuel, V.16-18.

Auch WATSON (1985) sieht das Ziel der Erzählung von ihrem Anfang und ihrem Schluß her bestimmt: zu zeigen, wie einstmals der quälende Zustand des Offenbarungsmangels beendet wurde. Auch sonst oft bildet die Polarität von Mangel und

Behebung des Mangels die Grundstruktur von Erzählungen. Und WICKE (1986) kommt auf die Idee eines chiastischen Aufbaus zurück, bestimmt diesen aber anders als FISHBANE: 3,8 bilde mit der plötzlichen Erkenntnis Elis, es sei Gott, mit dem es der junge Samuel zu tun habe, den Wendepunkt der Geschichte. Daß Gott wieder redet, ist entscheidend – dem Eli so wichtig, daß er trotz des vernichtenden Inhalts der Gottesrede völlig gelassen bleibt. Auf ihn, wie später auf Saul, fällt in der Erzählung das warme Licht der Sympathie mit den tragisch Scheiternden...

3. Die Königserhebung Sauls (I Sam 7 - 12)

3.1 Komposition, Redaktion, Tradition

Anders als etwa die Thronfolgegeschichte, oder in dieser wieder besonders die Erzählung von Abschalom mit ihren Vorbereitungen und Nachwirkungen (II Sam 13 - 20), erscheint die Darstellung der Staatsgründung durch (Samuel und) Saul in I Sam 7 - 15 nicht wie ein Werk aus einem Guß. Immer wieder gewann die Forschung den Eindruck, unter der Textoberfläche ragten divergente Einzelüberlieferungen hervor, reihten sich manche Erzählungen zu Erzählsträngen, die wiederum durch andere unterbrochen würden, machten sich verschiedene zeitgeschichtliche Hintergründe und unterschiedliche Aussageintentionen bemerkbar.

WELLHAUSEN meinte als erster, zwei ineinandergeschlungene Textreihen entwirren zu können: eine ältere, der Einrichtung des Königtums aufgeschlossene, und eine jüngere, ihr abgeneigte. „Über die Weise, wie er [Saul] König geworden, haben wir zwei Versionen. Die eine knüpft an Kap. 7 an und ist in Kap. 8. 10,17-27 [Kap.11 und] Kap. 12 enthalten. ... Der Zusammenhang, worin 1. Sam 11 ursprünglich stand ... ist die andere Version über das Königtum Sauls 9,1 - 10,16 ... Man fühlt sich wie aus der Judenschule in die freie Luft versetzt, wenn man von jener ersten zu dieser zweiten Erzählung ... übergeht. Sie allein hat historischen Wert ... Die andere Relation macht aus dieser primären, von der sie abhängig ist ..., heilige Geschichte nach dem späteren Geschmack. ... Die Abfassung von 1. Sam 8 mit Zubehör ist schwerlich in eine Zeit zu setzen, wo noch das judäische Königtum bestand ... und darüber kann kein Zweifel sein, daß alle deuteronomistischen Erzählungen spezifisch jüdisch sind“ (^{4}1963, 240-243).

Auf kaum reflektierte Weise greifen hier literarische, historische, ästhetische und theologische Urteile ineinander. Die ältere, königtumsfreundliche Reihe ist wie frische Luft und historisch glaubwürdig; die jüngere, königtumsfeindliche wirkt jüdisch, nach Judenschule und ist von den berichteten Ereignissen durch mehr als ein halbes Jahrtausend getrennt. Abgesehen vom antijudaistischen Unterton dürfte in solchen Urteilen auch ein gewisser Monarchismus mitschwingen, der WELLHAUSEN in nicht- bzw. vorstaatlichen Verhältnissen bloße Anarchie und in der Staatlichkeit Wohltat und Ordnung wittern ließ (vgl. CRÜSEMANN 1978, 4ff.). Damit sind WELLHAUSENS Sachaussagen nicht erledigt. Blieben sie in der stark durch seine Forschungen geprägten Folgezeit weithin unbestritten, so griff sie NOTH von ganz anderen Voraussetzungen her ausdrücklich wieder auf.

NOTH vermochte sehr wohl in der vorstaatlichen Zeit eine sinnvolle Lebensordnung zu erkennen, nämlich die der Amphiktyonie, des um ein zentrales Heiligtum sich zusammenschließenden Stämmebundes. Trotzdem war die Ablösung dieser Ordnung, namentlich infolge der immer stärker zunehmenden Dominanz der Philister, unvermeidlich. Mit der älteren Version innerhalb von I 7 - 15 schätzt also auch der moderne Historiker die Staatsbildung positiv ein. Anders der exilische Dtr, der das Zerbrechen des Staates miterlebt hat. Er hat „nicht ohne sichtliche Mühe und Gezwungenheit die der Einrichtung des Königtums freundlich gegenüberstehende alte Überlieferung durch längere Zutaten im Sinne seines negativen Urteils über diese Einrichtung zu ergänzen versucht“ (^{2}1957, 60). Damit ist WELLHAUSENS antikönigliche Reihe – abgesehen nur von ein paar kleinen Überlieferungsfragmenten in 7,15f. und 10,21bβ-25 – zum integrierenden Bestandteil der Redaktion des dtr Geschichtswerkes gemacht. Wie von WELLHAUSEN, so wird auch von NOTH ein „Abhängigkeitsverhältnis der Stücke 7,2 - 8,22 + 10,17-27a + 12,1-25 von der alten Überlieferung in 9,1 - 10,16 + 10,27b - 11,15“ konstatiert (ebd. 57).

Diese Sicht der Dinge wird von WEISER (1962) grundsätzlich bestritten. Nicht nur veranschlagt er den Anteil der dtr Redaktion als viel weniger umfassend, meint ihn geradezu vernachlässigen zu können. Überdies entdeckt er in den angeblich jungen und königsfeindlichen Stücken vielerlei ältere bis älteste und dem Königtum gegenüber durchaus aufgeschlossene Überlieferungen. Die Geschichte vom Philistersieg Samuels in I 7 sei zwar wohl unhistorisch, spiegele aber eine alte Kultbegehung am Heiligtum von Mizpa und enthalte eine Spitze gegen David, den Philisterbezwinger (22). In I 8 werde das Königtum gar nicht rundweg abgelehnt, sondern nur – mit dem negativen Königsrecht V.11ff. – vor negativen Auswüchsen gewarnt; auch sei historisch durchaus glaubhaft, daß Samuel, in Abgrenzung gegen das Kanaanitertum, „ein israelitisches Königtum eigener Prägung“ habe schaffen wollen (44). I 10,17ff. sei, abgesehen von wenigen sekundären Versen, gar nicht königsfeindlich (62), und I 12 berge Bestandteile der in Gilgal – vermutlich schon von Samuel – gepflegten „Bundestradition“ (88).

Auch wenn WEISER im Blick auf die Identifizierung und Frühdatierung angeblich vorredaktioneller Traditionen bei weitem zu optimistisch ist, hat er Schwachstellen an der gar zu pauschalen Sicht WELLHAUSENS und NOTHS erkannt: Nicht alles innerhalb der angeblich jungen und königsfeindlichen Textreihe ist tatsächlich jung und königsfeindlich. Auf ihre Weise konzediert das eine Arbeit, die wieder in den Bahnen NOTHS gedacht ist. BOECKER (1969) übernimmt zwar NOTHS Klassifizierung der fraglichen Textschicht als rein dtr, doch sieht er die Haltung der Redaktion gegenüber dem Königtum differenzierter als NOTH. Immerhin fordere – innerhalb der dtr Stücke – Gott den Samuel zur Erfüllung des Königswunsches auf (8,22) und sorge dann selbst für die Kür des von ihm Ausersehenen (10,20ff.); die Königsgegner würden als *b^e^nê b^e^lijja^c^al*, als Bösewichter und Gegner einer guten Ordnung, abgewertet (10,27), und das Königtum „in eine Reihe mit den großen Geschichtssetzungen Jahwes“ gerückt (77 über I 12). Gott, so faßt BOECKER diese Seite der dtr Darstellung zusammen, „bekennt sich zum Königtum in Israel“ – ein bei NOTH undenkbarer Satz. Auf der anderen Seite aber richten nach BOECKER die Deuteronomisten (man beachte den etwas unbestimmten Plural!) „ihren kritischen Blick ... auf bestimmte Aspekte des Königtums“: nämlich (I 8,10ff.) auf die sich unter ihm verschärfenden sozialen Probleme und (I 12) auf die von ihm bewirkte Ablösung „von Jahwe als dem einzigen Garanten des Kriegserfolges“ (ebd. 90-92; ähnlich MAYES 1978, 11f.).

Hiernach nähme der Deuteronomismus keine einlinige, sondern eine dialektische Haltung zu Staat und Königtum ein. Aus dem Nein wird ein Ja-Aber. Das mag aufs Ganze von I 7-12 gesehen stimmen; bei einzelnen redaktionellen Texten aber ist nur ein scharfes Nein auszumachen, bei anderen dagegen eher ein Ja. VEIJOLA (1977) gab deshalb die – bei BOECKER nur mehr zögernd durchgehaltene – Voraussetzung einer einheitlichen dtr Redaktion unseres Textabschnittes auf und wies die pro- und die antimonarchischen Aussagen unterschiedlichen Redaktionsstufen zu. Der erste (aber bereits exilische) Redaktor DtrH, „Historiker" und eigentlicher Schöpfer des dtr Geschichtswerkes, verfaßte I 7,5-17 (wobei 7,16 älteres Material bietet); 8,1-5.22b; 9,9(?).16b; 10,1b^{LXX}.16b.17.18aα.19b-27 und 11,12-14. Nichts in diesen Passagen – und erst recht natürlich nichts in den durch sie gerahmten älteren Erzählungen 9,1 - 10,16; *11 – deutet auf eine antimonarchische Haltung; das Königtum wird als Gottes Gabe und als Chance für Israel gesehen. Erst ein späterer Redaktor, DtrN, „nomistischer" Bearbeiter des dtr Geschichtswerkes (vgl. des näheren SMEND, 1978, ^{4}1989, §19) hat in dieses Bild königskritische Züge nachgetragen: 7,*2-4; 8,6-10 (zusammen mit dem älteren „Königsrecht" 8,11-17); 8,18-22a; 10,18aβγb.19a; 12,1-25. VEIJOLA hat mittlerweile Gefolgschaft gefunden u.a. bei L.SCHMIDT (1983), SMEND (a.a.O.), auch O.KAISER (^{5}1984, §14). Die historisch-theologischen Implikate dieses Ansatzes sind erheblich: Der Deuteronomismus hätte nicht von Anfang an Staatsgründung und Königtum kritisch oder gar feindlich gegenübergestanden, sondern darin mitten im Niederbruch der Exilszeit noch eine heilsame Geschichtssetzung Gottes erblickt, die erst durch die nachfolgende Sünde Israels und nicht zuletzt der Könige verspielt worden sei. Erst später wäre der Deuteronomismus – im Anschluß an eine altisraelitische Tradition des „Widerstands gegen das Königtum" (vgl. CRÜSEMANN 1978) und unter Aufnahme entsprechender Überlieferungen – zu einer grundsätzlichen Ablehnung von Staat und Königtum durchgedrungen. Königtum Gottes und irdisches Königtum, bisher, wie überall im Alten Orient, in friedlicher Symbiose, treten nunmehr in schroffe Antithese (8,7). Diese Neubewertung mag in frühnachexilischer Zeit und in Widerspruch zu damaligen monarchistischen Restaurationsbestrebungen erfolgt sein. Sie berührt sich auffällig eng mit der Haltung des Exilspropheten Deuterojesaja zu diesem Thema.

Die inner-dtr Diskussion über Staat und Staatlichkeit, wie sie in I 7 bis 12 geführt wird, scheint sich demnach über einen längeren Zeitraum und über zumindest zwei Zeitstufen erstreckt zu haben. Solche inner-redaktionelle Diachronie läßt zeitgeschichtliche Bezüge prägnanter hervortreten. Doch darf darüber zweierlei nicht vernachlässigt werden: die diachronische Untersuchung der vor-dtr Texte und die synchronische Betrachtung des entstehenden Endtextes. Denn auch wenn der Textbestand sukzessive angewachsen ist, verstand sich keine dieser Textstufen, auch nicht die Schlußstufe, als bloße Kommentierung von Quellenmaterial, sondern als konzise und kohärente Darstellung; das Ergebnis waren nicht viele Texte, sondern einer. Dessen innere Spannungen bzw. Dialektik sind sowohl horizontal, auf der jeweiligen Zeitebene, zu interpretieren, als auch vertikal, durch redaktions- und traditionsgeschichtliche Rückfragen, zu erklären.

In ebenso eigenwilliger wie eindrücklicher Vermischung von historisch-kritischer und jüdischer Auslegungstradition hat BUBER die Schilderung von „Sauls Königswahl" (1956) ein wenig diachron analysiert und vor allem synchron interpretiert. I 7 - 12 sei, abgesehen von wenigen klar erkennbaren [im Grunde dtr!] Zusätzen (z.B. 7,3f.; 8,8.11ff.; 10,18f.; 12,7ff.), „eine einheitliche Erzählung" (113), geprägt durch eine Architektur kunstvoll aufgebauter Spannungsbögen (115ff.), Szene um Szene sich auseinander entwickelnd, ohne daß ernsthafte Spannungen und Widersprüche entstünden (118-165). Gegenüber der Frage nach dem Königtum sei dieses Werk „ein erzähltes Ja und Nein in einem" (173); doch liege sein Grundanliegen nicht hier, sondern in dem Gegensatz „prosaulisch - antisaulisch" (166), im Widereinander dynastischer Ansprüche. I 7 - 12 enthalte eine alte Pro-Saul-Tradition, die „das Bild des stillen, verhaltenen, in der äussersten Notstunde ausbrechenden Helden, des Bescheidenen und Grossmütigen" zeichne – und ihm noch dazu den Mahner Samuel an die Seite gebe, auf „dass die mittelbare Theokratie nicht zum Gottesgnadentum entarte, ‘wie es die Völker haben'" (168). – Mag BUBER auch zu sehr zu Harmonisierung und Frühdatierung neigen, so hat er doch Unaufgebbares festgehalten: In I 7 - 12 geht es nicht nur um die Frage, ob ein Staat, sondern auch, was für ein Staat entstehen soll – und zwar keineswegs in Juda, sondern betont in (Nord-) Israel. Auch genügt es nicht, bei der (scheinbaren?) Divergenz der Einzeltexte zu verharren; es gilt, den inneren Zusammenhang des Gesamttextes zu erfassen.

Der Deutung BUBERS folgt sehr weitgehend TSEVAT (1980b). Er wendet sich ausdrücklich gegen die Aufteilung von I 7 - 12 in königsfreundlich und königsfeindlich; „the texts do not fit into this binary system" (83). Ohnehin sei die Zuweisung königskritischer Äußerungen an die dtr Redaktion falsch, da diese theologische Schule sonst überhaupt nicht gegen das Königtum eingestellt sei (78). Vielmehr könne der im biblischen Bericht aufblitzende scharfe Gegensatz zwischen göttlichem und menschlichem Königtum als das tatsächliche Problem nicht erst der literarischen Darstellung, sondern der Staatenbildung selbst betrachtet werden. Schon lange zuvor sei im Orient die Idee des Königtums Gottes beheimatet gewesen; in Israel aber habe sie kritisches Potential gegen unumschränkte menschliche Machtausübung freigesetzt – und eben darum gehe in I 7 - 12 der Streit. Dabei würden sehr bewußt (in der Form eines Rondos, 83) Berichte von „assemblies" und von „actions" miteinander abgewechselt; die Versammlungen böten Gelegenheit zur Reflexion und Verarbeitung des Geschehens, und dieses sei für die Stämmegemeinschaft ja in der Tat umwälzend genug gewesen...

Werden hier literarische und historische Betrachtung noch in eins gesetzt, so verzichtet die neuerdings vor allem im anglo-amerikanischen Raum sich ausbreitende Forschungsrichtung der 'literary analysis' auf (literar-) historische Erwägungen so gut wie völlig. Einzig darum geht es, den biblischen Endtext und dessen Intentionen wahrzunehmen.

Speziell mit Sauls Königswerdung hat sich wiederholt ESLINGER befaßt. Er lehnt – bei guter Kenntnis! – quellen- und redaktionskritische Ansätze genauso ab wie traditionskritische (1985, 11-35). Der Endtext weise keine Widersprüche und Spannungen auf, sondern nur „contrary views in a state of narrative tension" (38). Schließlich gehe es hier um das immens schwierige und folgenreiche Problem der Staatlichkeit und des Königtums – wie wäre da ein einfaches, glattes Urteil zu erwarten? Vielmehr verlagert der Erzähler die verschiedenen Aspekte des Themas in die Standpunkte der handelnden Charaktere – Volk, Samuel, Gott –, ohne sich selber auf einen von ihnen festzulegen (1983). Samuel ist zuerst scharfer Antimonarchist, begnügt sich aber auf Gottes Eingreifen hin, nur eine schlechte Form von Monarchie zu verhindern. Das Volk will einen Monarchen 'wie alle Völker' – nach den Enttäuschungen mit Eli, Elis Söhnen, der Lade und Samuels Söhnen ein sehr verständlicher Wunsch (1985, 56ff.)! Gott fordert „a monarchy that will remain subordinate to the theocracy" (1983, 66) – und setzt sich damit auch durch: bis zu „Israel's capitulation" (1985, 62). Der Erzähler schließlich „appears to maintain a steadfast neutrality towards the subject of monarchy" (1983, 68); jedenfalls ist er kein Antimonarchist. Eigentlich aber schlägt sein Herz anderswo: beim „theme of covenant" (1985, 53); ihm ordnet er alles unter, auch Staat und Königtum. In einer fortlaufenden Interpretation des gesamten Textbestandes setzt ESLINGER sein Programm „away from tangential diachronic hypothesis, which is inherently non-verifiable, back to the interpretation of the existing text" (Kingship, 39) in die Tat um („A Close Reading of the Narrative", 1985, 63-424).

Auch POLZIN (1987) meint, der Erzähler von I 8 - 10 gebe seine eigene Position zu dem Berichteten nicht preis. Jedenfalls aber unterscheide sie sich kräftig von derjenigen Samuels. Ihn macht POLZIN geradezu zum Schwarzen Mann: In 8,11ff. tue er gar nicht, was Gott ihm aufgetragen habe, sondern versuche in höchst eigensüchtiger Absicht (und übrigens noch in sehr ungeschickter Weise), das Volk von seinem Königswunsch abzubringen. (Ähnlich dann EDELMAN, 1991, 40f.) Und als Gott ihn fast ultimativ auffordere, nun wirklich einen König einzusetzen (8,22), da schicke er die Leute – „obstructive in a selfinterested way" (122) – nach Hause. (Die alte Erklärung, daß 8,22b die Einschaltung von 9,1 - 10,16 ermöglicht, wo Gott dem Samuel den von ihm Erwählten doch erst schickt, ist vielleicht weniger aufregend, dafür aber zutreffend.) Gott wolle einen König, der seinem Volk nicht schade, Samuel aber unternehme „an attempt to block the institution itself" (124). So müsse, mit 9,1ff., Gott selber die Initiative ergreifen; gehe Samuel nicht zu Saul, dann werde eben Saul zu Samuel in Bewegung gesetzt! In der folgenden Erzählung werde neben der Rolle des Königs auch die des Propheten definiert, und zwar nach der Maßgabe des Prophetengesetzes Dtn 18. Dabei werde ein „ironic portrait of Samuel" gemalt (131), und Gott habe einiges zu tun, ihn zu einem würdigen Propheten zu formen. In I 10 dann biete Saul ein ähnlich fragwürdiges Bild: Die Fragen von 10,1 und 10,27 entfalteten „a dubious aura" (138), Saul selbst gebärde sich als „a travelling question-mark", seine Zeichnung als Prophet greife schon auf sein endliches Scheitern voraus (136), sein Gefundenwerden durchs Los werfe den Schatten der Sünde auf ihn (138, mit Verweis auf die Losverfahren in Jos 7 und I Sam 14). Unterwürfig, wie er sich benehme, könne er Samuels Dominanz nie gefährden; als „hesitant and potentially pliable“ werde er geschildert (139), und am Ende werde ihn Samuel gar gegen Gott verteidigen (15,10)... Vermutlich wären die biblischen Autoren sehr verblüfft, bekämen sie diese Interpretation von I 8 - 10 zu Gesicht.

WÉNIN (1988) richtet bei seiner Analyse des Endtextes besonderes Augenmerk auf Teil- und Makrostrukturen des Textes. Seine Ergebnisse berühren sich mit denjenigen ESLINGERS und POLZINS. Auch er unterscheidet die Positionen der verschiedenen Charaktere zum aufkommenden Königtum: Das Volk ist durch die Philisterkatastrophe verstört (I 4), will sich aber auf den von Gott gewiesenen Weg des Vertrauens allein auf prophetische Vollmacht (I 7) nicht einlassen. Samuel, in I 1 - 3 zum „médiateur“ zwischen Gott und seinem Volk herangewachsen, verliert angesichts des glaubenslosen Königsbegehrens die Contenance, verweigert einen offenen Dialog, wird darum auch von Gott nicht gehört, übermittelt seinerseits Gottes Aufträge nur widerwillig und abgefälscht an das Volk (I 8) – „la médiation de Samuël a mal fonctionné“ (136). Wahre Königsfeindlichkeit zeigt also nur Samuel, das Volk ist königsfreundlich (was aber klar widergöttlich ist, 145f.) – und Gott? Er steuert nicht auf das Königtum zu, das Samuel (negativ) und Israel (positiv) im Sinn haben, sondern auf eines ganz anderer Art. Dies macht er im Fortgang der Geschichte alsbald dem Samuel klar, womit die Spannung zwischen ihm und seinem Propheten beigelegt ist (9,1 - 10,16); Samuel seinerseits führt das Volk zu Einsicht und Einwilligung in Gottes Plan (10,17 - 12,25).

Solche Nachempfindung der Schlußgestalt unserer Texte hat gewiß etwas Gewinnendes und ihr relatives Recht. Alles Gespür für erzählerische Feinheiten und theologische Hintergründigkeiten vermag indes den im voraus geleisteten Verzicht auf jegliche historisch-perspektivische und kontextuelle Fragestellung nicht wettzumachen. Ein gewissermaßen zeitloser Text wird gewissermaßen zeitlos ausgelegt (wobei das Mißtrauen gegen die im Text angebotenen Identifikationsmuster vielleicht doch sehr zeitgebunden ist?). In den Mittelpunkt rücken religiöse Überzeugungen, deren Bezug zu konkreter Geschichte – damals wie heute – zu entschwinden droht. Es wird sich empfehlen, das eine (die diachrone Analyse) zu tun, ohne das andere (die synchrone Interpretation) zu lassen.

In gewisser Weise versucht dies MCCARTHY (1973). Er betrachtet I 8 - 12 im ganzen und stellt einen merkwürdig regelmäßigen, offenbar geplanten Wechsel von zusammenfassenden „reports" (8,4-22; 10,17-27; 11,14 - 12,25) und ausgeführten „stories" fest (9,1 - 10,16; 11,1-13). Ungeachtet dessen, daß diese Einteilung recht genau mit den bekannten zwei Textreihen zusammenfällt, sieht MCCARTHY darin den Beweis, daß „the passage is a unity which tries to give a coherent account and explanation of the inauguration of kingship in Israel" (404). Sie möchte aufzeigen, welche Gefahr die Institution des Königtums für die Bundesbeziehung zwischen Gott und seinem Volk bedeutete, und wie diese Gefahr gebannt wurde. Hinter diesen Schlußbestand des Textes ist schwer zurückzugelangen, da antike Gesellschaften ihre Tradition überlieferten „like an organic flow" (406). Dennoch ließen sich mit aller Vorsicht zwei Vorstufen ausmachen: 1. alte Einzelerzählungen (in I 9; 10,23; 11); 2. zwei Erzählzyklen: einer um Samuel, befaßt mit dem Thema Stämmebund, und einer um Saul, entstanden in Benjamin als „an element in the opposition to the Davidic monarchy" (410).

Ähnlich sieht SEEBASS (1980) in I 7 - 15 zwei „kleine Literaturwerke" verarbeitet, aus denen die dtr Redaktion „ein kleines geistesgeschichtliches[?] Kompendium über die Anfänge des Königtums in Israel geschaffen hat" (126): a) eine „Samuel-Utopie", die sich aus Bruchstücken der sog. königsfeindlichen Reihe zusammensetzt, zur Zeit Jerobeams I. in Mizpa entstanden ist, Samuel als „Mann einer rechtsnormierend-gottesdienstlichen [?] Sammlungsbewegung" und König Saul idealisierend als „Bruder unter Brüdern" zeichnet (104.107); b) die „alte Saul-Überlieferung", bestehend aus der Hauptmasse der sog. königsfreundlichen Reihe, freilich in verwirrend neuer Anordnung, konzipiert zur Zeit des Übergangs von David zu Salomo in der Absicht, die Institution des Königtums als legitim und doch deren ersten Vertreter als verworfen zu erweisen (124f.).

Offensichtlich sollen auf diese Weise der literar- und der traditionskritische Ansatz miteinander verbunden werden, doch stehen dem die teilweise recht willkürliche Textbehandlung und die extreme Frühdatierung im Wege. Bemerkenswert ist die Vermutung, Überlieferungen von Saul könnten nicht nur in Nordisrael, sondern auch in Juda Interesse gefunden haben; doch wirkt SEEBASS' Textaufteilung hierfür zu konventionell und sachlich kaum begründbar. Schon vor SEEBASS hatte BIRCH sich in ähnlicher Richtung auf die Suche begeben und dabei sehr eigenständige und doch nicht gar so kühne Wege eingeschlagen (1976). Zwischen der dtr Redaktion (7,3f.13f.; 8,8.10-22; 12,6-24 – im Grunde VEIJOLAS DtrN) und alten Einzelerzählungen (nicht nur die der sog. königsfreundlichen Reihe, sondern auch 7,7-12.15-17; 8,1-7; 10,20-24.26f.) meinte er einen „prophetic editor" ausfindig machen zu können. Dieser wirkte am Ende des 8. Jahrhunderts im Südreich und erblickte in der Saul-Überlieferung „an obvious theological justification for the events of 721" – den Untergang des Nordreichs (153). Ihm sind im wesentlichen zuzuschreiben: eine Erweiterung von *9,1 - 10,16 zur regelrechten Designations- und Salbungsgeschichte, die Einführung Samuels in I 11, die Philippika Samuels gegen das Königtum in 10,17-19, seine Selbstrechtfertigung in 12,1-5 und vor allem die doppelte Verwerfung Sauls in 13,7b-15 und 15,1-35.

Auch wenn schwer einzusehen ist, wie sich 10,17-19 von 8,7 [alt] und 8,8 [dtr] trennen läßt, ist hier doch Wesentliches erkannt: das Vorhandensein älterer Überlieferung auch innerhalb der sog. königsfreundlichen Reihe, und die Möglichkeit höfisch-Jerusalemer Interesses an der Saul-Überlieferung bzw. an einer Deminuierung Sauls, und das noch in relativ später Zeit. Diese Ansätze werden von DIETRICH (1987; ²1992) aufgenommen und fortgeführt. Er bezweifelt, „ob zwei Texte, auch wenn sie beide relativ alt und saulfreundlich sind, deswegen auch zusammen überliefert worden sein müssen ... – oder gab es Großtexte, die ganz anders abzugrenzen und mit ganz anderen Kategorien zu erfassen sind als ‘königsfreundlich/königskritisch’ und ‘alt/jung’?“ (92/64). Deren findet er zwei: a) eine „Samuel-Saul-Geschichte“, beheimatet in Nordisrael, in der bereits vor-dtr der Übergang von der vorstaatlichen zur staatlichen Zeit an diesen beiden Führergestalten beschrieben wurde, und die im wesentlichen I *1 - 3; *7,5ff.; 8,1-5; *10,20-27; 11,1-15 umfaßte; b) eine judäische, wohl nach 722 zu datierende „David-Saul-Geschichte“, die den Übergang der Macht vom Israeliten Saul auf den Judäer David legitimierte, die mit 9,1 - 10,16 anhebt, mit I 13f. fortfährt und bis ins 2. Samuelbuch reicht (die sog. „Aufstiegsgeschichte Davids“). Was die dtr Redaktion – also die Zusammenarbeitung dieser beiden Werke und dazu der LG – anlangt, folgt DIETRICH weitgehend VEIJOLA, schätzt freilich die dtr Textanteile als etwas weniger umfangreich ein. Eben hier liegt der kritische Punkt des Unternehmens. Lassen sich Teile von I 7; 8; 10,17ff. (und läßt sich auch die Verbindung von I 1 - 3 zu I 7ff.) als vor-dtr erweisen – was für die These einer vor-dtr Samuel-Saul-Geschichte konstitutiv ist? Immerhin eröffneten sich so verlockende Perspektiven zur Erklärung der mehrfachen Königserhebung Sauls, des Nebeneinanders von Erwählung und Verwerfung, des Ineinanders von prosaulisch und antisaulisch, von königsfreundlich und königskritisch. Auf der anderen Seite bleibt die synchrone Textinterpretation hier weitgehend ausgeblendet – noch.

Dies letztere gilt auch für die Arbeit MOMMERS (1991). Sie bestätigt in vielem die Ansätze DIETRICHS, geht aber auch in vielem darüber hinaus und schlägt andere Wege ein. Ein dreistufiges Redaktionsmodell lehnt MOMMER ab, er will, wie weiland NOTH und vor allem BOECKER, wieder mit *einem* Dtr auskommen (ohne sich aber die Hintertür eines größeren, freilich nicht mehr differenzierbaren Verfasserkreises zuzuschlagen). Diesem schreibt er wesentlich weniger Eigentexte zu als etwa NOTH und VEIJOLA. Namentlich in I 7; 8; 10,17ff., die ja gern als durchweg jung und königsfeindlich galten, stellt er – wie DIETRICH – breite vor-dtr Textstufen fest. Diese stehen dem Königtum wohlwollend gegenüber; Dtr hingegen denkt grundsätzlich königskritisch, was sich am deutlichsten in I 8,7-21; 12 zeige. Im übrigen greift er nur wenig in sein Quellenmaterial ein: zumeist, um zu verbinden; zuweilen, um einen kritischen Akzent einzubringen (z.B. 10,18f.). Der gesamte Großtext I *8 - 14 lag ihm schon geprägt vor. Er gehörte aber nicht, wie bei DIETRICH, teils einer Samuel-Saul-, teils einer David-Saul-Überlieferung an, sondern bildete in sich eine nordisraelitische Legitimationsschrift für das Königtum. Erst Dtr hat ihr die Samuelgeschichte I *1 - 7, die mit dem Königtum gar nichts, dafür viel mit dem Prophetentum zu tun hat(te), vorgeschaltet, indem er den hier wie dort vorkommenden Samuel konsequent zum ('großen' wie 'kleinen') Richter im Sinne der dtr Konzeption umgestaltete und zu diesem Zweck von der Liste der 'kleinen Richter' (Ri 10,1ff.; 12,7ff.) die Samuel-Notiz 7,*15-17 + 25,1 abspaltete und an ihre jetzige Stelle versetzte.

MOMMERS Entwurf ist äußerst differenziert, auf weite Strecken sorgfältig begründet, leidet freilich im Bereich der Überlieferungsgeschichte an einer starken Tendenz zu Frühdatierungen und zu entsprechenden, zuweilen etwas raschen historischen Schlüssen, im Bereich der Redaktionskritik zu einer gewissen Harmonisierung. Gerade so aber entsteht ein eindrucksvolles, gleichzeitig sehr geschlossen und doch historisch-perspektivisch wirkendes Gesamtbild.

3.2 Die Einzelabschnitte und ihre Überlieferungsgeschichte

I Sam 7. WELLHAUSEN und NOTH hielten das Kapitel insgesamt für das Werk des späten (dtr) und königsfeindlichen Redaktors, VEIJOLA hingegen (1977) für das des königsfreundlichen DtrH. Offenbar schillert I 7 an der Oberfläche in verschiedenen Farben. Als glanzvoller Philisterbezwinger und Richter Israels erlangt Samuel eine Position, aus der heraus er zum Königsmacher werden kann, die aber andererseits die Einsetzung eines Königs gerade überflüssig zu machen scheint. Ist diese Doppeldeutigkeit beabsichtigt? Soll der Leser hier (und vielleicht auch später) gar nicht für oder gegen das Königtum eingenommen werden?

Entschieden bejaht würde diese Frage von jenen Exegeten, die programmatisch nur den Endtext auszulegen bereit sind. ESLINGER (1985, 56f.), GARSIEL (1985, 41ff.), auch und schon WILLIS (1971; 1979, 211) sehen Bezüge von I 7 viel weniger nach vorne, nach I 8 - 12, als vielmehr zurück, nach I 4 (- 6). Die dort entbrannte und in 7,2 noch schwelende Krise zwischen JHWH und Israel wird nunmehr beigelegt. Die beiden, genau gegensätzlich verlaufenen Schlachten bei Eben-ha-ezer (4,4ff.; 7,7ff.) symbolisieren diesen Sachverhalt eindrücklich.

Auch diese Sichtweise führt also zu einer Zuweisung von I 7 an die Schlußredaktion. Denn nur diese scheint, das Vorliegen älterer Überlieferung in I 4 vorausgesetzt, derart explizite Rückbezüge zur Vorgeschichte, zugleich aber auch eine tragfähige Exposition für die beginnende Königsgeschichte geschaffen haben zu können.

Nun verschieben sich aber die Perspektiven, wenn man mit verschiedenen Forschern vor-dtr Material in I 7 wahrnimmt. Am gesichertsten scheint das für die

Richtertätigkeit Samuels im Bereich des Stammes Benjamin (7,16f.) zu sein (so selbst NOTH [2]1957, 55; VEIJOLA 1977, 34; auch NIEHR 1986a, 79f.84). Umstrittener ist die Frage, ob hinter der Erzählung vom Philistersieg (7,7ff.) ältere Überlieferung steht (so RICHTER 1964, 123ff.; BIRCH 1976, 17ff.; WEIMAR 1976, 63ff.; BETTENZOLI 1986a, 339ff.; DIETRICH 1987, 125ff.; MOMMER 1991, 36ff.). Diese dürfte dann im Norden Israels beheimatet gewesen sein und eine feine Polemik gegen den im Süden gefeierten Ruhm Davids als Philisterbezwinger dargestellt haben (WEISER 1962, 22; METTINGER 1976, 81; demgegenüber denkt WEIMAR an oppositionelle Kreise in Jerusalem). MOMMER (1991, 42f.) versteht sie als bewußte, in nordisraelitischen Prophetenkreisen gestaltete Deminuierung der – inzwischen in Jerusalem stehenden – Lade; mit dieser hat Israel die Schlacht bei Eben-ha-eser verloren (I 4), ohne sie, aber auf das Wort eines Propheten hin, gewann es die Schlacht beim neuen, dem wahren „Eben-Eser“ (= Stein der Hilfe).

Wenn MAYES (1978, 8) kritisch bemerkt, erst die dtr Redaktion habe im Richterbuch und folglich auch in I 7 das Nebeneinander von ‘Richtern’ und ‘Rettern’ hergestellt, so ist dagegen festzuhalten, daß eben dieses Ineinander bereits in der vor-dtr Tradition sowohl des werdenden Richterbuchs (in den Gestalten Deboras und Jeftachs nämlich) als anscheinend auch in der Samuel-Überlieferung vorliegt. Konnte man sich im Bereich der Nordstämme schon frühzeitig vorstellen, beide Funktionen seien in bestimmten Persönlichkeiten der vorstaatlichen Zeit zusammengeflossen – und hatte man daran im Falle Samuels vielleicht zutreffende geschichtliche Erinnerungen?

ISHIDA (1977) redet wie von einer „Shilonite confederation“ (33), so von „Samuel’s league“ (34), die dann in Sauls Staat übergegangen sei; Samuels Widerstreben gegen die Einführung der Monarchie beruhte auf seiner „Shilonite ideology“ mit dem Glauben an Gott als König (39). Hier wird allzu unkritisch und flächig die biblische Darstellung als Abbild historischer Abläufe gewertet. Doch muß auch umgekehrt nicht hyperkritisch jeder Bezug des biblischen Bildes zur historischen Realität bestritten werden.

Es ist historisch sehr wohl möglich, daß ein Priester namens Samuel an der Schwelle zur Staatsbildung die Rolle eines Volkstribuns jedenfalls im südlichen Teil des israelitischen Stämmegebietes gespielt und den Übergang von der tribalen zur staatlichen Organisationsform maßgeblich mit beeinflußt hat. (MOMMER 1991, 215, sagt demgegenüber: „Der historische Samuel war der letzte ‘Richter Israels’“ – und als solcher sei er nicht in Kooperation, sondern in Konkurrenz getreten zum ersten König Israels. Die Überlieferung indes schildert beide, zunächst jedenfalls, Hand in Hand.) Immerhin war die Heimat des ersten Königs, Sauls, dem Wirkungsfeld Samuels zumindest nahe. So ist es nur verständlich, wenn die Überlieferung – wohl gar zu unmittelbar (s. unten zu I 9,1 - 10,16 und insgesamt MOMMER 1991) – die Führung von dem Einen auf den Anderen übergegangen sein läßt. Der Aufweis weitgehender Kontinuität zwischen beiden Gestalten – in ihrer Verwurzelung in der vorstaatlichen Stammesgesellschaft wie in ihren Aufgaben und Tätigkeiten – läßt sich sehr wohl als Versuch zur Legitimierung des saulischen bzw. des nordisraelitischen Königtums (in bewußter Wendung gegen das judäisch-davidische?) verstehen. Wäre es so, dann läge in der Verbindung der sog. Jugendgeschichte Samuels (I 1 - 3, s. oben A. 2.) und der Königserhebung Sauls (I *7ff.) eine Art Gründungs-Saga des Staates (Nord-) Israel vor, der man den Namen Samuel-Saul-Geschichte geben könnte (DIETRICH 1987, 106ff.; ^{2}1992, 74ff.).

I Sam 8. Dieses Kapitel gilt als Paradetext für die dtr Haltung zum Königtum. Bei der schlichten Teilung alt-jung, königsfreundlich-königsfeindlich fiel es komplett der zweiten Seite zu. Wo sonst auch würde so scharf der Wunsch nach einem König als Abfall von Gott gebrandmarkt? Das Königtum wird zwar „konzediert", steht aber „unter einem negativen Vorzeichen". „Mögen die Israeliten sehen, welche Erfahrungen sie damit machen werden! Jahwe weiß natürlich, daß es schlechte Erfahrungen sein werden" (DONNER 1984, 175f.).

Nun ist aber der Königswunsch in 8,1-5 durchaus plausibel motiviert, und Gott gewährt ihn in 8,22 schließlich selber. VEIJOLA (1977, 54-60) hat daraufhin eine zwar dtr, aber königsfreundliche Grundschicht (8,1-5.22b, DtrH) und eine wiederum dtr, aber königsfeindliche Ergänzungsschicht (8,6-10.[11-17.]18-22a, DtrN) voneinander getrennt. Andere plädieren dafür, doch das gesamte Kapitel *einem* Dtr zu belassen, diesem aber eine dialektische Position gegenüber dem Königtum zuzutrauen (BOECKER 1969, 35; BECKER 1987 – in Übernahme des VEIJOLAschen Grundansatzes, aber in Bestreitung seiner Anwendbarkeit auf I 8). Wieder andere meinen, der Verfasser sei gar nicht gegen das Königtum als solches, sondern nur gegen ein falsch ausgerichtetes: auf das Vorbild der anderen Völker etwa (WEISER 1962, 30ff.; ESLINGER 1983, 65f.) oder auf die Ersetzung JHWHs als wahren Schutzschildes Israels (BUBER 1951). GUNN schließlich erspürt eine innere Distanzierung des Erzählers von der Figur Samuels: Gott hat ihn lediglich zum *Warnen* beauftragt; er aber verdammt das Königtum in Grund und Boden, zeigt keine positiven Perspektiven auf, treibt so förmlich das Volk in die Halsstarrigkeit – und letztlich Gott, der das Schlimmste verhüten will, zum Nachgeben (1980a, 59-61).

Es mag sein, daß der Endtext schließlich nach solchen oder ähnlichen Überlegungen zustandegekommen ist – und auch zu ihnen anregen will. Immerhin aber sind die Spannungen im Text so stark, sind auch die in ihm verwendeten Sprachfelder so divergent (vgl. den minutiösen Nachweis bei VEIJOLA), daß ein sukzessives Entstehen sehr wohl möglich, wenn nicht wahrscheinlich bleibt. Der Text gewänne dabei an historischer Tiefenschärfe, gäbe er doch Anlaß zu der Frage, wann in der (nach-) exilischen Zeit und mit welcher Intention die unterschiedlichen Positionen zur Gründung eines (wohl gemerkt: monarchischen) Staates bezogen worden sein können.

Die historische Aufschlüsselung mitsamt ihren politisch-theologischen Implikaten verfeinert sich noch, wenn man wahrnimmt, daß die dtr Redaktion diverses Quellenmaterial aufgegriffen und verarbeitet hat. Der Kritik galt das sarkastische „Königsrecht" in 8,11-17 lange Zeit als nachstaatlich-königsfeindliches Pamphlet. Woher auch hätte der historische Samuel wissen sollen, welche sozialen Folgen das Königtum allenfalls mit sich bringen könnte? Wer den Text gern als zeitgeschichtliches Dokument lesen wollte, konnte darauf antworten, das kanaanitische Königtum habe genügend Anschauung geboten (MENDELSOHN 1956, gefolgt von WEISER 1962, 44). Die Wahrheit wird zwischen den Extremen liegen: CRÜSEMANN (1978) wies eine breite, die gesamte staatliche Zeit Israels über anhaltende, antimonarchische Strömung nach; ihr entstamme auch das „Königsrecht" von I 8, das speziell die tiefgreifenden sozialen Veränderungen in der Salomozeit widerspiegele (66-73; vgl. schon BUBER 1951, 63: „eins der vermutlich schon von salomonischer Zeit an aufkommenden Pamphlete"; auch METTINGER 1976, 81; VEIJOLA 1977, 60ff.).

Auch der Anfang des Kapitels scheint nicht erst und ausschließlich von dtr Hand geformt zu sein. Die Frage ist freilich, ob der bloße Überlieferungssplitter von der „Richter"-Tätigkeit der Samuelsöhne (ausgerechnet in Beerscheba! 8,2) an die dtr Redaktion gelangt ist (so NOTH [2]1957, 56; VEIJOLA 1977, 54), oder ob die gesamte Überlieferung vom Königsbegehren 8,1-5 (zumindest in einem Grundbestand) schon zu einer vor-dtr Darstellung gehört hat (so WILDBERGER 1957, 457; SOGGIN 1959, 406; DIETRICH 1987, 131f.; MOMMER 1991, 57-60).

I Sam 9,1 - 10,16. Das „Märchen" (GUNKEL) von Saul, der „auszog, seines Vaters Eselinnen zu suchen, und eine Königskrone fand" (GRESSMANN), gehört zu den schönsten Erzählungen des Alten Testaments. Alles in ihr ist voller Anschauung, drängt zur Nacherzählung und zum Nacherleben. Dies geschieht naheliegenderweise zuerst auf der Ebene des Endtextes. Hierin vorbildlich, wenn auch noch nicht mit dem Instrumentarium der neuesten Erzählforschung, ist die Auslegung HERTZBERGS (^{3}1965, 62ff.) gearbeitet. WÉNIN (1988, 161ff.) spürt den der Gesamterzählung zugrundeliegenden Gestaltungsmustern nach. Er sieht drei Hauptteile (9,5-14 Vorbereitung, 9,15 - 10,1 Begegnung, 10,2-13 Bestätigung), in deren jedem die immer drei gleichen Motive wiederkehren (die verlorenen Eselinnen 9,3f.; 9,20; 10,2 – der Mangel an Vorräten 9,7; 9,23f.; 10,3 – die hilfreiche Begegnung mit Gottesmännern 9,6.8; 10,1; 10,10. Der dritte Teil sei streng chiastisch aufgebaut: a) 10,2-4 „double rencontre“; b) 10,5.6a Ankündigung des Prophetenzeichens; c) 10,6b.7a Ankündigung der Umwandlung; X) – das Zentrum! – 10,7b.8 Handlungsanweisungen; c') 10,9 Umwandlung; b') 10,10 Prophetenzeichen; a') „double réaction“. Man sieht: a) und a') haben höchstens formale Ähnlichkeit; die Szene 10,14-16 ist offenbar nicht unterzubringen; die Verse 7b.8 werden, ungeachtet ihrer Inhalte, zum Erzählkern zusammengepreßt; die Tatsache, daß V.9 ein Schlußsatz zu sein scheint und das Prophetenzeichen überproportional breit nachhinkt, wird überspielt.

Die hohe Ästhetik der Gesamterzählung, ihr insgesamt immer noch wohlproportionierter Aufbau und ihr auf Strecken wunderschöner Sprachfluß vermögen sehr wohl von den Anzeichen überlieferungsgeschichtlichen Wachstums abzulenken. Am auffälligsten sind sie im Schlußteil Kap.10. Samuel salbt Saul und nennt ihm zur Bekräftigung seines Auserwähltseins (vgl. Ri 6) drei „Zeichen“ (10,1-6). Alle drei treten am gleichen Tag ein (10,9) – aber nur von einem einzigen wird das breit berichtet (10,10-13). Anscheinend war hier eine Einzelüberlieferung, die Ätiologie des Sprichworts „Ist auch Saul unter den Propheten?“, einzufügen. Dies geschah, anders als bei dem Paralleltext I 19,18-24, in durchaus saul-freundlicher Absicht (vgl. DIETRICH 1977a, 57f. [Lit!]; 1987, 81-89).

Nicht fest im Kontext sitzen auch die Verse 10,7f. Bildet der erste eine eher schon früh gebaute Brücke zur Philisterkriegserzählung I *13f. (MILLER 1974, 159f.; BETTENZOLI 1986b, 226; H.-C.SCHMITT 1992, 208), so bereitet der zweite anscheinend erst auf dtr Ebene die Verwerfungsszene I 13,7b-15 vor (BUBER 1956, 137f.; L.SCHMIDT 1970, 97f.).

Die rätselhafte Szene von dem Onkel, dem Saul sein Erleben verschweigt (10,13-16), dürfte kaum dtr (so MILLER 1974, 160), sondern eine ältere Überleitung sein – CRÜSEMANN meint: nach I 11 hin (1978, 57), möglich scheint auch: nach I *13f. hin; jedenfalls sollen die Rückkehr Sauls an seinen Heimatort und das völlige

Geheimbleiben seiner Designation bis zum Zeitpunkt der offiziellen Königserhebung sichergestellt werden. AP-THOMAS (1961) macht sich Gedanken über die Identität jenes „Onkels". Es sei schwerlich Sauls leiblicher Onkel Abner gemeint, sondern in einer gewissen Bedeutungsverschiebung „the alert and suspicious Philistine governor of the subjected Benjaminites" (245). Das scheint, gerade im Blick auf I 13,3f., verlockend, aber doch recht gewagt.

Auch die breite Erzählung von der Begegnung des jungen Saul mit Samuel (I 9) weist unter einer sorgfältig geglätteten Oberfläche deutliche Sprünge auf. Einmal ist vom „Gottesmann", dann vom „Seher" bzw. „Propheten" die Rede; dieser heißt manchmal „Samuel", meistens aber nicht; er ist einmal fest in „der Stadt" ansässig, ein andermal scheint er von Ort zu Ort zu reisen; zweimal kündet der Seher von der Auffindung der verlorenen Eselinnnen; einmal wird Saul in einer geheimen Versammlung von Notabeln begrüßt (und wohl gekürt, vgl. WILDBERGER 1957, 454), einmal wird er in der Einsamkeit von Samuel gesalbt.

SEEBASS (1967, nicht mehr 1980) zählt noch weitere Unstimmigkeiten auf und schließt auf zwei separate Einzelerzählungen, die redaktionell zusammengearbeitet worden seien (ähnlich zuvor schon HYLANDER 1932, 139ff.). Meist wird indes nicht eine Quellen-, sondern eine Erweiterungshypothese bevorzugt. L.SCHMIDT (1970, 58ff.; gefolgt u.a. von MILLER 1974, 158; METTINGER 1976, 65ff.; MOMMER 1991, 102) hat in aufwendigem Einzelnachweis eine Grunderzählung zu rekonstruieren versucht, in der Saul von einem Seher zu kriegerischer Tat aufgerufen wird (9,1.2a.3-8.10-13aαβb.14a.18f.[ohne „Samuel"].22a.24b-27; 10,2-4.7.9); sie sei später (in der 2. Hälfte des 9. Jh.) auf Samuel und zu einer typischen Berufungsgeschichte umgeschrieben (9,13aγ.14b-17.20f.22b-24a; 10,1.13b-16) und noch später um die Sprichwort-Ätiologie erweitert worden (10,5f.10-13a). – BIRCH (1976, 29-42) sieht zwei alte Einzelüberlieferungen (9,1-14.18f.22-24; 10,2-4.9.14-16a sowie 10,10-13) durch eine „prophetische" Bearbeitung verknüpft (9,15-17.20f. [25f.]27; 10,1.5-8.16b). – H.-C.SCHMITT (1992, 208f.) schätzt mit guten Gründen die Bearbeitungsschicht als schmaler (9,14b-17.21; 10,1^{LXX}.7f.) und dafür die Grundschicht als breiter ein; die Bearbeitung habe vermutlich in „prophetisch beeinflußten und Nordreichstraditionen pflegenden weisheitlichen Kreisen der Zeit nach 722 v.Chr." stattgefunden (213). STOEBE (1973, 200f.) und FRITZ (1976, 350ff.) halten ältere Erzählstufen für wahrscheinlich, aber für letztlich nicht mehr herauslösbar.

Es sind mithin manche Worte zur Vorgeschichte von 9,1 - 10,16 gesprochen – doch wohl noch nicht das letzte.

Bestimmte Einzelmotive zogen in besonderer Weise das Interesse auf sich. MCCARTER (1980b, 163) druckt eine schöne, aber reichlich phantasievolle Karte von „Saul's Journey" nach 9,4f. STOLZ bemerkt dazu trocken: „Die geographischen Angaben sind allesamt unklar"; mit Saul solle der Leser in die Weite der sich ankündigenden Königsherrschaft geführt werden (1981, 65f.). Durch solche resignativen Tendenzen läßt sich EDELMAN (1988) nicht von einer neuerlichen gründlichen Untersuchung abhalten, aufgrund derer sie Sauls Reiseweg genau meint rekonstruieren zu können: Er verlief von Gibeon (wo Saul lebte!) nordostwärts und dann in einem Kreisbogen westwärts nach Ramataim (in Ephraim, wo Samuel lebte) und dann wieder südwärts nach Gibeon. Die Landschaft *j^emînî* (9,4) ist nicht Benjamin, sondern gehört zu einer ascheritischen Sippe (was angeblich aus I Chr 7,30ff. zu entnehmen ist), so daß alle genannten Regionen im Gebirge Ephraim liegen, nur Sauls Wohnort südlich davon. Frau EDELMAN findet diesen Vorschlag „cogent" (44.58).

Bei der Königssalbung (10,1) unterscheidet KUTSCH (1963) zwischen der von Propheten und der vom Volk (evtl. durch Priester) vorgenommenen. Die letztere, Symbol der Akzeptanz eines Herrschers bei seinen Untertanen, lasse sich auf die Hethiter zurückführen und komme bei Nordreichskönigen nicht vor; dort gebe es nur die andere, aus Ägypten bekannte Spielart, welche die Einsetzung und Beauftragung eines Königs durch Gott (in Ägypten: durch den Pharao) ausdrücke. Unsere Stelle bilde, zusammen mit I 16,1ff., den *hieros logos* dieses Theologumenons im biblischen Traditionsbereich. WEISMAN (1976) bestreitet nicht die Unterscheidbarkeit beider Traditionsstränge, wohl aber ihre strikte Aufteilung. Er will beide Salbungsakte als Teile *eines* Vorgangs verstanden wissen: zuerst werde der Erwählte (von Gott durch einen Propheten) nominiert, dann der Bewährte (vom Volk durch einen Priester) inthronisiert. Dieser zweite Akt ist auch in der Umwelt Israels bekannt, der erste dagegen nicht. Israel habe somit einen altorientalischen Brauch seinen religiösen Überzeugungen angepaßt, sich dabei aber wiederum altorientalischer mythisch-magischer Vorstellungen bedient. – Mag KUTSCHS Hang zur Differenzierung etwas gewaltsam wirken: WEISMANS Zug zur Harmonisierung überzeugt angesichts des schlichten biblischen Textbefunds eher noch weniger.

Schließlich der Begriff des *nagîd* (9,16; 10,1). Seiner Deutungen sind Legion; die wichtigsten Lösungstypen seien (in der Reihenfolge ihrer Glaubhaftigkeit) aufgeführt:

– der von Gott (speziell bei den Nordstämmen und speziell zum JHWH-Krieg) Beauftragte, der 'Retter': SOGGIN 1963, 60f.; RICHTER 1965; HERRMANN 1973, 179; BETTENZOLI 1986b, 228;

– dezidiert der Nicht-König: BUBER 1956, 127; FRITZ 1976, 351f.; TSEVAT 1980b, 93; ESLINGER 1983, 66;

– ein Nominierter, Designierter, Kronprinz: WILDBERGER 1957, 454; WEISER 1962, 52; LIPINSKI 1974; METTINGER 1976, 151ff.; MCCARTER 1980b, 178f.; SHAVIV 1984, 111f.;

– ein 'Hirte': GLÜCK 1963.

I Sam 10,17-27. Auch bei der Erzählung von Sauls Königswahl ist umstritten, ob sie literarisch einheitlich ist, ob sie Spuren einer längeren Überlieferungsgeschichte aufweist, ob sie ganz oder nur in Teilen jung ist.

WÉNIN übergeht diese Frage souverän – oder beantwortet sie implizit –, indem er die gesamte Perikope nach einem chiastischen Schema geformt sieht: In den Rahmen (V.17 und V.25b [V.26f. zieht er zu I 11]) seien zwei Hauptteile eingespannt (V.18-21 und V.24f.), deren jeder in einen Rede- und einen Handlungsteil zerfalle [wobei V.18f. bei doch geradezu entgegengesetztem Inhalt mit V.24 parallelisiert wird]; den innersten Kern der Erzählung bilde – die Anfrage bei Gott nach dem Verbleib des gesuchten Mannes V.22f. Mag eine solche Text"analyse" fromme Ergebnisse zeitigen, textgerecht ist sie kaum; denn nicht einmal an der Oberfläche ist der Abschnitt 10,17-27 so glatt, wie er hier präsentiert wird.

WÉNIN könnte sich indes auf eine ehrwürdige Forschungstradition berufen. Wo und solange man der schlichten Aufteilung königsfreundlich-königsfeindlich folgte, firmierte unser Textpassus *in toto* unter der zweiten Kategorie. WEISER (1962, 63) hat als erster dagegen protestiert, BOECKER (1969, 90) eine relative Königsfreundlichkeit konzediert, VEIJOLA (1977, 41ff.) zwischen dem königsfeindlichen Passus 10,18aβγb.19 (DtrN) und der königsfreundlichen Darstellung 10,17.18aα.20-27 (DtrH) differenziert.

Andere halten nicht den ganzen Abschnitt, sondern Teile davon für jung: V.18f. (BUBER 1956, 145: „Einschub predigerischer Art") bzw. V.17-19.25-27 (BIRCH 1976, 53), den Rest aber für ältere Tradition. In der Tat müßte man der dtr Redaktion mehr Erfindungsgabe und Gestaltungswillen zutrauen, als sie normalerweise zeigt, wollte man die Erzählstücke über die Loswahl, den Hünen Saul, den Königsjubel und das Königsrecht unmittelbar auf sie zurückführen (so, nach anderen und mit unterschiedlichen Akzenten, CRÜSEMANN 1978, 55f.; DIETRICH 1987, 136ff.; MOMMER 1991, 69ff.; speziell zum Königsvertrag 10,25 BEN BARAK 1979).

Einen besonderen Streitpunkt bildet noch der Abschluß des Abschnitts in V.26f.: Saul findet bei den einen Anerkennung, bei den anderen stößt er auf Ablehnung. Der Passus kann, da auf die Gegner in 11,12f. noch einmal Bezug genommen wird, jedenfalls als redaktionell gelten (anders ISHIDA 1977, 46f.) – ist er aber Teil erst der dtr (VEIJOLA 1977, 48ff.; BETTENZOLI 1986a, 346) oder schon einer älteren Komposition (vor CRÜSEMANN, DIETRICH und MOMMER schon GUNNEWEG 1972, 56)?

I Sam 11. Wieder ist es WÉNIN (1988, 170ff.), welcher der Erzählung von Sauls Ammonitersieg eine Grundstruktur abzulauschen vermag. Dazu muß er freilich 10,26f. und 11,12f. – die Frage nach dem „Helfenkönnen" Sauls – hinzunehmen, die Königskür 11,14f. hingegen abtrennen. Es entsteht eine eigentliche Rettergeschichte; WÉNIN vermutet denn auch eine ironische Spitze darin, daß Saul nur dann und solange zu helfen vermag, wie er als im Grunde vorstaatlicher Retter fungiert; sobald er wirklich zum Staatsführer wird, gelingt ihm nichts mehr...

In I 11 ergibt sich ein chiastisches Schema: A) 10,26f. Bestreitung Sauls; B) 11,1-3 Bedrohung Jabeschs; C) 11,4-8 Findung eines Retters in Israel; B') 11,9-11 Rettung Jabeschs; A') 11,12f. Widerlegung der Bestreitung Sauls. In den Innenteilen ist nochmals ein Chiasmus zu beobachten: x) Jabesch wird bedroht; y) Boten suchen Hilfe; z) Israel fürchtet sich; z') Israel ist kampfbereit; y') Boten überbringen die Hilfszusage; x') Jabesch wird befreit. Dreh- und Angelpunkt der Erzählung, plaziert zwischen z) und z'), ist der Überfall des „Geistes" auf Saul; Gottes Eingreifen wendet also die Geschichte.

Die Verse 11,12f. wurden indes oben bereits als literarischer Rückgriff auf 10,27 angesprochen. Auch V.14 sowie die Erwähnung Samuels in V.7 verknüpfen Kap.11 mit 10,17-27: Samuel wird in eine ihm fremde Überlieferung eingeführt, und sein Aufruf in V.14, das Königtum in Gilgal (nur) zu *erneuern*, glättet die Spannung zwischen beiden Stücken. Hatte 10,17ff. die Wahl und Akklamation Sauls zum König durch Samuel und das Volk berichtet, so wird in 11,15 vermerkt, daß der Heerbann nach der siegreichen Ammoniterschlacht Saul vor JHWH in Gilgal *zum König machte* (*mlk* Hif.).

Die Königserhebung ist eindeutig das Ziel der Erzählung I 11 (anders WEISER 1962, 70ff.). Gerade, daß Samuel ursprünglich nicht mit von der Partie ist, und daß Sauls Befreiungsschlag gegen die Ammoniter in vielem an die Heldentaten der Charismatiker aus vorstaatlicher Zeit erinnert, hat diese Darstellung in den Augen vieler Forscher als besonders archaisch und darum in hohem Maß historisch glaubwürdig erscheinen lassen (z.B. ALT [1930] ^{3}1964, 17ff.; MÖHLENBRINK 1940/41; SOGGIN 1963, 57; GUNNEWEG 1972, 54; HERRMANN 1973, 172; mit besonderem Nachdruck auf dem Fehlen Samuels im ursprünglichen Text auch MOMMER 1991, 113ff., der eine Verschriftung schon in davidisch-salomonischer Zeit und eine mündliche Vorstufe gar noch früher annimmt).

Zuweilen allerdings wird erwogen, ob I 11 jetzt am falschen Platz stehe – sei es, daß die Befreiung Jabeschs in Wirklichkeit erst nach Sauls ersten Erfolgen über die Philister (so MILLER 1974, 166f.; METTINGER 1976, 97), sei es, daß sie umgekehrt sehr früh im Leben Sauls stattgefunden habe, woraufhin später, als die Philisternot unerträglich wurde, Samuel und das Volk den bewährten Krieger zum König erhoben hätten (so etwa WILDBERGER 1957, 467; SEEBASS 1967, 170f.; GUNNEWEG 1972, 54).

Manche versuchen sich in noch detaillierteren Rekonstruktionen des Aufstiegs

Sauls. WALLIS (1968, 62) möchte aufgrund der diversen Berichte annehmen, „daß Saul nicht mit einem Male und noch weniger sogleich über Gesamt-Israel König geworden ist, sondern daß ihn einzelne Stämme in verschiedenem Zusammenhang zum *nagîd* gesalbt [= 9,1 - 10,16], zum König erhoben [= I 11] oder durch das Losorakel bestimmt haben [= 10,17-27]". EDELMAN (1984) wiederum will allein aus der Erzählung I 11 bzw. ihren hypothetischen Vorstufen die These begründen, Saul sei vor der Schlacht von Jabesch bereits Regionalkönig gewesen (warum sonst, so die Frage, wären die Boten gerade zu ihm gelaufen?) und sei nach seinem Sieg zum König über Gesamtisrael avanciert. Die historische Skepsis, die FRITZ (1976) nicht nur gegen die oft als legendarisch eingestuften Berichte in I 9f., sondern auch gegenüber I 11 zeigt, ist angesichts solcher Bemühungen fast wohltuend, wenn vielleicht auch etwas überspitzt.

Über den Aufstieg Sauls zum ersten König Israels liegen uns vier verschiedene Versionen in wiederum mehrfacher Überarbeitung vor (und das ist nur das kritisch gesicherte Minimum; die vielerlei Beteiligten am mündlichen Entstehungs- und schriftlichen Überlieferungsprozeß kommen dabei kaum in den Blick). Offenkundig und naheliegenderweise hat die Entstehung eines Staates in Israel die Gemüter beschäftigt und die unterschiedlichsten (Tradenten-) Kreise zu eigener schöpferischer Auseinandersetzung herausgefordert. Historische Verifikation war ihnen dabei weniger wichtig als das Ineinander von menschlich-politischer und göttlich-ethischer Dimension. Gewiß hatten sie historische Tatsachen in Erinnerung und gaben sie weiter, so daß ihre Erzählungen mit Vorsicht und Feingefühl durchaus als Geschichtsquellen gebraucht werden können. Doch das ist nicht ihre einzige und vorrangige Absicht. Sie verlocken zu verstehender Nachempfindung und eigener Schlußfolgerung.

I Sam 12. Die große Abschiedsrede Samuels gilt Vielen als einheitlich: sei es als alte „Bundestradition" mit Haftpunkt in Gilgal (WEISER 1962, 79ff.), sei es als (spät-) dtr, geschichtstheologische Meditation (VEIJOLA 1977, 83ff.; MOMMER 1991, 122ff.).

Oft freilich sieht man eine Zäsur etwa bei V.5. BUBER (1956, 156f.; ähnlich BIRCH 1976) möchte in V.1-6a einen Teil einer vor-dtr Gesamterzählung erkennen, welche aus judäisch-davidischer Sicht das Königtum Sauls in düsterem Licht schildert – nicht zuletzt, indem sie es vor die leuchtende Folie des vorbildlichen, nunmehr abtretenden Samuel rückt. CRÜSEMANN (1978, 62ff.) hält demgegenüber V.3 und, noch älter, V.4f. für Äußerungen eines weit vor-dtr, prinzipiellen Antimonarchismus. In der Tat bedeutet die Selbstentlastung Samuels eine Belastung eher des Königtums im ganzen als speziell nur des saulidischen. Völlig zutreffend arbeitet

GARSIEL (1985, 69f.) die spiegelbildliche Entsprechung zu dem sarkastischen Königsrecht I 8,11ff. heraus. Gerade dies aber weist auf redaktionelle, genauer: (spät-) dtr Gestaltung.

Es scheint, als hätten wir es in diesem Kapitel mit einer grundsätzlichen Abrechnung des Deuteronomismus mit dem Königtum zu tun – kaum, daß dieses auf den Plan getreten, in Wahrheit: nachdem es von der Bühne abgetreten ist. Spürt man der Rede Samuels nicht das deutliche Nein zu jeglichem Versuch einer Restituierung der Monarchie im nachexilischen Juda ab? Zugleich aber gibt gerade dieser, in jeder Hinsicht abschließende Text zu erkennen, daß und wie in eine grundsätzlich antimonarchische Haltung der Respekt vor gegenläufigen Überzeugungen und vor dem faktisch gegenläufigen Gang der Geschichte integriert werden kann. Zunächst wird die Periode der Königszeit relativiert durch eine Repetition der Heilsgeschichte Israels von Mose an bis Samuel (V.7-11; die Vorschaltung von V.1-6 erweist sich von da her als vollkommen sachgemäß). Vor dem damit aufgespannten Hintergrund bekommt der Königswunsch etwas Frivoles, seine Erfüllung etwas Bedrohliches (V.12f.). Immerhin eröffnen sich noch jetzt zwei Möglichkeiten, eine zum Schlechten und eine zum Guten; entscheiden wird darüber die Einstellung Israels und seines Königs zu JHWH und der Tora (in zwei Durchgängen, V.14ff.20ff.). Die Konsequenz für die Leser liegt auf der Hand: Jetzt, da das Königtum beseitigt und Israel noch vorhanden ist, bleibt immer noch – JHWH und die Tora!

4. Die Herrschaft und Verwerfung Sauls (I Sam 13 - 15)

Wir erfahren über Sauls Herrschaft nicht viel. Berichteten I 8 - 12 von seiner Einsetzung als König, so wird ab I 16 eigentlich der Aufstieg Davids zum König geschildert. Saul wird künftig nur noch als negativer Kontrapunkt erscheinen; auch wenn dabei Schlaglichter auf seine Regierung fallen, wird dies gewissermaßen nur zufällig bzw. zwangsläufig geschehen. Lediglich die drei Kapitel I 13 - 15 handeln thematisch von Saul und seinem Königtum, genau genommen von zwei Schlachten, die er (siegreich) geschlagen hat, anläßlich derer er aber jeweils von Samuel verworfen wird (I 13f. bzw. 15). In 14,47-52 zwischengeschaltet ist eine amtlich klingende Liste von seinen Kämpfen mit verschiedenen Nachbarvölkern sowie von seinen Familienverhältnissen.

Insgesamt wirken diese wenigen Kapitel nicht, als wollten sie Wesen und Wirken des ersten Königs Israels umfassend darstellen, sondern ihn vielmehr, kaum daß er aufgetreten ist, wieder abtreten – und neben und über ihm David aufsteigen lassen. Unter der Oberfläche des jetzigen Textes allerdings schimmern Erinnerungen an einen Saul durch, der als Held und Befreier gefeiert wurde. Ebensolche Erinnerungen sind ja auch in I 9 - 11 (und dann etwa wieder in I 31) aufbewahrt.

4.1 Philisterkrieg und Verwerfung

In 13,1 versucht der dtr Geschichtsschreiber, in Analogie zu den später von ihm verwendeten Königsannalen, eine Königsformel für Saul einzusetzen: soundsoviele Jahre war Saul alt, als er König wurde (eine Zahl hat Dtr nicht, erfindet auch keine!), und zwei Jahre regierte er über Israel. Die Peschitta hat auch hier keine Zahl – vielleicht war auch sie Dtr unbekannt. Die 'zwei Jahre' des hebr. Textes sind sehr kurz, wohl viel zu kurz auch für das wenige, das die Tradenten uns von Saul berichten; zuweilen konjizierte man darum in 'neun' oder 'zwölf' Jahre (zustimmend SCHUNCK 1963, 120ff.). Andere, der jetzigen saulkritischen Tendenz der Texte unkritisch Folgende erklären die 'zwei Jahre' für „historisch durchaus plausibel" (so BERGES 1989, 163). Auch der nächste Vers noch, der Saul aus den Männern Israels 3000 Mann für die bevorstehende Philisterschlacht auswählen läßt, scheint dtr zu sein, sofern er von der Volksversammlung I 12 (bzw. 11,15) ausgeht (DIETRICH ²1992, 70).

In 13,3f. folgt eine verblüffende Doppelnachricht: Einmal heißt es, daß Jonatan, dann, daß Saul in Geba (bzw. in Gibea – die beiden Orte werden im folgenden ständig verwechselt) „den Philisterposten erschlagen" habe. Die Verfechter einer synchronen Lektüre von Bibeltexten sind sich uneinig: Will der Gesamterzähler durch die Jonatan-Notiz in einem eigentlichen Saul-Kontext die Geschichte von

Jonatans Heldentat I 14 vorbereiten (BERGES 1989, 164) – oder will er durch die Saul-Notiz in einem Jonatan-Kontext andeuten, daß Saul sich mit fremden Federn schmückt (JOBLING 1976, 369)? Doch auch die Befürworter einer diachronen Betrachtungsweise widersprechen sich. SEEBASS (1966 und 1967) meint, wie in der gesamten Saul-Überlieferung, so auch hier „zwei ältere Quellen" rekonstruieren zu können, die von zwei verschiedenen Philisterschlachten berichteten und in erstaunlicher Parallelität zueinander beide auf die Verwerfung Sauls hinausliefen. Auch STOEBE (1965 = 1989a) denkt an zwei geschichtliche Vorfälle, deren einer mit Saul bei Gibea gespielt habe, der andere mit Jonatan bei Geba. Demgegenüber rechnet J.M.MILLER (1974) mit nur einer Schlacht, die freilich einmal aus Pro-Saul-, das andere Mal aus Pro-Jonatan-Sicht geschildert werde. Wieder anders votiert DIETRICH (^{2}1992, 66ff.): ein ursprünglich Saul zugeschriebener Philistersieg, zu dem den jungen Helden kein anderer als Samuel ermutigt habe (9,1 - 10,16, vor allem 10,5.8!), sei später durch eine Jonatan-Version überdeckt worden.

Freilich, nach dem jetzigen Text gewährt Samuel dem sich zum Kampf gegen die Philister rüstenden Saul keine Unterstützung, sondern entzieht sie ihm. Der Heerführer wartet auf den Gottesmann volle sieben Tage und nimmt dann, als ihm die Leute davonzulaufen beginnen, selbst die nötigen Opfer zum Kampfbeginn vor – wofür ihn der dann doch auftauchende Samuel zur Rechenschaft zieht und des Königsamtes enthebt (13,7b-15).

Die Meinungen auch über diesen Passus sind geteilt. Während ihn manche für einen alten Zug der Erzählung halten (SEEBASS 1967, 170f.; MILLER 1974, 162), sehen andere in ihm einen späten Zusatz (BIRCH 1976, 141: ‘prophetisch’; BETTENZOLI 1986a, 344, und MOMMER 1991, 135-137: dtr).

DONNER (1983, 251f.) schlägt einen Mittelweg ein. Zwar sei der Abschnitt sekundär, aber relativ früh in den Kontext eingesetzt worden; anders sei die Rückverbindung zu der Weisung Samuels in 10,8 nicht erklärbar. Es müsse also eine Textstufe gegeben haben, die I *9f. und *13f. verband, ohne den jetzt dazwischenstehenden (durch die dtr Schlußredaktion eingebrachten) Stoff 10,17 - 12,25 zu kennen. So gebe es also schon aus längst vor-dtr, „wahrscheinlich aus priesterlichen Kreisen um David", eine „erste Verwerfungsgeschichte" (259).

Die Erzählung vom Zusammentreffen Sauls mit Samuel in Gilgal muß nicht von Anfang an auf einen Konflikt, sie kann zunächst auf Kooperation angelegt gewesen sein: Nach Sauls – ebenfalls schon von

Samuel angeregtem (10,5) – Überraschungscoup gegen den Philisterposten 13,4 kam jetzt das Startzeichen zum großen Schlag gegen die Philister. Ein antisaulischer Bearbeiter hat in 13,7bff. diese Darstellung unter Aufnahme von Informationen aus dem näheren Kontext zu einer Verwerfungsgeschichte umgestaltet (so DIETRICH ^{2}1992, 67f.). Er kannte aus 9,1ff. und 16,1ff. Samuel als Leiter von Opferhandlungen – und konnte so in Sauls eigenverantwortlicher Opfertätigkeit eine Eigenmächtigkeit sehen und den Schluß ziehen, ein derart kleinmütiger und zugleich selbstherrlicher Mann sei der falsche Mann für den Thron gewesen. Wir mögen solche Gründe für die Amtsenthebung eines Königs nicht hinreichend finden. Jener Bearbeiter sah das offensichtlich anders. Ließ er sich von der normativen Kraft des Faktischen leiten – oder von seiner Sympathie für die Davididenherrschaft – oder doch von einem Gespür für die Versuchung der Macht, die nichts schlechter erträgt als ihre eigene Begrenzung?

Die eigentliche Verwerfungsaussage freilich, in der die Erzählung jetzt kulminiert (13,13b.14), dürfte innerhalb der erweiterten Erzählung nochmals sekundär bzw. tertiär sein; sie trägt unverkennbar dtr Züge (VEIJOLA 1975, 56; MOMMER 1991, 137ff.). Die Auflage, die Samuel in 10,8 dem König gemacht hat, wird hier zur *miṣwah* Gottes überhöht. Gesetzesgehorsam ist es, was vom König gefordert ist: und zwar gegen die Tora als ganze, nicht etwa nur gegen das dtn Kriegsgesetz Dtn 20, um das herum laut BERGES (1989, 163ff.) das gesamte Kapitel durch den Letztverfasser gestaltet sein soll – wo doch vieles in I 13 so gar nicht dtn klingt und umgekehrt in Dtn 20 die Opferthematik gar keine Rolle spielt. Nein, Saul hat sich über Gottes Gebot hinweggesetzt, und darum hat sich Gott nunmehr einen „Mann nach seinem Herzen" ausgesucht, der *nagîd* über Israel werden soll: eine Anspielung auf die Verleihung dieses Titels an Saul in I 9f. Jetzt wird er einem anderen verliehen. Saul wird das deutlich mitgeteilt, er ist über seine bevorstehende Ersetzung voll im Bilde; was immer er künftig tun wird, steht von vornherein unter einem ungünstigen Zeichen.

Vermutlich hatte die Erzählung von Sauls Zusammenstoß mit Samuel bereits in ihrer vor-dtr Fassung diesen Effekt. Sei es, daß V.13b.14 eine andere Verwerfungsaussage verdrängte, sei es, daß das knappe und scharfe „Du hast töricht gehandelt" von V.13a genügte: jedenfalls wendet sich Samuel von seinem einstigen Protegé ab und „geht seines Weges" (V.15), so daß Saul ohne Samuel, und das heißt: ohne Gott, in die Schlacht gegen den übermächtigen Feind ziehen muß. Ganze 600 Mann halten ihm noch die Treue (V.16), und strategisch wie rüstungstechnisch ist seine Lage hoffnungslos (V.17-22). An sich sind solche Expositionen der Stoff, aus dem die Sage den Helden macht – und so ist es auch hier. Nur: der Held wird nicht Saul, es wird sein Sohn Jonatan sein, der recht überraschend (und in 13,3 nur notdürftig vorbereitet) hier auftaucht (13,6.22). Das bedeutet: wir sind unversehens von einer Saul- in eine Jonatanüberlieferung hinübergeglitten.

In jedem Fall ist Saul ab I 13 nur mehr der Verworfene. Entsprechend steht am Anfang von I 14 eine Heldentat Jonatans. Diese mündet zwar in eine verheerende Niederlage der Philister, doch spielt dabei Saul keine positive, sondern eine höchst unglückliche Rolle. Im Grunde trägt er die Schuld daran, daß Israel nur eine Schlacht, nicht aber den Krieg gewinnt. (Später wird er – freilich auch Jonatan – mit dem Leben dafür bezahlen.)

Die große Erzählung 14,1-46 scheint indes nicht aus einem Guß zu sein. Verraten etwa Unebenheiten und Risse an der Textoberfläche ältere Versionen oder Vorstufen, die eine andere Tendenz aufwiesen als die Schlußfassung?

MILLER (1974, 162) sucht einen Erzählkern zu isolieren, der von einer Beteiligung Jonatans noch nichts wusste, sondern unbefangen Sauls Sieg über die Philister verherrlichte (14,20-23.31-35); darum herum sei dann eine Jonatan-Sage gelegt worden. Andere sehen den Verlauf des Überlieferungsprozesses genau andersherum. Für SCHICKLBERGER (1974b) steht am Anfang eine alte Heldengeschichte über Jonatan (14,1a.4-11a.*12 [urspr. b^{e}*jadênû*].13a.14), die erst nachträglich auf Saul und Gesamtisrael und damit auf einen weiteren Kontext bezogen wurde (14,1b-3.11b.*12 [*jiśrāʾel*]). Ähnlich denkt JOBLING über die Story von Jonatans Heldentat 14,1-23: „On an earlier stage it was probably told without reference to Saul“ (1976, 373).

In ausführlicher, textlinguistisch orientierter Analyse des gesamten Kapitels kommt MADL (1974) zu einem wieder anderen Ergebnis: Eine „Grundschicht“ (14,1.4a.9-10aαb.11a.12abα.13abα.*14 [Zahlenangabe].13bβ. 15aα.16f.20.31.46 – also: Jonatans Husarenstreich als Auslöser für Sauls Sieg) wurde zweifach erweitert: zunächst um eine „Ergänzungsschicht“ (14,2a.4b.5.11b.15aβ.22.23b.47.49-52 – also vor allem geographische und historiographische Notizen) und dann um eine „Überarbeitungsschicht“ (14,2b.3.6f.10aβ.12bβ.*14a.15b.18f.21.23a.24-30.36-45 – also eine religiös-priesterliche Einfärbung und die Eintragung des Konflikts Saul-Jonatan); die Altarbau-Szene 14,32-35 sei ein eigenständiger „Einschub“ (490). Die älteste Version klassifiziert MADL als eine höchst altertümliche „Erzählung von der Heldentat eines Volksführers, knapp, spannend und einprägsam“ (475); die erste Ergänzung habe ein Mann aus „benjaminitischen Kreisen“, der vielleicht „unter Išbaal als Hofschreiber in Maḥanaim“ wirkte, vorgenommen (478); die dritte, saul-kritische Fassung sei „in Levitenkreisen, nicht vor dem Tod Ebjathars“, in der Salomozeit mithin, entstanden (482).

Es ist, wie oft bei literarkritischen Aufteilungsversuchen: Wie zwingend sind die Kriterien, wie wahrscheinlich sind die Ergebnisse, wieviele Vorentscheidungen sind eingeflossen (z.B. über die Möglichkeit derart wortgenauer Rekonstruktionen verschiedener Textstufen, ihrer Einordnung in eine relative und absolute Chronologie, ihrer Festlegung auf bestimmte Absichten)? Immerhin: daß in die Erzählung, wie sie jetzt vorliegt, verschiedene Stoffe und Intentionen Eingang gefunden haben, ist nicht undenkbar. Dies gilt auch für den Fall, daß *Vorstufen* des heutigen Textes *literarisch* nicht mehr präzise ausfindig zu machen sein sollten.

Gerade unter der Voraussetzung literarischer Einheitlichkeit (für die etwa auch BLENKINSOPP 1964, 423ff., und STOEBE 1973, z.St., plädieren) durchmustert MCCARTHY (1983) das Kapitel nach denjenigen Partien, die sich als „variation from ... convention" (251), als Abweichung von der Topik antiker Heldenerzählungen zu erkennen geben. Es sind dies bezeichnenderweise gerade die Stellen, die Saul ins Zwielicht rücken: seine Passivität am Anfang (14,2f.), sein Verstörtsein ob der Tatkraft des jungen Helden (14,16-19), sein das Schicksal herausforderndes Gelübde (14,24), das einen Tabubruch einerseits seiner Soldaten (14,32-34), andererseits seines Sohnes (14,25-30) heraufbeschwört, schließlich seine verdächtig eilfertige und halsstarrige Entschlossenheit, Jonatan an den Henker zu liefern (14,37ff.). Wohl möglich, daß diese Züge und Motive ursprünglich keine Spitze gegen Saul bargen, sondern etwa seinen religiösen Ernst oder seine tragische Verstrickung schildern wollten. Dann aber gälte umso mehr JOBLINGS Feststellung: „the pro-Saul traditions of 14:1-46 have been radically recast to tell an anti-Saul-story" (1976, 371). Schon die Hervorhebung Jonatans als des eigentlichen Philistersiegers dürfte, wie gezeigt, auf Kosten einer Version von Saul als dem Philistersieger gegangen sein.

Sehr gewinnend sieht JOBLING (^{2}1986, 15ff.) schon I 14 nach dem Muster gestaltet, das alle späteren Auftritte Jonatans prägt: ihn ganz nah an seinen Vater heranzurücken – so nah, daß dessen positive Züge (hier: seine Kriegserfolge gegen die Philister) in die des Sohnes übergehen („identification"), ihn gleichzeitig aber so markant vom Vater abzurücken (hier: durch sein berechtigtes Aufbegehren gegen Sauls Tabugebot und seine stille Beugung unter dessen fragwürdiges Todesurteil), daß jener weit hinter ihm zurückbleibt („replacement"). Später dann wird sich herausstellen, daß beides, die Identifizierung mit und die Distanzierung von dem Vater, nur der Übereignung der Macht von Saul über Jonatan an David dient. Auf diese Weise bestätigt sich noch einmal die Vermutung, daß die uns jetzt vorliegenden Überlieferungen von Sauls Herrschaft in I (13) 14 – zusammen mit denen über seinen Aufstieg in 9,1 - 10,16 – den Auftakt zur Aufstiegsgeschichte Davids bildeten. Das Königtum Sauls figuriert nur mehr als mißlungenes Vorspiel zum Königtum Davids.

4.2 Amalekiterkrieg und Verwerfung

Wie bei kaum einem anderen, gehen bei diesem Kapitel in der Forschung die literarischen, historischen und übrigens auch theologischen Urteile auseinander.

Eine Grundfrage ist, ob der Text einheitlich ist oder nicht. Bejaht man sie, folgt die nächste Entscheidungsfrage: Ist er alt (was die Gelehrtengeneration um ALT, V.RAD, NOTH, HERTZBERG wie selbstverständlich annahm, neuerdings aber auch STERN [1989, 413-417] wieder vehement verficht) oder jung (wie man in letzter Zeit mehr und mehr anzunehmen geneigt ist)?

ACKROYD redet andeutend von „a relatively late date" (1971, 122), YONICK diagnostiziert das Kapitel als ein vornehmlich durch klassisch-prophetische und vor allem deuteronomische Vorstellungen und Stilelemente geprägtes (1970, 29.35f.55f. u.ö.), BERGES versteht es als theologisches Konstrukt, das aufgrund deuteronomischer Bestimmungen Saul als Gesetzesübertreter decouvrieren möchte (1989, 175ff., bes. 177 Anm. 63), STOLZ hält es geradezu für einen „Schlüssel der [dtr] Redaktionsschicht" (1981, 99f.), VEIJOLA (1975, 102 Anm. 156) und FORESTI (1984) siedeln es erst auf der zweiten und dritten Redaktionsebene, DtrP und DtrN, an, nach DONNER (1983) ist es „sehr wahrscheinlich jünger als die Priesterschrift" (24), LEVIN schließlich fragt, ob es „zur chronistischen Theologie nicht in größerer Nähe steht als zur deuteronomistischen" (1987, 107). „Immerhin, die Entstehung der Septuaginta und des Kanons sind bisher als Terminus ad quem für I 15 noch nicht angefochten worden!" (DIETRICH ^{2}1992, 10).

Die Tendenz zur Spätdatierung dieses Textes liegt hauptsächlich in seiner vermeintlichen oder tatsächlichen Abhängigkeit von anderen – und zwar späten – alttestamentlichen Texten und Themen begründet. Gern wird auf folgende Sachverhalte verwiesen: In Dtn 25,17-19 wird Israel ein unversöhnlicher Haß auf Amalek auferlegt – steht diese Haltung nicht auch hinter I 15 (YONICK 1970, 33ff.)? David hat gegen die Amalekiter eine erfolgreiche Razzia durchgeführt (I 30); wird mit Sauls Versagen im Amalekiterkrieg nicht nur dazu die düstere Folie aufgezogen (DONNER 1983, 21f.)? Ist es nicht verdächtig, daß in Gen 25,18, einem Zusatz zu P, das Wohngebiet der Ismaeliter mit fast den gleichen Begriffen umrissen wird wie das der Amalekiter in 15,7 (DONNER 1983, 24f.; LEVIN 1987, 107; freilich gibt es eine ganz ähnliche Beschreibung in I 27,8 für den Lebensraum der Geschuriter, Girsiter und Amalekiter). Das Banngesetz Dtn 20 bestimmt auf einer älteren Stufe (V.13-15) 'nur' die männlichen Bewohner einer besiegten Stadt zur Bannung, in einem Zusatz (V.16-18) – und begrenzt auf die Städte Kanaans – auch die Frauen und Kinder; ist es nicht eine nochmalige, verschärfende Fortschreibung, wenn in I 15 auch das Beutemachen verboten wird (FORESTI 1984, 120ff.)? In I Kön 11,29ff. symbolisiert der Prophet Achia von Schilo durch Stücke seines Mantels die Übergabe der Herrschaft an den künftigen König Jerobeam; ist nicht die Szene 15,27f., in der Samuel das Abreißen seines Mantelsaums als Symbol für den Übergang der Herrschaft auf einen anderen deutet, daraus abgeleitet (DONNER 1983, 248; FORESTI 1984, 82ff.)?

Diese Argumente sind, gerade in ihrer Fülle, durchaus eindrücklich, aber keineswegs zwingend. Über die Richtung von Abhängigkeitsverhältnissen läßt sich allemal streiten (etwa bei Dtn 25 und I Kön 11); Grenzbeschreibungen im tiefen Negev können konventionell sein; die Bannvorstellung könnte von Dtn 20,13-15 über Dtn

20,16-18 bis I Sam 15 immer weiter verschärft, es könnten aber auch, wie die Inschrift des Moabiterkönigs Meša aus dem 9. Jh. lehrt, grausamere Varianten auch gerade die archaischeren, und die humaneren, wie das Dtn oder auch der Saul unserer Erzählung sie verfolgt, die 'moderneren' sein (vgl. MOMMER 1991, 153f.).

Es kann nun freilich keineswegs darum gehen, das gesamte Kapitel I 15 wieder in die älteste Zeit zurückzuverlegen. Zu deutlich sind dafür die mancherlei Spuren spät-alttestamentlicher Geistigkeit, sind auch die Anzeichen einer theologisch-konstruierten Lehrerzählung. Etwa die bekenntnishafte, in gebundene Sprache gebrachte Entgegensetzung von Opfer und Gehorsam – laut MOMMER (1991, 155f.) geradezu der Erzählkern – ist eher das Ergebnis als der Auslöser klassisch-prophetischer Kultkritik (DIETRICH ^{2}1992, 17f.). Und unverkennbar trägt das Kapitel auf weite Strecken auch die Merkmale der dtr Sprach- und Denkwelt. Ob es dagegen vom ersten bis zum letzten Wort ein geschlossener dtr (oder gar nach-dtr) Wurf ist, daran läßt sich mit Fug und Recht zweifeln.

Eine wesentliche Differenzierung bringt bereits FORESTI (1984) ein, wenn er zwar den gesamten Text für dtr, aber für zweistufig-dtr hält. Der älteren Stufe (im Anschluß an die sog. Göttinger Schule DtrP genannt) weist er V.1aα.2f.*4-9.10f. 13-15a.16-19.23b.30f.34.35aα zu. In dieser Grunderzählung sind bereits alle wesentlichen Züge angelegt: Bannbefehl, Kriegsbericht, Konflikt König-Prophet, Verwerfung, Demütigung Sauls, Trennung von Samuel. Der Rest stammt, abgesehen von der Glosse V.29, von DtrN: das Motiv von der Schonung und Schlachtung Agags, die Selbstrechtfertigung Sauls, die Opferpolemik, die Mantel-Szene. Was die Intentionen betrifft, so ist im Grundtext die für DtrP typische Mischung deuteronom(ist)ischen und prophetischen Gedankenguts auszumachen: die Bezüge etwa auf Dtn 7,1ff.; 20,13ff.; 25,15ff. auf der einen Seite, die Gattung der Gerichtsrede an einen Einzelnen, die Boten- und die Wortereignisformel, das Motiv des auf eine Strafpredigt hin in sich gehenden Königs auf der anderen Seite. DtrN möchte mit seinen Ergänzungen das vollständige Verworfensein Sauls und das Erwähltsein Davids unterstreichen. FORESTI geht so weit, die gesamten Erzählungen 16,1ff. (Davids Salbung) und II 1 (Sauls Tötung durch einen Amalekiter) als verknüpft mit der Erweiterungsschicht in I 15 und darum als Schöpfungen von DtrN zu deklarieren, 140ff.!

Nicht nur LEVIN (1987) hat diesem Entwurf entgegengehalten, er handhabe die Göttinger Theorie vom dreistufigen dtr Geschichtswerk, wie man weiland die Quellenhypothese im Pentateuch handhabte: als quasi-kanonische Gegebenheit, aus der sich alle Textprobleme erklärten. Seiner Meinung nach ist es in I 15 mit zwei Schichten nicht getan. Der Text sei weiter aufzugliedern, und vor allem: er sei später zu datieren als ins 6. Jh.!

Näher läge eine andere Kritik: I 15 ist gewiß dtr redigiert; aber ein ganz und gar „deuteronomistisch gestalteter Text sieht anders aus“ (DONNER 1983, 25f.). Nicht von ungefähr hat man in den Nachrichten von einem Amalekiterfeldzug Sauls immer wieder eine Vorstufe des jetzigen Textes vermutet. Für SCHUNCK (1963, 84) ist „ein knapper historischer Kern" in 15,4a.5.8a.12b „noch einigermaßen deutlich erkennbar". SEEBASS (1966) findet einen „Grundbestand" in 15,4-8.12b.20b-23.*30-35a (wobei zur Kriegs- schon die Verwerfungsthematik gehört). CAMPBELL (1986a, 134) meint in der Erzählung eine, bereits Teil der AG gewesene „older story of a prophetic rebuke" des Königs Saul isolieren zu können, und zwar in den Abschnitten 15,1aα.2-9.13-15.17a.18-22.31-35a. DIETRICH ([2]1992, 11) sieht als „Kristallisationskern" eine in Gilgal beheimatete „kleine, altertümlich wirkende Erzählung von Sauls Amalekiterkrieg und der Tötung des Amalekiterkönigs durch Samuel" in 15,4-8a.12b.13a.31b-33 (wobei Verwerfung noch gar nicht, sondern gerade die Gemeinsamkeit von König und Prophet im JHWH-Krieg im Blick ist). Und selbst LEVIN ortet in V.*1-8.*12.31f. einen „Amalekiterfeldzug eigenen Rechts", der freilich erst in nachpriesterschriftlicher Zeit erfunden worden sei (1987, 107).

Über die Möglichkeit oder Unmöglichkeit einer solchen militärischen Aktion Sauls im Süden Palästinas gehen die Meinungen auseinander. Vielleicht behält ja EDELMAN (1986) mit dem Versuch recht, die ursprüngliche Geschichte nach Ephraim zu verlagern; dort habe es eine „northern Amaleqite enclave" gegeben; so brauche man 'Karmel' auch nicht im Süden zu suchen (wo es einen Ort dieses Namens aber gibt, vgl. I 25,2!), sondern könne dabei an das bekannte Gebirge denken, und bei dem von Saul errichteten Denkmal an eine schon von Pharao Schoschenk erwähnte Landmarke nahe Megiddo. Wie auch immer: Der biblische Bericht über einen Amalekiterkrieg Sauls scheint im Kern sehr alt zu sein. Danach hatte die Erzählung aber gewiß noch eine lange Überlieferungsgeschichte.

Der differenzierteste Entwurf hierzu liegt bei DIETRICH ([2]1992, 9ff.) vor. Er meint zwischen dem Amalekiterkriegsbericht und der dtr Bearbeitung und Einarbeitung in den jetzigen Kontext eine entscheidende Weiterbildung des Stoffes feststellen zu können, die sich staatskritischen prophetischen Kreisen im Nordreich etwa des 9. oder 8. Jh. verdankt. In ihnen sei ausweislich von I Kön 20 ein militanter Jahwismus beheimatet gewesen, der eine rabiate Vorstellung von JHWH-Krieg und Bannung entwickelte und sich auch gegen pragmatischere und utilitaristischere Vorstellungen von Königen wenden konnte. Am allerersten König Israels wird in dieser Hinsicht ein erzählerisches Exempel statuiert, wobei der alte Bericht über das Zusammenwirken von Saul und Samuel im Amalekiterkrieg (s. oben) aufgenommen und zu einem Zusammenstoß zwischen beiden kritisch umgestaltet wird (15,1aα.3. 8b.9.13b-16aα.27.28a.30.31a.34). Diese prophetische Lehrerzählung wurde, zusammen mit anderen königskritischen Geschichten, in das von DIETRICH postulierte „Buch der Prophetengeschichten" aufgenommen, aus dem sie dann DtrP (also nicht schon der Erstverfasser des dtr Geschichtswerkes!) übernahm, um sie mit den milderen dtn Bannvorschriften und der jetzigen literarischen Umgebung auszugleichen (15,1aβb.2.6aβ.10-12a.16aβb-23.35). Von DtrN schließlich mag die kleine, aber theologisch bedeutsame Weiterung V.24-26(29) stammen. Diesem Entwurf folgt in wesentlichen Zügen, freilich ohne die Unterscheidung verschiedener Deuteronomisten, MOMMER (1991, 145ff.).

Die Erzählung vom Amalekiterkrieg und der Verwerfung Sauls ist heutigem Empfinden in ihrem Inhalt höchst fremd. Samuel zeigt in dem ungemein harten Bann-Befehl V.3 und in der unerbittlichen Härte gegen den Amalekiterkönig Agag V.32f. eine geradezu abstoßende Seite. Unerhört mutet es an, daß König Saul ausgerechnet wegen einer gewissen Pragmatik, vielleicht sogar Humanität im Umgang mit Feinden von Gott verworfen worden sein soll. Laut GUNN (1980a, 40.55f.) haben die biblischen Erzähler selbst schon ihre innere Distanz zu Sauls Verwerfung signalisiert: Dieser mache sich nirgendwo nachweislich schuldig, er begehe in I 15 (und übrigens auch in I 13) keine klar unrechtmäßigen, allenfalls leicht ambivalente Handlungen. Nicht individuelle Schuld laste auf ihm, sondern der Fluch des Königtums, das Gott laut I 8 nicht hatte haben wollen... Derartigen Erwägungen hält STERN (1989, 417-419) entgegen, sie seien viel zu modern-westlich gedacht. Die damalige Hörerschaft werde verstanden haben, warum Amalek vollständig gebannt und warum der dieser Pflicht nicht genügende Saul verstoßen werden mußte. Der Schlüssel liegt nach STERN in einem mythischen Verständnis des *ḥerem*-Begriffes. Der Kriegsbann sei, wie auch die moabitische Mescha-Inschrift zeige, ein Mittel der Gottheit, ihren Kampf gegen das *Chaos*, gegen die aus der Schöpfung ausgeschlossene *„Un-Welt“* zu führen. Die erste Auseinandersetzung Israels mit Amalek, geschildert in Ex 17,8ff., folge unmittelbar auf den erfolgreichen Chaos-Kampf des Gottes Israels gegen das (Schilf-) Meer und die damit verbündeten Ägypter. Die Amalekiter nun drohten Gottes Sieg wieder zunichte zu machen – deshalb könne es gegen sie nichts anderes geben als den Vernichtungsbann. – Wenn man auch STERNS Tendenz zur Frühdatierung dieser Gedanken mit Skepsis betrachtet, so scheint doch mit der mythischen Interpretation der Erzählung ein wichtiger Zugang zu ihr gewonnen: Amalek ist in I 15 weniger als reales Volk denn als Symbol für die Gottes Schöpferwillen entgegenstehenden Mächte zu sehen; vielleicht konnte es letzteres umso mehr werden, je weniger es ersteres noch war.

B. DIE DAVID-SAUL-GESCHICHTE

1. Die biblische Erzählung von David und Saul

1.1 Anstöße zu synchronischer Betrachtung

Vor und nach jeder historisch-kritischen Analyse war und bleibt die sorgfältig-ernsthafte Beschäftigung mit dem biblischen Text in seinem vorliegenden, von Synagoge und Kirche kanonisierten Wortlaut. Die Fachexegese, namentlich die deutschsprachige, hat sich, fasziniert vom Esprit der Aufklärung, ein gutes Jahrhundert lang recht weit wegführen lassen von der jahrhunderte- und jahrtausendealten Übung schlichter oder hochsubtiler, demütig-frommer oder hochgeistiger Bibellektüre. Viel mehr als die neuzeitlich-christliche ist die jüdische Exegese dem seit Urzeiten geübten Geschäft der Auslegung treu geblieben. So haben denn Impulse aus der jüdischen und aus der voraufklärerisch-christlichen Tradition (etwa der Kirchenväter oder Reformatoren), daneben aber aus der profanen Literaturwissenschaft zu einem ganz frischen, unbefangenen und fruchtbaren Lesen auch der Samuelbücher geführt.

Es ist kein Zufall, daß die gewissermaßen außerkritische, ganzheitliche Lektüre der David-Saul-Geschichten nicht nur und nicht zuerst in fachexegetischen Publikationen Früchte getragen hat, sondern in Werken von Nichtexegeten.

An erster Stelle sei hier ein Dogmatiker genannt, dessen Umgang mit der Bibel anerkannt intensiv, innerhalb der Exegetenzunft aber nicht immer sehr geschätzt war. KARL BARTH interpretiert im zweiten Band seiner «Kirchlichen Dogmatik», innerhalb der Gotteslehre (II/2, 1942/^{4}1959, 404-434), das Nebeneinander von Saul und David als Paradigma für das Verhältnis von „Verwerfung“ und „Erwählung“. Seinem Schriftverständnis entsprechend, kümmert er sich dabei wenig bis überhaupt nicht um die historisch-kritische Exegese, sondern setzt sich unmittelbar und nur scheinbar naiv mit dem biblischen Endtext auseinander. Nicht um dessen historische und literaturgeschichtliche Dimension geht es ihm, sondern entschieden nur um die theologische. Der Gestalt Sauls, so führt er aus, haftet von allem Anfang an etwas Ambivalentes an: Er ist der vom Volk in seiner Kurzsichtigkeit gewünschte und der von Gott in seiner Großzügigkeit gewährte König. Gott will mit ihm etwas Gutes bewirken, insofern ist er durchaus und ernsthaft sein Erwählter! Andererseits verkörpert er den törichten Willen Israels, und sobald er selbst – wenn auch nur in „mikroskopisch" geringen Spuren – den Hang zu gottvergessener Eigenmächtigkeit zeigt, wird er prompt verworfen. Demgegenüber David. Er ist keineswegs eine reine Lichtgestalt; doch bei ihm kann selbst blutrote Sünde die Erwählung nicht aufheben! Er ist eben nicht der aus fragwürdigen Motiven Gekürte, sondern der von Gott Gewollte. Nicht als durchsetzungsfähiger Machtmensch und großer König wird er geschildert, sondern als der aus kleinen Anfängen – Hirte, Spielmann, Flüchtling – von Gott Herausgehobene, der sich wiederholt vor Gott und den Menschen Demütigende, der seine Erfolge nicht aus eigener Kraft, sondern mit Gottes Hilfe Erringende, der immer wieder an seine Grenzen Geführte. So hat David, der bleibend Erwählte, eine „Sauls-Seite" – genauso wie der am Ende verworfene Saul eine „Davids-Seite" hat. Der wahrhaft vollkommene Mensch und König ist jedoch keiner von beiden. Sie wie alle anderen alttestamentlichen Herrschergestalten sind letztlich Platzhalter – mehr negative oder mehr positive – für den wahren König, der nach ihnen kommen wird. Im Kreuz Christi nimmt Gott die Verwerfung auf sich selber und rechnet mit der Sauls-Seite des Königtums ab; in der Auferstehung Christi bringt er die Davids-Seite des Königtums zur Erfüllung. Weil die Geschichte des israelitischen Königtums Vorgeschichte zur Geschichte Jesu Christi ist, überwiegt auch in ihr schon die Erwählung die Verwerfung, die Gnade das Gericht.

Die Fachexegese hätte allen Anlaß, staunend und selbstkritisch diesen äußerst tiefgründigen Versuch zur Deutung des 1. Samuelbuches zur Kenntnis zu nehmen. So überaus weit, vielleicht zu weit gespannt die hier geschlagenen Bögen wirken, und so souverän, vielleicht gar zu unbekümmert, hier zahllose exegetische und historische Probleme einfach ausgeklammert werden, so eindrücklich führt BARTH vor Augen, um welche theologischen Dimensionen es in den David-Saul-Geschichten geht.

Ein weiterer fachfremder Anstoß kommt von einem amerikanisch-jüdischen Literaturwissenschaftler. ROBERT ALTER darf als Auslöser oder zumindest wesentlicher Verstärker der vor allem in der amerikanischen alttestamentlichen Wissenschaft immer mehr Raum gewinnenden Methode des 'literary criticism' gelten. Es ist dies ziemlich genau das Gegenteil von Literarkritik. Der zu untersuchende (Bibel-) Text wird nicht analytisch seziert, in verschiedene Schichten und kleinere Einheiten aufgeteilt, er wird auch nicht gattungs- und überlieferungskritisch auf die ihn prägenden sozialen und geistesgeschichtlichen Vorgegebenheiten befragt, er wird vielmehr als ganzer, so wie er vorliegt, auf seine sprachliche Gestaltung und den darin sich ausdrückenden Aussagewillen abgehorcht. In seinem Werk von 1981 gibt ALTER eine Anleitung zur Lektüre nicht nur der Samuelbücher, sondern der biblischen Erzählbücher insgesamt. In sechs Kapiteln stellt er die wichtigsten Mittel hebräischer Erzählkunst vor: Die immer und doch nie genau gleich wiederkehrende „type-scene", das Wechseln zwischen Bericht und Dialog, die Technik der (voll beabsichtigten und gezielt variierenden) Wiederholung, die Kunst des Charakterisierens wie des Verschweigens, die Finessen der bewußt eingebauten Widersprüche, und schließlich das spannungsreiche Spiel zwischen dem Wissen des Erzählers und dem (teilweisen) Nichtwissen der Akteure und Leser. Die Belege für seine Ausführungen nimmt ALTER immer wieder auch aus den David-Saul-Geschichten. Zwei Beispiele mögen genügen: Das Nebeneinander von I 16,14ff. (David kommt als Musikant an Sauls Hof und wird dessen Adjudant) und I 17 (David kommt als Hirtenknabe in die Schlacht und als Bezwinger Goliats an Sauls Hof) war immer ein Stein des Anstoßes für die kritische Wissenschaft. ALTER (147ff.) sieht die Spannung nicht als störend, sondern als gerade anregend zum Verstehen des Gemeinten. Vergleichbar einem post-kubistischen Porträt, welches das Gesicht gleichzeitig von vorne und von der Seite zeigt, wird David in I 16f. zugleich als persönlich gewinnend und öffentlich imponierend geschildert. Nicht voreilige Kritik ist angebracht, sondern unsere Einfühlung in „the writer's binocular vision of David" (148). Das Kapitel I 18 dient ALTER (116ff.) als Exempel für die Kunst des Charakterisierens: In direkter Beschreibung wird viel über Davids Erfolge und Beliebtheit gesagt – aber nichts über seinen Charakter. Dann soll er des Königs

Schwiegersohn werden. Die Erzählung zeichnet Saul völlig transparent in seiner plumpen Aggressivität, Michal nur in einem einzigen Punkt transparent, nämlich in ihrer Verliebtheit („it is the only instance in all biblical narrative in which we are explicitly told that a woman loves a man. But ... Michal's love ist stated entirely without motivated explanation", 118) – während David in seinen Gefühlen und Intentionen völlig undurchsichtig bleibt.

ALTER lehrt, sehr fein auch auf ganz leise Gesagtes zu hören, und dem tut kaum Abbruch, daß er manchmal auch Ungesagtes zu hören scheint. Das geheime Leitwort seines Buches ist „artistry"; er begreift die biblischen Erzähler nicht als Berichterstatter oder Geschichtsschreiber, sondern als Künstler. Und so ist es vielleicht kein Zufall, daß immer wieder auch Künstler sich den Geschichten von David und Saul genähert haben. Nicht von bildenden Künstlern kann hier die Rede sein – wie etwa von Michelangelo oder Marc Chagall –, aber von einigen zeitgenössischen Schriftstellern. Vier Romanautoren haben sich mit den biblischen Erzählungen von David und Saul, von Michal und Batscheba befaßt: Stefan Heym, Joseph Heller, Torgny Lindgren und Grete Weil. Es ist hier nicht der Platz, ihre Werke vorzustellen; das ist an anderem Ort geschehen (DIETRICH 1976 und 1989a). Ohnehin sollte diese Lektüre von selbst verlockend genug sein. Es genügt hier die Feststellung, daß jeder dieser Romane auf seine Weise zeigt, wie lebensvoll und prägnant die biblischen Erzählungen Charaktere und Ereignisse aus der frühesten Königszeit schildern, wieviel Anregung sie geben zu einfühlendem Verstehen und eindringendem Nachfragen, und wieviel Raum sie lassen für phantasievolles Weiterdenken und schöpferisches Weitererzählen. Die biblische Geschichte von David und Saul erschließt sich nicht nur historisch-kritischer Analyse, sondern auch engagiert-ganzheitlicher Wahrnehmung: das lehren die Künstler, Literaturwissenschaftler und Dogmatiker uns Exegeten.

1.2 Der Verworfene: Saul

Die Exegese läßt sich in letzter Zeit verstärkt auf die Betrachtung des biblischen Endtextes ein, dringt dabei aber nicht immer in die eben angedeuteten Tiefendimensionen vor.

EDELMAN (1991, kurzgefaßt bereits 1990) setzt sich die Aufgabe, das Bild Sauls so aufzunehmen, wie es sich in der „Historiography of Judah" herausgebildet hat. Damit meint sie die dtr Schlußfassung des biblischen Textes, die freilich nicht erst in der Exilszeit, sondern bereits in der ausgehenden Königszeit (Joschia) enstanden sein soll. Durch sie wurde der Stoff entlang konventionellen und der „audience" wohlbekannten „patterns" gestaltet. Saul wie David (und übrigens angeblich auch Jonatan) hatten sich einer dreiteiligen Krönungszeremonie zu unterziehen, bestehend aus Designation (= Salbung), Bewährung und Krönung. Von Saul (wie von David) war eine Art Königsbiographie zu erstellen und der Nachwelt zu übermitteln. Für Saul (wie für David) geschah dies nach dem schlichten Muster 'guter Anfang – schlechtes Ende' – signalisiert durch das Leitmotiv des göttlichen 'Geistes', der zuerst sich einstellt und zuletzt abhanden gekommen ist. Dies ist die (doch allzu schlichte) theoretische Grundlegung (S.11-32) für ein 'close reading' der Saulgeschichten, das kaum irgendwo wirklichen Tiefgang erreicht.

Tiefer schürft schon BERGES (1989). Er sieht Saul im 1. Samuelbuch als ungerechten und am Ende selbst gerichteten Richter geschildert. Speziell in zwei gerichtsartigen Szenen in I 22 zeigt sich der König als unfähiger Richter: Seine eigenen Offiziere und die Priester von Nob beschuldigt er, völlig zu Unrecht, der Konspiration mit David. Doch ist der gesamte Textkomplex I 19 - 26 als „große Gerichtsszene" (125) aufgebaut. David ist der Angeklagte, Saul tritt „als Kläger und Richter auf: Die Anklage lautet auf Hochverrat. Jonathan ist Davids Verteidiger. ... David bringt bei zwei Gelegenheiten Beweise seiner Unschuld bei. Obwohl er Saul hätte umbringen können, hat er es nicht getan. Er überläßt JHWH das Urteil und schafft sich nicht selber Recht. In der Begegnung mit Abigail lernt er, sich gerade dann der Selbstjustiz zu enthalten, wenn er selbst in der Position des Stärkeren ist. Der Tod Nabals zeigt ihm, daß JHWH auch gegen Saul ein gerechtes Urteil fällen wird. In der letzten Begegnung zwischen Saul und David bekennt der König seine Schuld. Der Kläger gibt öffentlich zu, daß er im Unrecht ist. So wird er selbst die Strafe tragen müssen, die er David zudachte" (128).

Die Diskussion um die Gestalt des Königs Saul hat sich in letzter Zeit stark auf die Dimension des Tragischen zugespitzt. GOOD stellt in seinem Buch über die Ironie im Alten Testament (^{2}1981) das Kapitel über Saul unter die Überschrift: „The Tragedy of Greatness". Einleitend zählt er auf, worin die Ausleger Sauls Tragik schon begründet gesehen haben: „What makes Saul tragic? ... Is it that Saul attempted the impossible – to unite two incompatible concepts of kingship? Is it the psychic degeneration brought on by Saul's knowledge of his rejection by Yahweh? Perhaps the tragedy lies in a fatal flaw, the undependability of his will, or in the gloomy inevitability of David's good fortune and Saul's bad? Is Saul's tragedy his personal alienation from Samuel on the one hand and David on the other? Did a disordered and unstable personality and the political forces of the time conspire to make him incapable of coping with his task?" (56f.) Jeder dieser Aspekte erfaßt etwas von der Intention der Texte. Namentlich von einer „disordered and unstable personality" wissen die Texte viel zu erzählen; immer wieder deuten sie ein ausgeprägtes Minderwertigkeitsgefühl Sauls an, ausdrücklich formuliert in I 15,17, zuvor beschrieben etwa in 9,21; 10,14-16.21f.; 11,13; 13,11-14; 14,45 (so GOOD 70f.; man kann freilich zweifeln, ob all diese Stellen gerade das zum Ausdruck bringen wollen). Mehr liegt GOOD indes an etwas anderem: „The theme is the theological ambiguity of the establishment of a monarchy and Saul's failure to fill the bill ... In a sense, he [the author] has told the story of a man not fitted for a job that should not have been opened. Yet Saul came close enough to being great that he emerges as tragic" (58f.).

HUMPHREYS (1978; 1980; 1982) meinte, das Tragische an Saul dadurch noch klarer herausarbeiten zu können, daß er unter der Textoberfläche des jetzt vorliegenden 1. Samuelbuches ein uraltes Epos freizulegen versuchte, das nichts anderes zum Thema gehabt habe als „The Tragedy of King Saul". Es sei nicht frei entworfen, sondern aus einer Reihe von Einzelerzählungen zusammengesetzt gewesen.

Im einzelnen handelt es sich um *9,1 - 10,16; 11,1-15; 13,1-7a.15b-23; 14,1-46; 15,4-9.13.20f.24-26.30f.34f.; 17,12.14.17-23a.24f.30.48.50.55-58; 18,2.20.22-25a. 26f.; 18,6-9a; 19,1-7.11-17; 26,1-8.10-14a.17-22.25b; 28,3-15.19b-25; 31. Man kann sich des Eindrucks nur schwer erwehren, diese Textauswahl sei vor allem aus inhaltlichen Gesichtspunkten heraus getroffen.

Von diesem Saul-Epos, so HUMPHREYS, lasse sich ganz Ähnliches feststellen wie von der griechischen Heldensage: „the emphasis is on the inner psychic development and deterioration of the man Saul and his personal relationship with others" (1980, 77). Die alte Grunderzählung sei später in nordisraelitischen Prophetenkreisen und dann noch einmal am judäischen Hof überarbeitet worden (s. unten B. 2.2). Dabei habe sich die ursprüngliche tragische Grundtönung weitgehend verloren.

Demgegenüber bleibt GUNN (1980a) beim biblischen Endtext. In ihm, so wie er dasteht, findet er eine sehr spezifische, theologisch tief abgründige Form von Tragik zum Ausdruck gebracht. Die innere Triebfeder der gesamten Geschichte ist die Dualität von Verwerfung und Erwählung. Der Leser weiß von vornherein, daß Sauls Herrschaft unter einem unguten Stern steht; bald erfährt er, daß Gott ihn verworfen, und kurz danach auch, wen er zu seinem Nachfolger auserkoren hat. Saul dagegen weiß nur, daß er verworfen und die Herrschaft einem anderen zugedacht ist – nicht aber, wem. So holt er nichtsahnend den Erwählten in seine allernächste Umgebung und fördert dessen Aufstieg. Mit der Zeit wird er mißtrauisch, aus der Liebe wird Haßliebe und endlich lodernder Haß. Doch alles, was er gegen David unternimmt, schlägt zu dessen Vorteil und zu Sauls Nachteil aus. Saul versinkt darob in heilloser Wut und hilfloser Ohnmacht. Am Ende scheitert er: nicht eigentlich an David oder an den Philistern, auch nicht am eigenen Unvermögen, sondern an – Gott! Gott hatte ihm das Königsamt förmlich aufgezwungen, um dann nur darauf zu lauern, wie er den ungeliebten König wieder loswerden könnte. Von allem Anfang an lenkte er das Schicksal gegen ihn – warum sonst der seltsam-unsinnige Befehl Samuels in 10,8, gleich nach der Salbung? Warum sonst die überharte und unerbittliche Reaktion auf Sauls anfangs nur minimale Vergehen? Saul ist eben Gottes „victim", David dagegen sein „favourite". So hat Saul gegen David „an unequal match" auszutragen (115). Verbissen wehrt er sich gegen das über ihn verhängte Schicksal und richtet dabei Schlimmes an – doch kann man's ihm verargen? Nicht seine Eifersucht auf David ist Grund allen Übels, sondern Gottes „jealous persecution of Saul" (129). Weniger Saul, als vielmehr „God does have a dark side" (131).

EXUM (1992) zieht gewissermaßen die Summe aus den neueren Arbeiten zur Tragik Sauls. Für sie ist die Geschichte des ersten Königs „the clearest example of biblical tragedy" (16). Dies versucht sie durch ausgedehnte Vergleiche der Saul- mit der Simson- und der Ödipus-Geschichte nachzuweisen. Ihre Intention berührt sich eng mit derjenigen GUNNS, auch wenn sie an ihm kritisiert, er stelle Saul allzusehr als unschuldiges Opfer göttlicher Willkür hin (17f.) – wo doch Saul, mindestens ebensosehr wie Gott, „a particularly complicated personality" sei (35). So leide er an zweierlei: „his own turbulent personality and the antagonism of God toward human kingship" (41). Dies letztere erinnert an GOOD, doch geht EXUM einen Schritt weiter: Saul ist zwar tatsächlich der Sündenbock („scapegoat", 38) für den verfehlten Königswunsch des Volkes. Doch indem er, gleichsam stellvertretend, die Strafe für diese Verfehlung auf sich nimmt (bzw. zu nehmen hat), schafft er der Davidsdynastie freie Bahn. Ihm ist in Gottes Ökonomie die „predestination to evil" zugewiesen. Gott wirkt auf seinen Untergang hin – und findet in ihm selbst seinen besten Helfer. Von Anfang an zeigt Sauls Charakter bedenkliche Seiten, doch erst unter dem „terror of divine enmity" (41) nehmen sie überhand. Es ist, als wären „demonic forces" (40) hinter ihm her, doch ist es Gott selbst; er ist es, der ihm seinen Geist entzieht, der ihm die Vergebung seiner (winzigen) Schuld verweigert, der ihn in Verbitterung und Verzweiflung treibt.

Solch einfühlsame Darstellungen lassen ein eindrückliches Bild von Saul als tragischer Figur entstehen. Er, der erbarmungslos hinter David her Jagende, ist in Wahrheit der Gejagte. Gott treibt ihn ins Unglück – und dies aus Gründen, die er höchstens teilweise selber zu verantworten hat. Es sind freilich Zweifel erlaubt, ob hier wirklich (nur) die Eigenaussage der Bibel, oder nicht (auch) ein bestimmtes Lebensgefühl der Moderne zum Ausdruck kommt. FRETHEIM (1985) fragt im Blick auf HUMPHREYS und GUNN voller Bissigkeit, „whether that is actually an aspect of the God revealed in the text, or whether scholars have more personal theological problems with the way in which the God of the text speaks and acts" (599, Anm. 20). FRETHEIM möchte Gott gegen den Vorwurf in Schutz nehmen, er habe an Saul hinterhältig gehandelt. Vielmehr habe Gott Sauls Entwicklung zum Bösen nicht vorausgesehen. Dessen erste, noch sehr geringfügige Übertretungen hätten ihn, Gott, überrascht! Er habe sogleich erkannt, daß dies nur der Anfang und daß der Versuch mit Saul sofort abzubrechen sei, ehe dieser irreparablen Schaden anrichte. Gott zu Ehren ist zu sagen, daß er aus seinem Irrtum gelernt hat: An David stellte er keine hohen Anforderungen mehr, bewahrte ihn vielmehr vor Verfehlungen und stellte ihn samt seiner Dynastie unter eine unkonditionierte Verheißung (II 7).

Ob es so war? Vermutlich wollten die biblischen Autoren Gott weder bei tastenden Geschichtsexperimenten noch als finster-undurchdringliches Fatum schildern. Vielmehr warf ein so komplizierter und ambivalenter Vorgang wie die Staatenbildung schwierige, nicht einlinig zu lösende historische und theologische Probleme auf. Sollte ein König in Israel sein, und wer und wie sollte der König sein? Von allem Anfang an gab es darüber unterschiedliche, ja gegensätzliche Ansichten. So verlief auch die Überlieferungsbildung spannungsreich und widersprüchlich. Trotzdem waren die biblischen Autoren der Überzeugung, auch dieser Abschnitt der Geschichte Israels sei, wie jeder andere, von JHWHs lenkender Hand durchwaltet. Also mußte der schließliche Niedergang Sauls wie der unaufhaltsame Aufstieg Davids einen Sinn haben. Es lag nahe, die Schicksale beider aneinander gekoppelt zu sehen: In dem Maße, in dem der eine wuchs, wich der andere. Hatte JHWH den einen erwählt – und dies war im Lauf der (Traditions-) Geschichte zur felsenfesten Gewißheit geworden –, dann mußte er den anderen verworfen haben. Die biblische Darstellung lenkt das Hauptaugenmerk freilich nicht auf das verwerfende, sondern auf das erwählende Handeln JHWHs, nicht auf die dunkle, sondern auf die lichte Seite Gottes. Doch wirft auch göttliches Licht Schatten – und dahinein gerät Saul. Wer nun allein von ihm und seinem Schicksal her das Gottesbild der David-Saul-Geschichte zu gewinnen sucht, tappt wortwörtlich im Dunkeln – und meint dort alsbald die Züge eines Stümpers oder Zynikers wahrzunehmen. Die biblischen Erzähler deuteten die Möglichkeit einer solcher Sichtweise höchstens an; ihre eigene ist es sicher nicht, und es sollte darum auch nicht die ihrer Leser und Interpretinnen werden.

1.3 Der Erwählte: David

BRUEGGEMANN läßt mit dem Titel seines Buches „David's Truth" (1985) schon erkennen, daß er die Akzente anders setzen möchte. Mit dem Untertitel „ ... in Israel's Imagination & Memory" deutet er an, daß es ihm nicht um den historischen David und seine Vorzüge (oder den historischen Saul mit seinen vermeintlichen Nachteilen) geht, sondern um das Bild, das die Bibel davon malt. Und da gibt es für BRUEGGEMANN keinen Zweifel: die Bibel ist „naively enthusiastic for David" und „relentlessly polemical against Saul" (20). Entgegen einem oberflächlichen Eindruck (und neuerdings häufig vertretener Forschungsmeinung) hat das aber mit davidischer Hofpropaganda nichts zu tun. Die David-Saul-Geschichten sind nämlich gerade nicht Hof-, sondern Volksliteratur, genauer: „survival literature", schärfer noch:

„political, partisan narrative" (22). Sie sind nicht für die Mächtigen, sondern für die einfachen Leute geschrieben. Daß da ein Nobody, ein *chapiru*, sich den Anschlägen des Königs zu entziehen vermag und schließlich selbst zum König Israels wird, ist ein revolutionäres Geschehen. „One may then understand this narrative to be hopeful, because it tells, generation after generation, that the marginals can become the legitimate holders of power... David is a model for the last becoming first" (23). Es kommt eben darauf an, bei der Bibellektüre die richtige Brille aufzusetzen; „tribal reading" ist beim Lesen der David-Saul-Erzählung gefragt (30).

Auch wer den Ansatz und die Zielsetzung BRUEGGEMANNS herzlich sympathisch findet, wird nicht umhin können festzustellen, daß seine Auslegung die Schwäche aller Arbeiten teilt, die ohne historisch-kritische Rückfrage an der Oberfläche des Textes ansetzen und an dieser bleiben: Welche Perspektive auf den Text gewählt, welche Züge aus ihm hervorgehoben und wie sie gewertet werden, das liegt weitgehend im Ermessen des Auslegers oder der Interpretin. Die dabei entstehenden Bilder versprechen wohl lebendig, dafür aber sehr subjektiv zu sein und in ihrer Flächigkeit und Einlinigkeit nicht immer zu überzeugen, zuweilen auch ausgesprochen unglaubhaft zu wirken. Im Falle BRUEGGEMANNS fällt auf, daß er die mit Händen zu greifende davidisch-höfische Dimension der Texte rundweg leugnet und ihnen stattdessen ein gewissermaßen vorkönigliches Denken unterstellt (was, nebenbei bemerkt, eine extreme Frühdatierung voraussetzt). David gerät dabei zum rührend Schwachen und Saul zum rasend Bösen – was beides dem biblischen Bild nur teilweise entspricht.

KNIERIM (1970) entdeckt im 1. Samuelbuch differenziertere, betont theologische Grundmuster. Die Belege der Wortwurzel *mšḥ* ergeben, im Zusammenhang gesehen, eine regelrechte „Messianologie", die an den beiden ersten Königen Israels sowohl in positiver Beschreibung als auch in negativer Abgrenzung entfaltet wird. Es müssen, so KNIERIM, prophetische Kreise gewesen sein, die dafür sorgten, daß Saul wie David vom Propheten Samuel (nicht etwa 'nur' vom Volk oder vom Adel) gesalbt werden, und daß beide daraufhin zuerst mit dem (prophetischen) Geist begabt werden, ehe sie militärische Machttaten vollbringen (I 9,1 - 10,16; 16,1-13). Doch in der Folge vermag nur einer von beiden solch hoher Bestimmung gerecht zu werden, der andere versagt. Sehr effektvoll stellen die David-Saul-Erzählungen dem nicht mehr rechtmäßigen, aber noch mächtigen 'Messias' Saul den rechtmäßigen, aber noch ohnmächtigen 'Messias' David gegenüber. Dieser wird durch alle äußere und innere Gefährdung hindurchgetragen, jener hat „keine andere Wahl als nur das zu tun, was zum Untergang führt" (129).

MISCALL (1983) hält es für grundsätzlich verfehlt, ein bestimmtes, sei es einliniges oder dialektisches Verständnis der Texte und speziell der Gestalt Davids gewinnen zu wollen. Er bekennt: „my mode of reading is a departure from the main ways of reading the Bible, particularly their desire for clear and definite meaning" (73). Dementsprechend ist sein Lieblingswort „ambiguity". Nachgerade alles, was die von ihm untersuchten Erzählungen I 16 - 22 über David berichten, ist doppeldeutig. Einige Beispiele: Wenn es in 16,7 heißt, der Mensch sehe das Äußere, Gott aber sehe das Herz an, so meine das keineswegs, daß Gott in Davids Herz gesehen und dieses als rein erkannt habe, sondern nur, daß Gottes Beweggründe für die Erwählung (wie für die Verwerfung!) nicht einsehbar seien (52f.). Wenn dann in 17,28 Eliab von Davids 'bösem Herzen' spreche, so sei nicht ausgemacht, daß er damit nicht ein Stück weit recht habe – oder ist etwa David nicht arrogant (66)? In 17,45-47 erklingt eine ungemein fromme Rede Davids – „But is this a sincere or a self-serving speech?" (69) Was MISCALL zu I 17 feststellt, gilt für die gesamte Darstellung Davids im 1. Samuelbuch: „The narrative raises the questions of David's motivations and intentions ..., but leaves them indeterminate. David is a cunning and unscrupulous schemer, and he is also an innocent 'man of destiny' for whom all goes right. The text supports a spectrum of portrayals of David and thereby does not support any one definite or probable portrayal" (83).

MISCALLS eigenwillige Deutung hat den entschiedenen Widerspruch PAYNES (1984) hervorgerufen. Jahrhundertelang habe man das Davidbild der Samuelbücher als positiv, ja strahlend empfunden – wie könne es jetzt auf einmal als völlig ambivalent hingestellt werden! Nicht nur die Psalmisten, auch schon etwa der Erzähler von I 17 hätten David als Vorbild und Volkshelden gekannt und verehrt, sonst hätten sie nicht auf solch enthusiastische Weise von ihm reden können. Schatten am Davidbild seien bekannt gewesen – doch auch, daß dieser König sich Kritik beugen konnte. Insgesamt sei dem positiven Davidbild der Bibel auch historisch zu trauen.

Vielleicht führte bei dieser Replik allzu deutlich Apologetik die Feder, und verdient es die Mahnung MISCALLS, nicht vorschnell und einlinig zu interpretieren, sehr wohl beherzigt zu werden – übrigens auch von MISCALL selbst! Dessen Entschlossenheit nämlich, überall im Text Ambivalenzen zu finden, ist auch nicht frei von Gewaltsamkeit. Dasselbe gilt von dem Drang, bestimmte Züge in den David-Saul-Geschichten, über alle Einzelunterschiede und literarhistorischen Gräben hinweg, mit solchen in anderen biblischen Erzählungen zu parallelisieren. Der Goliatkampf I 17 etwa soll laut MISCALL mit Jakobs Kampf am Jabbok (Gen 32,23ff.) zu vergleichen sein – eine, mit Verlaub, grobe Überbewertung Goliats (77ff.). David als Schwiegersohn Sauls (I 18) ist angeblich mit Jakob als Schwiegersohn Labans zu verbinden (Gen 29 - 32): beide Schwiegerväter haben zwei Töchter, beide Schwiegersöhne sind mittellos und müssen deshalb einen recht ungewöhnlichen Brautpreis 'bezahlen', in beiden Familien gibt es Streit, beide Male wird mit Hilfe eines Terafim der Vater von der Tochter betrogen (87f.). Gut – aber was lernt man daraus? Sind solche Koinzidenzen nicht bei der damaligen Gesellschaftsordnung zu erwarten und darum zufällig?

Unter ausdrücklicher Berufung auf MISCALL, aber eher noch willkürlicher schlägt PLEINS (1992) eine Brücke von den David-Saul-Geschichten zur Erzählung von Isaaks Bindung; ohne den Blick auf Gen 22 sei die Schilderung des Konflikts zwischen Saul und David „inexplicable" (35). „The Saul story reflects the Abraham story with terrible irony" (32). „Terrible irony" – der Ausdruck droht sich gegen den Verfasser zu wenden. Was haben die Anekdoten von Sauls Anschlägen auf David und Jonatan mit der zu äußerster Dichte komprimierten jüdischen Leidensgeschichte von Gen 22 zu tun? Und wie kann man den Racheverzicht Davids in I 24 und I 26 mit der Opferrolle Isaaks vergleichen?

Welch sonderbare Blüten eine historisch-kritisch unkontrollierte Parallelisierungswut treiben kann, zeigt ein älterer Beitrag aus der skandinavischen Myth-and-Ritual-Schule. KAPELRUD (1974) listet Züge an David auf, die er auch an diversen Mitgliedern der altorientalischen Götterwelt entdeckt hat: sein Hirtesein etwa, oder sein Leierspiel, oder die Aussage von der „Ewigkeit" seines Thrones. „Is it only a coincidence or is there some common background?" (38) Leider entscheidet sich KAPELRUD für das Letztere und erklärt, David sei den Erzählern geradezu als Heilsbringer, als göttliche Lichtgestalt erschienen, und so hätten sie ihm Epitheta aus den uralten Göttermythen des Orients beigelegt.

Durchaus ernst zu nehmen, weil (literatur-) geschichtlich auch einzuordnen und dadurch glaubhaft zu machen, ist demgegenüber eine Analogie, die zuerst GRØNBÆK (1971, 96-100) und dann GARSIEL (1985, 120f.) und BERGES (1989, 235-238) wahrgenommen haben: die zwischen der Davids- und der Josefsgeschichte (Gen 37ff.).

David wie Josef sind die Jüngsten unter ihren Geschwistern, beide betätigen sich in jungen Jahren als Hirten, beide werden als außergewöhnlich schön und klug bezeichnet, beide werden schon früh über ihre künftige bedeutende Stellung ins Bild gesetzt, beide werden vom Vater zu den Brüdern geschickt und erfahren deren Feindseligkeit, beide haben tiefe Leidens-, beide auch Exilserfahrungen durchzumachen, von beiden heißt es, Gott sei „mit ihnen" gewesen, beide nehmen einen märchenhaften Aufstieg an Königshöfen, beide heiraten hochgestellte Damen, beide sind von Gott ausersehen zur Rettung seines Volkes. Keiner der genannten Exegeten bietet eine schlüssige Erklärung für diese in der Tat verblüffende Parallelität. Möglicherweise liegt sie auf der gleichen Linie wie die Verwandtschaft zwischen Lade- und Exodusgeschichte (s. unten C. 1.). Die Exodus- wie die Josefsgeschichte sind nordisraelitischen, die David- wie die Ladegeschichte judäischen Ursprungs. Unter der (sehr wahrscheinlichen) Voraussetzung, daß die israelitischen Erzählungen jeweils die älteren sind, ist es sehr gut möglich, daß judäische, genauer: beamtete Jerusalemer Erzähler bzw. Schriftsteller – gewiß unter Benutzung älterer judäischer Einzelüberlieferungen, vor allem aber in bewußtem Gegenüber zum jeweiligen nordisraelitischen Vorbild – hier eine Art judäischer Nationalepen geschaffen haben: eines über den Begründer des Jerusalemer Königshauses, und eines über den zentralen Kultgegenstand des Jerusalemer Gotteshauses.

1.4 Nebengestalten: Jonatan, Michal

Schon immer übte die innige Freundschaft zwischen David und Jonatan auf die Ausleger einen eigenartigen Zauber aus, ist dies doch das einzige Freundespaar, das die Bibel beschreibt (O.KAISER 1990, 281, mit treffendem Vergleich zur griechischen Literatur, in der die Freundschaft zwischen Männern häufig bedacht und besungen wird). Ist es eine Respektlosigkeit gegen die Bibel oder eine Notwendigkeit in unserer Zeit, zu überlegen, ob Jonatans Liebe, die David in seiner anrührenden Klage über den gefallenen Freund als „wunderbarer denn Frauenliebe" rühmt, homoerotische Liebe war?

GUNN (1980a, 93) meint, schon die biblischen Autoren hätten sich darüber Gedanken gemacht. Angeblich gezielt haben sie dafür gesorgt, daß mehrfach David in Verbindungen mit Frauen gezeigt und damit als heterosexuell erwiesen, von Jonatan dagegen einzig seine Liebe zu David erwähnt wird, so daß Sauls ältester Sohn, der Kronprinz, als homosexuell – und damit als dynastieunfähig erscheint.

HORNER (1978, 40-58), dessen Buch über Homosexualität in der Bibel Jonatans Liebe zu David den Titel gab, will an das Thema ohne falsche Vorurteile herangehen. Vorbei an der „homophobia in Western culture" (36) und an den verklemmt-apologetischen Abwehrversuchen exegetischer Fachleute, will er den wahren Sachverhalt und das Denken der biblischen Schriftsteller darüber ermitteln. Ihm steht es, aufgrund vor allem von I 20,30f. und II 1,26, zweifelsfrei fest, daß David in seiner Jugend mit Jonatan eine homoerotische Affäre hatte; daß er dies gar nicht zu verbergen trachtete, und daß er trotzdem „married eight times and had many children... Above all, this type of homosexuality had nothing to do with effeminacy. Such men were warrior friends" (38). Unter harten, jungen Männern also galten (vorübergehende) homosexuelle Beziehungen nicht als verwerflich; verachtet wurden sie nur, wenn sie sich mit Weichlichkeit, eben 'Unmännlichkeit' im Sinne einer patriarchal geprägten Welt verbanden.

Nun hatte bereits 1974 THOMPSON eine Untersuchung zum Gebrauch des Verbs *ʾaheb* „lieben" in den David-Jonatan-Erzählungen und darüber hinaus im ganzen 1. Samuelbuch vorgelegt. (Die Belege: I 16,21: Saul; 18,1.3; 20,17; II 1,26: Jonatan; I 18,20: Michal; I 18,16.22.28: Sauls Umgebung/Israel). Die umgebenden Wortfelder, so das Ergebnis, wiesen den Begriff nicht als einen Ausdruck persönlicher Zuneigung aus, sondern eher als politischen Terminus, der in den Bereich der Vertragssprache hineinreiche.

DOOB SAKENFELD (1983) demonstriert ganz Ähnliches an einem anderen, in diesem Zusammenhang wichtigen Leitbegriff: *ḥäsäd*. In I 20,8 erbittet David von Jonatan *ḥäsäd* und meint damit inhaltlich: Schutz seines bedrohten Lebens; in I 20,14f. (und dann in II 9,1) „we find the roles reversed". In jedem Fall bezeichnet das Wort „an act", besser „an action", „of loyalty" (197); seine gelegentliche Verknüpfung mit *berît* macht vollends klar, daß es „political rather than personal overtones" hat (199). Zu *ʾaheb* verweist sie, nachdem sie THOMPSONS Argumentation praktisch wiederholt hat, noch auf den analogen akkadischen Begriff *raʾamu*, der so viel meint wie 'Loyalität zeigen'; so mag *ʾaheb* hier ungefähr bedeuten: 'einem strahlenden Helden, dem künftigen König Reverenz erweisen'. Von Homosexualität könne demnach kaum die Rede sein (201; man hofft, dies sei ein ungesuchtes Ergebnis und nicht das heimliche Motiv der Untersuchung!).

EXUM (1992) hebt hervor, daß im 1. Samuelbuch David immer nur als Objekt, nicht als Subjekt des 'Liebens' erscheint. So heißt es auch, Jonatan habe David geliebt – „nothing is said of the converse" (73). Es gibt in den Texten eine ganze Bewegung von Jonatan auf David zu: Jonatan schenkt David nicht nur 'Liebe', sondern feierliche Worte der Verbrüderung (I 20,12ff.), ja sogar seine Waffen (I 18,4). Darin symbolisiert sich der Übergang der Macht von Saul (und den Sauliden) auf David (und die Davididen). In die gleiche Richtung weist angeblich die chiastische Anordnung, in der die Jonatan-Szenen ins 1. Samuelbuch eingestreut wurden: A / A' Sieg und Niederlage Jonatans gegen die Philister (I 13; 31); B / B' Bündnis Jonatans mit David (I 18,1-4; 23,15-18); C / C' Einsatz Jonatans für Davids Sicherheit (I 19,1-7; 20). – Solche Feststellungen führen die Auslegung kaum weiter – wie sollten sie auch, wo doch diese 'Komposition' kaum gezielt angelegt, sondern Folge eines mehrstufigen Textwachstums ist?!

Vielleicht die tiefsten Einsichten gewinnt JOBLING (^{2}1986) zur Gestalt Jonatans. Er erkennt in ihr einen derart wichtigen Faktor in der Erzählstrategie der biblischen Autoren, daß er sich geradezu fragt, „whether he is not a purely literary construction" (27 – angesichts eines Beleges wie II 1,26 ein kaum zu erhärtender Verdacht). Jonatan ist nämlich nicht weniger als die persongewordene Lösung einer zweifachen, schwierigen Aufgabe, vor die sich die biblischen Erzähler gestellt sahen: die Legitimität dynastischer Herrschaft in Israel zu begründen, und die Verläßlichkeit Gottes zu erweisen. „The transition from Saul to David, otherwise theologically implausible, is by Jonathan made theologically plausible" (14). Die Technik der Erzähler ist es, Jonatan zuerst in voller Identifikation mit Saul, dann in zunehmender Distanzierung vom Vater und fortschreitender Identifizierung mit David und schließlich in völliger Selbstaufgabe zu dessen Gunsten zu zeigen. Im Grunde ist schon mit I 18,1-5 klar: „the kingship has passed from Saul to David by the mediation of Jonathan" (20). In Aufnahme des strukturalistischen Aktantenmodells (Greimas, Lévi-Strauss, Leach) sieht JOBLING Jonatan eine Doppelrolle in dem Plan Gottes spielen, durch David sein Volk Israel vor dessen Feinden zu retten: Als Sauls Sohn und Kronprinz ist Jonatan zuerst 'Widersacher', als Davids Freund und durch seine Abdankung wird er 'Helfer' der göttlichen Zielsetzung. Doch kann er das zweite nicht werden, ohne das erste zuvor gewesen zu sein: „Jonathan's identification with ... Saul provide(s) him with the royal authority to abdicate" (25)! Auf diese Weise wird noch ein weiteres theologisches Problem gelöst: der Widerspruch zwischen den anfänglichen Zusagen Gottes an Saul und dessen schließlicher Verwerfung. Ist Gott unzuverlässig? Das sei ferne: „Yahweh's grace is utterly free, Yahweh's demand is utterly binding. Saul sins, and must be rejected. But Yahweh made him a promise, which must be kept. Therefore, the passing of Saul's kingship must express the radical discontinuity caused by sin ..., but also the radical continuity guaranted by grace“ (26). In der Gestalt Jonatans wird es möglich, daß „the kingship passes by legitimate means to one who has become his heir“ (ebd.).

Eine andere, bedeutsame Nebenrolle spielt in den David-Saul-Geschichten Michal, Sauls Tochter, Jonatans Schwester und der Überlieferung nach Davids erste Frau. Nach der Einteilung von BERLIN (1983, 24ff.) ist sie das Beispiel eines „full-fledged character with opinions and emotions of her own“ – im Unterschied zum schwächer ausgemalten „type“ (z.B. Abigail) und zum bloßen „agent“ (z.B. Batscheba). BECHMANN (1988) stellt alle von Michal berichtenden Passagen hintereinander (I 18,20-29; 19,10-18; 25,44; II 3,12-16; 6,16.20 bis 23; [21,8]) und sieht sie darin in einer Doppelrolle als „Retterin und Opfer Davids“ beschrieben. Abgesehen vom Hohenlied ist nur hier in der Bibel von der Liebe einer Frau zu einem Mann die Rede – doch wird sie sogleich zum Spielball im Macht- und Ränkespiel der Männer. „Hierbei unterliegt Saul aufgrund der Entscheidung Michals“ (75). Sie ist es, „der David sogar sein Leben verdankt. Ohne Michal gäbe es keine davidische Dynastie“ (80). In bemerkenswertem Kontrast dazu steht, daß sie über weite Strecken des Geschehens „nie als Subjekt, sondern immer als Objekt“ erscheint (77) – bis dann am Ende ihre „Liebe ... in Verachtung umgeschlagen“ ist und sie „den Konflikt mit David sucht und provoziert“ (79).

EXUM (1992, 81ff.) bietet weithin eine ähnliche Interpretation dieser Frauengestalt, führt aber darüber hinaus die Kategorie des Tragischen ein: Michal liebt David – von Gegenliebe verlautet nichts. Sie rettet ihm das Leben – und verliert ihn gerade dadurch (EXUM sieht im Hinauslassen aus dem Fenster ein Geburtssymbol, 89). Sie wird einem andern auf Geheiß des Vaters gegeben und ihm auf Geheiß Davids wieder weggenommen – ohne daß sie selbst nach ihrem Willen gefragt würde. Sie heißt, jenachdem wer gerade über sie verfügt, ‘Sauls Tochter’ oder ‘Davids Frau’ – und ist dabei erkennbar eine nach Autonomie strebende Persönlichkeit (84f.). Am Ende bleibt offen, warum Michal keine Kinder bekommt: weil David sich ihr – oder weil sie sich ihm verweigert (87)?

Eindringlich ist die synchronische Analyse der Michal-Perikopen durch CLINES (1991). Er stellt nacheinander eine Reihe von Fragen, die sich aufmerksam Lesenden aus den Texten ergeben, die von diesen aber nicht klar und eindeutig beantwortet werden. Freilich ist die richtige – oder sind mehrere richtige – Antworten in der Regel schon angelegt, es gilt sie nur zu erschließen. Methodischer Grundsatz dabei muß sein, daß nicht frei spekuliert wird, sondern daß der Text einen „anchor" für den jeweiligen Lösungsvorschlag biete. Dabei ist es völlig aussichtslos, nach dem jeweiligen historischen Sachverhalt zu fragen (entgegen etwa dem Bemühen STOEBES, 1958 = 1989); man gelangt nicht weiter zurück als bis zum Text bzw. dem Erzähler und dessen Meinung zur betreffenden Frage.

Ein paar Beispiele: Warum gibt Saul dem David nicht Merab, wohl aber Michal zur Frau? (Antwort: weil der für Michal abgemachte Brautpreis eine klare, sprich: nachzählbare Größe war, der für Merab nicht, 28ff.) Warum liebte Michal David? (Der Text bietet keinen Anhaltspunkt zur Antwort, 31ff.) Liebt David Michal? (Antwort: der Leser darf sich die Frage sowohl mit Ja wie mit Nein beantworten, 37f.) Wie ist Michals Lüge gegen Saul in I 19,17 zu beurteilen? (Antwort: viel kritischer, als die Exegeten es meist tun, 38ff.) Welche Gefühle hegte Michal für Palti, II 3,15f.? (Antwort: Das bleibt unklar, 47ff.; „the character of Michal becomes more than ever enigmatic", 52). Warum reagiert Michal in II 6 so ungehalten auf Davids Auftritt? (Die mit einem gewissen Bedauern gegebene, aber aufgrund des Textes eindeutige Antwort: weil sie „some definite views about ... royal dignity" hatte, 59.)

Den Kern des neuerdings „Queen Michal" gewidmeten Buches (CLINES/ESKENAZI 1991) bildet eine Reihe von Vorträgen, die an einem Symposium über „Narrative Research on the Hebrew Bible" gehalten wurden; daneben aber wird eine ganze Palette höchst unterschiedlicher, älterer und neuerer Interpretationsversuche wiedergegeben: angefangen von einer (!) historischen Untersuchung über nüchterne Lexikon-Artikel und populärwissenschaftliche Charakterstudien bis hin zu Predigten und dichterischen Nachgestaltungen des Stoffs. Das Ergebnis solcher Vielfalt „is a more reader-involving book than most works of biblical criticism" (7). Der Nachdruck liegt eindeutig auf der synchronischen Auslegung der Michal-Perikopen. Diese dominiert natürlich in den – teils direkt abgedruckten (145-156. 199f.), in größeren Teilen ausführlich referierten (157-174. 207-223) – belletristischen Porträts der Michal. Doch auch die spezifisch exegetischen Beiträge folgen weitgehend einer narratologischen Methodik. Die dabei zusammengetragenen Einsichten sind ungemein reichhaltig und anregend, ja fast verwirrend in ihrer Vielfalt und streckenweisen Widersprüchlichkeit. Sie belegen eindrücklich den hohen literarischen Rang der biblischen Erzählungen und das Recht ihrer ästhetischen Betrachtung. Freilich gibt es darüber hinaus noch andere Aspekte, die nicht vernachlässigt werden dürfen.

Die Michal- (Merab-) Geschichten, wie überhaupt die gesamte David-Saul-Geschichte, sind zweifellos, so wie sie sich jetzt darbieten, überlegt und kunstvoll gestaltet; doch liegen der heutigen Textgestalt ebenso zweifellos mündliche Vorstufen zugrunde, und gab es dazwischen verschiedene literarische Stufen. So facettenreich und mitunter tiefgründig die auf den Endtext fixierten Interpretationen sind: sie bleiben in mancher Hinsicht doch recht oberflächlich, zeigen eine bedenkliche Willkür in der Wahl der Aspekte, und sind vor allem unempfänglich für die Frage nach den unterschiedlichen 'Sitzen' von Einzelerzählungen und Textschichten 'im Leben' je ihrer Zeit. Strekkenweise hat man das Gefühl, man bewege sich mit den Methoden von 'literary analysis' und 'close reading' auf dem dünnen Eis einer im Zuge des Verschriftungs- und Kanonisierungsprozesses relativ zufällig und ungleichmäßig erstarrten Textoberfläche, und nähme die darunter tief und stark strömenden Wasser der biblischen Überlieferungs- und Literaturgeschichte kaum wahr.

2. Die Geschichtsschreibung über David und Saul

2.1 Die Notwendigkeit diachronischer Betrachtung

Die Forschung hat sich bisher nicht und wird sich auch künftig nicht darauf beschränken können, die biblische Erzählung über David und Saul, so wie sie jetzt vorliegt, gewissermaßen ganzheitlich wahrzunehmen und auf ihre Gestaltungsmerkmale und Aussageabsichten zu untersuchen. Daß dies kein sinnloses Unterfangen ist, wurde an einigen durchaus eindrucksvollen Beispielen im vorangehenden Abschnitt deutlich. Diejenigen biblischen Autoren, die den Text in seine abschließende Form gebracht, und all die Tradenten und Ausleger, die ihn in dieser Form weiterüberliefert und immer weiter bedacht haben, verstanden ihn als sinnvolles Ganzes – und das, wie sich zeigte, mit einigem Recht und bis heute mit beachtlichem Erfolg.

Es fragt sich indes, ob das, was die letzten Bearbeiter des biblischen Textes – irgendwann zwischen der Exilszeit und der Zeit der Kanonsbildung – als die Wahrheit über David und Saul meinten erkennen zu können, die einzige oder gar die ganze Wahrheit ist. Allein schon dies, daß es verschiedene, zum Teil stark voneinander abweichende und doch gleichermaßen kanonisch gewordene Textfassungen (etwa zu I 17f.) gibt, weckt daran Zweifel. Manche Spuren in den Samuelbüchern – etwa die zuweilen stark unterschiedlichen Textversionen, aber auch Lehr- und Merksätze wie der von I 16,7 („Der Mensch sieht, was vor Augen ist, JHWH aber sieht das Herz an") oder der von I 17,45 („Nicht durch Schwert und Spieß hilft JHWH, denn JHWHs ist der Krieg"), vor allem aber Psalmen, mit denen die Gemeinde auf die Botschaft von Gottes Wirken in der Geschichte antworten konnte (I 2,1-10; II 22; 23,1-5, dazu MATHYS 1994, 126-164) – deuten darauf hin, daß noch sehr spät in nachexilischer Zeit bestimmte Interpretationslinien eingetragen und Interpretamente eingesetzt wurden.

Unstrittig ist, daß die Samuelbücher eine (oder auch mehrere) dtr Bearbeitung(en) erfahren haben; umstritten ist nur, wie tiefgreifend der Text dabei umgestaltet wurde. Jedenfalls aber hat die von und nach MARTIN NOTH (1943) weit vorangetriebene Deuteronomismusforschung klargemacht, daß diese Gelehrtenschule nicht wahllos beliebige Wahrheiten propagierte, sondern nur (eine?) bestimmte, mit den Lehren des Buches Deuteronomium zu vereinbarende. Um diese zu Gehör zu bringen, griff sie, wo nötig, entschlossen in die ihnen überkommenen Überlieferungen ein – im Bereich der Samuelbücher vergleichsweise sparsam, aber doch unübersehbar. Es wäre indes nicht angebracht, die David-Saul-Geschichte nur mehr „deuteronomistisch" lesen zu wollen (wie einige der im vorigen Abschnitt vorgestellten Arbeiten es dezidiert tun). Denn die Deuteronomisten ließen, eben im Sinne jüdischer Tradition, neben ihrer eigenen auch andere Überzeugungen gelten, genauer gesagt: ließen sie stehen.

Das dtr Geschichtswerk, das die Bücher Deuteronomium bis 2. Könige umgreift, ist nirgendwo deutlicher als in den Samuelbüchern ein „Traditionswerk" (NOTH). Seine Verfasser schrieben nicht aus freien Stücken, nur eigenen Intentionen folgend, nur eigene Formulierungen gebrauchend, eine durch und durch dtr geprägte Geschichte Israels nieder, sondern sie verarbeiteten vielfältiges, geradezu disparates, zum Teil ihren eigenen Interessen zuwiderlaufendes Quellenmaterial (so mit NOTH nachdrücklich DIETRICH, 1995). Sie wollten ihren Lesern und der Nachwelt eben nicht nur ihre eigene, sondern auch die schon vor ihnen erkannte und ihnen bekanntgewordene Wahrheit vermitteln.

Nun ist Wahrheit immer konkret – oder sie ist nicht. Nicht von ungefähr entfaltet die Bibel die Wahrheit über Gott und den Menschen meist nicht abstrakt-theoretisch, sondern an konkreten Beispielen: etwa an David und Saul. Und ebensowenig ist es Zufall, daß diese Wahrheit nicht nur einmal und ein für allemal festgestellt, sondern über Generationen hin bedacht und immer neu errungen wurde – im Fall von David und Saul: nicht nur gleich zu ihren Lebzeiten oder kurz danach, sondern in immer neuen Anläufen bis hinunter in die exilische und sogar nachexilische Zeit. Im Prinzip hatte jede Epoche für sich die Wahrheit über David und Saul zu ermitteln: im Blick sowohl auf die Vergangenheit wie auf die jeweilige Gegenwart. Die Ergebnisse mußten äußerst unterschiedlich ausfallen; denn es macht einen großen Unterschied, ob man über Saul und David in Benjamin oder in Juda nachdenkt, ob zur Zeit des vereinigten Königreiches oder der geteilten Reiche oder nach dem Untergang Nordisraels oder dem auch noch Judas. (Dies festzustellen, heißt keineswegs, die biblischen Zeugen als Sklaven des jeweiligen Zeitgeistes hinzustellen, ganz im Gegenteil: wie hätte ein Zeitgeist, wäre er denn ungut gewesen, anders bekämpft werden sollen als mit zeitbezogener, zeitgemäßer Wahrheit?)

Die Wissenschaft hat die Aufgabe und sehr wohl auch Mittel, die verschiedenen Facetten der im Lauf der israelitisch-jüdischen (Geistes-) Geschichte errungenen Wahrheit über Saul und David möglichst exakt zu erheben. Es ist methodisch sinnvoll, zunächst die jeweiligen Stufen – diachron – sorgfältig voneinander zu unterscheiden, je für sich zu beschreiben, dann aber – synchron – ihr biblisches Neben- und Ineinander wahrzunehmen und als Ganzes zu reflektieren. Es entsteht auf diese Weise ein zeit- und theologiegeschichtlich differenzierter Akkord. Dieser wird nicht kakophon tönen, sondern bei aller Reichhaltigkeit ungemein wohlklingend; dafür haben die biblischen Tradenten und Schriftsteller, hat letztlich das jüdische Volk gesorgt, indem es sich zu der Überzeugung von der alle Widersprüche übergreifenden Einheit Gottes und mit ihm auch der Wahrheit durchrang.

2.2 Die sogenannte Aufstiegsgeschichte Davids

Nachdem die Forschung es aufgegeben hatte, im Kanonteil der „Vorderen Propheten“ nach einer Fortsetzung der Pentateuchquellen zu suchen, und bevor MARTIN NOTH diese biblischen Bücher für das dtr Geschichtswerk reklamiert hatte, entwickelten sich Hypothesen über eigene, kleinere Geschichtswerke gerade im Bereich der Samuelbücher. Den Anfang machte 1926 LEONHARD ROST mit seiner Studie zur „Überlieferung von der Thronfolge Davids" (s. unten D.). ROST schlug dieser 'Quelle', die er von II Sam 7 bis I Kön 2 reichen sah, als 'Unterquelle' auch die Ladegeschichte zu (I 4 - 6; II 6, s. unten C. 1.). Die Überlieferungen von Samuel und von Sauls Erhebung und Verwerfung (I 1 - 3; 7 - 15) stehen deutlich für sich. Damit bleibt der Textkomplex von I Sam 16 bis II Sam 5 übrig.

Nun erzählt I 16 von der Salbung Davids, und II 5 von seiner Thronbesteigung; zwischendurch geht es um die mancherlei Irrungen und Wirrungen, durch die hindurch der Sohn eines Niemand zum Herrscher über Israel, Juda und Jerusalem aufsteigt. Was lag näher als die These eines eigenständigen, demjenigen von der „Thronfolge Davids" als Pendant gegenüberstehenden Geschichtswerkes vom „Aufstieg Davids"? ROST (1926, 133ff. = 1965, 238ff.) hat die Hypothese formuliert, ALT sie aufgenommen ([1930] ^{3}1964, 15.36). Mit erheblicher zeitlicher Verzögerung, bedingt vielleicht durch die Kriegsjahre, hat sich die Forschung seit den Fünfziger Jahren der damit gestellten Aufgabe angenommen.

Einfach gestaltete sich die Arbeit nicht. Schon die grundlegende Frage nach dem Anfang und dem Ende des postulierten Geschichtswerkes bereitete (und bereitet noch immer) erhebliche Schwierigkeiten.

Ein gewissermaßen natürlicher Einsatz ist die Geschichte von der Salbung Davids I 16,1-13 (so WEISER 1966). Doch fordert in 16,1 Gott den Samuel auf, nicht länger um den verworfenen Saul Leid zu tragen und an seiner Stelle einen anderen zu salben. Dies knüpft eindeutig an die Erzählung I 15 an. Nun eröffnen sich verschiedene Möglichkeiten:

– Man rechnet I 15 mit zur AG (so GRØNBÆK 1971, 26f.; METTINGER 1976, 34f.); doch scheint 15,1 wiederum auf die Salbung Sauls in I 9,1 - 10,16 zurückzugreifen, und überdies dürfte das ganze Kapitel erst von dtr Hand in den jetzigen Kontext eingesetzt sein (s. oben A. 4.2).

– Man nimmt die Rückverweise auf die Saul-Geschichte ernst und postuliert eine Geschichtsschreibung nicht nur vom Aufstieg Davids (und Abstieg Sauls), sondern auch vom vorangehenden Aufstieg Sauls. Diese hätte nach CAMPBELL (1986a, 125ff.) I *9,1 - 10,16; 11; *15; 16ff., nach DIETRICH (1987, 89ff.; ^{2}1992, 63ff.) I *9,1 - 10,16; 13f.; 16ff. umfaßt.

– Man nimmt an, die Verbindung von I 15 und I 16,1-13 sei erst nachträglich, etwa dtr, vorgenommen worden (WEISER 1966, 326; MOMMER 1991, 178: „V 1a$\alpha_2\beta$ läßt sich sauber heraustrennen").

– Man hält zusammen mit I 15 auch I 16,1-13 für sekundär und läßt die alte AG erst in 16,14 beginnen (VEIJOLA 1975, 102; MCCARTER 1980a, 493; O.KAISER 1990); doch liegen I 15 und I 16,1-13 traditionsgeschichtlich und in ihrer Aussage kaum auf der gleichen Ebene. Überdies spricht 16,14 vom „Geist JHWHs", der von Saul gewichen sei – und 16,13 davon, er sei auf David gefallen; dies ist sicher eine sekundäre Verknüpfung, aber kaum erst eine von dtr Hand.

Der Erzählschluß in II 5 ist ebenfalls nicht deutlich markiert.

Ein dem Thema „Aufstieg" angemessenes Finale wäre die Eroberung Jerusalems mit dem abschließenden frommen Summarium II 5,6-10 (V.11f. könnte dtr sein, so GRØNBÆK 1971, 158, VEIJOLA 1975, 98f., und MCCARTER 1980b, 493). Doch folgt in 5,13-16 eine Liste mit Namen von Davidssöhnen, die offenbar die Fortsetzung einer ähnlichen Liste in II 3,2-5 sein will. Soll man beide voneinander trennen? Wenn nicht – sind sie beide wirklich integrierender Bestandteil des Aufstiegs Davids – oder nicht vielmehr Vorbereitung des Kampfes zwischen den Davidsöhnen um die Thronfolge? Weiter: Daß David mit den Philistern fertigwird (II 5,17-25), möchte man für einen sinnvollen Abschluß der vielen Berichte von Auseinandersetzungen mit den Philistern in der AG halten. Andererseits scheint dieser Passus jetzt überzuleiten zu dem von der Einholung der Lade II 6, die zuvor ja in Philisterhand gefallen war. Sollte etwa auch diese noch zum Aufstieg Davids gehören, ja, bei frömmerer Betrachtungsweise geradezu dessen Höhepunkt bilden? Dem entspricht und widerspricht zugleich die Tatsache, daß II 6 in einen Streit zwischen David und Michal ausmündet. War es nicht die AG, die zuvor immer wieder das verwickelte Verhältnis dieser Beiden beleuchtet hat (I 18,20ff.; 19,11ff.; 25,44; II 3,12ff.) – oder hat ROST recht mit der Behauptung, die Michalszene erweise gerade die LG als Teil der TFG (s. unten D.)? Den eigentlichen Startpunkt des Thronfolgeerzählers hat ROST in der berühmten Natanweissagung II 7 gesehen – die aber WEISER (1966, 245ff., gefolgt von METTINGER 1976, 43f.) gerade für den krönenden Abschluss der AG erklärt. Militantere Gemüter könnten vielleicht dafür plädieren, die beeindruckende (auf andere eher erschreckend wirkende!) Liste der „Kriege und Siege Davids" II 8 sei das triumphale Finale von Davids Aufstieg – zumal in ihr wiederholt, wie zuvor vom Aufstiegserzähler so oft, vom „Mitsein JHWHs" mit David geredet wird (NÜBEL 1959, 77, der freilich annimmt, II 7 sei ursprünglich noch auf II 8 gefolgt).

Was tun? Soll man sich dabei bescheiden, Anfang und Ende des Geschichtswerkes vom Aufstieg Davids seien nicht mehr sicher zu bestimmen, lägen aber irgendwo bei I 15 - 16 und II 5 - 8? Oder verlangt eine solche, wahrhaftig nicht nebensächliche Unsicherheit eine Überprüfung der gesamten Hypothese?

Befragt man den Textkomplex I 16 - II 5 (oder 8) auf seine innere Konsistenz, so stellt sich ein doppelter Eindruck ein: Einerseits meint man es kaum mit dem in sich geschlossenen Werk eines frei und planmäßig arbeitenden Schriftstellers zu tun zu haben, sondern eher mit einer locker und keineswegs anstoßfrei zusammengestellten Sammlung höchst disparater Einzelerzählungen. Andererseits lassen sich durchaus Merkmale einer wohlüberlegten Stoffanordnung sowie einer gezielten Verknüpfung von Einzelstücken zu größeren Zusammenhängen und dieser wiederum zu einem sinnvoll gefügten Ganzen beobachten.

Auf diesem zweiten, dem Eindruck einer relativen Einheitlichkeit, basieren die oben unter B. 1. besprochenen Arbeiten, welche die biblische Darstellung von David und Saul als ganze betrachten. Daran, daß sie den ersten, den Eindruck erheblicher Disparatheit, übergehen, kranken sie zuweilen.

Andere, jetzt vorzustellende Forscher richten ihr Augenmerk vorrangig auf die Spannungen, Widersprüche, Dubletten im Text und greifen zu literarkritischen Erklärungen dafür. Ihr Ziel ist zumeist die Wiederherstellung eines möglichst glatten, 'ursprünglichen' Textes, der sich als fortlaufendes Geschichtswerk lesen und als Schöpfung eines Autors plausibel machen läßt.

Gleich zwei solche Werke bzw. Autoren versuchen diejenigen voneinander zu unterscheiden, welche die klassischen Pentateuch-Quellen auch in den Samuelbüchern meinen fassen zu können (SCHULTE 1972; NORTH 1982). Warum kommt David zweimal an Sauls Hof (I 16,14ff.; 17,55ff.), warum verschont der flüchtige David zweimal das Leben des ihn verfolgenden Saul (I 24; 26), warum fällt Saul einmal von eigener, einmal von der Hand eines Amalekiters (I 31; II 1)? Nun, weil sowohl der „Jahwist" als auch der „Elohist" davon berichten. Doch diese Quellen versiegen: spätestens seit NOTH (1943) in den „Vorderen Propheten", neuerdings auch im Tetrateuch selbst.

Wie in den Mose-, so gibt es für die Literarkritik auch in den Samuelbüchern außer der Quellen- auch die Möglichkeit einer Ergänzungs-Theorie: Eine alte, in sich glatte „Grundschrift" wurde später von einem „Bearbeiter" neu ediert, welcher der „Urheber der Verwirrung" im heutigen Text ist (so NÜBEL 1959, 33, voller Bedauern über den jetzigen Zustand von I 20; ursprünglich hatte die Erzählung die folgende, den literarischen Geschmack des Exegeten befriedigende Ordnung: „20,7a.8a.7b.8b.9.11.12a aa.13a aa bb.12a cc-fin.13a cc-fin.a. 16b.14.15.16a.17.10").

Bezieht man diesen Ansatz auf die vorhin genannten Beispiele, ergibt sich: Ursprünglich hatte David sein Debüt bei Hofe als Leierspieler, erst später auch als Goliatbezwinger (O.KAISER 1990); Saul wurde ursprünglich in der Höhle von Engedi verschont, erst später auch inmitten seines militärischen Gefolges (KOCH [2]1967, 175; umgekehrt MILDENBERGER 1962, 111f.; NÜBEL 1959, 47ff., findet auch hier wieder zielsicher einen kaum begehbaren Weg, indem er aus Teilstükken beider Erzählungen eine Grunderzählung rekonstruiert, die dann in zwei Versionen erweitert worden sei); Saul starb ursprünglich von eigener Hand, erst später erfuhr er Sterbehilfe durch den Amalekiter (so GRØNBÆK 1971, 217ff., der freilich den Aufstiegserzähler selbst als Zweiterzähler ausmacht).

In der Forschung gibt es mittlerweile eine ganze Reihe von Varianten des Modells 'Grundschrift' und 'Erweiterungsschicht' in der David-Saul-Geschichtsschreibung.

– Nach NÜBEL (1959) ist der jetzige Text recht eigentlich das Werk des Ergänzers; daraus können die einzelnen Bestandteile der Grundschrift nur durch akribische Detektivarbeit herausgefiltert und müssen in ihrer ursprünglichen Anordnung erst mühsam rekonstruiert werden. Ihr Einsatzpunkt ist I 16,1ff., ihr Zielpunkt II 7. „Erregendes Moment und Zielpunkt der Geschichtsdarstellung ... ist Jahwes Verheißung" (141). Es soll klarwerden, daß im „Vertrauen" auf Gott „der 'Sinn der Geschichte' beschlossen" liegt (144). Das Werk wurde „niedergeschrieben, ehe der Schwung, in dem David sein Großreich aufrichtete, zu verebben begann" (124). Historisch läßt die Grundschrift noch erkennen, daß „David ein freundlicheres Verhältnis zur Amphiktyonie gewonnen hat als Saul" und darum erfolgreicher war (139). – Die Bearbeitung, welche den David-Saul-Stoff umfangmäßig weit übergreift und eine Geschichte des Königtums nach ihren dunklen und ihren hellen Seiten bietet, steht in der antimonarchischen Tradition Elias und befindet sich auf dem Weg zur Gedankenwelt des Deuteronomiums. Sie schwärzt das Bild Sauls königskritisch ein und entwirft in ihrem Davidbild „ein neues Königsideal" vom frommen, reinen, kein Blut vergießenden Herrscher (147).

– Auch MILDENBERGER (1962) deklariert den Bearbeiter als „nebiistisch" geprägt und als „Vorläufer des Deuteronomisten", genauer noch: als in nordisraelitischen Prophetenkreisen verwurzelt, beim Untergang des Nordreiches 722 nach Juda geflohen und in Jerusalem wirkend. „Wir sehen in unserem Bearbeiter einen Theologen, welcher den Versuch unternahm, den Untergang Nordisraels zu deuten und zugleich im Fortbestand des davidischen Königtums Gottes heilschaffende Macht zu erkennen, welche auch weiterhin seinem Volk zugekehrt blieb" (58). – Die Grundschrift hat eine etwas unkompliziertere Gestalt als bei NÜBEL, im Mittelteil etwa diese: I 22,1f.6-8; 23,14f.19-24a; 26,1-20; 24,17b; 26,21; 24,18-23a; 26,22-25; 27,1 - 28,2; 29,1-11; 31. Insgesamt umfaßt das Werk den Grundbestand von I 13 - II 7. Es ist (abgesehen nur von I 13f. und II 1,17ff.) nicht aus einzelnen, dem Verfasser vorgegebenen Erzählungen zusammengesetzt, sondern von diesem frei formuliert. Seine Absicht ist es, nach der Reichsteilung von 926 die Legitimität der davidischen Herrschaft über ganz Israel, Nord und Süd, zu erweisen (164). – Übrigens hat es nach MILDENBERGER noch eine abschließende, priesterliche Bearbeitung gegeben (z.B. in I 22,5.9-23; 23,1-13; 30,1-26a).

– O.KAISER (1990), der nur einen Teil der David-Saul-Geschichte untersucht, gelangt zu ganz ähnlichen Ergebnissen. Die Grundschicht stammt aus der Zeit bald nach der Reichsteilung und umfaßte [...] I 14,46; 16,14-23; 18,1aβb.5; 19,8; 18,*6. 7.*8.9; 19,9.10a; 20,1b-7.9f.18-22.24-39; 21,1 [...]. Die Bearbeitungsschicht entstand nach 722, ist aber vor-dtr; sie läßt sich daran erkennen, daß sie nicht (altüberlieferte) 'echte', sondern (selbstverfaßte) 'konstruierte' Erzählungen bietet: I 16,1-13; 17,1 - 18,4.*6.*8.10-30; 19,1-8.10b-24. Schließlich gibt es eine dtr Textschicht in 20,11-17.23.40-42. O.KAISER stellt selber fest: „Mancher der hier vorgeschlagenen Eingriffe ... mögen [sic] auf den ersten Blick als gar zu gewaltsam erscheinen", doch seien auf diesem Weg die Spannungen im Text besser zu erklären als bei Annahme einheitlicher Verfasserschaft (287). Darüber läßt sich streiten.

– Einen ganz anderen, von der deutschsprachigen Forschung unbeeinflußten Weg geht HUMPHREYS (1980; 1982), wenn er aus dem jetzt vorliegenden Text eine alte Saul-Tragödie herauslöst (s. oben B. 1.2). Im Grunde ist diese identisch mit einem Großteil der von Saul handelnden Einzelerzählungen innerhalb von I 9 - 31, die HUMPHREYS als fortlaufenden Zusammenhang liest und interpretiert. Diese Grundschicht sei nachträglich zwei Bearbeitungen unterworfen und dabei sukzessive erweitert worden: zuerst (wohl vor 722) durch nordisraelitische Prophetenkreise (I 1; 3,19 - 4,1; 7,5-12.16f.; 8,1-7; 9,15-17.20f.; 10,1.5-8.10-13.17-26; 11,14.16f.; 12,1 bis 5; 13,7b-15a; *15; 16,1-13; 17,1-11.32-40.42-48a.49.51-54; 18,10f.; 19,8-10. 18-24; 28,16-19a (hier finden sich, notabene, viele Texte mit dtr Einschlag!), sodann durch judäische Hofkreise (I *18; *19 - 21; *23 - 27; 29; 30; II 1 - 5 – im Grunde also die reinen David-Geschichten). Ganz zum Schluß habe es noch eine (sehr schmale) dtr Bearbeitung gegeben.

– VAN DER LINGEN (1983) sucht ein eigenes „B-Dokument" zu rekonstruieren, das in manchem an HUMPHREYS' Saul-Tragödie erinnert. Es sollte auf die die Nordstämme bewegende Frage eine Antwort geben, wie ein so hervorragender und zudem von Gottes Geist erfüllter Mann wie Saul so tief sinken und in Finsternis enden konnte. Zugleich hielt es an der Idee eines saulidischen Königtums fest. Es finde sich in den Kapiteln I 11; *13f.; 16,15-23; *17 - 22; 26; 28; 31. Davon sei zu unterscheiden ein „A-Dokument", das David zur zentrierenden Mitte habe und vor allem in I *17 - 19; 23; 24f.; 27; 29; 30; II *1 - 5 zu greifen sei. Ein profan denkender, glühend prodavidisch eingestellter Redaktor „R II" aus dem Kreis um Abjatar habe beide Werke verbunden, dabei David idealisiert und Saul zum Schurken gemacht. Ein weiterer Redaktor „R III" habe in proto-dtr Zeit (das meint: vor 640 v.Chr.) aus dem ganzen ein theologisches Epos gestaltet.

– MCCARTER (1980a) unterscheidet von einer „original narrative", die den Großteil der Texte von I 16,14 bis II 5,10 umfaßt habe und eine „more or less unified composition" gewesen sei (491), einige „secondary materials" (I 13,13f.; 15; 16,1 bis 13; *28) und schließlich eine dtr Bearbeitung (auf sie gehen zurück die über die LXX-Fassung hinausgehenden Teile von I 17, ferner I 20,11-17; 23,40-42; 24 [sic]; 25,28-31; II 2,10a.11; 3,9f.; 5,1-2.4f.11f.; schließlich die Anfügung der Materialien in II 5,13ff.; 6; 7).

Der Überblick über die literarkritischen Modelle zeigt, daß es nur bei tiefen Einschnitten in den jetzt vorliegenden Text und nach komplizierten Operationen möglich ist, einen einigermaßen glatten Text zu erhalten, der heutigen Vorstellungen von einer logisch fortschreitenden und sachlich konzentrierten Geschichtsschreibung zu genügen vermag. Von einem solchen Text kann freilich nur mehr sehr bedingt gesagt werden, daß er in der Bibel steht. Überdies scheint die Forschung nicht in der Lage, sich wirklich auf einen Text zu verständigen. Allerdings gibt es auch auffällige Koinzidenzen zwischen den verschiedenen Lösungsversuchen, was darauf deutet, daß der Ansatz nicht grundsätzlich verfehlt ist, daß aber das zur Verfügung stehende Instrumentarium nicht geeignet oder nicht fein genug ist zur Gewinnung eines bis in die Einzelheiten alle überzeugenden Ergebnisses. So zeichnet sich im Gang der Forschung eine Herabsetzung der Ansprüche ab: Wurden anfangs noch Viertelverse minutiös verteilt, arbeitete man später eher großflächig. Die Folge ist, daß die so gewonnenen Grundschichten in sich nicht mehr im obigen Sinne glatt und stringent, sondern eher Kompositionen von Einzelüberlieferungen sind; und auch die Bearbeitung(en) sieht man nicht mehr so sehr in minimalen, sondern eher in großen, flächigen Einschüben am Werk.

Damit verliert der literarkritische Lösungsansatz ein Stück weit an Stringenz. Wenn sich ohnehin kein nahtlos fortlaufender Text mehr sicher zurückgewinnen läßt, sondern 'nur' mehr eine „more or less unified composition", dann ist es womöglich angebracht, Fleiß und Intuition nicht mehr auf die Unterscheidung mehrerer Textstufen, sondern auf die Frage zu verwenden, ob sich nicht – zumindest annäherungsweise – der gesamte Textbestand als eine einzige große Komposition verstehen läßt.

In der Tat verlagert sich in der neuesten Forschung der Akzent mehr und mehr von der reinen Literarkritik auf die Kompositions- und Redaktionskritik. Damit wird der Hiat zwischen synchronischer und diachronischer Betrachtung sichtlich kleiner. Er verschwindet trotzdem nicht völlig. Diachronische Betrachtung rechnet mit dreierlei, worüber die synchronische hinweggeht: mit der Unterscheidbarkeit einzelner, der Kompositionsebene vorausliegender Überlieferungseinheiten; mit der Unterscheidbarkeit der Arbeit des Kompositors (und eben nicht: des frei schaffenden Autors!) von den ihm vorgegebenen Überlieferungen; schließlich mit der Unterscheidbarkeit einer vor-dtr Komposition von dem jetzigen, in der Hauptsache bei der Einarbeitung ins dtr Geschichtswerk erreichten Textbestand.

Diese Differenz festzuhalten, bedeutet nicht, sie übermäßig stark zu betonen. Denn auf allen drei Ebenen – derjenigen der Einzelüberlieferungen, derjenigen der vor-dtr Komposition, und derjenigen des dtr Geschichtswerkes – können und sollten die Methoden synchronischer Textuntersuchung verstärkt zur Anwendung gebracht werden. Dies kann geschehen (und geschieht oft) auf der (dtr) Endstufe des Textes; doch verfolgt die neuere Forschung ähnliche Tendenzen durchaus auch auf der Ebene der sog. Aufstiegsgeschichte Davids.

Es war namentlich ARTUR WEISER mit einem relativ knappen Aufsatz (1966), der das Augenmerk in diese Richtung gelenkt hat. Er stellt klar, daß der Verfasser „verschiedene Einzelüberlieferungen verwendet“ und daß sein Werk daher einen eigenartig „mosaikartigen Charakter“ habe, daß er ihm dabei aber eine durchaus in sich geschlossene Gestalt gegeben habe (330f.). Indem der Autor aus vorgegebener Überlieferung auswählt, das Ausgewählte sorgfältig anordnet und verbindet und das entstehende Ganze behutsam kommentiert, schafft er ein in sich stimmiges, literarisch wie theologisch beachtliches Werk.

Das von WEISER skizzierte Bild hat GRØNBÆK in seiner ausführlichen Monographie von 1971 breit ausgemalt. Er analysiert den gesamten Textbestand, erwägt, inwieweit Traditionsmaterial verarbeitet ist, und welche Veränderungen beim Einbau in den größeren Kontext vorgenommen worden sind. Er leistet in dieser Hinsicht gründliche Arbeit, sein Buch kommt in vielem einem Kommentar zu I 15 - II 5 gleich. Auch er gelangt zu dem Ergebnis, daß in der AG „überwiegend mündliche(r) Traditionsstoff“ verarbeitet ist (17). Gelegentlich allerdings, und verstärkt gegen Ende seiner Darstellung, formuliert der Verfasser größere Abschnitte eigenständig (v.a. I 16,1-13; 18,17-19; 19,1-7.18-24; 23,7-13; II 1 - 5). Recht marginal sind nachträgliche, dtr Bearbeitungsspuren; sie sind in I 15,2.6; 30,21-25; II 1,17-27; 2,10f. und 5,11f. zu finden (271).

Bedeutsam sind die von GRØNBÆK (und z.T. auch schon von WEISER und dann von anderen) entdeckten sprachlichen und gestalterischen Mittel, mit denen der Aufstiegserzähler seinen Stoff über alle Divergenzen in dem ihm überkommenen Material hinweg zu einem großen Ganzen geformt hat – und spätestens hier gelangt man in unmittelbare Nachbarschaft zur synchronischen Betrachtungsweise, könnte auch deren, oft mit äußerst verfeinerten Methoden gewonnenen Beobachtungen unmittelbar nach hier übertragen.

Nur einige Beispiele geplanter kompositorischer Tätigkeit im Rahmen der David-Saul-Überlieferung seien hier genannt:

– Sehr häufig und fast im Sinne eines roten Fadens ist in der AG davon die Rede, JHWH sei „mit David" gewesen; die Mitseins-Formel ist kaum irgendwo Bestandteil einer älteren Erzählung, sondern immer zusammenfassende Wertung des Gesamtverfassers (GRØNBÆK 1971, 91, auch schon MILDENBERGER 1962, 119, und WEISER 1966, 334f.).

– Das in I 18f. mehrfach verwendete Verb *ʾhb* 'lieben' wie auch das in I 18,1 und 22,8.13 gebrauchte *qšr* 'sich binden' bzw. 'sich verschwören' scheinen redaktionelle Mittel zur Verknüpfung unterschiedlicher Erzählungen zu sein (ACKROYD 1975).

– Die in I 19ff. zusammengestellten Erzählungen sind durch eine Art Fluchtitinerar und die Formel „Und David floh und entrann" (*mlṭ* und *brḥ*) zusammengeknüpft (GRØNBÆK 135).

– In I 18ff. läßt sich ein relativ regelmäßiger Wechsel von lebendig ausgemalten Erzählungen und abstrakt zusammenfassenden Summarien oder Kurznotizen beobachten; nach RENDTORFF (1971) stellt der Aufstiegserzähler sein Werk bewußt unter solchen Gesichtspunkten zusammen.

– Verschiedentlich hat der Autor durch den Einbau von „comprehensive anticipatory redactional joints" die Stoffe zusammengebunden (WILLIS 1973a, mit Blick auf 18,5.9ff.28-30); es läßt sich daneben auf die Verwendung zweier sich inhaltlich berührender, aber überlieferungsgeschichtlich divergenter Überlieferungen (I 24 / 26; 21,1ff. / 27,1ff.), oder auf die Verdoppelung einer Einzelnachricht zur Eröffnung eines langen Erzählbogens (I 18,7 / 21,12; 23,19 / 26,1) verweisen, so DIETRICH 1977a, 51.

– Manche scheinbar disparaten Einzelepisoden sind in Wahrheit kunstvoll aufeinander bezogen. Ein feines Sensorium dafür hat GUNN (1980a). „David controls madness. Madness controls Saul", konstatiert er zum Gegenüber von I 19,18ff. und I 21,11ff. Darum, von Sauls Spieß (nicht) durchbohrt zu werden, gehe es in I 18,10f. und I 26,8. Den Bann, den Saul am richtigen 'Objekt' nicht vollzogen habe (an den Amalekitern: I 15), vollzieht er dann am falschen (an den Priestern von Nob: I 22) – und David gleich zweifach am richtigen (I 27,8ff.; 30,17ff.).

Gegenüber solch prägnanten Beobachtungen ist es ein schmerzlicher Rückschritt, daß der letzte große deutschsprachige Samuelkommentar, derjenige von STOEBE (1973), zur Klärung der literarischen Beschaffenheit der David-Saul-Geschichtsschreibung dezidiert nichts beitragen will. STOEBE konstatiert, daß sich I 16 - 31 aus vielerlei höfischen Heldensagen und volkstümlichen Überlieferungen zusammensetzt (59), doch sind sie nicht etwa von einem Schriftsteller oder Kompositor aneinandergereiht worden, sondern noch in vor-schriftlichen Prozessen „kreisförmig" zu thematisch zentrierten größeren Gebilden zusammengewachsen (59-62), womit einem eventuellen Endverfasser allenfalls noch eine nebensächliche Rolle zukommt. Gewiß kann man fragen, ob nicht in die AG vorgefertigte Erzählkränze Eingang gefunden haben, doch sind damit die durchgängigen, einzelne Einheiten wie ganze Themenkreise übergreifenden Merkmale geplanter literarischer Tätigkeit nicht erklärt.

Abschließend ist nach Ort, Zeit und Ziel des postulierten Geschichtswerkes über den Aufstieg Davids zu fragen.

Über den Entstehungsort der AG besteht in der Forschung ein ganz ungewohnter Konsens: Es ist Jerusalem, genauer: der davidische Königshof. Freilich meint HUMPHREYS (1980), daß seine 'Saul-Tragödie', und denkt VAN DER LINGEN (1983), daß sein 'B-Dokument' (s. oben) im Norden entstanden und erst nachträglich mit den eindeutig judäisch gefärbten David-Erzählungen zusammengearbeitet worden seien. Dies aber geschah dann jedenfalls in Jerusalem.

Auch in der Datierungsfrage herrscht relativ große Einmütigkeit. Die ganz große Mehrheit der Forscher ist bereit, mit einem sehr frühen Entstehungsdatum zu rechnen: entweder zur Zeit Davids selber (NÜBEL 1959, 124, für die 'Grundschrift'; MCCARTER 1980a, 495; VAN DER LINGEN für 'B-Dokument' wie 'A-Dokument'; BRUEGGEMANN 1985) oder zur Zeit Salomos (WEISER 1966, 354; MOMMER 1987, 60f.) oder in der Zeit kurz nach der Reichsteilung (MILDENBERGER 1962, 164, für die 'Grundschrift'; GRØNBÆK 1971, 35f.; SCHICKLBERGER 1974a, 262f.; METTINGER 1976, 41; für die 'Grundschicht' wieder O.KAISER 1990, 293). Insgesamt hält man offenbar das 10. Jahrhundert für denjenigen Zeitabschnitt, in dem man die postulierte AG meint am besten unterbringen zu können: sei es, daß man sie den Erbauer des davidisch-salomonischen Reiches feiern, sei es, daß man sie die Separation des Nordens von eben diesem Reich geißeln sieht.

Aus verschiedenen Erwägungen heraus ist eine solche Frühdatierung nicht über alle Zweifel erhaben.

Auf der einen Seite machen nicht alle, in I 16 - II 5 (oder 8) verarbeiteten Überlieferungen einen sehr urtümlichen Eindruck; einige sind ausgesprochen 'konstruierte Erzählungen' (etwa I 16,1-13), was auf einen erheblichen Abstand zwischen erzählter und Erzähl-Zeit deutet; Analoges gilt für die abstrakten Summarien, die zwischen die Erzählungen eingestreut sind und gerade zum Gerüst der Gesamtkomposition gehören; überhaupt weisen der hohe theologische Reflexionsgrad und die stark theologisierende Sprache weiter Passagen in der sog. Aufstiegsgeschichte nicht auf eine geradezu archaische Entstehungszeit. Eben deshalb haben einige der genannten Exegeten nicht das gesamte Textmaterial zwischen I 16 und II 5 (oder 8) sehr früh datiert, sondern nur einen Grundbestand, während sie anderes zum Teil recht weit hinunterdatieren.

Auf der anderen Seite sind die Geschichten von David und Saul kaum nur im 10. Jahrhundert von Interesse für die Menschen in Israel und Juda gewesen. J.CONRAD etwa (1972, 329) meint, die blutige Revolution Jehus im Jahr 845 v.Chr. könnte der Auslöser für die Abfassung der AG gewesen sein: Der Autor habe dem rabiaten Usurpator in Samaria den gewaltlosen, geduldig auf seine Chance wartenden David gegenüberstellen – und damit untergründig den alten Anspruch des judäischen Südens auf Vorherrschaft über den israelitischen Norden erneuern wollen. Vielleicht sind hier die zeitgeschichtlichen Brücken doch etwas waghalsig geschlagen?

Namentlich im Zusammenhang mit der Annahme späterer 'Bearbeitungen' der AG (s. oben) hat die Forschung auch schon spätere Zeitpunkte in den Blick genommen: die Jahre nach dem Untergang des Nordreiches 722 v.Chr. und die Ära Joschias (640-609). In beiden Epochen mußte aufgrund der geschichtlichen Ereignisse das Verhältnis zwischen Nord und Süd besonders nachdrücklich ins Blickfeld der Menschen rücken. Das Ende des Königreichs Israel löste eine Flüchtlingswelle vom Norden in den Süden aus, und mit dieser scheinen sehr viele Überlieferungen nach Juda gelangt und dort mit dem judäischen Erbe amalgamiert worden zu sein, und zwar neben Gesetzes- und poetischem gerade auch erzählerisches Material: die Jakob-, die Josefs-, die Mose-, die Landnahme-, die Retter-, die Elia-, die Elischa-, die Jehu-, warum also nicht auch die Saulgeschichten? Joschia wurde nach gängiger These durch den Niedergang der assyrischen Vormacht dazu ermutigt, von Juda aus auf das Gebiet des ehemaligen Nordreichs überzugreifen und einen Versuch zur Restituierung des davidischen Gesamtreichs zu machen. Sollte ihm dazu David als Vorbild vor Augen gestanden bzw. gestellt worden sein?

In dieser Hinsicht ist das letzte Wort noch nicht gesprochen. Es wird hoffentlich nicht das resignative von SEIDL sein müssen: „Die Abfassung der Aufstiegsgeschichte und ihre Redaktion ist, was Zeit, Ort und politische Situation betrifft, nicht eindeutig zu erschließen" (1986, 44).

Es wurde im vorangehenden schon mehrmals die Frage nach der Intention der sog. Aufstiegsgeschichte Davids gestreift. Der Aufsatz WEISERS (1966) setzte da einen Markstein. Nach ihm ist es „die Tendenz zur Legitimierung Davids durch Jahwe", welche „die innere Klammer" der Gesamtkomposition bildet (1966, 327). Die Einschätzung der AG als dezidiert prodavidisch hat sich in der historisch-kritischen Forschung allgemein durchgesetzt.

MCCARTER (1980a) hat den Trend noch verstärkt, indem er eine Parallele zur sog. Apologie des hethitischen Königs (und Usurpators) Chattuschilisch III. zog. Deren Hauptthemen seien a) die Befähigung des Herrschers zu seinem Amt, b) sein Bevorzugtsein durch die Göttin Ischtar, c) seine Unschuld, d) seine Exkulpierung von geschehenen Bluttaten, e) der Lobpreis Ischtars. Leicht, so MCCARTER, sei zu sehen: Die AG ist „The Apology of David", entstanden zur Davidszeit, gerichtet gegen eine Reihe ungünstiger Gerüchte über den König: er habe sich bei Saul in unehrenwerter Absicht eingeschlichen, er sei ein Deserteur gewesen, er sei zum Outlaw abgesunken, er habe sich zum Philistersöldner gemacht, er sei in die etwas undurchsichtigen Todesfälle von Saul, Abner und Ischbaal involviert gewesen. Dem hält die 'Apologie' nicht nur ausführliche erzählerische Plädoyers entgegen, sondern gleich in den ersten Sätzen (16,1f.!) die Grundaussage, daß es eben, analog Ischtar und Chattuschilisch, JHWH „in the mystery of a divine mind" (503) gefallen habe, David zu erwählen – und nicht Saul!

MCCARTER ist derart überwältigt von der Analogie, daß er die kleinen Unterschiede übersieht: wie wenig die Geschichten von Saul und David in Schwarz und Weiß malen, wie sehr gerade an kritischen Stellen (II 3f.!) Gott im Hintergrund bleibt, vor allem: daß die hethitische Apologie einen klaren, folgerichtigen Duktus aufweist und im Ich-Stil königlicher Selbstdarstellung formuliert, die vermeintliche israelitische hingegen eine Erzählkomposition voller offener Fragen und versteckter Fußangeln ist.

Nichtsdestoweniger nennt auch WHITELAM die Apologie Chattuschilisch' „the most striking parallel" zur AG (1984, 71) – obschon diese von ungleich größerer „literary artistry" sei (72). Die Samuelbücher insgesamt seien „responses ... by the royal scribes to rumours, suspicions or charges circulating among the court of urban élite" (71). Es handle sich um höfische Propaganda – wobei es diesen Begriff freizuhalten gelte von verzerrenden Vorstellungen (66f.). Deutlich genug verrieten die Texte noch, in welchen „élite power struggles" der frühen Königszeit eine „Defence of David" ihren Platz hatte (68). Freilich ließ sie sich auch später wieder, nach der Reichsteilung oder in der Ära Joschias, nutzbar machen in der Auseinandersetzung mit dem israelitischen Norden; erst nach dem Untergang der judäischen Monarchie wurde das Werk mit seinen teils doch sehr realistischen Zügen obsolet, was sich in der völlig entkonkretisierten, spät-dtr Sicht Davids in I Kön 15,5 und vollends in der chronistischen Darstellung Davids zeige (69f.).

Die Wirkung, welche die simplifizierende Einordnung der AG als tendenziell prodavidisch bzw. als tendenziös propagandistisch hervorgerufen hat, ist nicht unproblematisch. In STEFAN HEYMS Roman „Der König David Bericht“ flackert das Problem erstmals auf, wenn dort hinter der biblischen Darstellung ein einziger großer Vertuschungsversuch gewittert und David kurzerhand als „großer Mörder“ (und Salomo gar als „kleiner Halsabschneider“) bezeichnet wird. Kritische Exegeten gelangen zu ähnlichen Urteilen. LEMCHE (1978b) bewertet die AG in ihrer angeblich propagandistischen Absicht schlicht als historisch unzuverlässig. Streiche man deren Schönfärberei einmal ab, dann zeigten die Davidüberlieferungen das ernüchternde Bild eines Mannes, der „deliberately worked his way up to the highest positions“ (8). In I 21f. schimmere durch, daß er kaltblütig die Priester von Nob ans Messer geliefert habe, I 25 zeige ihn „frightening a man to death and stealing his wife“ (12), I 27 dekuvriere ihn als skrupellosen Überläufer zu den Philistern, ja, möglich sei, daß er (entgegen der ausdrücklichen, aber eben tendenziösen Versicherung in I 29) in der Schlacht von Gilboa doch dabeigewesen sei und also an der Niederlage Israels und dem Tod Sauls Verantwortung trage. Im Grunde sei er nichts als ein Realpolitiker gewesen und unterscheide sich hierin nicht von Abdisirta (einem in den Amarna-Briefen auftretenden, halbseidenen Stadtfürsten von Jerusalem) – oder von Cäsar (18)!

VANDERKAM (1980) sattelt noch eins drauf. Die AG tut die ganze Zeit nichts anderes, als Saul zu be- und David zu entlasten. Sauls (nur allzu begründetes) Vorgehen gegen David stellt sie als despotische Willkür dar, den (politisch hochbedeutsamen) Bundesschluß zwischen Jonatan und David als Ausdruck rein persönlicher Zuneigung, Davids „ambitious maneuvers in the South“ und seinen kalt berechneten Übertritt zu den Philistern als erzwungene Flucht vor dem rasenden Saul. Bei strenger Untersuchung der beiden Mordfälle an Abner und Eschbaal bleibt nur der Schluß, daß David den einen eigenhändig umgebracht hat (529), den anderen höchstwahrscheinlich hat umbringen lassen. Daß die AG sich so vehement als Entlastungszeugin Davids gebärdet, spricht nicht für, sondern gegen den Angeklagten: „precisely the zeal of the editor to exonerate David ... leads one to suspect him as a conspirator“ (533).

Das ist, auf den Punkt gebracht, eine Hermeneutik der Verdächtigung: Je entschiedener man das Gegenteil dessen sagt, was der biblische Text sagen will, desto sicherer glaubt man historisch ins Schwarze zu treffen. Hier ist PAYNES Kritik, es sei nicht statthaft, allein aufgrund einer positiven biblischen Aussage einen negativen historischen Sachverhalt zu unterstellen (1984, 59), voll angebracht. Denn damit geschieht, unter umgekehrten Vorzeichen, genau das, was LEMCHE (2f.) an den gängigen Darstellungen der Geschichte Israels beklagt: Auf Textzeugnissen – nun aber: konträr zu deren Aussageabsicht – werden vorschnell historische Hypothesen errichtet. Angenommen selbst, die Hyperkritik wäre ganz oder wenigstens teilweise im Recht, dann bliebe doch festzustellen, daß die Bibel die Geschichte Davids genau so *nicht* hat darstellen und verstanden wissen wollen. David ist ihr nicht irgendeine historische Figur, sondern eine symbolische Gestalt: für den unglaublichen Aufstieg eines Marginalisierten zur Macht etwa (so BRUEGGEMANN 1985, s. oben B. 1.3), für die Chance selbst eines Mächtigen, rein zu bleiben (oder wieder rein zu werden), für die wundersamen und doch zum Ziel führenden Wege Gottes mit den Seinen, und sicher noch für anderes mehr. Keinesfalls hätte die Bibel den Begründer der Jerusalemer Königsdynastie und das Urbild des kommenden Messias als blutigen und zynischen Despoten malen können. Und noch immer bleibt wahrscheinlich, daß er das auch nicht war. Denn die biblische Wahrheit über David wird kaum ohne jeden Anhalt an der historischen Wirklichkeit sein; und nicht umsonst wird in der Bibel *nicht* die Geschichte Abdisirtas oder Cäsars erzählt, sondern die Davids!

2.3 Der Aufstieg Davids im weiteren Kontext

Die Forschung ist auf eine Reihe von Verbindungen der David-Saul-Geschichte nach rückwärts, zur Samuel-Saul-Geschichte, und nach vorwärts, zur TFG, aufmerksam geworden.

Einige der auffälligsten, z.T. im vorangehenden schon gestreiften Sachverhalte bzw. Beobachtungen seien genannt:

– Die postulierte AG hat keinen klaren Anfang; Saul und auch Jonatan, vgl. I 18,4, werden nicht stilgerecht eingeführt; für Saul geschieht dies in I 9,1f. (vgl. DIETRICH ^{2}1992, 64f.), für Jonatan in I 14,1.

– I 16,1-13 knüpft an I 15 an (s. oben B. 2.2).

– I 16,1-13, die Salbung Davids durch Samuel, scheint ein bewußt konstruiertes

Gegenstück zu I 9,1 - 10,16, der Salbung Sauls durch Samuel, zu sein (DIETRICH, [2]1992, 50-56).

– I 18,1.3 schlägt zum ersten Mal das Thema der Freundschaft zwischen Jonatan und David an; dieses durchzieht nicht nur die David-Saul-, sondern in der Gestalt des Jonatan-Sohnes Meribaal auch die Thronfolgegeschichte (vgl. II 9; 16,1ff.; 19,25ff., vorbereitet in I 20,12-17.42b; 23,16-18; 24,18-23a; II 4,2b-4). VEIJOLA hat diesem Sachverhalt einen eigenen Aufsatz gewidmet (RB 1978 = 1990, 58ff.) und behauptet, Meribaal sei in Wahrheit ein Sohn Sauls gewesen (vgl. II 21,8). Erst durch redaktionelle Retuschen (DtrH!) sei er zum Sohn Jonatans und somit zum Symbol für einen humanen Übergang der Macht von den Sauliden auf die Davididen gemacht worden.

– I 19,18-24 ist gezielt zu einer Seitengeschichte zu I 10,10-12 ausgebaut worden: Sauls prophetische Erfahrungen, dort bestaunt, werden hier desavouiert (DIETRICH, [2]1992, 57-62).

– I 22,20-23 erzählt von der Flucht des einzigen Überlebenden des Massakers, das Saul an den Priestern von Nob angerichtet hat, zu David; es ist eben jener Abjatar, der sich in den Thronfolgewirren als einer der Getreuesten Davids bewährt (II 15,24ff.; 17,15ff.), sich dann aber auf die Seite Adonjas schlägt und damit zum Feind Salomos wird (I Kön 1,7.42; 2,46f.).

– I 26,14-16, ein gegen General Abner gerichtetes Wort Davids, weist Zusammenhänge nicht nur mit Abners Tod in II 3, sondern auch mit einer sekundären Textschicht in der TFG auf (CRYER 1985): In I Kön 2,5 wird die Liquidierung General Joabs eben mit dem Mord an Abner begründet – und damit über die TFG zurückverwiesen auf die AG. Die hierin greifbar werdende Redaktion sei nicht erst dtr (gegen VEIJOLA 1975), sondern älter, und zwar identisch mit der von WÜRTHWEIN (1974) entdeckten. Also reiche diese zurück bis ins 1. Samuelbuch und umfasse außer den Abner-Texten andere Szenen, in denen Joab oder auch sein Bruder Abischai, die „Zerujasöhne", in ein ungünstiges Licht gerückt werden (z.B. I 26,6-8; II 2,18-23).

– II 1 - 5 zeigt weniger als die vorangehenden David-Saul-Geschichten ein mosaikartiges Gepräge, wirkt vielmehr in ähnlicher Weise geschlossen, Szene um Szene aufeinander aufbauend, wie die nachfolgende TFG. FLANAGAN wehrt sich gegen die isolierte Hervorhebung des Thronfolgethemas im 2. Samuelbuch. Dieses sei vielmehr als ganzes mit den Fragen nach der Konsolidierung der Davids- gegenüber der Saul-Dynastie (1971) und nach dem Aufstieg Jerusalems zum politischen und religiösen Zentrum der jungen Monarchie befaßt (1988, 236); II 1 - 5 aber sei integrierender Bestandteil dieses Darstellungszusammenhangs. FICKER wiederum postuliert als Kern von II 2 - 5 eine kleine, eigene Geschichtsschreibung (II 2,1-4a.8f.12-32; 3,1.6-13a.17-39; 4,1f.5-12; 5,3), die dann ins Ganze der entstehenden Samuelbücher hineinverflochten worden sei (1977, 266).

– II 3,2-5; 5,13f., die Listen der Davidsöhne, die in Hebron bzw. Jerusalem geboren wurden, sind fast unentbehrlich, wollen jedenfalls eine Vorbereitung sein für das Ringen zwischen den Davidsöhnen um die Nachfolge des Vaters in II 10-19; I Kön 1f.

– II 3,12-16, die Szene von der Rückführung Michals an die Seite Davids, nimmt nicht nur die früheren Erwähnungen Michals (I 14,49; 18,20ff.; 19,11ff.; 25,44) wieder auf, sondern bietet auch den Hintergrund für Michals Auftritt in II 6,16.20ff.

– II 5 mit den Nachrichten von der Eroberung Jerusalems und der Besiegung der Philister ergibt sich folgerichtig aus dem bisherigen Gang der Ereignisse und bereitet wiederum die Erzählung von der Überführung der Lade in die Davidsstadt II 6 vor.

– II *6 greift in irgendeiner Weise auf die Ladeerzählungen in I 4 - 6 zurück und gibt zugleich die Erklärung nicht nur für den Tempelbauwunsch Davids (II 7,1ff.), sondern auch für die Mitführung der Lade bei Feldzügen Davids (II 11,11; 15,24ff.).

– II 6,16.20ff. bietet eine Ätiologie dafür, daß Michal von David keine Kinder bekam – und damit diese besonders naheliegende Möglichkeit einer Verbindung zwischen der davidischen und der saulidischen Königslinie entfiel. Eben dieser Thematik ist eine ganze Reihe von Episoden im Kontext der sog. Thronfolgegeschichte gewidmet: II 9; 16,1-4; 19,25-31 (das Schicksal des Sauliden Meribaal und seines Knechtes Ziba); II 16,5-13; 19,17-24; I Kön 2,8f.36-46 (Verhalten und Ergehen des Sauliden Schimi); vielleicht auch II 20 (der Aufstand des Benjaminiten Scheba) und II 21,1-13 (die Tötung von sieben Sauliden).

– II 7 nimmt in V.1f.8f. ausdrücklich die bisherige Geschichte Davids auf und im Nachfolgeorakel V.11ff. die Thronfolgethematik vorweg.

– II 8 bietet ein Summarium der Kriege Davids, das nicht nur in Stil und Tendenz an die AG erinnert, sondern noch einmal vom Sieg über die Philister berichtet (V.1 – im Rückgriff auf II 5,17ff.?) sowie (V.3-8 – im Vorgriff auf II 10?) von einem großen Sieg über die Aramäer.

Wie ist mit diesem Befund umzugehen? Vorwiegend mit Mitteln der Synchronie arbeitenden AuslegerInnen bereitet er natürlich keinerlei Mühe, bietet er vielmehr eine ganze Reihe von Anhaltspunkten für ihre ganzheitliche Sichtweise. Mit einer diachronen Entstehung der Samuelbücher rechnende Exegeten arbeiten im wesentlichen mit zwei (z.T. auch miteinander kombinierbaren) Erklärungsmodellen. Sie führen über die AG hinausweisende Erzählzüge entweder auf die dtr Schlußredaktion zurück, für die der Aufstieg Davids nur ein Baustein in ihrem historiographischen Gesamtgebäude war, oder auf eine vordtr Geschichtsschreibung, die bereits mehr umfaßte als nur den Aufstieg Davids.

Das klassische Urteil in diesen Fragen findet man bei NOTH formuliert: „Für die Geschichte Sauls und Davids stand Dtr der umfangreiche Komplex der Saul-David-Überlieferungen zur Verfügung, die schon längst vor Dtr aus verschiedenen Elementen, außer der alten Saul-Überlieferung vor allem der Geschichte vom Aufstieg Davids und der Geschichte der Frage der Thronnachfolge Davids, zusammengewachsen war. Das Vorhandensein dieses Überlieferungskomplexes enthob ... Dtr der Aufgabe, seinerseits selbst ordnend und gestaltend einzugreifen. Auch hatte er, nachdem er einmal in I.Sam 8 - 12 sein grundsätzliches Urteil über die Institution des Königtums deutlich genug ausgesprochen hatte, nur noch wenig Veranlassung, urteilend und deutend in die überkommene Überlieferung einzugreifen" (^{2}1957, 61f.).

Es hätte demnach ein vor-dtr Geschichtswerk, ungefähr von I Sam 1 bis I Kön 2 reichend, gegeben, das aber nicht eigentlich zu einer Einheit ausgestaltet, sondern einfach aus mehreren Einzelquellen – darunter der AG – zusammengesetzt war. 'Dtr' mußte hier gar nicht ernsthaft eingreifen (abgesehen nur von I 8 - 12, s. oben A. 3.), sondern konnte den gesamten Textblock fast unverändert in sein Werk einsetzen. Beide Auskünfte wurden durch die neuere Forschung erheblich differenziert.

Es war TIMO VEIJOLA (1975), der bei der Einschätzung der dtr Redaktionstätigkeit in den Samuelbüchern neue Maßstäbe setzte. Er wählt seinen Ausgangspunkt beim Ende der TFG. In I Kön 1f. isoliert er umfangreiche sekundäre Passagen, die „dem Nachweis der Unschuld Salomos und des göttlichen Wohlgefallens an der davidischen Dynastie" dienen (25) und aufgrund ihres Sprachgebrauchs, ihres weiten literarischen Horizonts und bestimmter formaler Eigenheiten als dtr zu klassifizieren sind (26ff.). Von da aus geht der Blick zurück in die Samuelbücher und entdeckt Vorbereitungen jener Einschübe in I Kön 1f. (29-46), weitere Aussagen über die göttliche Legitimation der „Ewigen Dynastie" (47-80), Bindeglieder zwischen den großen vor-dtr Überlieferungsblöcken (81-105; hierhin gehören tendenziell die vorhin aufgeführten Beobachtungen!), schließlich Anzeichen für eine dtr Einschaltung von II 21 - 24 mitten in den Ablauf des Thronfolgegeschehens (106-126).

Nach diesem Modell gab es vor-dtr keine Verknüpfung der Aufstiegsgeschichte mit der Samuel-Saul- und der Thronfolgegeschichte; erst die dtr Redaktion stellte die Großüberlieferungen von den ersten Königen zusammen. Freilich erhielten die Samuelbücher nicht mit einem Mal ihre jetzige Gestalt. VEIJOLA rechnet mit drei dtr Redaktionen: einer grundlegenden, den Gang der Darstellung in allen wichtigen Zügen festlegenden, vorwiegend 'historisch' interessierten (DtrH) und zwei dahinein noch einen 'prophetischen' und einen 'nomistischen' Akzent setzenden (DtrP und DtrN).

Die dtr Textanteile verteilen sich nach VEIJOLA (1975) wie folgt:

– DtrH: I 2,27-36; 4,4b.11b.17bα.19aγ.21b.22a; 14,3.*18; 20,12-17.42b; 22,18 bγ; 23,16-18; 24,18-23a; 25,21f.23b.24b-26.28-34.*39a; II 3,9f.17-19.28f.38f.; 4,2b-4; 5,1f.4f.11.12a.17a; 6,*21; 7,8b.11b.13.16.18-21.25-29; 8,1a.14b.15; 9,1. *7.*10.11b.13aβ; (14,9;) 15,25f.; 16,11f.; 19,22f.29; 21,2b.7; 24,1.19b.23b.25bα; I Kön 1,*30.35-37.46-48; 2,1f.4aαb.5-11.15bγ.24.26b.27-31b.37b.42-45.

– DtrP: I 3,11-14; 22,19; 28,17-19aα; II 12,*7b-10.13f.; 24,3.4a.10-14.15aβ.17. 21bβ.25bβ.

– DtrN: I 13,13f.; II 5,12b; 7,1b.6.11.22-24; 22,1.22-25.51; I Kön 2,3.4aβ.

Auf allen drei Redaktionsstufen wurde laut VEIJOLA nicht nur frei formuliert, sondern jeweils auch vorgegebenes Material verarbeitet: deutlich am meisten – und überhaupt grundlegend für die Samuelbücher – bei DtrH, in begrenztem Umfang auch bei DtrP und DtrN. Die Deuteronomisten verfolgten eine doppelte Intention: vorgegebenes Überlieferungsgut zu tradieren und zu bewahren, zugleich aber auch, dieses in ein bestimmtes, ihre exilische Gegenwart erhellendes Licht zu rücken. Was die Davidgeschichten anlangt, erweist sich DtrH (nicht lange nach dem Untergang des Staates Juda ans Werk gehend) als bemerkenswert prodavidisch-prodynastisch, DtrP (etwas später anzusetzen) als scharf davidkritisch, DtrN wieder (spätexilisch oder schon nachexilisch) als zwar davidfreundlich, vorwiegend aber an der Identität Israels als des Volkes JHWHs und der Tora interessiert.

Vieles an VEIJOLAS Darlegungen überzeugt unmittelbar. Manche der Brücken, welche die AG mit ihrem literarischen Kontext verbinden – offenkundig etwa in I 2 oder II 7, auch in II 21 und 24 –, sind von dtr Redaktoren geschlagen worden, um die große Stoffmenge zu bändigen und um sie in eine bestimmte Richtung zu interpretieren. Freilich bereiten manche Annahmen auch Mühe, etwa die einer betont dynastischen Haltung des DtrH. Der Grundverfasser des dtr Geschichtwerkes hätte sie mitten in der Exilszeit, gerade nach der völligen Entmachtung des Jerusalemer Königshauses, vertreten. Unmöglich ist das nicht. Es wäre nicht ratsam, die biblischen Zeugen immer nur platt ihre jeweiligen Zeitumstände widerspiegeln, und sie nicht auch gegen diese anschreiben zu sehen (vgl. DIETRICH 1995). Doch trägt die Figur Davids in den Samuelbüchern noch so wenig die Patina des Prophetisch-Messianischen oder des Kultisch-Frommen, welche sie dem Glauben Israels in nachexilischer Zeit so attraktiv machte, daß man fragen möchte, ob nicht manche der von VEIJOLA für DtrH in Anspruch genommenen Passagen viel eher eine vorexilisch-vordeuteronomistische Ausprägung der David-Ideologie darstellen als eine exilisch-deuteronomistische.

Diese Frage stellt sich bei der oben aufgeführten Textliste m.E. vor allem für I 24,18-20; 25 (alle genannten Verse); II 3,28f.38f.; 5,1f.; 8,14b.15; 9 (alle genannten Verse). Das bedeutet zweierlei: Das Problem des Übergangs der Macht von der Sauls- auf die David-Dynastie wäre vor allem vor-dtr verhandelt worden. Und: Die Stoffe der Aufstiegs- und der Thronfolgegeschichte wären schon vor-dtr miteinander verknüpft worden.

Die Diskussion um den Befund in der TFG ist späteren Kapiteln vorbehalten.

Verwiesen sei aber schon hier darauf, daß LANGLAMET (1976a) die von VEIJOLA innerhalb von I Kön 1f. als sekundär erwiesene Schicht nicht als dtr, sondern als vor-dtr und Teil einer prodynastischen Bearbeitung der TFG betrachtet. Derselben Hand möchte LANGLAMET die sog. benjaminitischen Episoden in der TFG zuschreiben – u.a. diejenigen über Meribaal (1979; 1980; 1981).

Mittlerweile hat auch VEIJOLA zu erkennen gegeben, daß er eine vor-dtr Bearbeitung der TFG für wahrscheinlich hält, und an deren Profilierung mitgearbeitet (schon 1978 = 1990, 58ff.; vor allem 1979 = 1990, 84ff.). Über die Grenzen der TFG hinaus (so sich diese genau festlegen lassen!) hat er diese Redaktion aber noch nicht verfolgt.

Wir gelangen zu der anderen Erklärungsmöglichkeit für Verbindungslinien zwischen der AG und ihrem weiteren Kontext: der Annahme vor-dtr Redaktionen, deren Horizont den Textbereich von I 16 bis II 5 (oder 8) übergreift.

Den am weitesten gehenden Vorschlag hat hier CAMPBELL (1986a) vorgelegt. Er geht aus von der Beobachtung, daß nicht nur in der Aufstiegs-, sondern schon in der Samuel- und der Saul- und dann wieder in der Thronfolgegeschichte und weiterhin in der biblischen Darstellung der Geschichte Israels bis hin zur Zeit Jehus nicht nur immer wieder Prophetengeschichten erzählt werden, sondern dezidiert prophetische Sichtweisen zutage treten. Dies führt ihn zu seiner Grundhypothese: „It stakes a claim to be able to bring together features in the text of both Samuel and Kings, and to reconcile them in identifying a ninth-century text, covering 1-2 Samuel and extending deeply into 1-2 Kings. This Prophetic Record, in its own way, anticipates and prepares for the Deuteronomistic History“ (14).

In den Samuelbüchern sind nach CAMPBELL folgende Passagen (zuweilen nur in einem Grundbestand) jener prophetischen Geschichtsschreibung zuzuweisen: I 1 - 4; 7; 9,1 - 10,16; 11; 15 - 23; 25 - 31; II 1 - 5; 7 sowie II 8 und die TFG – d.h. es fehlen nur die vermeintlich späten, 'königskritischen' Texte in I *8 - 12, die LG I 5f. + II 6, sowie der Anhang II 21 - 24. Alles andere bildet, jedenfalls im Kern, den Anfang eines prophetischen Geschichtswerkes aus dem 9. Jahrhundert, dem es nicht eigentlich um die Geschichte Israels, erst recht nicht nur um die frühe Königszeit oder gar nur um Saul oder David zu tun ist, sondern eigentlich um eine Geschichte der Prophetie. So ist bezeichnenderweise der erste Hauptteil des Werkes (I *1 - 7) zu überschreiben mit „The emergence of the prophetic figure in Israel“, und der zweite (I 9 - II Kön 10) mit „The record of prophetic guidance of Israel's destiny under the institution of monarchy“ (1986a, 101f.). Saul und David fungieren nicht mehr eigentlich als Staatsgründer, sondern – wie Jerobeam I., Ahab und Jehu auch – als Exempel rechten und falschen Verhaltens gegenüber prophetischer Einflußnahme.

Die Samuelbücher werden im Grunde zu Prophetenbüchern – wo doch nur relativ schmale Passagen in ihnen erkennbar prophetisch, sehr weite hingegen ganz anders geprägt sind: priesterlich etwa (I 1ff.) oder höfisch (I 16ff.) oder antidynastisch (II 11ff.). Die offensichtlich prophetischen Texte wiederum stammen aus sehr verschiedenen Bereichen der prophetischen Bewegung (von der ekstatischen Gruppen- über die Jerusalemer Hof- bis hin zur oppositionellen Unheilsprophetie, vgl. DIETRICH [2]1992), und diese alle sind wieder zu unterscheiden von einer schon in den Samuel-, mehr aber noch in den Königsbüchern greifbaren, rein literarisch arbeitenden und dtr gefärbten Geschichtsprophetie (vgl. immer noch DIETRICH 1972, trotz der ausführlichen Kritik CAMPBELLS 1986a, 3-11), so daß CAMPBELLS Hypothese an zahlreichen historischen und literarischen Gegebenheiten zu zerschellen droht.

In seiner Monographie (1986a) war sich CAMPBELL noch sicher, II 8 und die TFG zum 'Prophetic Record' rechnen zu dürfen (81-84.102). In einem bisher unveröffentlichten Paper von 1993 revidiert er diese Ansicht mit folgenden Begründungen: „The details of David's reign [i.e. in II 8] are more likely to have been of interest to Judean sources" (32). „It is also possible but unlikely that the so-called Succession Narrative ... belonged within the Prophetic Record ... 2 Samuel 11-12 may have been edited within these prophetic circles. If the Succession Narrative had formed part of the Prophetic Record, it would have been to depict sin and its consequences within David's kingdom and the working out of the prophetic word (2 Sam 12:7b-10) in David's later years. It is unlikely, however, that so extensive a document with so little prophetic edition formed part of the Prophetic Record" (33). Hier zeigt sich CAMPBELL als Gefangener seiner Hypothese: Weil nicht prophetisch, gehört die TFG nicht zur ältesten, vermeintlich prophetischen Geschichtsschreibung, entschwindet mithin der vermutlich älteste Kristallisationskern der Samuelbücher in die unüberschaubare Sphäre späterer Bearbeitung.

Es dürfte klüger und den Texten angemessener sein, sich für den möglichen literarischen Kontext der AG entweder auf das dtr Geschichtswerk im ganzen zu beziehen, oder aber sich auf die sicher zu beobachtenden Zusammenhänge innerhalb der Samuelbücher, speziell mit der TFG zu beschränken. In diese Richtung scheint sich die neuere Forschung hauptsächlich zu bewegen.

Schon MILDENBERGER (1962) sah das Tätigkeitsfeld des von ihm postulierten und nach 722 angesetzten 'Bearbeiters' auf den Textbestand der Aufstiegs- und der Thronfolgegeschichte begrenzt. Ihm weist er z.B. den von VEIJOLA ebenfalls für sekundär, aber eben für dtr gehaltenen Passus I Kön 2,5-9 zu (187ff.). Es war letztlich „der dynastische Gedanke, in welchen seine Konzeption auslief" (24); die Herrschaft Davids und der Davididen wollte er legitimieren. Was MILDENBERGER nicht sieht, ist, daß sich weite Passagen der TFG diesem Ziel nicht recht fügen und darum, sollte sie mit der AG vereint werden, prodynastisch zu revidieren waren.

FICKER (1977, 266ff.) entwarf ein relativ kompliziertes Modell zur Entstehungsgeschichte der Samuelbücher, das diese gewissermaßen von einem alten Kern stufenweise anwachsen sieht – und das nicht etwa erst in exilischer, sondern sogleich in frühköniglicher Zeit.

Der Ausgangspunkt ist die (mit WÜRTHWEIN 1974 als im Kern antisalomonisch eingeschätzte) TFG. Diese wurde alsbald (durch die von WÜRTHWEIN nachgewiesene Redaktion) prodynastisch überarbeitet, aber auch – und darauf kommt es FICKER an – vorauslaufend eingeleitet. Wollte man, wie WÜRTHWEIN annimmt, David entlasten, indem man Joab belastete (in II 14,2ff.; 18,10ff.; 20,8ff.; I Kön 2,5ff.), dann mußte man die Vorgeschichte dieses Kämpen – und gerade ihre dunklen Seiten – vorweg erzählen; dies geschah durch die Vorschaltung von II 2 - 5. Diese Kapitel lagen dem Bearbeiter in einem älteren Kern bereits vor (s. oben), und er erweiterte sie zu ihrem heutigen Bestand. Diese Ergänzung aber „zog aus sachlichen Gründen alsbald weitere Ergänzungen nach sich" (277), wobei die jeweiligen Ergänzer wiederum auf schon vorformulierte Stücke zurückgreifen konnten; so kristallisierten sich an II 2 - 20 + I Kön 1 - 2 zunächst II 1 und I 27 - 31 an (Davids Machtergreifung in II 2 - 5 setzt schließlich Sauls Tod voraus), daran wiederum I 23; 24; 26 (Davids Übertritt zu den Philistern in I 27ff. mußte mit seiner Furcht vor Saul motiviert werden), daran endlich I 18f. (Sauls Haß auf David konnte nicht unerklärt bleiben). In die so entstandene Textfolge wurden etwa die Jonatan-Episoden I 20 (zur Vorbereitung von II 9 und überhaupt der Meribaal-Szenen) oder die Geschichte vom Mord an den Priestern von Nob I 21f. (zur Erklärung, warum der Priester Abjatar später eine wichtige Rolle spielt, vgl. II 15; 17; I Kön 1f.) eingetragen. Dieser ganze, vielschichtige Vorgang soll bereits in der frühen Salomozeit abgeschlossen gewesen sein (278).

Namentlich die extreme Frühdatierung, aber auch die Aufsplitterung in zahlreiche Wachstumsvorgänge und damit auch des Textcorpus von I 16 - II 5 in viele Tranchen wirken wenig überzeugend. Im Grundsatz aber dürfte FICKER etwas sehr Wichtiges und Richtiges gesehen haben, das zu Unrecht von der weiteren Forschung übergangen wurde: daß die sog. Aufstiegsgeschichte vermutlich nie als Werk für sich existiert hat, sondern auf die TFG hin, oder vorsichtiger: zusammen mit einer sekundären Textschicht in II 10 - 20 + I Kön 1 - 2 konzipiert worden ist – nicht zuletzt, um düstere, dem Image der Davidsdynastie abträgliche Erinnerungen und Nachrichten in ein der Dynastie günstigeres Licht zu rücken.

3. Die David-Saul-Geschichte im einzelnen

3.1 David als Höfling Sauls (I Sam 16 - 18)

Ein Problem, das der Exegese immer wieder zu schaffen macht, ist die Tatsache, daß David in I 16f. auf drei verschiedene Weisen 'entdeckt' wird: einmal durch Samuel, der ihn unter göttlicher Anleitung aus den Söhnen des Isai herausfindet und zum künftigen König salbt (I 16,1-13), einmal durch die Höflinge Sauls, die in ihm einen geeigneten Therapeuten für den gemütskranken König sehen (I 16,14-23), und einmal durch Saul selbst, der ihn nach dem glänzenden Sieg über den Philisterrecken Goliat an seinen Hof holt (I 17,55ff. mit 18,2). Jedesmal wird David der Leser- oder Hörerschaft, als wäre diese begriffsstutzig, stilgerecht neu vorgestellt (I 16,12; 16,18; 17,12-14); und Saul muß nicht nur begriffsstutzig, sondern sehr verwirrt sein, daß er seinen eigenen, ihm „liebgewordenen“ Waffenträger (I 16,21) beim Goliatkampf nicht wiedererkennt (I 17,31ff.55ff.).

Die Anstöße setzen sich fort: Nach I 18,10f. versucht Saul, besessen von einem „bösen Geist“, David mit seinem Spieß umzubringen, doch diesem gelingt es auszuweichen; fast genau das gleiche wird kurz darauf, in I 19,9-10, noch einmal berichtet. Und schließlich besteht eine seltsame Doppelung zwischen zwei Anläufen Davids, zu Sauls Schwiegersohn zu werden (bzw. Sauls, David dazu zu machen – vielmehr: ihn gerade nicht dazu zu machen, sondern bei dieser Gelegenheit aus dem Weg zu räumen): in I 18,17-19 mittels der älteren Saul-Tochter Merab, und in I 18,20-27 unter Benutzung der jüngeren Saul-Tochter Michal.

NORTH (1982) will den Sachverhalt in I 16f. mit Hilfe der Pentateuch-Quellentheorie erklären: I 17 gehöre dem Jahwisten, I 16,1-13 dem Elohisten, und I 16,14-23 – ausgerechnet! – stamme von dem dtr Redaktor, der beide 'Quellen' zusammenfügte. Erstaunt liest man das Urteil: „the factural information and also the phraseology contained in 1 Sm 16,14-23 may well be attributed entirely to the Deuteronomist himself“ (543).

Gibt es einleuchtendere Lösungen?

O.KAISER (1990, 283f.) erblickt in I 16,1-13, I 17,1 - 18,5 und gleich auch noch in I 18,10-27 nachträgliche Erweiterungen der ursprünglichen AG. Dieses Erklärungsmodell ist weitverbreitet: die scheinbar am wenigsten ausgeschmückten Geschichten wie I 16,14-23 und 19,9f. als literarisch alt (und historisch zuverlässig!) und die anderen als jüngere, tendenziöse und legendenhafte Zuwächse hinzustellen. Nur: man wird damit die Probleme nicht los, sondern verschiebt sie lediglich auf angeblich gegen Spannungen und Störungen unempfindlichere, spätere Autoren.

Dieser Schatten fällt von vornherein auch auf CAMPBELLS Lösungsversuch (1986b). Er behauptet, ähnlich wie O.KAISER, 16,1-13 sei „the work of a later prophetic redaction" (37). I 17 aber und auch den Großteil von I 18 will er nicht völlig aus dem ältesten Textzusammenhang eliminieren, sondern nur teilweise. Dabei kommt ihm die Septuaginta zu Hilfe, die einen wesentlich schlankeren Text bietet als die hebräische Version; bei ihr fehlen die MT-Passagen I 17,12-31. 41.48b.50.55-58; 18,1-5.*6.8b.10f.12b.17-19.21b. Lasse man dieses MT-Plus weg, so CAMPBELL (39), dann erhalte man „a rounded and compact whole". In der Tat wären auf diese Weise die vorhin aufgezählten Anstöße fast sämtlich beseitigt.

Diese These, die LXX vertrete eine eigene, ältere Version von I 17f., während der MT-Text eine demgegenüber sekundäre, erweiterte Fassung darstelle, ist nicht neu und bei den Exegeten sehr beliebt, vgl. u.a. RINALDI 1966; KRINETZKI 1973, 197ff.; MCCARTER 1980b, 284ff.; im Grunde auch STOLZ 1981, 114f. Doch stellt sich wiederum die Frage: Wie mag es von dem relativ glatten Erzählzusammenhang der LXX zu dem wesentlich verschlungeneren des MT gekommen sein, wer sollte dem in der LXX-Fassung zielstrebig aufsteigenden David die vielen Hindernisse in den Weg legen, die ihn nach der MT-Fassung aufhalten?

Um die Ursprünglichkeit des hebräischen oder des griechischen Textes von I 17f. ist es zu einer äußerst intensiven, gelehrten Fachdiskussion gekommen, die zu einem guten Teil in einem eigenen Sammelband (von 1986) dokumentiert ist. Aufs ganze gesehen, plädieren darin TOV und LUST für die Prävalenz der griechischen, GOODING und BARTHÉLEMY – wie fast gleichzeitig auch ROFÉ (1987) – für die der hebräischen Version. Es seien im folgenden einige wichtige Argumente aus der Debatte wiedergegeben.

Dafür, daß MT eine Erweiterung gegenüber LXX (und nicht etwa LXX eine Verkürzung von MT) darstelle, wird geltend gemacht:

– Es gibt sonst in der LXX kaum eine Analogie für ein derart radikales Kürzungsverfahren, wie es für I 17f. angenommen werden müßte.

– Wäre der LXX-Text das Ergebnis einer geplanten Kürzung, müßte er noch glatter sein, als er jetzt ist.

– Die überschießenden MT-Anteile ergeben eine „independent story“ (alles bei LUST, 9).

– Die LXX-Fassung von I 17 weist (angeblich) eine chiastische Struktur auf: V.4/40b; V.5-7/38-40a; V.8-11/32-37 (LUST, 11).

- 17,12ff. ist ganz unverkennbar Einleitung einer eigenen Erzählung, vergleichbar I 1,1 und 9,1 (LUST, 90f.).

– Der LXX-Übersetzer ging sonst in I 17f. derart sorgfältig mit dem hebräischen Text um, daß man ihm die Auslassung von 45 Versen nicht zutrauen kann (TOV, 38).

– Ließe sich bei manchen Passagen der Wunsch, Spannungen zu vermeiden, als Motiv einer Kürzung annehmen, so gibt es dieses bei I 18,1-4 nicht (TOV, 38f.; Gegenargument bei ROFÉ, 120: Die Jonatan-Szene kommt im Handlungsablauf zu früh; erst in V.6 kehrt David von seinem Sieg heim).

– In der Textgeschichte ist „expansion“ das viel geläufigere Prinzip als „truncation“ (TOV, 134).

Dafür, daß LXX eine Verkürzung des MT (und nicht etwa MT eine Erweiterung von LXX) darstelle, wird folgendes geltend gemacht:

– 17,1ff. und 17,12ff. müssen nicht getrennte Geschichten, sondern 17,1-11 könnte eine vor 17,12ff. gesetzte Einleitung sein (BARTHÉLEMY, 50).

– 18,17-19 wurde von LXX nicht so sehr wegen der Doppelung zu 18,20ff., sondern wegen des Widerspruchs zu II 21,8 weggelassen (BARTHÉLEMY, 52).

– Das MT-Plus ergibt keine in sich geschlossene Erzählfolge, die ursprünglich einmal für sich allein gestanden haben könnte. Hätte der für die Einfügung des MT-Plus angeblich verantwortliche Redaktor aus einer einst vollständigeren Version nur Teile übernommen und sie so, wie angeblich geschehen, in den Gesamttext eingebaut, wäre er ein Stümper gewesen (GOODING, 57.62).

– Das MT-Plus enthält gerade solche Züge, die als volkstümlich-legendenhaft zu bezeichnen sind; Erweiterungen in I 17 zeigen aber durchweg theologisch-reflektierte Züge (ROFÉ 119).

– Das Motiv von David als Hirten taucht sowohl in der LXX-Version wie im MT-Plus auf (17,12ff.34ff.) (GOODING, 60).

– Das Motiv der Verheiratung Davids mit einer Tochter Sauls, das auch in der LXX-Fassung vorkommt (18,20ff.), hängt zusammen mit dem nur im MT-Plus (17,25) berichteten Versprechen einer Königstochter für den Goliatsieger (GOODING, 61.116f.).

– Die LXX streicht nicht nur, sondern erweitert auch: In 17,43 fügt sie dem „Stock“, mit dem Goliat den David auf sich zukommen sieht, noch „Steine“ hinzu – und verdirbt damit die Pointe. Und Goliats wütende Frage, ob er denn ein Hund sei, läßt sie David mit einem Witz beantworten („Nein, schlimmer als ein Hund bist du!“) – und verschiebt den Akzent vom tiefernsten Streit um den Wert von Waffen ins Komödiantische (GOODING, 68f.).

Insgesamt ist der Feststellung nicht auszuweichen, daß die LXX gegenüber dem MT eine ‘lectio facilior’ bietet (so auch BERGES 1989, 232). Es besteht der Verdacht, die griechischen Autoren – weniger wahrscheinlich: die Verfasser einer von diesen benutzten hebräischen Vorlage – hätten sich einen möglichst geraden Weg durch das von ihnen als Wirrwarr empfundene Textganze des MT gebahnt: nicht ahnend, daß sie dabei außer ihrer Leserschaft auch späteren Fachexegeten das Verständnis von I Sam 17f. wesentlich erleichterten (womöglich aber auch verstellten). Mit GOODING zu reden: „The combined version is the original version“, die kürzere LXX-Fassung im Grunde ein trauriges Torso, „which someone with a very literalistic, unimaginative mind has truncated, thinking thereby to improve it by removing doublets and discrepancies“ (82).

Stark konzentriert auf das Verhältnis der griechischen und der hebräischen Fassung von I 17f. und damit auf text- und literarkritische Fragen, hat die Forschung überlieferungs- und redaktionskritische Lösungsansätze etwas aus dem Blick verloren. Vorausgesetzt, der hebräische Text von I 17f. sei der ursprüngliche, zeichnen sich unter seiner Oberfläche doch deutlich (und zwar teilweise an anderen Stellen, als sie durch die Differenz MT-LXX markiert werden) die Konturen unterschiedlicher Überlieferungen ab, die entweder schon im vorliterarischen Stadium oder aber durch den Verfasser der David-Saul-Geschichte miteinander vereint worden sind.

STOEBE denkt in dieser Richtung, läßt sich aber noch zu sehr auf das MT-LXX-Problem fixieren, wenn er mit einem „weit gespannten Überlieferungsvorgang“ rechnet (1971, 340), der „noch zu der Zeit, in der die LXX zu den Samuelisbüchern entstand“, angedauert habe; im Verlaufe dessen sei die David-Goliat-Geschichte sukzessive von dem Umfang, den sie in LXX hat(te), auf denjenigen im MT angewachsen, wobei es wechselseitige „Einflüsse der einzelnen Rezensionen aufeinander“ gegeben habe (1956, 398). Diese Theorie bleibt doch einigermaßen nebulös: Wann soll der Überlieferungsvorgang, aus dem die hebräische Bibel erwuchs, eingesetzt haben, wenn er doch bis tief in die hellenistische Zeit anhielt, und wie sollte in ihm die Ursprungsfassung fast unversehrt ihre Gestalt bewahrt haben, bis sie endlich – ausgerechnet in die LXX gelangte?

Es wird sich empfehlen, zwischen Überlieferungs- und Textkritik methodisch streng zu unterscheiden – auch wenn etwa der Neueinsatz in 17,12 sowohl überlieferungs- wie textgeschichtlich einen Scheidepunkt markiert. Offenbar hatten eben schon die LXX-Verfasser ein Gespür dafür, wo im Gesamttext von I 17 die redaktionellen Nähte verlaufen. Sie (und mit ihnen ihre modernen Fürsprecher) fühlten sich durch solche Textsignale veranlaßt, aus dem MT-Text bestimmte Passagen (als sekundären Zuwachs) herauszunehmen. Verheißungsvoller scheint es, sie als Anzeichen für das Zusammenfließen zweier Überlieferungen in der hebräischen Version der David-Goliat-Geschichte zu werten.

GRØNBÆK denkt an einen Bericht von einer siegreichen Philisterschlacht Sauls einerseits und eine Legende von Davids Goliatsieg andererseits (1971, 90f.); doch wie soll man sich eine Variante von I 17 ohne die Gestalt Davids vorstellen? GALLING (1966, 152f.) unterscheidet in I 17 zwei „Motive“ (warum nicht: Geschichten?): eines vom Kampf des Kriegers David mit einem namentlich nicht genannten Philisterrecken, und eines vom Sieg des Hirtenknaben David über den Riesen Goliat.

DE VRIES (1973) möchte eine Heldensage (17,*12.14.*17-23aα.24f.41.48b.50.55-58; 18,2) von einer Wettkampflegende (17,*1-11.32-40.42-48a.49.51-54) trennen. Die Heldensage sei für sich in die AG aufgenommen und dort mit den ebenfalls alten Überlieferungen 18,1.3-5.*12-16.20.*22-29a verbunden worden; vom Aufstiegs-Erzähler (R^{I}) stammten das gesamte Kapitel I 16 sowie die Passagen 18,*6-11.17-19.21.29b.30. Der damit erreichte Textbestand sei nachträglich um jene ‘Wettkampflegende’ (die übrigens mit dem LXX und MT gemeinsamen Textbestand genau identisch ist!) erweitert worden; auf den dafür verantwortlichen Redaktor (R^{II}) gingen 17,2aβ.12b.13.15f.23aβb.26-31 zurück. Spätere Zufügungen lägen in 17,4aβ.23aα; 18,8aαb.12b.26b vor. – Sind derart subtile Differenzierungen, ist vor allem die Unterscheidung zweier Redaktionen und damit einer alten und einer jüngeren, erweiterten AG nötig und möglich?

Auch VAN DER LINGEN (1983, 12-24) löst aus dem MT-Text zwei Erzählversionen heraus: die eine, „A“, umfaßt 17,12-15.17-23aα.24.39aα.40aβbα.48aαb.49.51abα.55-58; die andere, „B“, war von Hause aus eine reine Saul-Erzählung (s. oben GRØNBÆK!) und läßt sich noch in 17,1-9.11.32-36a.37bα.38.39b.40aαbβ.42-44.48aβ.50bα.51bbβ53 finden. Beide Versionen wurden von einem Redaktor mittels 17,16.23aβb.26bα.31.39aβ.41.50abβ.54 verbunden; von einem weiteren Bearbeiter stammen 17,10.26bβ.36b.37abβ.45-47. Auch hier erscheinen die überlieferungsgeschichtlichen Wege sehr verschlungen und nicht in jedem Punkt einsichtig. Doch zeichnen sich zwischen den verschiedenen Modellen (angefangen, wohlgemerkt, bei dem von der LXX gewählten!) Übereinstimmungen ab, die das Grundmuster abgeben könnten für eine schlüssige überlieferungskritische Analyse von I 17. Dafür ist hier nicht der Ort.

ROFÉ (1987) möchte nicht von zwei verschiedenen Geschichten, sondern von zwei Entstehungsstufen der David-Goliat-Geschichte sprechen: Die erste war „a popular fairy tale“ von dem kühnen Hirtenknaben David und seinem Sieg über den gigantischen Philisterkrieger; diese wurde später „reworked from a theological angle by thinkers and teachers“ (118). Diese Erweiterungsschicht werde am sichersten greifbar in den Reden V.26.36.45-47. ROFÉ liegt weniger an einer genauen Evaluation der älteren Stufe, denn nach seiner Auffassung ist das gesamte Kapitel geprägt durch die jüngere – und diese sei in das 4. Jahrhundert anzusetzen. Dafür macht ROFÉ (128ff.) nicht nur die außergewöhnliche Länge der Erzählung und ihren nicht eben sehr festen Sitz im Kontext geltend, sondern auch „linguistic evidence“ wie „late orthography“, bestimmte, sonst nur in jungen Texten belegte Ausdrücke, und schließlich theologische Termini und Denkmuster, deren geistiger Hintergrund in der Spätzeit des AT liege (z.B. soll David in I 17 messianisch gezeichnet sein). Begriffe und Vorstellungen, die für ein höheres Alter der Überlieferung sprechen (z.B. in V.4 oder 25), sucht ROFÉ herunterzuspielen oder umzudeuten (131ff.). Trotz der minutiösen Argumentation bleiben Fragen: Wie sicher sind Datierungen aufgrund einzelner sprachlicher und sachlicher Merkmale? Wieso sollte ein älterer Text nicht Spuren späterer schriftlicher Tradierung und Bearbeitung an sich tragen?

Ganz abseits von den geschilderten text- oder überlieferungsgeschichtlichen Bahnen sucht sich JASON (1979) einen Weg durch das Textgefüge von I 17. Sie gibt sich sogleich als „not a biblical scholar, but a folklorist“ zu erkennen, welche die Geschichte auf „ethnopoetic terms“ untersuchen möchte (36). Von den Strukturalisten V.J.Propp und A.Skaftymov übernimmt sie die Gattungsbestimmungen „heroic fairy tale“ (in dem überirdische Mächte eine Rolle spielen), und „romantic epic“ (das sich an die Grenzen von Raum und Zeit hält) – und möchte I 17 eher als das letztere ansprechen. Freilich habe der Autor des biblischen Textes die alte folkloristische „Vorlage“, „which was possibly composed in verse form“, in eine Erzählung umgewandelt und teilweise (vor allem in V.14-16.19.23.27.30f.51b.54b) stark verkürzt. „Our text is a short, prose record of an ethnopoetic epic work“ (66). FOKKELMAN (1986, 203) nennt diesen Versuch respektlos „speculative nonsense“; wer derartiges behaupte, „does not feel the independence and the stature of this narrative art. That such a version might have been much longer is pure fantasy“.

Neben der Rückfrage nach möglichen Vorstufen des hebräischen Textes bleibt der Exegese die Aufgabe, diesen in seiner vorliegenden Gestalt so sorgfältig und schlüssig wie nur irgend möglich zu interpretieren. Wir wenden uns Versuchen zum Verständnis zunächst der Gesamtkomposition I 16 - 18, dann der einzelnen, in ihr enthaltenen Erzählungen zu.

BRUEGGEMANN (1985, 25ff.) erkennt im Erzählganzen von I 16f. eine prägnante theopolitische Aussageabsicht. Mit der Aufforderung Gottes an Samuel, einen Gegenkönig zu Saul zu salben, nimmt die Davidgeschichte einen subversiven Anfang. Der Prophet steht dabei durchaus nicht als Glaubensheld da, sondern als ängstliche Natur, welcher Gott mit der Erlaubnis, eine Schutzlüge zu gebrauchen, aufhelfen muß – und auch kann, denn Er „is not committed to the moral civility of entrenched order“ (26). Die stattlichen Isai-Söhne bestätigen die Regel, daß die Reichen und Mächtigen immer auch die Schönen und Eindrucksvollen sind – und daß ihnen selbst Gottesmänner immer wieder leicht auf den Leim gehen. Doch endlich einmal wird hier das verworfen, was sonst erwählt, und das erwählt, was sonst verworfen wird; I Kor 1,26ff. wird am Horizont sichtbar. Mit dem Hirten David tritt einer auf den Plan, den die einfachen Leute als einen der Ihren empfinden, an dem sie sehen können, daß Gott auf ihrer Seite steht. Keineswegs ist diese Erzählung Hofpropaganda; dafür ist sie „not calculating" genug (30). Wollen wir versuchen, BRUEGGEMANNS Optimismus zu teilen! Die Goliatgeschichte I 17 ist geeignet, ihn zu nähren, kämpft David hier doch einen „struggle of the marginal against the tyrants"; Kinder lieben diese Geschichte genau deshalb, weil auch sie „in a world of aggressive giants" leben (31)! Die (von manchen als so störend empfundene Neu-) Einführung Davids in V.12ff. malt ihn strikt als Gegentyp zu dem vorher groß und breit geschilderten Goliat. Dessen einschüchternde Wirkung ist derart perfekt, daß sich Eliabs Zorn (V.28) nicht gegen die Unterdrückung durch die Philister oder gegen die Passivität der Israeliten richtet, sondern gegen David, den Kleinen (V.28). Und Saul nimmt unwillkürlich die Haltung Goliats an: „trust in arms" (33, zu V.33ff.). Auf dieser Ebene aber ist Israel chancenlos. Darum braucht es – und bekommt es in David – einen „deliverer", es geht in I 17 um „liberation against all the oppressors" (35).

SEIDL (1986) arbeitet die innere Differenz zwischen den beiden Erzählungen I 16,1-13 und 16,14-23 heraus – und sieht gerade in ihr deren Nebeneinander begründet: Die erste sei stark religiös gefärbt, stelle nicht Davids menschliche Fähigkeiten, sondern Gottes grundlos erwählendes Handeln in den Vordergrund, während die zweite, vermutlich ältere, Wert auf Davids positive Eigenschaften, mehr aber noch auf Sauls negative lege, um mit derart „subtilen Mitteln" Davids Aufstieg als Folge nicht irgendwelcher Machenschaften, sondern des inneren Niedergangs Sauls hinzustellen (50). Die Redaktion habe aus mehreren Gründen beide Erzählungen aufbewahrt und nebeneinandergestellt: wegen ihrer hohen „literarischen Qualität"; weil sie zwei zwar verschiedene, aber je „wesentliche Sichten des israelitischen Königsideals" vertraten; um die „Sonderstellung" des davidischen Königtums zu unterstreichen und es „apologetisch" gegen bestimmte Verdächtigungen in Schutz zu nehmen; und weil „plurale Formen des Sprechens von Jahwe" angemessen erschienen (54f.).

So lassen sich Unausgeglichenheiten nicht als störende Widersprüche, sondern als bewußt bewahrte Vielfalt und gezielt eingesetzte Dialektik verstehen. ALTER (1981, 148 – mit Nachdruck aufgenommen von FOKKELMAN 1986, 202f.) spricht im Blick auf das Nebeneinander von I 16 und I 17 von einer „binocular vision of David": das eine Mal werde er als eine im persönlichen Umgang gewinnende Persönlichkeit, das andere Mal als strahlender Volksheld geschildert – und beides zusammen mache nach Meinung des Autors das Bild Davids aus.

GOODING (1986, 64ff.) sieht I 16 - 18 – und zwar ausdrücklich in der vollen MT-Gestalt – eher noch kunstvoller miteinander verflochten: I 16,1-13 erzählt davon, wie Gott einen König brauchte und David wählte, I 16,14-23 davon, wie Saul einen Tröster brauchte und David gefunden wurde, I 17,1-11 davon, wie Israel einen „champion" brauchte – und keiner sich fand; dahinein trifft der Neueinsatz von 17,12 „Und David ..."; freilich wird nicht sofort von seiner Heldentat erzählt, sondern ein langer, verschlungener Anlauf genommen, so daß der Leser wohl ahnt, aber lange noch nicht sicher sein kann, daß dieser Mann Israel helfen wird. Solchem Suchen und Finden des Richtigen ist reizvoll zugeordnet das Irren von Menschen, die ständig versucht sind, den Falschen zu wählen (Samuel den Eliab in I 16,6) oder den Erwählten nicht für den Richtigen zu halten (Eliab und Saul in I 17,28.33). I 17,55ff. führt 17,12ff. insofern folgerichtig zu Ende, als hier erzählt wird, wie David aus seines Vaters Haus in das Haus Sauls kam und dort blieb; ein feiner Nebenzug dazu liegt im Versprechen der Steuerfreiheit für den Vater des Goliatbezwingers (17,25), was hernach Saul veranlaßt, sich so angelegentlich nach dem Vater (und nicht nach dem Namen!) des siegreichen Jünglings zu erkundigen (17,55). In „tremendous irony" (61) wird gleich anschließend erzählt, wie dem Sohn des „nobody" das Herz des Königssohnes zufliegt. Daraus entwickelt sich wiederum folgerichtig das Motiv der wachsenden Eifersucht Sauls, vom Erzähler durch gezielt eingestreute Lobpreisungen (18,5.16.30) angefacht zu tödlichem Haß, welcher aber nichts anderes bewirkt als den immer weiteren Aufstieg Davids...

FOKKELMAN wie GOODING lassen sich in ihrem Eifer, die Einheitlichkeit und Sinnhaftigkeit des MT-Textes zu verteidigen, weder auf textkritische noch auf überlieferungskritische Argumentationen ein. So streiten sie beide ab, zwischen 16,14ff.

und 17,12ff. bestehe eine ernsthafte Spannung, die durch 17,15 (samt 18,2) redaktionell überbrückt werde: Dieser Vers, so FOKKELMAN (201), sei „an organic part" der Erzählung, und „least of all is it a later insertion"; selbstverständlich habe der Autor gewußt, daß er zwei unterschiedliche Erzählungen nebeneinander stellte, und er habe gar keinen Anlaß gesehen das zu vertuschen (201f.). GOODING (1986, 104f.) argumentiert inhaltlich: David müsse ja nicht Sauls einziger Waffenträger, und er müsse auch nicht gleich nach seiner Indienststellung mit in den Philisterkrieg genommen worden sein, er könne also sehr wohl während der Abwesenheit seines Dienstherrn zu seinem Vater zurückgekehrt sein und wie früher dessen Schafe gehütet haben usw. Hier bekommt exegetischer Scharfsinn einen apologetischen Beigeschmack.

FOKKELMAN entwickelt eine erhebliche Kunstfertigkeit bzw. Künstlichkeit darin, die überlieferungsgeschichtlichen Hiate in der David-Saul-Geschichte zu übertünchen und den jetzt vorliegenden Text als glatten literarischen Wurf zu erweisen: In 16,18 etwa sei bereits das Davidbild von I 17 vorweggenommen (und das, wie vorhin schon an 17,15 beobachtet, nicht aufgrund redaktioneller Angleichung, sondern weil eben von A bis Z alles vom gleichen Verfasser herrührt), 16,1-13 sei vielfältig mit I 17 verknüpft (etwa im Spiel mit der Rechnung 7 + 1 = 8, das hier wie dort nicht nur mit den Söhnen Isais, sondern auch mit den Verben *rʾh* und *nbṭ* betrieben werde), gleichzeitig sei I 17 vollkommen analog zu I 13f. gestaltet (etwa im Motiv von der Tötung der philistäischen Feinde jeweils mit ihren eigenen Waffen) usw. Warum dürfen nicht die einzelnen Erzählungen ihr eigenes Gesicht behalten (und, notabene, ihre je eigene Herkunft haben), warum darf der Endverfasser nur als freischaffender Literat und nicht auch als respektvoller Tradent ihm vorgegebenen Überlieferungsgutes gedacht werden?

Wie der größere Zusammenhang von I 16 - 18, so sind auch die einzelnen, in ihm enthaltenen Erzählungen des öfteren (und zwar nicht nur in den Kommentaren) ausgiebig untersucht worden. KESSLER (1970) bietet zu 16,1-13 eine narrativ-nachvollziehende Interpretation, KRINETZKI (1973) unterzieht I 17 einer minutiösen formkritischen Analyse.

Ein feines philologisches Instrumentarium nutzt FOKKELMAN (1986, 146-201) dazu, dem hebräischen Text von 17,1 - 18,5 alle erdenklichen Geheimnisse abzulauschen (auch solche, die vermutlich erst er selbst hineingelegt hat), und um ihn als vom ersten bis zum letzten Vers kunstvoll gestaltete literarische Einheit zu erweisen (wobei er überlieferungsgeschichtlich bedingte Unebenheiten und Spannungen geflissentlich übersieht oder nach Kräften überspielt).

Nur ein paar Kostproben können hier geboten werden: Angeblich ist der Lautanklang zwischen *ʾîš* in 17,8 und *jišaj* in 17,12 beabsichtigt, ist V.12-15 eine Nominalsatzreihe im Gegenüber zu V.4-7, sind Davids Reden V.23ff.34ff. Gegenrede zu

Goliats Rede V.8-10, werden in V.12-15 Davids Brüder (abwertend) eng mit Saul, David dagegen mit Isai verbunden, redet in V.25f. ein Israelit „childish", David dagegen „mature" (161), spielt Eliabs Bemerkung über Davids 'Herz' in V.28 auf 16,7 an, ist Davids Antwort in V.29 nicht schnippisch, sondern ein 'Wort zur Sache' *(dābār)*, sind Sauls Waffen in V.38f. mit denen Goliats in V.5-7 parallelisiert, spielt die Rede von Davids Aussehen *(marʾeh)* in V.42 auf 16,7.12 an, reiht sich Goliat in V.43b selbst bei den Tieren ein, verschweigt David in V.45 geflissentlich, daß er außer im Namen Gottes auch mit einer Waffe kommt (wenngleich sein „equipment is spiritual in nature", 181), zeigen die Verben in V.48ff. für Goliat schwerfällige, für David behende Bewegungen an, wird ab jetzt David zum alleinigen Subjekt der Sätze, hat also allein die Initiative, ist V.50 keine Doppelung zum Vorangehenden, „but an aside" (186), sind die Verben in diesem Vers exakt die gleichen wie in V.35 (es besiegt also David den Goliat ganz genauso, wie er wilde Tiere besiegt hat), entspicht das 'Hinausgehen' Davids zum Kampf *(jṣʾ* V.55) demjenigen Goliats in V.4, spielt in V.56 die Rede vom 'König' bereits auf den Machtwechsel von Saul zu David und die Verwendung des Verbs *šʾl* auf Sauls eigenen Namen an („Saul knows unconsciously that he is no longer really Saul", 192), läßt David in seiner Antwort V.58 bewußt das Personalpronomen der 1.Person weg, um den Schleier über seiner Identität nicht völlig zu lüften, redet auch gezielt nur von seinem Vater, nicht von sicht selbst als 'Knecht' Sauls.

Unter Aufnahme des Aktanten-Modells von Greimas entdeckt FOKKELMAN in I 17 eine doppelbödige Handlungsstruktur: David ist der Hirte, der im Auftrag seines Vaters die Sicherheit der Herde gewährleistet – und er ist der Hirte (jetzt als Metapher für das Königtum, weswegen David auch nicht mit den Waffen des Kriegers, sondern denen des Hirten zu kämpfen hat!), der im Auftrag Gottes die Sicherheit Israels wiederherstellt. Die wilden Tiere bzw. Goliat sind die Gegner, die es dabei auszuschalten gilt; Saul will sich ihm als Helfer andienen, erweist sich aber eher als Gegner, während Jonatan zum wahren Helfer wird (171f.). Überzeugend auch bestimmt FOKKELMAN V.47 als „universal statement" und als „the most important line" des Textes : „sword and spear are not means, but obstacles, on the way to deliverance. That is a heavy blow to the ideology of power" (184).

Ein wenig gewinnendes Beispiel eines 'close reading' von I 17 bietet demgegenüber EDELMAN (1991, 124ff.). Ihr zufolge soll der David von I 17 als positives Gegenbild zum Jonatan von I 13f. entworfen sein. Man staunt: Ist Jonatan nicht der positive Held von I 13f.? Nein, denn er geht eigenmächtig gegen einen unterbesetzten Philisterposten vor – und braucht dazu auch noch ein Zeichen von Gott sowie einen Waffenträger, wie Goliat (124f.)! Erbarmungslos werden hier zwei grundverschiedene Überlieferungen seitenverkehrt über denselben Leisten geschlagen. Innerhalb von I 16 - 18 werden die Überlieferungsgrenzen mit einer ähnlich rabiaten Harmonistik niedergerissen: In 17,31 kann David unvermittelt mit Saul reden, weil sich die Beiden ja längst kennen (129); durch seine Rede in V.34-37 mit den Anspielungen auf sein Hirtenleben ruft David dem König endgültig in Erinnerung, wen er vor sich hat (130); daraufhin stattet dieser ihn in V.38f. wieder als seinen Waffenträger aus; in V.55 redet Saul von 'diesem Knaben' und erkundigt sich nach seinem Namen (den er natürlich kennt!) nur deshalb, weil er David verächtlich machen will (133), usw.

Manche Züge von I 17 lassen sich in der altorientalischen Umwelt Israels verankern – was zeigt, daß auch ausgesprochen legendenhafte Geschichtserzählungen im Alten Testament kaum jedes Anhalts an der Historie entbehren.

Hinter dem biblischen Namen des Philisterrecken meint GÖRG (1986) einen ägyptischen Titel ausfindig machen zu können, der so viel bedeutet wie „Der zur Leibwache Gehörige". Israelitische Ohren hätten das Wort als Eigennamen aufgenommen. Andere Forscher haben sich um den Aufweis altorientalischer Belege für das Motiv des stellvertretenden Duells zweier Einzelkämpfer anstelle ganzer Heere bemüht. In diesem Punkt hat I 17 Parallelen nicht nur, wie längst bekannt (vgl. DE VAUX 1961), in der Erzählung des Sinuhe, sondern nach SASSON (1974) auch in einem Mari- sowie nach FENSHAM (1970) und HOFFNER (1968) in einem hethitischen Text. Wohl möglich, daß in Kenntnis solcher Kampfrituale (wie ja auch in II 2,15ff. eines geschildert wird) zumindest eine der in I 17 eingegangenen Erzählungen gestaltet worden ist. (Warum das Motiv aus der Ilias übernommen sein müßte, und dies erst im 4. Jahrhundert geschehen sein sollte, vermag ROFÉ 1987, 133, nicht wirklich deutlich zu machen.) Übrigens wird der historische David kaum auf solche Weise seine Haut zu Markte getragen haben: In II 21,19 findet sich – von den (dtr) Redaktoren sicher mit Bedacht stehengelassen! – die Notiz, ein gewisser Elchanan aus Betlehem habe einen hünenhaften Philisterkämpfer namens Goliat aus Gat erschlagen.

So können rationale Erklärungen des Kampfgeschehens bestenfalls das Verständnis des in I 17 Gemeinten, nicht dessen Übereinstimmung mit der Historie sichern helfen. Unter diesem Vorbehalt mag man auch einen Vorschlag diskutieren, den DEEM (1978) gemacht hat, und der danach verschiedentlich aufgenommen wurde (FOKKELMAN 1986, 186; BERGES 1989, 243): Davids Stein habe Goliat gar nicht an der Stirn, sondern am Knie getroffen, sei von dort hinter die 'Beinschiene' geglitten (dies sei die Bedeutung von *mṣḥt*, in V.49 genauso wie in V.6), daraufhin sei der Riese ins Straucheln geraten und endlich gestürzt (weswegen er eben aufs Gesicht fiel, und nicht auf den Rücken), und so habe David ihn mit seinem eigenen Schwert enthaupten können. Mit dieser Erklärung bräche eine ganze Bilderwelt zusammen – und eine neue täte sich auf: Nicht der wohlgezielte, todbringende Schuß in die Stirn macht dem Riesen ein Ende, sondern im Grunde seine eigene Bewaffnung, die von David listig „unserviceable" gemacht wird (FOKKELMAN). Diese Sicht wäre durchaus gewinnend, wenn sie sich wirklich am Text verifizieren ließe. Doch traf David den Goliat 'an' (*ʾäl*), nicht 'über' der *mṣḥt*; wenn das die Beinschiene wäre, hätte diese ihren Zweck erfüllt. Ferner 'versinkt' der Stein 'in' (*ṭbʿ b^{e}*), nicht 'hinter' der *mṣḥt*. Und schließlich fällt der Philister sofort, als der Stein ihn getroffen hat, zur Erde – von Weitergehen und Stolpern steht da nichts. Demnach bleibt immer noch am wahrscheinlichsten, David habe Goliat (der Erzählung zufolge!) an der Stirn getroffen. Dies ist nach DEEM nun aber unmöglich, weil die Philister laut altorientalischen Bilddarstellungen Helme mit integriertem Stirn- und Nasenschutz trugen. So zu argumentieren, ist indes forschungsgeschichtlich anachronistisch.

GALLING (1966) hat nach minutiöser Untersuchung festgestellt, daß die furchteinflößende, bis in die Einzelheiten beschriebene Rüstung Goliats keineswegs typisch ist für die Philister oder überhaupt für irgendwelche konkreten Krieger der damaligen Zeit; vielmehr hat der Erzähler den Riesen mit allen möglichen, ihm bekannten Ausrüstungsgegenständen bis über die Zähne bewaffnet, damit Davids Sieg über ihn nur noch eines sein könne: ein gottgewirktes Wunder. So wolle die David-Goliat-Geschichte viel eher kerygmatisch als (militär-) historisch verstanden werden.

Man möchte hinzufügen: Die David-Goliat-Geschichte erzählt die Vision vom Ende einer waffenstarrenden Welt. Wahr ist eben wirklich nicht nur, was wirklich einmal war!

3.2 David als Rivale Sauls (I Sam 19 - 31)

Ist in I 16 - 18 erzählt, wie David an den Königshof gelangte, dort aufstieg und prompt das Mißtrauen und die Eifersucht Sauls weckte, so steht ab I 19 und bis zum Tod Sauls I 31 die Rivalität der beiden Männer im Zentrum der Darstellung. Die verwendeten Erzählstoffe sind einmal mehr höchst disparat: Manche Erzählungen handeln nur von Saul (I 28; 31), andere nur von David (I 25; 27; 29f.), die meisten freilich setzen beide ins Verhältnis zueinander – wobei öfters der Gesamterzähler die Verbindung erst hergestellt und insgesamt die Schicksale beider Männer als ineinander verzahnt dargestellt hat.

Mit der äußeren Distanz wächst die innere Unversöhnlichkeit zwischen Saul und David: in I 16 sind beide friedlich vereint, in I 17 tritt (über der Frage, wie Goliat zu bekämpfen sei, V.32ff.) die erste Dissonanz auf, in I 18 führt eine Armeekarriere David zeitweilig vom Hof, doch züngelt dort bereits die Feindseligkeit und Mordlust Sauls auf, in I 19f. löst sich David schmerzhaft aus dem Hause Sauls, in I 21 bis 26 vagabundiert er, von Saul ständig verfolgt, immer tiefer in den judäischen Süden, in I 27 - 31 schließlich ist er zu den Philistern abgedrängt, doch gerade von den Philistern wird Saul getötet, so daß sich gewissermaßen durch sie sein Fernduell mit David zu seinen Ungunsten entscheidet. (Der Konflikt mit dem Hause Sauls wird danach noch weitergehen, was uns später beschäftigt.)

Die Forschung hat sich, wie es bei einer echten Diskussion zu erwarten ist, nicht mit allen zu diesem großen Bogen zusammengefügten Überlieferungen gleichermaßen, sondern mit einigen von ihnen schwerpunktmäßig befaßt. Es sind dies:

a) die Darstellung des Verhältnisses zwischen David und den Saulkindern, I *18 - 20;

b) die Legende von David und Saul bei Samuel, I 19,18-24;

c) das Erzähltriptychon von den beiden Verschonungen Sauls durch David und von Davids Begegnung mit Nabal und Abigail, I 24 - 26;

d) die Geschichte von Saul bei der Totenbeschwörerin von Endor, I 28; dazu kommen;

e) zwei größere Einzeluntersuchungen über I 21f. und I 23,1-6.

Im einzelnen:

a) Die ein wenig blaß bleibende Gestalt der Merab, der älteren Tochter Sauls, hat in ihrem Gegenüber zu Michal, ihrer jüngeren Schwester, verschiedentlich das flüchtige Interesse der Exegeten geweckt. Oft wird sie bereits mit der Entscheidung für die LXX-Version von I 17f. in den Bereich wuchernder Erzählfreude verwiesen. O.KAISER (1990, 292) meint den Grund zu wissen, aus dem die Merab-Szene 18,17-19 eingesetzt wurde. Der Ergänzer wollte dem Leser helfen, mit einer Schwierigkeit fertigzuwerden: Über Michal erfahren wir, sie sei die Frau Davids, dann eines gewissen Palti(el) ben Lajisch bzw. Lawisch aus Gallim, und dann wieder Davids Frau gewesen (I 25,44; II 3,15f.); später aber, in II 21,8, lesen wir unvermutet, Michal habe fünf Söhne von einem Adriel ben Barsillai aus Mechola gehabt. Dem Adriel aus Mechola (anstelle Davids) nun soll laut I 18,19 Saul seine Tochter Merab gegeben haben – und so kann der Leser in II 21,8 insgeheim „Merab" für „Michal" einsetzen und damit den Widerspruch auflösen. (Warum jener Ergänzer den Widerspruch nicht selbst – wie es dann die LXX getan hat – durch Auswechslung der Namen in II 21,8 beseitigte, erklärt O.KAISER nicht; sollte denn nicht jemand, der ganze Szenen hinzuerfindet, zwei Namen austauschen können?)

STOEBE rechnet mit ähnlichen, nur anderen Gewaltsamkeiten: Adriel aus Mechola sei Michals Mann gewesen, Paltiel dagegen (und mit ihm gleich auch Merab) eine redaktionelle Erfindung; die scheinbar unerfindlichen Namen Lajisch und Gallim fänden sich auch Jes 10,29f. ... (1958, 229ff. = 1989a, 96ff.).

Kaum etwas scheint Exegeten (und bereits griechischen Übersetzern) schwerer zu fallen, als miteinander nicht ausgeglichene biblische Nachrichten nebeneinander stehen zu lassen! Die David-Saul-Geschichte bietet ein einigermaßen stimmiges Bild von den ehelichen Beziehungen der Saulstöchter, doch hinter II 21 schimmert ein anderes durch. Höchstwahrscheinlich wußte kein Autor vom anderen oder auch nur von der von diesem benutzten Überlieferung, also braucht man keinem irgendwelche Ausgleichs- oder Vertuschungsversuche zu unterstellen. Welche Sicht *historisch* wahrscheinlicher ist, kann man fragen, aber kaum sicher beantworten; vielleicht spricht für die Version von II 21, daß sie weniger prätentiös und redaktionell ausgefeilt wirkt als die der David-Saul-Geschichte; das heißt aber keineswegs, daß Merab eine redaktionelle Erfindung sein müßte.

Immer wieder wurde die Neugier der Forscher auf das Verhältnis zwischen David und Jonatan gelenkt, wie es uns aus 18,1.3f. (ausgelassen in der LXX); 19,1-7; 20; 23,16-18 sowie aus dem Klagelied II 1,26 und den Meribaal-Szenen des 2. Samuelbuches entgegentritt. Ebenso naheliegend wie unbeweisbar sind immer wieder angestellte Spekulationen über eine homosexuelle Beziehung. MORGENSTERN (1959) sucht nach einer Möglichkeit, die Berichte von der überschwänglichen Zuneigung vor allem Jonatans zu David anders, nämlich historisch-politisch zu erklären. In dem eben erst gegründeten Königtum Israel seien die Gesetze für die Thronfolge noch nicht festgelegt gewesen. Nach der edomitischen Königsliste Gen 36,31ff. hätten nicht die ältesten Söhne, überhaupt nicht die Söhne, sondern die Schwiegersöhne als potentielle Nachfolger der jeweiligen Könige gegolten: „the royal lineage passed from mother to daughter“ (323), so daß „in the eyes of Jonathan David was the natural and proper person to succeed his father as king“ (325). Man fragt sich, warum die biblischen Erzähler, wenn es so war, solch ein Aufheben von der Sache machten; rangen sie nicht doch mit dem Eindruck, David könne der falsche Thronfolger, deutlicher: ein Usurpator, gewesen sein?

Vorsichtiger und aufgrund einer (wenn auch eigenwilligen) Textanalyse nähert sich O.KAISER der historischen Frage. II 1,26 ist nach seiner Ansicht alt und „das stolze Zeugnis einer Männerfreundschaft" (1990, 296 – in einem Ernst Würthwein gewidmeten Aufsatz). Daneben ist es ein Grundbestand der Sage I 20 (von der Flucht Davids), der die enge Freundschaft der Beiden als historisches Faktum sichert (295). Alles andere ist spätere Legendenbildung und dtr Übermalung. In diesem letzten Punkt folgt O.KAISER der Analyse VEIJOLAS (1978 = 1990). Dieser hält die Jonatan-Szenen 20,12-17.42b und 23,16-18 (und dazu, kaum zwingend, 24,18-23a) für dtr; d.h. gerade die völlige Selbstenterbung Jonatans und die Unterstellung seiner Nachkommen unter Davids Obhut sind sehr junge Theoreme. Sie zielen auf das Schicksal des Jonatan-Sohnes Meribaal (II 16,1ff.; 19,25ff.). Doch ist die Sohnschaft Meribaals zu Jonatan wiederum dtr Fiktion (s. oben B. 2.3); in Wahrheit war Meribaal, wie sich an II 21,8 zeigt, der Sohn Sauls. Erstaunlich, wie sich die Argumente, wenn es um Davids Beziehung zu den Saul-Kindern geht, wiederholen...

b) Ungewöhnlich große Aufmerksamkeit hat die kleine Geschichte 19,18-24 gefunden: nicht nur, weil hier Saul und David miteinander in Beziehung gesetzt werden zu Samuel, sondern weil hier das Sprichwort „Ist auch Saul unter den Propheten?" noch einmal und ganz anders erklärt wird als in I 10,10-13. Vermutlich hat man es das eine Mal mit einer dezidiert judäisch-prodavidischen, das andere Mal mit einer prosaulidisch-israelitischen Sichtweise zu tun.

EPPSTEIN (1969) und STURDY (1970) meinen übereinstimmend, keine der beiden Ätiologien sei authentisch. Vielmehr handelt es sich um einen eigenständigen, zunächst für sich selbst sprechenden Maschal, und erst, als man ihn nicht mehr verstand, suchte man ihn zu deuten. Der wahre Ursprung des geflügelten Wortes ist nach EPPSTEIN der Widerstand der alten Stämmeorganisation (verkörpert in den genossenschaftlich lebenden Propheten mit ihrem Anführer Samuel) gegen die durch die Staatsbildung hervorgerufenen Neuerungen. Nach STURDY hingegen ist es eher antisaulidischer Propaganda in der Umgebung Davids entsprungen.

Viel liegt daran, ob man das Sprichwort und die es jetzt rahmenden Erzählungen etwas Positives oder etwas Negatives aussagen hört. An der vorliegenden Stelle soll über Saul sicher nichts Positives gesagt, soll er vielmehr von den hochgeschätzten Kreisen um Samuel weit ab-, David dafür um so näher an diese herangerückt werden.

Das sieht L.SCHMIDT (1970) ganz anders: Ursprünglich sollte mit dem Sprichwort Saul – wohlmeinend! – weit abgesetzt werden von dem damals anrüchigen Phänomen der Prophetie; die erwartete Antwort auf die Frage lautete also 'Nein'. In I 19,18ff. dagegen wird Saul gerade als vom Prophetismus schwer infiziert und vor aller Welt blamiert hingestellt (bzw. hingelegt), wogegen es David versteht, das unheimliche Element der Ekstase listig gegen seinen Verfolger zu wenden und selbst zu entkommen (108). Die Gestalt Samuels und damit die positive Wertung der Prophetie soll übrigens traditionsgeschichtlich sekundär, nämlich erst bei der Einarbeitung in die Aufstiegsgeschichte hinzugekommen sein (109f.). GRØNBÆK (1971, 118) und MOMMER (1987) schreiben gleich die gesamte Erzählung dem Aufstiegserzähler zu, der hier ein Gegenstück zu der prosaulischen Erzählung I 9f. abgefaßt habe. Diese Lösung ist glatter als die von SCHMIDT, aber vielleicht gar zu einfach. MOMMER kompliziert sie an der falschen Stelle, wenn er behauptet, das Sprichwort sei von Anfang an negativ gemeint gewesen, in 10,10ff. zugunsten Sauls ins Positive und in 19,18ff. wieder zurück ins Negative gewendet worden.

Nach DIETRICH (^{2}1992, 57-62) redete das Sprichwort ursprünglich mit Hochachtung von Sauls Nähe zu den Propheten. In nordisraelitischer Tradition wurde es durch die Legende 10,10ff. erklärt. Bei judäischen Hofpropheten dagegen kam eine Art Gegengeschichte in Umlauf, die erzählt, wie einst König Saul den mit ihm überworfenen Propheten Samuel in mehreren Anläufen habe verhaften lassen wollen (vgl. II Kön 1,9ff.!) und sich schließlich selbst auf den Weg gemacht habe, aber vom prophetischen Geist überwältigt (und im doppelten Sinn des Wortes bloßgestellt) worden sei. Der David-Saul-Erzähler nun trug in diese kleine Legende David als Auslöser der Verhaftungsaktion und als Schutzbefohlenen Samuels ein und rahmte sie so, daß sie sich in die Tendenz und das Itinerar der Fluchtgeschichten I 19ff. fügte.

c) Die Kapitel I 24 - 26 bilden zusammen eine Art Triptychon: Zwei Erzählungen darüber, wie einst David das Leben Sauls verschonte, rahmen die Erzählung von David und dem Ehepaar Nabal und Abigail. Eine Reihe neuerer, vor allem mit narratologischen Methoden arbeitender Untersuchungen hat ein feines Geflecht von Querverbindungen aufgedeckt, das die drei Teile dieses Triptychons miteinander verknüpft.

Einen Markstein hat in dieser Hinsicht LEVENSON (1978) gesetzt. Er unterzieht die Erzählung I 25 einem eindringenden „literary criticism" (11) und findet dabei heraus, daß Nabal abgründig finster und Abigail strahlend hell gemalt ist. Schon der Name Nabals ist negatives Programm ('der Törichte'), der Stammesname 'Kaleb' hat Konnotationen zu hebr. *käläb* 'Hund'; von seinen Knechten (V.17) wie von seiner Frau (V.25) wird Nabal in „a kind of descriptive overkill" (15) abschätzig charakterisiert; er ist ein reiner Besitzmensch, hochnäsig gegen Leute niederer Abkunft, grobschlächtig im Umgang mit Menschen, tölpelhaft in der Bewältigung von Problemen, am Ende dem Schock über einen doch gar nicht so großen materiellen Verlust erlegen... Abigail steht in vollem „contrast with her husband". In V.24ff. liefert sie „a rhetorical masterpiece", gelangt hindurch „between the Scylla of insult and the Charybdis of levity" (19). Von Nabal distanziert sie sich, indem sie ihn verteidigt, David bietet sie sich an, ohne es deutlich zu sagen. Die Kunst des Erzählers besteht nicht nur im Charakterisieren, sondern auch in der Einbindung der Geschichte in den engeren und weiteren Kontext: Die drei Kapitel I 24 - 26 haben als gemeinsames Thema das (Nicht-) Vergießen von Blut: „a king is neither to sly nor to be slain ... The episode of Nabal is the very first revelation of evil in David's character. He can kill" (23). Einzig Abigail ist es zu verdanken, daß er es in diesem Fall nicht getan hat; doch kündigt sich die finstere Geschichte von II 11 bereits an... Andererseits spielt die positive Zeichnung Abigails in V.3 auf die ganz ähnliche Schilderung Davids in I 16,11f.18 an. Nabals polternde Antwort V.10f. wiederum greift auf I 22,2 (die Sammlung von Outlaws um David) zurück und auf II 20,2 (die Sezessionsparole im Scheba-Aufstand) voraus; nicht von ungefähr tragen Nabal wie Scheba den Negativtitel *ʾîš b^elijjaʿal* (vielleicht so viel wie 'Staatsfeind', 'Aufständischer').

GORDON (1980) hat diese Skizze an einem wichtigen Punkt zu präzisieren gesucht: Die Erzählungen I 24 und 26 sind in I 25, sowohl was die Thematik als auch was die Personen angeht, voll präsent. Es gibt nämlich „the simple equation: Nabal = Saul" (43). Beide wollen von David und von seiner ihm von Gott zugedachten Führungsrolle nichts wissen, beide haben im eigenen Haus Menschen, welche die Zeichen der Zeit erkannt haben (Abigail einerseits, Jonatan und Michal andererseits), beide genießen bei ihren eigenen Leuten kein Vertrauen (vgl. 25,17 mit I 22,8.17-19). – Hinzu kommen Wortverknüpfungen zwischen den drei Kapiteln: Die Metapher von 'Vater' und 'Sohn' (24,16; 25,8; 26,17.21.25), die Rede von 'Gut und Böse' (24,18f.; 25,15.21), das Bild von Gott als Richter (*rîb*, 24,16; 25,39), das 'Schlagen' Gottes (*ngp*, 25,37; 26,10). – Das durchgehende Thema von I 24 - 26 ist die Frage nach der Blutschuld. In I 24 zeigt David sich noch verführbar durch die Verlockung der Macht und ihrer gewaltsamen Aneignung, in I 25 lernt er, daß er Gegner unangetastet lassen muß, bis Gott sie 'schlägt' (was nicht nur bei Nabal, sondern später auch bei Saul geschieht, I 31 – beides angekündigt durch Abigail 25,26.29, vgl. dazu GUNN 1980a, 99f.), und in I 26 schließlich hält sich David von jeglicher Berührung des Feindes zurück. Durch „an inward change" (61) zur Gewaltlosigkeit geführt, kann David schließlich nicht anders, als sich vor Sauls Gewalttätigkeit zu den Philistern zurückziehen (26,19; 27).

Etwas anders setzt CAZEAUX (1987) die Akzente. Die Kapitel I 24 und 26 weisen eine verblüffend analoge Struktur, aber auch ebenso gezielt eingesetzte Kontraste auf: I 24 spielt in natürlicher Umgebung, Saul erscheint als hilflos Ausgelieferter, das Kernthema ist hier Recht-Unrecht (24,18); I 26 führt in den politisch-militärischen Bereich des Kriegslagers, zeigt Saul stark und beschützt, das Kernthema lautet hier Weisheit-Torheit (26,21). I 25 bildet zwischen beidem die Achse: David ist in einer Machtposition und bedroht einen anderen Menschen tödlich. Eine weise (!) Frau hält ihn davon ab, in gewissermaßen königliche Verhaltensweisen abzugleiten. Mit ihr zur Seite wird David ein anderer König sein, als Saul es war. Hat Saul ihm in 24,21 höchstpersönlich das Herrscheramt angekündigt, so wird in I 25 klar, daß

David es anders ausüben wird als er. Folgerichtig wird in I 26 (ausdrücklich in V.15f.) eine „critique du système royal“ laut, zeichnet sich das Bild eines neuartigen Königtums ab, das dem Land und dem Volk nicht nur dem Anspruch nach, sondern wirklich Schutz und Gedeihen bietet.

Der Zusammenhang I 24 - 26 erweist sich sowohl in der Anordnung der Texte und Themen als auch in der Formung der Worte und Szenen als höchst kunstvolle und aussagestarke Komposition. Die Kapitel handeln vom Verhältnis zwischen göttlicher und menschlicher Aktivität in der Geschichtsgestaltung, vom Umgang mit und vom Verzicht auf Gewalt, vom Vorrang des Rechts und der Güte vor der Macht und dem Eigennutz. David wandelt nicht als überirdische Lichtgestalt durch die Geschichte, sondern zeigt sich vorwitzig, aufbrausend, gewaltbereit, lernt aber in der Schule des Schicksals (nicht zuletzt durch eine Frau!) mit seinen Schwächen umzugehen.

Die historische Kritik hat sich nicht damit zufriedengegeben, die Endgestalt des Textes wahrzunehmen und zu interpretieren, sondern hat zurückgefragt nach möglichen Vorstufen ihrer Entstehung. Besonders stark hat sie das Verhältnis der beiden, einander so ähnlichen Erzählungen I 24 und I 26 beschäftigt: Das eine Mal verschont David das Leben seines Todfeindes Saul in einer Höhle bei En-Gedi, das andere Mal bei einem Kommando-Unternehmen gegen das Feldlager des Königs. Eine solche Konstellation mußte literar- und überlieferungskritische Fragen wecken: Gehören die beiden Geschichten zwei ursprünglich getrennten Erzählfäden (vergleichbar den Pentateuchquellen) an? Oder hat eine von beiden für die andere als Vorbild gedient? Oder sind beide unterschiedliche Ausfaltungen ein und derselben Grunderzählung?

– SCHULTE (1972, 129) hält I 26 für eine spätere Version, entstanden „am Schreibtisch eines Literaten“, literarisch abhängig von I 24, und dazu gedacht, die „Derbheit“ der Vorlage zu retuschieren.

– Für KOCH (^{2}1967) ist ebenfalls I 24 die ältere Variante (175), doch sieht er beide Versionen auf eine „Grunderzählung“ zurückgehen (174), die sich im Lauf der mündlichen Überlieferung in verschiedene Richtungen ausdifferenziert hat (173); der Verfasser der AG ordnete I 24 durch entsprechende Zusätze (23,14.17.23b; 24,11a.19.21) in den größeren historischen und theologischen Kontext ein.

– Nach STOEBE (1967, 212-214 = 1989a, 127-129) ist umgekehrt die Erzählung I 26 urtümlicher, weil sie noch alle Merkmale der echten Heldensage aufweist: Stolz auf militärische Tüchtigkeit, das Gefühl unverbrüchlichen Zusammenhalts in der Gruppe bzw. Truppe, die Überzeugung von der Legitimität des eigenen Tuns. Demgegenüber ist I 24 nur scheinbar anschaulicher; in Wirklichkeit ist die Situation „wenig heldisch" und hat „etwas Komisches".

– GRØNBÆK (1971) bemerkt die mancherlei, z.T. wörtlichen Berührungen zwischen beiden Kapiteln und erklärt sie sich damit, daß die beiden, unabhängig voneinander entstandenen Sagen (163) im Lauf der mündlichen Überlieferung aufeinander abgefärbt hätten (169). Am Ende seien sie vom Aufstiegserzähler bewußt, nämlich zur Steigerung des Effekts, knapp nebeneinandergestellt worden.

– Auch DIETRICH (1977a, 56) denkt, der „Endverfasser" habe „die beiden parallelen Erzählungen ... gezielt zusammengestellt", führt aber die mannigfachen Berührungen zwischen ihnen weniger auf die mündliche Überlieferung als auf gezielte Redaktionstätigkeit zurück. Der Aufstiegserzähler habe beide Geschichten „an ihm wichtigen Stellen erweitert und aneinander angepaßt"; hierhin gehöre „vor allem" 24,7.11.18-22; 26,8-11.15b.16a.

Allem Anschein nach hat der Verfasser der David-Saul-Geschichte in I 24 und 26 zwei einander thematisch sehr eng verwandte Geschichten, die beide erzählten, wie der verfolgte David einst das Leben seines Verfolgers Saul geschont hat, vorgefunden und beide dicht nebeneinander in sein Werk eingestellt. Die so entstehende Doppelung hat er sichtlich nicht als störend empfunden, sondern als willkommene Bekräftigung der von ihm beabsichtigten – und vor allem in den Redepartien zu greifenden – Aussage. Diese darf nicht vorschnell als plumpe Propaganda verdächtigt werden. Dafür ist Saul nicht abstoßend und David nicht anziehend genug gezeichnet. Saul erscheint zwar als Verfolger, nicht aber als gewissenloser, sondern als ein zu Gefühlen wie Reue, ja Liebe fähiger. David ist kein engelgleiches Wesen, sondern in der Gefahr, sich an einem Wehrlosen zu vergreifen und sich mit blutiger Hand den Weg zur Macht zu bahnen. Genau das ist auch die Grundaussage von I 25. Zwar ist Nabal äußerst negativ gezeichnet, doch wird der Leser ein gewisses Verständnis für seine Reaktion gegen David nicht unterdrücken können. Umgekehrt wirkt Davids rabiate Gegenreaktion erschreckend.

Der Gesamterzähler beherrscht die Kunst der Feinabstimmung zwischen divergenten Überlieferungen derart ingeniös, daß seine eigenen Eingriffe und Zutaten von der Forschung bisher noch nicht präzis bestimmt worden sind. Dabei sollte die Aufgabe nicht unlösbar sein: Vor allem Reden der handelnden Figuren – in unseren Kapiteln auffallend häufig und breit – sind von Redaktoren gern genutzte Gelegenheiten, das ihnen Wichtige durch Erzählfiguren sagen zu lassen. (Wobei übrigens verschiedene Grade der Brechung möglich sind: von starker Zustimmung des Erzählers bzw. Redaktors bis hin zu spürbarer Ablehnung.) Ein weiteres Indiz für redaktionelle Arbeit ist der über die einzelne Einheit hinausgreifende Horizont bestimmter Passagen: sei es zur Verknüpfung der Kapitel I 24 - 26 untereinander, sei es zu ihrer Einbettung in den Kontext der David-Saul-Geschichte. Schließlich werden die klassischen Kriterien der Literarkritik, Spannungen und Doppelungen im Text, in Anwendung zu bringen sein.

VEIJOLA ortet von seiner Aufgabenstellung her die Redaktion im Bereich des Deuteronomismus. Dem Erstverfasser des dtr Geschichtswerkes schreibt er aus unserem Textabschnitt die Passagen 24,18-23a und 25,21f.23b.24b-26.28-34.*39a zu (1975, 90ff. bzw. 47ff.). Daß manche dieser Verse und Abschnitte im Text sekundär sind, mag man zugestehen; ihre Zuweisung an einen dtr Redaktor indes ist überraschend, zeigen sie doch kaum das, was man gemeinhin für dtr Sprache und dtr Gedankengut hält. Nun argumentiert VEIJOLA auch sehr stark inhaltlich: Die beiden Motive von der dauerhaften Davidsherrschaft (behandelt in I 25) und von Davids Großmut gegen den Jonatan-Zweig der Sauliden (hervorgehoben in 24,22) meint er als dtr ansprechen zu können. Diese, an anderen Texten gewonnene Entscheidung prädisponiert die redaktionskritische Analyse von I 24 und 25.

METTINGER (1976, 36ff.) hat VEIJOLA im Blick auf I 25 entschieden widersprochen: Bis hin zu V.24 sei überhaupt kein redaktioneller Textanteil auszumachen, dtr seien nur die Verse 32-34 und 39a, und was sonst noch sekundär sei – V.24b-26.28b-31 –, stamme vom Verfasser der AG.

Gegenüber beiden redaktionskritischen Ansätzen bleiben Fragen offen: VEIJOLA beweist ein sicheres Gespür für den – beträchtlichen! – Umfang der redaktionellen Erweiterungen in I 25, dürfte jedoch mit deren Zuweisung an einen dtr Autor nicht im Recht sein. METTINGER reklamiert demgegenüber mit Recht einiges für den Aufstiegserzähler – aber zu wenig; auch wird sich die Aufteilung der redaktionellen Textanteile auf zwei Stufen schwerlich halten lassen.

Offenbar hat der Verfasser der David-Saul-Geschichte in I 24 - 26 drei recht knappe, handlungsreiche, ja dramatische Geschichten aufgenommen, die von Davids Zeit als von Saul gejagter Freibeuter in Juda erzählten: eine soldatisch gefärbte Heldengeschichte über einen tollkühnen Handstreich gegen Sauls Lager (I *26); eine folkloristische Erzählung vom Zusammentreffen Davids und Sauls in einer für den Letzteren peinlichen Situation, so daß der Jäger zum Gejagten wird (I *24); und eine Ätiologie, die erklärt, wie Abigail, die Frau Nabals, zur Frau Davids geworden ist (I *25). Alle drei Überlieferungen verraten ein Interesse daran, David von gewissen Vorwürfen freizusprechen: Er hat sich weder gegen den König Saul noch gegen den reichen Herdenbesitzer Nabal irgendwelcher gewalttätiger

Übergriffe schuldig gemacht. Anschaulicher Kern der Erzählungen in I 24 und 26 ist jeweils ein Beweisstück dafür, daß David Sauls Leben in der Hand hatte, aber verschonte. Der innere Nerv von I 25 ist der Nachweis, daß David Nabal nur beinahe etwas angetan hätte, daß dieser aber ganz von selbst verstorben und Abigail völlig rechtmäßig an die Seite Davids gelangt ist.

Gleich die erste Szene der Trilogie, das Zusammentreffen Sauls und Davids in der Höhle von En-Gedi, bringt die Intention des Gesamterzählers klar zum Ausdruck: David widersteht der durch seine Mannen an ihn herangetragenen Versuchung, mit seinem Todfeind kurzen Prozeß zu machen. Nun ist freilich die Satz- und die Gedankenfolge in dem Passus 24,5-8 etwas verwirrend und darum umstritten: Davids Antwort auf die Aufforderung seiner Männer, Saul bei dieser günstigen Gelegenheit umzubringen (V.5a), scheint zu spät zu kommen (V.7.8a); dazwischen schiebt sich die Szene vom Abschneiden des Mantelzipfels und dem daraufhin sich einstellenden schlechten Gewissen Davids (V.5b.6). Viele ältere Kommentare und etwa auch die Zürcher Bibel stellen eine neue, scheinbar schlüssigere Reihenfolge her (V.5a.7.8a.5b.6.8b), während andere sogar größere Streichungen vornehmen (z.B. McCarter 1980b, 387: V.5b.6.12). Gordon (1990) gelingt es, der MT-Ordnung einen guten Sinn abzugewinnen: Die Leute schlügen David Königsmord vor; David gehe scheinbar darauf ein, schneide aber 'nur' den Mantelzipfel ab; da dies immerhin doch ein Symbol für den eigenen Machtanspruch sei, melde sich hernach das Gewissen; Mord aber als Mittel der eigenen Karriereplanung lehne David ausdrücklich ab. (Das in V.8 verwendete Verb *šsʿ* 'spalten' mache durchaus Sinn; es entspreche Englisch „excoriate“ – Deutsch etwa 'in der Luft zerreißen'; so hart müsse David gegen seine mordlüsternen Kumpane vorgehen.)

Gunn unterlegt dem Text eine tiefenpsychologische Deutung (1980a, 94f.): Die 'Höhle' und der 'Zipfel' seien sexuell aufgeladene Metaphern. Nicht zufällig auch nennten sich David und Saul gegenseitig 'Vater' und 'Sohn'. So ist „David in the classic (Freudian) role of the son who has usurped his father's function – he (so to speak) castrates Saul“ (95). – Daß die Bilder in I 24 drastisch und derb sind, wird niemand bestreiten. Doch weisen sämtliche Analogien (I 15,27; II 10,4ff.; dazu I Kön 11,29ff.; II Kön 2,13f.; Jes 6,1; zudem ARM VI, 45, vgl. Stoebe 1973, 434, und Gordon 1980, 55f.) weniger auf einen Vater-Sohn-, als vielmehr auf öffentlich-politische Konflikte.

Was die ebenfalls stark redaktionell überformte ältere Überlieferung in I 25 betrifft, so meint ihr Levenson (1978) einige wertvolle historische Informationen entnehmen zu können. Nabal, so vermutet er, sei eine Art Kalibbiterfürst gewesen, der sich der Errichtung eines judäischen Königtums durch David entgegenstemmte. Davids Heirat mit Abigail könnte ein wichtiger Schritt auf dem Weg zu eben diesem Ziel gewesen sein. Suchte David vielleicht Streit mit dem widerspenstigen Nabal „with precisely such a marriage in mind“ (27)?

Der ungemein sprechende Name 'Nabal' = 'Tor' hat den Forschern zu denken gegeben. Eine beliebte Annahme ist, es handle sich um einen Spottnamen oder um die

Ersetzung eines ursprünglich ganz anderen Namens durch ein hebräisches Schimpfwort. Doch scheint über die sicher historische Gestalt der Abigail (vgl. II 3,3) der Name auch ihres Ehemannes historisch gesichert zu sein. STAMM (1960 = 1980) hält völlig zu Recht fest, daß Eltern nie und nimmer ihren Sohn einen 'Toren' nennen würden. Also müsse *nbl* hier eine andere, positive Bedeutung haben. Die Suche in verwandten Sprachen nach einer anderen Wortwurzel mit den gleichen Radikalen, aber einer anderen Bedeutung sei ergebnislos verlaufen – und zudem überflüssig. Es gebe nämlich im semitischen Sprachbereich „Wörter mit Gegensinn". Im Arabischen etwa könne der gleiche Begriff 'elendes Zeug' und 'edel, hervorragend' bezeichnen. Eben dies dürfe „wohl auch für das hebräische *nabal* angenommen werden" (211); dessen positive Seite sei im biblischen Hebräisch verlorengegangen.

d) Die dramatische Erzählung von Sauls Besuch bei der 'Hexe von En-Dor' in der Nacht vor seinem Tode (I 28) ist ein Paradetext für diejenigen, welche den ersten König Israels, wie er im 1. Samuelbuch dargestellt ist, als tragischen Helden interpretieren (vgl. B. 1.2).

Ganzheitlich – und mit starken Anleihen bei der jüdischen Auslegung – betrachtet die Geschichte auch BEUKEN (1978). Er sieht in ihr eine echte Prophetenerzählung, in der Gestalt Samuels gar einen prophetischen „Hexenhammer". Die Beschwörerin werde nämlich pointiert als nicht-jahwegläubig gezeichnet, weswegen sie z.B. in V.15 den aus der Unterwelt aufsteigenden Samuel, ein wenig tastend, *ʾ^{ä}lohîm* nennt, ein 'göttliches Wesen'. In Wahrheit hat sie einen Propheten vor sich – wie BEUKEN meint: zu ihrem grenzenlosen Erstaunen. Statt eines willenlosen „dead ghost", mit dem sie gerechnet hat, kommt „a prophet of the ... living god", von dem sie nichts weiß; das heißt: „The conjuration does not succeed" (8f. – eine etwas merkwürdige Behauptung). Dementsprechend bekommt die Frau auch nichts von dem mit, was Samuel und Saul miteinander verhandeln. Der König Israels aber begreift die „prophetic message" von V.16-19 sofort: Sein Tod ist nicht mehr abzuwenden; da JHWH nicht mehr mit ihm im Bunde steht, nützt auch sein Bündnis mit der Totenbeschwörerin nichts. Diese kann ihm Kraft allenfalls noch zum Sterben einflößen, nicht mehr zum Leben. Wer, wie Saul, zu jahwefremden Praktiken Zuflucht nimmt, „denies that, in the midst of Israel, YHWH speaks and gives guidance through his prophets" (15 – in gewissem Gegensatz zu 28,6!).

Das alles klingt orthodox und fromm, kann der Geschichte aber nicht das *fascinosum et tremendum* gegenüber Tod und Totenbeschwörung nehmen, das sie durchzittert. Zwar ist richtig: In ihrer jetzigen Gestalt will sie prophetisch und jahwistisch verstanden sein. Doch gilt das nicht für alle ihre Teile gleichermaßen. Auf die Textdiachronie achtende Untersuchungen haben erwiesen, daß gerade die am ehesten 'orthodox' klingenden Passagen sekundär oder sogar tertiär sind.

Das Kapitel bietet einige Handhabe zu literar- und überlieferungskritischer Untersuchung. Die in dezidiert prophetischem Stil gehaltene Rede Samuels in V.17-19aα gibt sich in ihrer dtr Diktion und mit ihren klaren Bezügen auf I 15 (vor allem 15,28) als Zutat der dtr Redaktion zu erkennen (MOMMER 1991, 165: „Dtr"; TROPPER 1989, 212f.: „DtrN"; nach DIETRICH ^{2}1992, 26f., hat der hier formulierende „DtrP" die Geschichte aus einem älteren „Buch der Prophetengeschichten" herübergenommen und in die Saulgeschichte eingepaßt).

Im vor-dtr Bestand von I 28 zeichnen sich mindestens zwei unterschiedliche Überlieferungsstufen ab: eine prophetisch gefärbte über die letzte Begegnung Sauls mit (dem bereits verstorbenen) Samuel, und eine vor-prophetische über den traurig endenden Versuch Sauls, vor der entscheidenden Philisterschlacht deren Ausgang von einer Unterweltsgottheit (*ʾ^{ä}lohîm*, V.15!) zu erfragen. Diese älteste Stufe läßt sich nur mehr annäherungsweise rekonstruieren (vgl. DIETRICH ^{2}1992, 22-24; MOMMER 1991, 170f.). Hier ist die Praxis der Orakeleinholung bei der Unterwelt noch nicht umstritten; das vom Medium – mittels einst wahrscheinlich näher beschriebener Riten – herbeizitierte Unterweltsnumen sagt Saul samt seinen Söhnen den Tod in der Schlacht voraus; Saul wird von der Wucht dieser Nachricht förmlich umgeworfen, die Frau richtet ihn mühsam wieder auf, und er geht wortlos in die Nacht hinaus: ein Versuch wohl nordisraelitischer Kreise, das tragische Ende Sauls erzählerisch zu bewältigen. Der darauf aufbauende prophetische Erzähler läßt einen schweren Schatten auf die Praxis der Totenbeschwörung und auf Saul, der sie zuerst verbietet und dann selbst nutzt, fallen; statt einer Totengottheit taucht nun der Prophet Samuel aus der Unterwelt auf, um Saul – widerwillig – mitzuteilen, JHWH sei von ihm 'gewichen', sein 'Feind' geworden (V.16): ein Versuch, Sauls Ende als gottgewollt, mindestens als gottgegeben verstehen zu lehren.

Begreiflicherweise hat die nur hier im AT näher ins Blickfeld rückende (und doch auch hier noch vergleichsweise verschwommen bleibende) Praxis der Totenbeschwörung das intensive Interesse der Forschung gefunden. In einer großen, viel altorientalisches (vor allem hethitisches, aber z.B. auch altitalisches) Vergleichsmaterial heranziehenden Spezialuntersuchung haben EBACH und RÜTERSWÖRDEN (1977/80) nachzuweisen versucht, daß der Begriff *ʾôb* Terminus technicus für die im Mittelpunkt der nekromantischen Praktiken stehende *Opfergrube* ist (was auf die Belege in 28,7f. paßt, nicht aber auf die in 28,3.9, die doch wohl – wahrscheinlich infolge einer Sprachverschiebung – von *Totenbeschwörer[innen]* sprechen). Weit weniger überzeugend ist TROPPERS Gegenthese (1989, 223-225), das Wort meine in der Grundbedeutung *Totengeist*, genauer: die Geister verstorbener Ahnen. Denn nichts in I 28 deutet auf Ahnenkult: weder die Geographie (Rama und Gibea sind weit weg von En-Dor) noch die auftretenden Personen noch auch die verhandelten Inhalte.

e) Über I 21f., die Erzählung von Davids Kooperation und Sauls Konfrontation mit den Priestern von Nob, hat RIEPL (1993) eine Computer-gestützte „sprach- und literaturwissenschaftliche Analyse" vorgelegt (3). Mit immensem Aufwand wird ein relativ schmales literar- bzw. redaktionskritisches Ergebnis erzielt: Es gebe eine ältere und eine jüngere Textstufe. Die ältere (21,2-10; 22,6b-18.20-23) schildere David als „einen kühn berechnenden Menschen, der ... andere ... für seine Ziele auszunutzen versteht". Die hier gebotene, „äußerst nachteilige Sicht der Person Davids" werde auf der jüngeren Ebene, derjenigen der „Gesamtkomposition" (greifbar etwa in 21,11-16; 22,3-5) „abgeschwächt und ins Positive ... gewendet. Das Gegenteil geschieht mit Saul" (359). Damit bestätigt sich die für die „'Geschichte von Davids Aufstieg' allgemein vermutete apologetische Tendenz" (360).

Man hat den Eindruck, weniger an diesem – wahrhaftig nicht sensationellen und nach allem bisher Beobachteten doch recht einseitigen – Resultat sei RIEPL gelegen, sondern an dem methodischen Weg, der dorthin führt. Angeblich ist es auf rein objektive Weise gewonnen: durch die leidenschaftslose, pedantische, zwischen Wichtig und Unwichtig nicht unterscheidende Aufnahme sämtlicher textlicher und sprachlicher Fakten in I 21f. Dem Computer wird nicht nur ein minutiöses Umschriftprogramm fürs Hebräische beigebracht (das sich wesentlich schwerer nachvollziehen läßt als der hebräischen Text!), sondern ein Abkürzungsprogramm für alle möglichen syntaktischen und semantischen Gegebenheiten. Fernziel dieser Art von Texterfassung ist es, irgendwann das ganze Alte Testament in unzähligen Daten sprachlich aufgeschlüsselt und nach beliebigen Datenkombinationen abfragbar gespeichert zu haben. Das Problem ist, abgesehen vom gewaltigen Aufwand, daß die Daten, je mehr sie auf bestimmten interpretatorischen Entscheidungen beruhen, desto weniger objektiv sein werden. Das beginnt bei der Zugrundelegung des masoretischen Textes nach dem Codex Leningradensis und der Aufnahme nur der in BHS gebotenen Textvarianten, und führt über die Benutzung eines den Texten gegenüber ja sekundären grammatischen Systems bis hin zur Festlegung semantischer Klassifikationen für alle auftretenden Begriffe (so daß z.B. der Priester Achimelech dem Computer eingespeichert wird als ein „menschliches Individuum ..., welches einer mit absoluten Herrschaftsbefugnissen ausgestatteten Berufsklasse religiöser Art angehört", 142); hinter der objektivistischen Sprache verbergen sich – in diesem Fall klerikal gefärbte – Sachentscheidungen, die dem Computer und seinen späteren Benutzern als solche nicht erkennbar sind). Mag solche Art von Forschung auch nicht ohne jeden Nutzen sein, so ist sie doch extrem ertragsarm.

In Auseinandersetzung mit den Hauptlinien der Forschung, namentlich aber mit ALTER und FOKKELMAN, liest TAMARKIN REIS (1994) aus I 21f. eine „conscious conspiration" (71f.) Achimelechs mit David heraus. Der flüchtige Rebell David wendet sich nach Nob, um sich der Unterstützung der dort etablierten Priesterschaft zu versichern. Doch gleich mit der ersten, redundanten Frage an David gibt Achimelech zu verstehen, daß er nicht allein, daß ein Gegner – der Edomiter Doëg eben – anwesend sei. Diesem spielen die beiden Verschworenen das Theater einer eilig-geheimen Mission Davids vor, um den Repräsentanten Sauls zu täuschen und vom Eingreifen abzuhalten. David sucht rasch das Weite, nimmt aber zur Sicherheit (gegen Doëg!) noch das Goliatschwert mit. Beim Verhör vor Saul in 22,13ff. kann Achimelech seine Mitwisserschaft nicht leugnen. Das Urteil ist zwar überhart, aber nicht unbegründet. – Ob die biblische Darstellung wirklich dies hat sagen wollen?

Einen inhaltsreichen Aufsatz hat VEIJOLA (1984 = 1990) zu I 23,1-13 vorgelegt, der auf den ersten Blick etwas spröden Erzählung von Gewinn und Verlust der Stadt Keïla für David. Die literar- und überlieferungskritische Analyse ergibt eine dreifache Stufung des Textes:

1. Die jüngste Schicht gehört zur dtr Redaktion (V.1bβ.2bβ.5b. 6.10.11a); sie stellt David als Retter der für judäisch gehaltenen Stadt Keïla aus der Hand der Philister dar; ferner reflektiert sie die Rolle des alten Offenbarungsmediums ‘Ephod’ und propagiert seine Ablösung durch das unmittelbar an Gott gerichtete, klagende Gebet.

2. Als nächstes läßt sich eine vor-dtr Erweiterungsschicht abheben, die vielfältig mit dem näheren Kontext verknüpft und von daher dem Aufstiegserzähler zuzuweisen ist (V.*7-13); sie erst hat das Ephod-Orakel und mit ihm den Priester Abjatar sowie Saul in die Überlieferung eingebracht.

3. Die älteste Stufe bildet eine vom Aufstiegserzähler aufgenommene, „echte (Kurz-) Erzählung“ (34) in V.*1-5 (der Sache nach auch V.12.13a); sie berichtete von „Davids kühner Razzia gegen eine Truppe von Philistern, die das damals noch kanaanäische Keïla belagerten“, und von „seinem nachfolgenden Zerwürfnis mit der kanaanäischen Stadtaristokratie von Keïla, das ihn zum Verlassen der Stadt zwang“ (41f.); diese Geschichte trägt unverkennbar Lokalkolorit und spiegelt die historische (übrigens auch religionsgeschichtliche!) Situation zur Davidszeit.

3.3 David als Nachfolger Sauls (II Sam 1 - 5; 8)

Mit dem Ende des 1. Samuelbuches ist das Leben Sauls (und zuvor schon dasjenige Samuels) beendet, von jetzt an beherrscht die Gestalt Davids das Feld. Insofern ist die (wohl aus rein pragmatischen Gründen vorgenommene) kanonische Zäsur nach I 31 angebracht. Die David-Saul-Geschichte allerdings ist mit Sauls Tod nicht zu Ende. Noch ist David nicht das geworden, was die ganze Zeit über sich angekündigt hat und auch förmlich angekündigt worden ist (I 16,1-13): Sauls Nachfolger. König über Israel wird David erst in II 5,1-5. Bis dahin ist er in Händel mit Sauls Sohn und Nachfolger Eschbaal und dem hinter ihm stehenden 'starken Mann', General Abner (Sauls Onkel!), verstrickt. Zwischendurch begründet er noch das eigene Königtum Juda mit Königssitz in Hebron (II 2,1-4), wo er sieben Jahre verbringen wird. Die ersten Kapitel des 2. Samuelbuches überspannen also eine nicht unerhebliche Zeitstrecke in der Biographie Davids und teilen äußerst wichtige Daten seines Aufstiegs mit.

Traurige Höhepunkte – und zugleich wichtige Wendepunkte für die Karriere Davids – sind die Todesfälle in der Saulidenfamilie: Saul und Jonatan in II 1, Abner in II 3 und Eschbaal in II 4.

GRØNBÆK hat die Vermutung geäußert, II 1 sei vom Aufstiegserzähler als Gegenstück zu I 31 und zu II 4 verfaßt worden, um so Davids untadelige Haltung herauszustellen: Den (vorgeblichen) Mörder Sauls ließ er genauso wie die (echten) Mörder Eschbaals hinrichten (1971, 217-220). In der Tat ist die Parallelität der Reaktionen Davids auffällig. Doch wäre es auch denkbar, daß gerade sie – und zwar in 1,13-16 wie in 4,8aβ-11 – vom David-Saul-Erzähler jeweils in ältere Überlieferungen eingetragen wurden. Indem dieser II 1 auf den 'objektiven' Bericht I 31 folgen läßt, stellt er den 'subjektiven' Bericht des Amalekiters über Sauls Tod als Lüge hin, rückt also David doppelt weit ab vom Ende seines Rivalen. Und dann fügt er (nicht der Dtr, wie GRØNBÆK, 221f., meint) das anrührende Klagelied Davids um Saul und Jonatan an (1,17ff.), in dem sich David tief erschüttert zeigt über den Tod des Königs und des Kronprinzen, seines Freundes.

Es ist sicher verfehlt, wenn EXUM aus der Klage „ironies" heraushört, welche „doubts about David's sincerity" weckten (1992, 33). Der Lobpreis der Einmütigkeit zwischen Saul und Jonatan etwa (1,23) steht keineswegs in ironischer Spannung zu den früher berichteten Auseinandersetzungen zwischen Vater und Sohn (so EXUM, 93), sondern ist der Gattung Klagelied voll angemessen: angesichts des Todes gerät der Rückblick aufs Leben oft idyllisch. Nicht überzeugender ist es, wenn EXUM von dem anderen Klagelied 3,33f. behauptet, „David's words about Abner are not without their irony"; so gemahne die Frage, ob Abner sterben mußte wie ein *nabal*, spöttisch an I 25: „As an obstacle to the divine plan, Abner must be removed" – genau wie Nabal (1992, 106.107). *De mortuis nil nisi bene:* Sollte gerade David sich an diese universale Maxime nur zum Schein gehalten haben, unter würdigen Worten tückische Spitzen verbergend? Er hätte sich (bzw. der Erzähler hätte ihm) damit einen Bärendienst erwiesen. Kann Exegese erst ruhen, wenn sie derlei plausibel gemacht hat?

Als erzählte Prozeßszenen lehrt MABEE (1980) die beiden Kapitel II 1 und II 4 sehen. Ein Mann kommt zu David und berichtet, er habe König Saul auf dessen Verlangen hin getötet: eine äußerst schwere, vom Sprecher freilich nicht als solche erkannte Selbstbeschuldigung (1,2-10). Die Feststellung der Personalien (1,13) ergibt, daß der Mann Amalekiter ist und also der zentralen Königsgerichtsbarkeit (und nicht dem kommunalen Torgericht) untersteht. Daraufhin übernimmt David die Rolle des Richters, stellt fest, daß der Angeklagte gegen eine „Israelite societal norm" (98) verstoßen habe (am 'Gesalbten' darf man sich nicht vergreifen, 1,14), verkündet das Todesurteil und läßt es sogleich vollstrecken (1,14f.). – II 4 weist ganz ähnliche Merkmale auf: Der Tathergang muß nicht ermittelt, ein Schuldgeständnis nicht herbeigeführt werden, weil die Täter ihre Tat – diesmal nicht selber erzählen, sondern weil diese zuvor vom Erzähler geschildert worden ist (4,1-7). Das entscheidende Beweisstück, Eschbaals Kopf, bringen die Täter sorglos selber mit zur Verhandlung (4,8). David, den sie meinten als Komplizen betrachten zu können, tritt in die Rolle des Richters, beschuldigt sie der Übertretung einer israelitischen Rechtsnorm (des Verbotes von Mord, 4,11a), führt den Vorgang von II 1 als Präzedenzfall auf (4,10), spricht das Todesurteil und läßt es sofort vollstrecken (4,11b.12). – In beiden Kapiteln ist der Erzähler darauf aus, „to disassociate David" vom Ruch des Königsmordes (107); mit rechtlichen Ausdrucksmitteln betreibt er eine „judicial exoneration" Davids.

MABEE unterläßt es, die Texte diachron zu untersuchen und so den Eigenanteil des David-Saul-Erzählers von zugrundeliegenden älteren Überlieferungen abzuheben. Was berichteten diese, welche Intention verfolgten sie? Man mag bezweifeln, ob das zum Vorschein käme, was MORGENSTERN als tragendes Motiv Davids bei den Hinrichtungen in 1,15f. und 4,12 vermutet: daß er nämlich überhaupt nicht aus Eigennutz, sondern aus reinem Pflichtgefühl gehandelt habe; schließlich sei er als Schwiegersohn Sauls enger Verwandter der Mordopfer und damit zur Blutrache verpflichtet gewesen (1959, 325). Dies setzt bereits wieder den Gesamtzusammenhang der David-Saul-Geschichte voraus. Möglicherweise waren die Nachrichten über Davids Umgang mit den Mördern seiner Rivalen recht trocken und ambivalent: er hat sie töten lassen – aus welchen Gründen, das war aus dem Vorwissen oder der Vormeinung über ihn zu mutmaßen. Der David-Saul-Erzähler hatte eine dezidierte Meinung dazu und trug sie mit starken Farben in seine Erzählung ein. Sie dürfte sich recht genau mit dem von MABEE Ermittelten decken.

Der große Passus II 5 - II 8 ist mehrfach gewissermaßen ideologiekritisch unter die Lupe genommen worden. FLANAGAN (1983) sieht in ihm die Verwandtschaftsbezüge der Hauptakteure (David in seinen Beziehungen zu den Gliedern der Saulsfamilie) zurücktreten zugunsten staatspolitischer Aspekte. Ab jetzt geht es nicht mehr um eine dezentrale, tribale Gesellschaft, sondern um eine staatlich organisierte mit einem herausgehobenen Machtzentrum, Jerusalem. Waren die in Hebron zur Welt gekommenen Davidsöhne noch ihren Müttern zugeordnet (3,2-5), so sind es die in Jerusalem geborenen (5,13f.) nicht mehr. Die hohen Posten im Staat werden nicht mehr nach „kinship" vergeben, sondern (auch) nach Eignung (8,16-18). – Die genannten Kapitel sind laut FLANAGAN chiastisch aufgebaut. In der Mitte stehen II 6 und 7 (beide Kapitel werden unten unter C. abzuhandeln sein); darum gelagert sind Berichte von siegreichen Kriegen Davids (5,17-25; 8,1-17), und darum herum wieder Listen bedeutender Persönlichkeiten im jungen Staat (5,13-16; 8,16-18). Die chiastischen Paare sind jeweils so angeordnet, daß die Überbietung und Ablösung der alten tribalen durch die neue imperiale Ordnung signalisiert wird: *an die Stelle* der Verwandtschaftsbeziehung tritt die Bürokratie, an die des Verteidigungskampfes gegen die Philister eine Reihe von Eroberungskriegen, an die des Stammesheiligtums der Lade die ausgebaute Königsideologie der Natanweissagung.

Konstatiert FLANAGAN solche Sachverhalte noch, so wertet sie BRUEGGEMANN (1985, 67-85) entschlossen. Nach ihm handelten die David-Saul-Erzählungen zuvor von der Selbstbehauptung marginalisierter Gruppen in einer tribalen Gesellschaft (s. oben B. 1.3). In 5,6 bis 8,18 aber haben wir nicht mehr Outlaw-Literatur vor uns, sondern Staatsliteratur; „economic and political monopoly evoke parallel monopoly of knowledge" (68); „we are moving into ideology ... and into propaganda, in which truth is what is advantageous" (72). Der Wandel ist nicht zu verurteilen, weil durch die ökonomisch-sozialen Verhältnisse erzwungen. Bezeichnend bleibt doch, daß diese Geschichten selten Kindern erzählt werden, weil sie eben „not invite imagination or freedom or delight" (72). – Ob nicht beide Wertungen allzu emotional und jeweils gar zu einseitig sind? Immerhin ist etwas Zutreffendes erfaßt: Zumindest die Kapitel II 5 und II 8 haben etwas Summarisches, zeigen Distanz und Überblick beim Erzählen – richtiger: beim Auflisten von Fakten, Daten und Zahlen. Man hat den Eindruck, hier werde ein Abspann zu der höchst lebendigen, die Erzählfiguren einander unmittelbar gegenüberstellenden Geschichte von David und Saul geboten. Ein eigentlicher Erzählschluß ist dies allerdings nicht. Die in II 5 - 8 (und z.T. auch schon vorher, etwa in der Sohnesliste 3,2-5) gegebenen Informationen sind notwendig für das Verständnis der TFG II 9ff. (s. unten D.). So haben wir es weniger mit einem Ausklang als mit einem Übergang zu tun, den kein anderer als der David-Saul-Erzähler geschaffen haben wird. Dazu standen ihm wiederum verschiedene Überlieferungen zur Verfügung – nur eben weniger lebendige Erzählungen als vielmehr aufzählende Summarien oder annalenhafte Kurzberichte. Und auch sie verstand er seiner Gesamtintention dienstbar zu machen.

5,1-5 berichtet von der Einsetzung Davids zum König Israels. Längst ist erkannt, daß in V.4f. eine Königsformel im Stil des dtr Rahmens der Königsbücher vorliegt. VEIJOLA hat darüber hinaus V.1f. für DtrG (bzw. DtrH), den Grunderzähler des Geschichtswerkes, reklamiert. Die Verse doppelten sich mit V.3 (einmal kommen „alle Stämme Israels", einmal nur die „Ältesten Israels" zu David, um ihn zum König zu machen); offenbar könne es sich DtrG „gar nicht anders vorstellen, als dass auf den Mann, den Jahwe sich zum Dynastiegründer erwählt hat, auch die Wahl des Volkes fallen musste" (1975, 79). Eben dies könnte ja auch die Vorstellung des David-Saul-Erzählers gewesen sein, der in I 18 wiederholt Davids enge Verbundenheit mit dem Volk herausgestrichen hat. – FOHRER (1959, 2), der 5,1-3 insgesamt als alt betrachtet, baut gerade auf V.1f. weitreichende Thesen auf: Die Erwähnung einer an David ergangenen „Verheißung“ (möglicherweise habe sie der Priester Achimelech in Nob ausgesprochen!) deute auf den Grundtypus des „charismatischen Königtums“; und die enthusiastischen Äußerungen des ‘Volkes’ zeigten, daß nicht wirklich ein zweiseitiger Vertrag, sondern einer, der nur das Volk in die Pflicht genommen habe, abgeschlossen worden sei. Nähme man demgegenüber nur V.3 als alt, dann mag es sehr wohl ein zweiseitiges, ausgewogenes Abkommen zwischen König und Volk gegeben haben; denn daß die Nordstämme gar keine andere Wahl mehr hatten als diejenige Davids, suggeriert ja nur wieder der vom Gesamterzähler geschaffene Kontext II 1 - 5. Der Separationsruf in II 20,1 muß nicht gerade die formelle Aufkündigung eines solchen Vertrages ausdrükken, zeigt aber jedenfalls ein hohes und ungebrochenes Selbstwert- und Selbständigkeitsgefühl der Nordisraeliten.

II 5,17-25 und II 8,1-15 berichten von siegreich beendeten Kriegen Davids. VEIJOLA (1975, 97ff.) erklärt beide Abschnitte als erst von DtrG eingebracht. Seine minutiöse Argumentation stützt sich vor allem auf sprachstatistische Beobachtungen (das Alter von Begriffen wie ‘demütigen’, 8,1, oder ‘Tun von Recht und Gerechtigkeit’, 8,15). Dem gegenüber steht die Vorliebe des David-Saul-Erzählers für den Gedanken von Gottes Mit-Sein mit David (8,6.14b). Und ohne den endgültigen Sieg über die Philister fehlte der David-Saul-Geschichte, die so viel von Auseinandersetzungen mit diesem Nachbarvolk gesprochen hat, ein wichtiger Schlußpunkt – und auch ein Übergang zur Geschichte von der Ladeüberführung II 6 (s. unten C. 1.).

BIC (1974) sieht II 8 nicht nur in der redaktionellen Überformung, sondern im gesamten Textbestand als durch und durch religiöse Überlieferung an. Mit ihr solle JHWHs Ruhm verbreitet werden; denn David führe doch, wie I 17 zeige, Kriege nicht um seines, sondern um Gottes willen. So habe er auch bei allen einzelnen Kriegshandlungen geistliche Absichten: die Pferde der Aramäer lähme er (8,4), weil Pferde im Sonnenkult verwendet wurden; er tötet nicht Moabiter, sondern deren *ʾôt*, ein religiöses Kriegssymbol (8,2); er zwingt die Unterworfenen zur Abgabe von *minḥāh* – natürlich nicht ‘Tribut’, sondern 'Opfer' (8,2.6). – Sollte die Absicht solcher Deutung-apologetisch sein, ließe sie sich so wohl nicht erreichen. Es dürfte ohnehin besser sein, den Texten – in diesem Fall auch: dem Grauen des Krieges – in die Augen zu blicken.

Ob BRUEGGEMANNS moralische (und als solche sicherlich achtenswerte) Urteile dieser Aufgabe gerecht werden, mag man fragen. Er stellt an den Berichten in II 8 eine auffällig geringe Erzählkultur fest und sieht darin nicht einen annalistischen, amtlichen Stil sich ausdrücken, sondern eine seelenlose Staatsmaschinerie. „The imperial record is not much interested in attractive communication" (1985, 81). „We have a self-serving monarchy" (82); „the wars of David do not need popular support" (83). Bedrückend ist es, „when indeed the outcome is known before the story begins" (84).

Eine ungemein lebendige Diskussion hat sich um einen knappen und einigermaßen änigmatischen Bericht von einer Militäraktion Davids entsponnen: den von der Einnahme Jerusalems II 5,6-10. ALT hatte seinerzeit darauf die These von Jerusalem als staatsrechtlich eigenständig bleibendem Stadtstaat gestützt; um seiner Hauptstadt, gelegen zwischen den beiden Reichsteilen Juda und Nordisrael, diesen 'neutralen' Status zu sichern, habe David Jerusalem nur mit seinen Söldnern (*ʾanašîm*), nicht mit dem Volksheerbann erobert und so zu seinem persönlichen Besitz gemacht (^{3}1964, 45f.).

Neuere Attacken gegen diese Hypothese richten sich vor allem gegen die Annahme einer kriegerischen Eroberung Jerusalems. Diese geht zwar aus der Parallelerzählung I Chr 11,4-9 eindeutig, nicht so klar aber aus II Sam 5,6ff. hervor. STOEBE (1957 = 1989a, gefolgt von SCHÄFER-LICHTENBERGER, 1983, 385-390; 1993) macht vor allem allgemein-politische Erwägungen für einen eher friedlichen Übertritt der Stadt in Davids Herrschaftsbereich geltend: Die kanaanitischen Städte hätten nach der israelitischen Reichsbildung und der Rückdrängung der Philister ohnehin keine große Widerstandskraft mehr besessen; ferner zeige David gegenüber Kanaanitern ganz allgemein und speziell gegenüber Jebusitern eine spürbare Toleranz; und schließlich hätte er kaum in einer Stadt, die er zu seiner Residenz machen wollte, zuvor ein großes Blutbad angerichtet.

Nun gibt der kurze Text rein textlich und semantisch einige Rätsel auf:

– Wie ist das Verhältnis zur Chr-Version zu bestimmen: Hat diese eine eigenständige Erinnerung an Joab als den 'Helden von Jerusalem' bewahrt, der (vermutlich über Wasserversorgungsanlagen) als erster in die Stadt eingedrungen sein soll – oder hat der Chronist damit nur den ihm (und uns) unverständlichen Sam-Text phantasievoll ausgeschmückt, anderswo dafür (im Motiv der 'Blinden und Lahmen') aber gekürzt? Das letztere sucht besonders penibel und doch nicht vollends überzeugend FLOSS (1987, 15ff.) nachzuweisen; SCHÄFER-LICHTENBERGER (1993) folgt ihm darin.

– Wer ist „der Jebusiter, der Bewohner des Landes", der zu David etwas „spricht", V.6? WATSON (1970) wehrt sich gegen ein kollektives Verständnis, weil dann keine singularische Verbform stehen dürfte. Für ihn handelt es sich um „the city ruler of Jebus", wobei *jšb* hier nicht 'bewohnen', sondern 'herrschen', und *ʾäräṣ* nicht 'Land', sondern 'Stadtstaat' bedeute. Wie auch immer: Dem David wird von dem oder den Jebusitern etwas gesagt. Damit folgt die nächste *crux*.

– Was bedeutet: „Du kommst nicht hier herein, außer du beseitigst die Blinden und die Lahmen", V.6bαβ? Ein wohlmeinender Glossator hat dazu bereits erklärt: „Das bedeutet: David wird nicht hier hineinkommen" (V.6bγ). Normalerweise nimmt man an, daß die Verteidiger dem angreifenden David höhnisch entgegenhielten, schon die Blinden und Lahmen Jerusalems würden genügen, den Angriff abzuschlagen. HELLER (1965) meint, es gehe nicht um die Behinderungen des Lahm- und des Blindseins, sondern um Metaphern: 'blind' sei eine Verballhornung für 'sehend, Seher', und 'lahm' (*psḥ*, wie I Kön 18,21) 'hinkend, einen rituellen Tanz aufführend'; d.h. die Verteidiger hätten oben auf die Stadtmauer Kultpersonen gestellt, die durch eine Art Zauber die Angreifer fernhalten sollten, und David hätte die Stadt genommen, weil er das diese Personen schützende Tabu durchbrochen und trotzdem angegriffen habe. STOEBE (1957 = 1989a, 87f. = 258f.) denkt, Davids eigene Leute seien gemeint: mit diesen blinden und lahmen Burschen, so die Verteidiger, werde er die Stadt nie bekommen! Je nachdem sind dann laut V.8 dem David die 'Lahmen und Blinden' entweder Jerusalems oder in seinen eigenen Reihen 'verhaßt', d.h. er ist gereizt und zum äußersten entschlossen. Beides ergibt einen leidlich klaren Sinn, so daß die literarkritische Operation von FLOSS (1987) gar nicht nötig erscheint: Er erklärt die beiden Erwähnungen der 'Blinden und Lahmen' für dtr Zusätze, mit denen eine Ätiologie des Verbotes von Lev 21,18 geliefert werden solle. Warum aber die Deuteronomisten ausgerechnet in diesem Zusammenhang jene Bestimmung über den Ausschluß Behinderter vom Priesteramt erklären wollten, bleibt schleierhaft.

– Was meint das Nebensätzchen „Jeder, der einen Jebusiter (er)schlägt", V.8? Entweder werden damit diejenigen angesprochen und ermuntert, die zum Sturm auf die Jebusiterstadt bereit sind (so mit den meisten STOEBE, 1957 = 1989a, 94 = 262, der das Sätzchen als Subjekt des nächsten Satzes versteht: „wer die Jebusiter schlagen wird (will), der muß den *sinnôr* treffen"); oder es werden die Kampfbereiten gerade vom '(Er-) Schlagen eines Jebusiters' abgehalten – wofür man freilich den Ausfall eines Fluch- oder Todesrechtssatzes à la Dtn 27,24 bzw. Ex 21,12.15 postulieren muß („verflucht, wer..." oder „gewiß sterben muß, wer..."; so SCHÄFER-LICHTENBERGER 1993, 203, in Aufnahme eines Vorschlags von FLOSS, 1987). In diesem Falle ginge es gerade um eine Schutzgarantie Davids für die Bewohner der Stadt. Doch dann machen die eindeutig aggressiven Vokabeln wie *lkd* 'einnehmen, erobern', *śnʾ* 'hassen', *nkh* '(er)schlagen' Mühe.

– Was ist der *ṣinnôr*, der 'berührt' wird, V.8? Das Wort kommt nur noch in Ps 42,8 vor und hat dort etwas mit fließendem Wasser zu tun. Von da her hat man für unsere Stelle Bedeutungen erwogen wie 'Wasserleitung', 'Wasserschacht', 'Mundstück einer Quelle' (so nach Vielen STOEBE, 1957a = 1989, 95 = 263) oder auch 'Gurgel' oder 'männliche Genitalien' (SCHÄFER-LICHTENBERGER, 1993, 205: „David unterstreicht" seine Aussage „durch eine für alle eindeutige Gebärde"). Doch gibt es auch, in Anlehnung an andere altorientalische Sprachen, ganz wasserlose Vorschläge wie 'Dreizack' oder 'Kultgerät' oder 'Ziegenfellpauke'. Derlei Phantasien oder Analogien sind indes zu wenig stringent, als daß man dafür das einzig Sichere, das man hat, die Parallele Ps 42,8, aus der Hand geben sollte. So wird es am besten bei der 'Wasserröhre' oder der 'Quelle' – sicher des für Jerusalem lebenswichtigen Gichon – bleiben, die es nach Davids Worten zu 'berühren', 'anzutasten' galt: sei es, daß man das Wasser der Quelle von der Stadt weg ins Tal ableitete, oder daß man den Posten am oberen Einstieg zum sog. Warren-Schacht ausschaltete – oder daß, nach alter Theorie, Joab diesen Schacht erklomm und so ins Innere der Stadt (oder vielleicht von innen ans Stadttor?) gelangte. Ein großes Blutbad muß es deswegen nicht gegeben, gerade der gelungene Handstreich mag es verhindert haben.

C. DIVERSE ÜBERLIEFERUNGEN ZUR DAVIDGESCHICHTE

1. Die Ladegeschichte (I Sam 4 - 6; II Sam 6)

Vier Kapitel der Samuelbücher haben nicht einen Helden, sondern ein Gerät zum Hauptgegenstand: einen „Kasten“ (*ʾarôn*), mit dem es freilich seine besondere Bewandtnis hat. Die Lade ist ein transportables Kultgerät – ein Thron, ein Podest oder ein Schemel –, auf dem man sich Gott gegenwärtig gedacht hat. (Was in dem Kasten war: Gottessymbole vielleicht, oder heilige Texte, oder gar nichts, ist schon im Alten Testament und bis heute umstritten.) Die Lade selbst, als Kultgegenstand und Phänomen der Religionsgeschichte, kann hier nicht untersucht werden. Literatur dazu findet sich zusammengestellt bei MAIER (1965) und BUSINK (1970).

In den Erzählungen von der Lade (I 4 - 6; II 6) fließen die Vorstellungen von einem Ort der Realpräsenz Gottes und von einem Gegenstand geradezu göttlicher Potenz ineinander. An der Lade entscheidet sich sowohl das Schlachtenglück wie die rechte Gottesverehrung, das Wohl und Wehe der Menschen überhaupt und die Wahl des richtigen Kultortes.

Daß die LG einen kultischen ‘Sitz im Leben’ hat, steht außer Frage. Unmittelbarer als die anderen Geschichten der Samuelbücher erzählt sie von Gott und seinem Handeln – und doch tut sie es vermittelt durch die Geschicke der Lade. Diese steht zu Beginn in Schilo, wird betreut durch den Priester Eli und seine Söhne, gerät dann, herbeigeholt als Kriegspalladium der Israeliten, in die Hände der Philister, wird herumgereicht in deren Städten, entwickelt ein wunderbares Eigenleben, sorgt eher selbst für ihre Fortbewegung, als daß die Philister sie bewegen, und gelangt so auf israelitisches Gebiet zurück, bis schließlich David sie nach Jerusalem geleitet und in der Davidsstadt den Ort ihrer künftigen Verehrung finden läßt. Dieser große Bogen der „Ladewanderung" von Ephraim über Philistäa und das Grenzgebiet zwischen Benjamin und Juda bis hin nach Jerusalem ist indes keineswegs so glatt geschwungen und aus einem Guß, wie es zunächst den Anschein haben mag.

1.1 Abgrenzung und Einheitlichkeit

Gewisse innere Spannungen, namentlich der Wechsel der Ladebezeichnungen ('[Bundes-] Lade JHWHs', 'Lade [des] Gottes', 'Lade des Gottes Israels') haben schon in der älteren Forschung immer wieder zu literarkritischen Aufteilungsversuchen geführt: sei es, daß man die Pentateuchquellen des „Jahwisten" und des „Elohisten" durchgehend in allen vier Kapiteln der LG meinte wiederfinden zu können, sei es, daß man ihnen I 4 - 6 einerseits und II 6 andererseits zuwies, vgl. die Forschungsberichte bei SCHICKLBERGER (1973a, 17-25) und CAMPBELL (1975, 12-28). In neuerer Zeit sucht man in den Samuelbüchern nicht mehr die Pentateuchquellen (Ausnahme: SCHULTE 1972, freilich unter Übergehung der LG), doch sind die literarkritischen Lösungsmuster die gleichen geblieben: SCHICKLBERGER (1973a, 129ff.) und MILLER/ROBERTS (1977, 23ff.) bestreiten die Zugehörigkeit von II 6 zu I 4 - 6. FOHRER hingegen (1971 = 1981) rekonstruiert mehrere durchgehende Schichten innerhalb der LG, die freilich nicht unabhängig voneinander entstanden, sondern jeweils dem älteren Bestand hinzugefügt worden seien.

Im einzelnen unterscheidet FOHRER:

1. einen „ursprünglichen Ladebericht" (I 4,1b-4a.10.11a; 5,1f.*10; ... II 6,1f. 12...), der schonungslos und historisch glaubhaft die Geschicke der Lade (*ʾarôn* [*ha*]*ʾ^{a}lôhîm*) schildere;

2. zwei ältere Ergänzungen, in denen die Lade (*ʾarôn haʾ^{a}lôhîm*) göttliche Potenz gewinnt und das Herumgeführtwerden in den Philisterstädten in einen Triumphzug verwandelt (I 5,6-9.*10.11f.; II 6,3-8);

3. eine Bearbeitungsschicht, welche die Wunderhaftigkeit der Vorgänge um die Lade (*ʾarôn jhwh*) erhöht, den Kreis der durch sie Betroffenen erweitert, sich aber von der historischen Wahrscheinlichkeit umso weiter entfernt (I 4,5-9; 5,3-5; 6,1 bis 7,1; II 6,9-11.13-15.17-19);

4. eine anti-elidische und anti-saulidische Erweiterungsschicht (I 4,4b.11b-22 mit *ʾarôn haʾ^{a}lôhîm*; II 6,16.20-22).

Kreuzen sich in diesem Modell gewissermaßen noch eine Fragmenten- und eine Ergänzungshypothese, so verlagert sich das Gewicht in den neueren Beiträgen immer mehr auf ein Ergänzungs- und schließlich auf ein Redaktionsmodell. SCHICKLBERGER findet, in Anlehnung an PRESS (1938), nur mehr in I 4 eine vormals selbständig gewesene Teilquelle (1973a, 25ff.), sieht sie und dazu andere Einzelüberlieferungen aber aufgenommen durch die eigentliche Ladeerzählung. Diese ist insgesamt einheitlich, wurde lediglich in I 5f. noch ergänzt um einige Glossen und einen neuen Schluß.

SCHICKLBERGERS Textstufen sehen im einzelnen so aus:
1. eine „Katastrophenerzählung" vom Verlust der Lade an die Philister (I 4,1a(LXX)b.2-4.10-12.*13(ohne die Notiz vom Warten Elis).14b-18a.19-21);
2. die eigentliche Ladeerzählung, die im Grunde alles umfaßt bis hin zum ursprünglichen Ende der Erzählung in I 6,16 (!) – abgesehen nur von den
3. Ergänzungen in I 5,6bβ; 6,*4.5aα.11bγ.15.17-20; 7,1 – d.h. die Bemerkungen über die „Aftergeschwüre" und ihre fünf goldenen Abbilder sowie die Szenen vom Weitertransport der Lade aus Bet-Schemesch nach Kirjat-Jearim.

In letzter Zeit rechnet man immer weniger mit schriftlichen Vorstufen des jetzigen Textes, sondern stattdessen mit mündlich tradierten Einzelüberlieferungen, die von dem *einen* Verfasser in die LG integriert, d.h. ihrer Gesamtgestalt eingepaßt und ihrer Gesamtaussage dienstbar gemacht wurden.

CAMPBELL (1975, 142-165) macht die folgenden, dem Ladeerzähler vorgegebenen Einzeleinheiten ausfindig:
I 4,12-21 (die Elidengeschichte);
I 5,2-4 (die Dagonszene); 5,6-12 (die Plagengeschichte);
I 6,7-16 (die Divinationsgeschichte); 6,17.18a (die Hämorrhoiden-Story);
II 6,2-5.13-15.17f. (die Ladeprozession); 6,16.20-23 (die Michal-Szene).
Hinzu kommen Einzelnachrichten in I 4,1b.2.10f.; 6,2-6; 6,19 - 7,1; II 6,6-12.

Alles spricht dafür, daß dieses Redaktionsmodell den Texten am besten gerecht wird. Es trägt einerseits den Unstimmigkeiten innerhalb der LG Rechnung, bietet aber andererseits eine Erklärung für den durchgängig spürbaren, formalen wie inhaltlichen Gestaltungswillen, der die Gesamterzählung prägt. Dabei ist der Gestaltungskraft des Gesamtverfassers eher ein größeres Gewicht beizumessen als ein zu kleines. Anscheinend hat er über weite Strecken frei formuliert und so die Lücken zwischen den Einzelüberlieferungen nicht nur notdürftig überbrückt, sondern eben so den großen geographischen und theologischen

Bogen, den die LG beschreibt, allererst geschaffen. Er hat in einem vergleichsweise peripheren, lokalen Geschehen die nationalen, ja universalen Dimensionen entdeckt, welche die jetzige LG umfaßt. Nicht irgendein Stämmeverband zog in ein Scharmützel mit einer Philistertruppe: ein Krieg Israels mit den Philistern war's; nicht hier oder dort im Philisterland weilte die Lade, ganz Philistäa durchquerte sie; nicht in irgendein Dorfheiligtum strebte sie zurück, sondern nach Jerusalem; nicht um Verlust oder Wiedergewinnung eines israelitischen Kultgegenstandes ging es, sondern um den Selbsterweis des wahren Gottes und die Selbstbehauptung des Gottesvolks.

CAMPBELL sieht den Verfasser der LG lediglich in I 4,3-9.22; 5,1; 6,1 am Werk. Etwas mehr, aber immer noch zu wenig weist ihm FICKER zu (1977, 107); den Löwenanteil des Textes hält er für ihm vorgegebene Überlieferung (I 4,12-22; 5,1-12; 6,1-14.16.18b-21; 7,1; II *6). Doch der Anteil des Gesamterzählers ist größer; ihm sind zumindest die Passagen I 4,1-7.9.13b-15; 5,6-12; 6,3-5.11b.12b.16-18a.19-21; II 6,1f.5.8a.9-12 zuzuschreiben. (Hier übrigens überall die Bezeichnung *ʾarôn jhwh*, in den älteren Überlieferungen meist *ʾarôn haʾᵃlôhîm*.) Zudem sind seinem Werk später noch einige Ergänzungen zugewachsen: die Michal-Szene II 6,16.20-23 etwa oder die dtr Kommentare I 4,8 und 6,6, wohl auch die 'goldenen Geschwüre' in I 6,17f. u.ö.

Es wurde hier stillschweigend der Umfang der LG mit I 4 - 6 und II 6 angenommen. Das ist keineswegs unumstritten: ROST (1926) hatte als erster diese vier Kapitel als in sich zusammenhängend und als Unterquelle der von ihm untersuchten „Überlieferung von der Thronnachfolge Davids" bestimmt. Ihm sind darin viele gefolgt, doch gibt es neuerdings auch skeptische Stimmen.

Für die Zusammengehörigkeit von I 4 - 6 und II 6 sprechen sich u.a. aus: SEEBER (1956, 14ff.), NOTH (²1957, 54f.64), HERTZBERG (1956, 47f.), SCHREINER (1963, 52ff.), R.SCHMITT (1972, 142ff.), STOLZ (1981, 40) sowie die meisten „Einleitungen ins Alte Testament". Der erste grundsätzliche Angriff auf diese Position wurde von SCHUNCK (1963, 97ff.) geführt. Die von ihm vorgebrachten Argumente wurden danach immer wieder variiert – etwa von STOEBE (1973, 127f.), SCHICKLBERGER (1973a, 129ff.) und MILLER/ROBERTS (1977, 23ff.).

Die wichtigsten Gesichtspunkte, die immer wiederkehren, sind:

– II 6 wirke nicht so legendenhaft wie I 4 - 6.
– In II 6 spiele David die zentrale Rolle.
– Die Terminologie beider Teile sei unterschiedlich.
– I 7,1f. und II 6,1f. paßten nicht zueinander: hier heißt der Aufenthaltsort der Lade Kirjat-Jearim, dort Baʿale-Juda, hier der Priester Eleasar, dort Ussa (samt einem Bruder Achjo).

– Die Zertrennung einer einheitlichen Schrift in zwei weit voneinander entfernt stehende Teile sei nicht plausibel.

Doch diese Argumente lassen sich widerlegen, zumindest entkräften:

– II 6,6ff. ist nicht weniger wunderhaft als I 5f.

– Die LG zielt auf die Überführung der Lade nach Jerusalem; David kann naturgemäß erst im letzten Teil auftauchen.

– Terminologische Differenzen ergeben sich z.T. aus unterschiedlichen Erzählinhalten; der Wechsel von *ʾarôn jhwh* etwa in I 7,1 zu *ʾarôn haʾ^{a}lôhîm* in II 6,2ff. ist nicht einmalig in der LG.

– Baʿale-Juda wird man nicht mit BLENKINSOPP (1969, 152) und CAMPBELL (1979, 40) als „Herren, freie Bürger Judas" auffassen dürfen; denn von diesen wäre der zuvor erwähnt *ʿam* keine Teilgröße. Vielmehr handelt es sich um den gleichen Ort wie Kirjat-Jearim (vgl. Jos 15,9; 18,14); der alte Ortsname wurde als baalistisch empfunden (ganz mit Recht, vgl. ROSEN 1988) und im Zuge zunehmender Jahwisierung der Religion und der Gesellschaft abgeändert.

– Die wechselnden Priesternamen lassen sich mit dem in 7,2 angezeigten zeitlichen Abstand (so CAMPBELL 1979, 41) oder ebenfalls mit traditionsgeschichtlichen Verschiebungen erklären – was aber unterschiedliche Traditionswege für die beiden Teile der LG voraussetzen würde (dazu gleich).

– Die Aufteilung der LG ist ebenfalls traditionsgeschichtlich, jedenfalls aber durch das Interesse der (bereits vor-dtr?) Redaktion an einem historisch stimmigen Geschehensablauf verständlich zu machen: Die Lade kann nicht nach Jerusalem gebracht werden, ehe die Philister und die Jebusiter niedergerungen sind (II 5); und sie kann den Philistern nur zur Zeit der ärgsten Unterlegenheit Israels in die Hände gefallen sein, also vor dem Machtantritt Sauls (und dem darauf alsbald folgenden Aufstieg Davids).

Die Argumente, die für einen Zusammenhang zwischen I 4 - 6 und II 6 sprechen, sind überwältigend. Da ist als erstes die Lade. Da ist die Vorstellung einer Ladewanderung. Da ist der gemeinsame Ausgangspunkt der letzten Etappe dieser Reise beim „Haus Abinadabs auf der (Kult-) Höhe" (I 7,1; II 6,3.4). Da ist die Zuweisung der Lade an den Gott 'JHWH Zebaot, den Cherubenthroner' in II 6,2 und I 4,4. Da ist die Vorstellung von einer bedrohlichen Eigentätigkeit der Lade bzw. des auf ihr realpräsenten Gottes (II 6,6ff. und I 5f.). Und da ist schließlich Jerusalem als im Grunde einzig möglicher und notwendiger Zielpunkt einer Reise, die doch nie und nimmer in Bet Schemesch oder Kirjat-Jearim hätte enden können.

Ob I 4 tatsächlich der Anfang der LG ist, erscheint in zweierlei Hinsicht als fraglich: Liegt die Erzählung vom Verlust der Lade wirklich auf der gleichen Ebene wie die von ihrem wunderbaren Triumphzug durchs Philisterland und nach Jerusalem? Und: Hat die Erzählung vom Verlust der Lade noch eine Vorgeschichte?

STOEBE (1973, 127f.) möchte unter Berufung auf PRESS (1938, 182) die Erzählung I 4 als „ein Stück der Siloüberlieferung" von I 1 - 3 verstehen; denn als „Gegenstand einer Kultlegende" eigne sie sich nicht. Auf der gleichen Linie liegen die oben wiedergegebenen Versuche, aus I 4 eine „Katastrophenerzählung" herauszuschälen, die eben nicht Kultlegende, sondern Geschichtsbericht sei (FOHRER 1971 = 1981; SCHICKLBERGER 1973a, 25ff.; ähnlich MAIER 1965, 47f. – unter Hinzunahme von I 5,1f.10 als Erinnerung an einen schimpflichen Triumphzug der Lade durch verschiedene Philisterstädte). Gern wird diese These mit der anderen verknüpft, daß Eli und seine Söhne in das Kapitel erst nachträglich hineingezogen wurden, um es an I 1 - 3 zu binden – und um der katastrophalen Niederlage eine Erklärung zu geben.

Den umgekehrten Weg schlagen MILLER/ROBERTS (1977, 21) und DIETRICH (^{2}1992, 78ff.) ein: I 4 biete die Lösung von Problemen, die schon in I 1 - 3 aufgeworfen werden. Die Abschnitte I 2,12-16 und 2,22-25 schildern die Eli-Söhne Hofni und Pinchas als völlig verdorbene Priester und Eli als hilflos-schwachen Vater. Von solchen Gestalten wird die Lade in Schilo versorgt – wie könnte sie für den Sieg Israels bei Eben-ha-eser sorgen! Die militärische Niederlage ist also die Folge eines kultischen (und übrigens auch ethischen) Niedergangs; die Siegeszuversicht der Israeliten erscheint in dieser Perspektive als dreist, die Angst der Philister ironischerweise als verfehlt (I 4,4ff.).

Ist also der Anfang der LG in I (1,3b?) 2,12-16.22-25 zu sehen, so bestehen doch starke Bedenken gegen die Hinzunahme von I 2,27-36, wie sie MILLER/ROBERTS (1977, 21) vorschlagen. Diese Weissagung eines namenlosen 'Gottesmannes' gegen die Eliden übergreift weit den Horizont der LG und stammt nach VEIJOLA (1975, 35ff.) und DIETRICH (^{2}1992, 76ff.) von dtr Hand. In diesem Fall wäre die Katastrophe von I 4,10f. ursprünglich die wortlose und doch wohlverständliche Antwort auf die vom Volk ignorierte Schuld der Ladepriesterschaft gewesen. Möglich bleibt freilich, daß in I 2,27ff. ein älterer Grundbestand dtr überarbeitet (und in I 3,12-14 noch verdeutlicht) wurde; der – kaum mehr sicher herausschälbare – Kern wäre dann in der Ankündigung I 2,34 zu suchen, die allein auf I 4 zielt.

Den unlöslichen Zusammenhang zwischen I 2 und I 4 möchte DAVIES (1977) so verdichten, daß am Ende die Lade gar keine Rolle mehr spielt und nur mehr eine Geschichte der Eliden übrigbleibt. „The theme of the loss of the ark has been inserted by means of editorial expansion" (14). Aus der entgegengesetzten Blickrichtung enthält dieser Satz sogar etwas Wahres: Der Ladeerzähler, der seinen Ausgang bei den Eliden genommen hatte, lenkt in I 4 über zu dem eigentlichen Thema seines Werkes: der Selbstdurchsetzung der Lade bzw. des Ladegottes gegen alle menschliche Selbstherrlichkeit.

So bleibt abschließend festzuhalten: Der Textbestand der LG umfaßt – abgesehen von kleineren Zusätzen – I (1,3b;) 2,12-16.22-25; 4,1 bis 7,1; II 6. Es handelt sich um eine durchgehend gestaltete Großerzählung, die freilich verschiedenartige Einzelüberlieferungen in sich aufgenommen und zu einem Gesamtzusammenhang ausgeformt hat.

1.2 Einzelüberlieferungen und Einzelmotive

Das Ladeheiligtum stand unter der Obhut der elidischen Priesterfamilie in Schilo.

Schilo (*Chirbet Seilun*) ist im ephraimitischen Bergland, knapp 20 Kilometer südlich von Sichem (*Nablus*), gelegen. SCHLEY (1989) hat eine ausführliche Monographie über diesen Ort, seine Rolle in der alttestamentlichen Literatur und in der Geschichte sowie seine archäologische Wiederentdeckung geschrieben. Die Ortslage war schon in der mittleren und späten Bronzezeit und weiter in der frühen Eisenzeit besiedelt, Schilo also von Haus aus eine kanaanitische Stadt mit einem kanaanitischen Heiligtum. Mit der Lade wurde die Stadt zum Zentrum der in der Umgebung siedelnden Stammesverbände. Ihre oft angenommene Zerstörung durch die Philister anläßlich der Ereignisse von I 4 läßt sich weder biblisch noch archäologisch belegen. Dennoch hat sie einen Abstieg erlebt: nicht zuletzt wegen des Verlustes der Lade und ihrer Priesterschaft, hauptsächlich wegen des Wechsels der politischen und religiösen Schwergewichte von Ephraim bzw. Benjamin nach Juda und Jerusalem. Der Einbruch habe, so SCHLEY (157ff.), freilich nicht *vor* der Ära Sauls stattgefunden, wie es die LG in ihrem jetzigen Kontext suggeriert, sondern an deren Ende; Sauls Niedergang zog denjenigen Schilos nach sich.

SCHLEY geht, wie viele vor ihm (z.B. EISSFELDT 1957 = 1966; GUTMANN 1971; FLANAGAN 1983), davon aus, die Lade sei ein ur-israelitisches, echt-jahwistisches Heiligtum gewesen. Das ist nicht unbestritten. Im Gefolge von GALLING (1956) hat man immer wieder ihre Herkunft aus dem Bereich kanaanitischer Religion und ihre erst unter David erfolgte (II 6,2) Adaption an die JHWH-Religion angenommen (MAIER 1965; STOEBE 1973, 152.162f.; NIELSEN 1960; AHLSTRÖM 1984).

Auch wer SCHLEY nicht glaubt, daß es *zwei* Heiligtümer in Schilo gegeben hat – einen kanaanitischen Tempel und das israelitische Ladezelt –, sondern mit der Aufstellung der Lade in dem einen Tempel von Schilo rechnet, sollte ihr doch nicht ihre enge Verbundenheit mit den israelitischen Stämmen absprechen. Offenbar diente sie, genau wie später in Jerusalem, so schon in Schilo als Symbol einer zum Kanaanitertum hin offenen israelitischen Religion. Daß deren Gott von Anfang an JHWH geheißen hätte, scheint angesichts der Tatsache, daß die Bezeichnung 'JHWH-Lade' überwiegend gerade auf den Ladeerzähler zurückgeht und nicht auf die älteren Einzelüberlieferungen, sehr fraglich zu sein. Insofern bliebe eine Umbenennung, wenn eine solche aus II 6,2 herausgelesen werden darf, bei der Einpassung in die davidische Staatsreligion immer noch sinnvoll.

In I *2 und 4 wird erzählt, wie die Ladepriesterschaft umkommt und die Lade in Philisterhand gerät; in I 5 und 6 wird ihr Aufenthalt im Philisterland geschildert. Die Stationen ihrer Reise sind Aschdod, Gat, Ekron, Bet-Schemesch und schließlich Kirjat-Jearim. Die Reihe ist in mancher Hinsicht auffällig: Sie umfaßt drei der philistäischen Zentren, aber nicht alle (Aschkalon und Gaza fehlen – obgleich verschiedentlich die *fünf* 'Fürsten' [*sarnîm*] der Philister und Symbole ihrer fünf Städte auftreten). Andererseits kommen Bet-Schemesch und Kirjat-Jearim hinzu: laut CASPARI (1908, 30ff.) bis zur Davidszeit noch philistäisch beherrschte, aber für Philistäa keineswegs zentrale Städte, die freilich in I 6 schon als halbwegs israelitisch betrachtet zu werden scheinen.

DUS (1963/64) malt sich aus, in Israel habe nach dem Verlust der Lade die Hoffnung auf ihre Wiederkehr immer höhere Wellen geschlagen – und immer neue Gerüchte über ihre Befreiung bald aus dieser, bald aus jener Philisterstadt hervorgerufen. All diese Hoffnungen wurden schließlich begraben, die Lade vergessen – und erst von David wieder der Vergessenheit entrissen. Die Idee einer Fortbewegung von Ort zu Ort habe ihre Wurzeln in einem „Brauch der Ladewanderung" im alten Israel (DUS 1961), der sich in alten Sagen wie I 6,13f.19 und II 6,2-8 noch greifen lasse. In der LG werde dieses amphiktyonische Brauchtum totgeschwiegen, weil es in die Interessen des davidischen Hofes nicht mehr paßte; umso willkommener war die erdachte Wanderung durch das Philisterland.

DAVIES (1977, 16f.) weiß noch einen anderen Grund, aus dem die Lade nachträglich durch Philistäa habe transportiert werden müssen: David habe sie in Wahrheit gar nicht den Philistern, sondern Saul abgejagt, und Saul sei, dadurch desorientiert, dem Erzfeind unterlegen. Um diese Spuren zu verwischen, hätten die Tradenten die Lade schon vor Saul den Philistern zufallen und sie dann durch deren Städte und schließlich nach Jerusalem wandern lassen (wo sie in Wahrheit schon die ganze Zeit gestanden hatte). Man sieht: an manchen Exegeten sind Kriminalisten verlorengegangen.

Weniger phantasievoll, aber doch ähnlich skeptisch behauptet STOLZ (1981, 49), die Lade habe real nur in (dem damals eben philistäischen) Bet-Schemesch gestanden, sei nach dessen Eingliederung ins Davidsreich über Kirjat-Jearim nach Jerusalem verbracht worden – und erst nachträglich habe fromme Imagination sie in „die klassischen Zentren der Philister" getragen. Warum dann aber gerade in diese und nicht in alle?

Überlieferungsgeschichtlich gesehen, hatte der Ladeerzähler zwei ältere Lokalüberlieferungen zur Verfügung: die von JHWHs Kampf mit Dagon I 5,2-5 und die von der Divination der Lade I 6,1f.*7-15, ja vielleicht waren diese beiden Überlieferungen schon miteinander verbunden, hatten ihren Sitz in dem (inzwischen judäischen) Bet-Schemesch und erzählten, wie die heilige Lade dorthin gekommen war.

Die Erzählung vom Dagonkampf I 5,2-5 ist eine klassische Ätiologie. Erklärt wird, daß in Dagon-Tempeln (und übrigens auch in Gotteshäusern anderer Religionen, sogar im jüdischen Zweiten Tempel, vgl. Sach 1,8f., und womöglich auch im Ersten, vgl. Zef 1,9 und dazu DONNER 1970a) die Schwelle nicht betreten werden durfte. Erklärt wird dies aus israelitischer Sicht mit der Tatsache, daß Dagon sich, konfrontiert mit der Lade, an der Schwelle seines Hauses den Hals gebrochen hat. Natürlich ist die Parallele mit dem alt und hilflos gewordenen Eli in I 4,18 beabsichtigt. DELCOR (1964 = 1979, 43f.) fragt sich, wie die Statue von der Cella des Tempels aus sich an der Schwelle das Genick brechen konnte, und versucht, gestützt auf einige LXX-Handschriften, den Abstand durch die Einführung eines Vestibüls zu verkürzen. Das Problem der Erzähler wird das nicht gewesen sein. Sie dachten wohl auch nicht über einen Chaoskampf nach, der sich im Ringen JHWHs mit Dagon spiegele (so BENTZEN 1948). Dagon ist Fruchtbarkeitsgott und kein „Chaos-monster" (45), und Philistäa ist als „country of death", in dem JHWH stirbt und aus dem er wiederaufersteht, etwas überinterpretiert (46). Wohl mit Recht aber hört BENTZEN aus diesem Passus einen „humorous tone" heraus (47), das unbändige Gelächter Gottes über den Versuch, ihn gefangenzusetzen und zu demütigen. Warum diese Thematik erst im Zusammenhang mit den Götterbildpolemiken bei Deuterojesaja aufgekommen sein sollte (so STOEBE 1973, 142f.), ist nicht einzusehen.

Der ursprüngliche Erzählfaden lief vermutlich weiter zu der Orakelanfrage der entsetzten Philister I 6,1f., was mit der Lade jetzt geschehen solle. Die Antwort der Sachverständigen: Man möge ihr die Freiheit lassen, zu gehen wohin sie wolle – dadurch werde sich gegebenenfalls auch ihre Divinität erweisen und ihre Gefährlichkeit entschärfen. Die Lade, d.h. der auf ihr präsente Gott, bewegt sich nach Bet-Schemesch und erfährt dort die nötige Verehrung (I 6,*7-15.18b).

TUR-SINAI (1951, 275f.) sieht in 6,15-19 sogar zwei Überlieferungen vereinigt, die ihren Haftpunkt beide an dem *ʾäbän haggᵉdôlah* hatten, einem heiligen Stein, auf den die Lade anscheinend gestellt wurde; in V.14 sei diese Lokalität richtig benannt, *ʾabel haggedôlah* in V.18 sei eigentlich bloß eine Dialektvariante dazu, sei aber als ‘große Trauer’ mißverstanden und dem Kontext entsprechend umgestaltet worden. Möglicherweise haben wir es hier wirklich mit einer Uminterpretation durch den Ladeerzähler zu tun, der die Lade aus Bet-Schemesch wieder hinausbewegt sehen wollte, und der aus der ‘großen Trauer’ auf ein neuerliches Strafgericht des Ladegottes an dieser Ortschaft schloß. Nach TUR-SINAI (1951, 280ff.) lag dieses in einer – nicht nur hier begegnenden – Vorstellung von der Unberührbarkeit des Heiligen begründet, die laut I 6,19 verletzt worden wäre. Die LXX habe dies nicht verstanden und in V.19 kräftig interpretiert: aus *w^{e}lo' niqqû binkôn jhwh* ('und nicht kamen davon beim Dreinschlagen JHWHs'...) las sie den Eigennamen *Jekonja* heraus und riet, die Jekonja-Söhne hätten sich nicht mitgefreut über die Lade. – Auch wenn TUR-SINAIS Rekonstruktion kompliziert ist, weist sie doch einen Weg zur Erklärung eines schwierigen Textes – und ist geeignet, DUS' „Jekonjitensage" (1961) den textlichen Grund zu entziehen.

MARX (1988) untersucht im traditionsgeschichtlichen Zusammenhang alttestamentlicher Sühnerituale die in I 6 berichteten Opferhandlungen. Grundlegend gehe es bei der kultischen Sühnung immer um zweierlei: zunächst um die Genugtuung seitens des Schädigers an den Geschädigten, sodann um das Eintreten des (nunmehr versöhnten) Geschädigten für seinen Schädiger vor Gott. Die Parteien seien im Fall von I 6 die Philister und – die Lade. Die Wiedergutmachung an die Lade erfolge in Gestalt der goldenen Weihegaben, wohl auch des Ganzopfers am 'großen Stein' (6,14). Eine Interzession zugunsten der Philister kann seitens der Lade schlecht erfolgen – doch wird sie möglicherweise durch die Bewohner von Bet-Schemesch und ihr Großopfer übernommen (6,15b). Jedenfalls ziehen die Philisterfürsten erst ab, nachdem sie die vollständige Durchführung all dieser Riten beobachtet und sich so von der Beilegung des Konflikts überzeugt haben.

Wie die folgende, überstürzte Entfernung der Lade aus Bet-Schemesch und ihre Weiterleitung nach Kirjat-Jearim, so scheint auch ihre Wanderschaft zuerst von Aschdod nach Gat und dann nach Ekron (und erst von dort nach Bet-Schemesch) dem Gestaltungswillen des Ladeerzählers zu entspringen – und nicht älterer, ihm vorgegebener Überlieferung.

Die grundlegende Idee, die ihn dabei geleitet haben wird, hat CAMPBELL (1975, 158f.) ausfindig gemacht: Der Weg der Lade beschreibt eine Art Zickzacklinie von Westen nach Osten auf Jerusalem zu. Die leichten Abweichungen nach Norden und Süden wirken wie ein Symbol für die Unwissenheit und Fehlbarkeit der Menschen – und für die Unbeirrbarkeit und die Freiheit Gottes. *Er* hat sich diesen Weg gewählt; niemals ist er auch nur ein Stückchen westwärts, weg von seinem Ziel gegangen, was zu einer Einbeziehung von Aschkalon und Gaza nötig gewesen wäre.

In letzter Zeit ist man verstärkt darauf aufmerksam geworden, daß die LG eine große Analogie in der biblischen Exodusüberlieferung hat (vgl. BENTZEN 1948, 48; STOEBE 1973, 143; SCHICKLBERGER 1973a, 91ff.; STOLZ 1981, 47). Wie Israel nach Ägypten verschlagen wurde, so die Lade nach Philistäa; wie Ägypten das Bleiben Israels nicht mehr ertragen konnte, so die Philister nicht dasjenige der Lade; wie die ägyptischen Wahrsager zu Rate gezogen wurden, so die philistäischen; wie den Auszug Israels, so begleiteten den Auszug der Lade Kostbarkeiten des Unterdrückervolkes; wie Israel, so wanderte die Lade gen Osten, aufs Heilige Land zu. Diese und noch viele kleinere Analogien (vgl. vor allem SCHICKLBERGER) lassen kaum einen Zweifel daran, daß die LG nach dem großen Vorbild gestaltet wurde. SCHICKLBERGER (1973a, 176) schließt daraus vorschnell auf eine nordisraelitische Herkunft des Verfassers. Wer nicht verkennt, daß die Gesamterzählung ihren Schluß- und Zielpunkt in Jerusalem, also in der Hauptstadt Judas hat, wird sie vielmehr als eine judäische Neben- oder auch Gegengeschichte zur (ursprünglich nordisraelitischen) Exodusgeschichte sehen. Konnte der erste Nordreichskönig bei der Gründung seiner Reichsheiligtümer Betel und Dan die Präsenz des Exodus-Gottes auf den Stierpostamenten beschwören (I Kön 12,28), so brauchte dem das Reichsheiligtum des judäischen Südens nicht nachzustehen: Auf der Lade im Jerusalemer Tempel war derselbe Gott präsent – und er hatte seine Macht über die Völker und die Liebe zu seinem Volk Juda noch einmal und sehr eindrücklich demonstriert in einem zweiten, in seinem höchst persönlichen Exodus aus dem Philisterland. Der polemische Unterton gegen den Norden wird spürbar auch darin, wie die Philister in den Vordergrund gerückt werden, an denen der Nordisraelit Saul gescheitert ist, die aber der Judäer David niedergerungen hat. Gleichwie JHWH hat David die philistäische Sklaverei abgeschüttelt. Die auffälligste Parallele zum Exodus aus Ägypten stellt in der LG die Vorstellung von Plagen dar, durch die Gott das militärisch überlegene Feindvolk mürbe gemacht und zur Freigabe seiner Beute gezwungen hat. Dort ist es eine ganze Reihe von Plagen, hier lediglich zwei, bei genauerem Hinsehen sogar nur eine.

In I 5f. gibt es ein etwas unklares Ineinander einer Geschwürplage und einer Mäuseplage. Im Vordergrund stehen zwar eindeutig die Geschwüre (meist *ʿofelîm*, in I 6,11.17 und überall im Quere *ṭeḥorîm* genannt); doch tauchen bei den Sühnegaben, welche die Philister der Lade beifügen, neben goldenen Beulen auch goldene Mäuse auf. Im LXX-Text von I 5,1 und 6,1 ist dann ausdrücklich von einer Mäuseplage die Rede. CHARBEL (1974) betrachtet diese aufgrund einer modernen Analogie aus Italien als ursprünglich und historisch durchaus wahrscheinlich. Demgegenüber meint GEYER (1981), daß ursprünglich nur die Geschwürplage und ihre Beschwörung durch die Dedikation goldener Mäuse an die verursachende Gottheit erzählt war. (Ähnlich hatte sich schon DIBELIUS 1906, 19, geäußert.) Die Maus war in der Antike als Zwischenträgerin von Krankheiten bekannt; das zeigen entsprechende Heilungsriten aus dem hethitischen Bereich und Abbildungen des hellenistisch-kleinasiatischen Krankheitsgottes Apollo Smintheus zusammen mit einer Maus. MARGALITH (1983) meint sogar, in dem Wort *ʿofᵉlîm* stecke der fast nur hier gebrauchte Name jenes Apollo, den die Philister als Zuwanderer aus dem Nordwesten gekannt und gefürchtet hätten. Wäre es so, dann verriete der hebräische Erzähler eine gewisse Vertrautheit mit philistäischen Verhältnissen.

Spätere Tradenten, die diese Zusammenhänge nicht mehr verstanden, schlossen von den Goldmäusen auf eine Mäuseplage und hielten daneben zusätzlich auch noch Goldgeschwüre zur Besänftigung des Ladegottes für nötig. Noch später erfolgte die Umschreibung von *ʿofᵉlîm* in *ṭᵉḥorîm*; der Name des fremden Gottes Apollo sollte so ersetzt werden.

Mehrere Arbeiten (BRENTJES 1969; WILKINSON 1977; EICHLER 1982) behandeln die Frage nach der Art der Plage, von der die Philister befallen worden sein mögen. Die im Text sekundären *ṭᵉḥorîm* gelten gemeinhin (vgl. etwa KBL *ad vocem*) als Hämorrhoiden. Doch WILKINSON wendet mit Recht ein, auch damals habe man gewußt, daß diese nicht tödlich sind; das Wort meine vielmehr die Ausscheidungen bei der lebensgefährlichen Ruhr-Erkrankung. Die in der Erzählung primären *ʿofᵉlîm* führen in anatomisch ähnliche Gegenden. Sie bezeichnen „Schwellungen, Beulen", Merkmale der sog. Bubonenpest (βουβων = „[Drüsen in der] Schamgegend"), die in der Regel über Ratten ('Mäuse') als Zwischenträger und durch von diesen infizierte Flöhe übertragen wird und sich darum vorzugsweise an delikaten Körperstellen ausbreitet.

L.I.CONRAD (1984), der sich mit der gesamten exegetischen und medizinischen Auslegungsgeschichte befaßt hat, wendet sich am Ende gegen jeden Versuch, die Plage genau ermitteln zu wollen. Antiken Schriftstellern sei keine präzise naturwissenschaftliche Fachkenntnis, wohl aber in diesem Fall der Wille zuzutrauen, verschiedene Abscheulichkeiten über die Philister hereingebrochen sein zu lassen. Diese Erklärung verrät gar zu viel Skepsis gegen traditions- und redaktionsgeschichtliche Differenzierungsmöglichkeiten, mag aber dem Schlußtext recht gut gerecht werden.

Die Geschwürplage ist das Mittel des Ladeerzählers, die Bewohner der verschiedenen Aufenthaltsorte der Lade das Fürchten zu lehren und so jeweils deren Weitertransport zu veranlassen. Im Falle von Aschdod (I 5,6) doppelt sich das Pestmotiv mit der JHWH-Dagon-Szene, bei Gat und Ekron bildet sie das einzige Erzählmotiv; in Bet-Schemesch, (vermeintlich) außerhalb Philistäas, kann sie nicht mehr auftreten, doch 'dreinschlagen' (*nkh* in 5,19, vgl. 5,6.9.12) kann, nein muß JHWH auch hier, soll seine Lade weiter nach Kirjat-Jearim und schließlich nach Jerusalem gelangen. Es wird deutlich: Das Moment des Bedrohlichen, das der Lade schon in den älteren Überlieferungen von I 5,2-5 und II 6,2-8 anhaftete, das dort aber gezielt einmal einen mit JHWH konkurrierenden Gott, einmal einen ihn nicht respektvoll behandelnden Priester trifft, generalisiert der Ladeerzähler zu einem Attribut des Gottes Israels, das sich drohend gegen jede ihm und seinem Volk feindliche Macht richtet. Ganz entsprechend legt er Wert darauf, daß nicht nur Leute von Aschdod und dann noch die von Gat und Ekron der Macht dieses Gottes Tribut zollen, sondern immer wieder die gesamte philistäische Pentapolis. Mehrfach läßt er die fünf *sarnîm* wegen der Lade zusammenkommen, ihr Weihgaben aus all ihren Städten darbringen und ihr schließlich das Geleit bis über die Grenze Philistäas hinaus geben (I 5,8.11; 6,4.*8.*11.*15.16-18a). Die gesamte Plagen-Ebene, die so sehr an den Exodus gemahnt, ist demnach vom Ladeerzähler in den Text eingebracht worden.

Das bedeutet indes keineswegs, daß alle von ihm berichteten Vorgänge einzig seiner eigenen Imagination entsprungen wären. Ihm waren Überlieferungen vorgegeben, die vom Verlust der Lade an die Philister und von ihrem Aufenthalt in Aschdod und dann in Bet-Schemesch wußten. Diese Nachrichten wiederum fügen sich vorzüglich in ein geschichtliches und (religions-) politisches Strukturmuster, das uns aus der Welt des Orients wohlbekannt ist: der Verlust heiliger Kultobjekte an Feindmächte und ihre (Re-) Installation durch einen sich damit ein Denkmal setzenden Herrscher.

DELCOR (1964 = 1979) hat als erster darauf hingewiesen, daß es nicht nur in der LG, sondern etwa in den Amarnabriefen, in der babylonischen Chronik und in assyrischen Inschriften den Sachverhalt eines „exile des idoles" gibt. Siegreiche Armeen hätten gern und oft Götterbilder verschleppt, weil diese in der Regel kostbar waren, sich gut als Siegestrophäen eigneten und die Unterlegenheit des Gegners und seiner Götter veranschaulichten. MILLER/ROBERTS zogen als Analogie u.a. die mehrfache Verschleppung der Mardukstatue aus Babylon heran und zeigten auf, wie zur Demütigung durch die Sieger die Selbstzweifel der Besiegten kamen; der Verlust des eigenen Gottes wurde von seinen Verehrern nicht als Beweis seiner Ohnmacht oder gar seiner Nichtexistenz, sondern seines Zornes und ihrer Verlorenheit gewertet. Solche Ereignisse lösten, mehr als eine noch so verlustreiche militärische Niederlage es tun konnte, kollektive Depressionen aus. Mehrfach wird vom Exil der Idole und ihrer Rückkehr an ihren angestammten Ort, im Falle Marduks: nach Babylon, berichtet. Nun ist Jerusalem nicht der angestammte Ort der Lade – aber eben darin liegt der Kunstgriff Davids. Die Lade kehrt zurück – nicht mehr in den Vorort eines israelitischen Stämmeverbandes, sondern in die neue israelitische Hauptstadt.

MCCARTER (1983) macht für diesen Vorgang weitere Analogien namhaft. Wenn assyrische Könige eine neue Residenz errichteten, suchten sie ihr durch die rituelle Einladung und Überführung des Staatsgottes Assur die nötige religiöse Weihe zu verleihen: so geschehen bei der Gründung Dur-scharrukins durch Sargon, Ninives durch Sanherib, bei der Palasterweiterung Asarhaddons in Ninive und der Residenzgründung Assurnasirpals in Kalah. Die Botschaft solcher Akte liegt auf der Hand: die Demonstration der engen Verbundenheit des Nationalgottes mit dem Herrscher und das darin begründete Versprechen bleibender und steigender Wohlfahrt für das Volk.

Ähnliches sollte sicher auch die feierliche Ladeprozession hinauf zur Davidsstadt besagen. FLANAGAN (1983) begreift die Vorgänge von II 6(f.) (im Anschluß an ein gleichnamiges Werk A.van Genneps) soziologisch als „a rite of passage“: als schwierigen und riskanten Übergang von einer alten zu einer neuen Ordnung der Gesellschaft. Abgelöst werde „the tribal league and Saul“, neu erstehen werde die zentral gelenkte Monarchie. Die Aufwertung Jerusalems zum „legitimate center for Yahwism“ (367) stehe dazwischen. Das angewandte, unbändig-wilde Ritual solle die den Neuaufbruch bedrohenden chaotischen Kräfte beschwören und bannen.

All diese Beobachtungen und Erwägungen entziehen der einst sehr verbreiteten Theorie, II 6 widerspiegele ein im Jerusalem des Ersten Tempels regelmäßig wiederkehrendes Fest mit ritueller Entfernung und Rückführung der Lade, den Grund. MOWINCKEL hatte in seinen «Psalmenstudien» dabei an das „Thronbesteigungsfest JHWHs“ gedacht, KRAUS bevorzugte ein „königliches Zionsfest“ (BK XV).

Mittlerweile darf als gesichert gelten, daß die Ladeprozession ein einmaliger, von David inszenierter Vorgang war. Der Ladeerzähler weiß freilich dem möglichen Eindruck, der König habe dabei allein in eigener Verantwortung und im eigenen Interesse gehandelt, zu wehren. Gleich die allererste Aktivität Davids läßt er, indem er die Peretz-Ussa-Sage nach II 6,2 einschiebt, scheitern. Wie alle anderen Sterblichen, so muß auch dieser große König die Erfahrung machen, daß über die Lade Gottes niemand verfügt als Gott selbst. Zwar wagt David, gegen das Zorneszeichen Gottes im Zorn aufzubegehren (II 6,7.8 – sicher eine vom Ladeerzähler bewußt hergestellte Affinität), doch bleibt ihm dann nichts weiter übrig, als klein beizugeben. Seine ängstliche Frage, wie denn dieses gefährlich heilige Symbol der Anwesenheit Gottes je zu ihm gelangen solle, kann als eine der Deutestellen der Erzählung gelten und macht die Relationen klar: Der König kann Gott nicht zu sich holen – er kann nur warten, daß Gott zu ihm kommt. Eben diese Bereitschaft signalisiert die Segnung des Hauses Obed-Edoms, wohl eines edomitischen Söldners Davids, bei dem die Lade vorläufig untergekommen ist (II 6,10-12). Damit ist der Ort erreicht, von dem aus nach der alten Prozessionsüberlieferung der Aufbruch der Lade hin zur Davidsstadt erfolgte.

Davids Verhalten bei der großen Prozession hat schon immer die Phantasie der Interpreten beflügelt. Die christlichen Ausleger des frühen Mittelalters sehen den tanzenden David in feierlichem Reigen die Einheit seines Reiches, ja sogar die Vereinigung mit dem kreisenden Firmament symbolisieren und so geradezu zum Typos des zum Himmel auffahrenden Christus werden; auf der anderen Seite bedeutet ihnen, daß der sieghafte König *nackt* tanzt, eine tiefe Selbstdemütigung, welche die Christen laut dem Kirchenvater Prokop von Gaza lehren will, „daß wir uns unseres Kreuzes nicht schämen sollen“ (SCHADE 1962/63, Zitat S.4).

Die neuere Exegese stützt sich bei ihren Interpretationsversuchen nicht so sehr auf die Christologie als auf antike Analogien – und doch schimmern die beiden Deutungsmuster ‘glanzvolle Darbietung’ und ‘demütige Selbsterniedrigung’ in den modernen Deutungen immer wieder auf. GORDON (1960) meint, David habe wie der Spartanerkönig Tartaios Musik und Tanz bewußt zur Erbauung und Ertüchtigung seiner Soldaten und somit zur Festigung seines Reiches eingesetzt. KEEL (1974, 27-29) vermutet mit Verweis auf entsprechende Darstellungen in der altorientalischen Bildwelt, Davids Tanz habe die Gottheit erfreuen und den Feiernden geneigt machen sollen. FLANAGAN (1983, 368f.) läßt sich durch Schilderungen im *Enuma Elisch* und im Königsritual des Tukulti-Ninurta zu der These anregen, Davids Tanz sei eine rituelle Demutsgeste gegenüber der Gottheit, auf die diese alsbald – in II 7 – mit seiner Erhöhung reagieren werde.

Der Text scheint eher die Erniedrigungs-Variante zu stützen. Michal, Sauls Tochter und Davids Gattin, wirft dem König vor, er habe sich ‘vor den Mägden entblößt’, und David gibt zurück, er wolle ‘vor den Mägden noch viel niedriger werden’.

Die kleine Szene vom Zerwürfnis zwischen David und Michal (II 6,20-23, vorbereitet in V.16) wegen des Königs Verhalten bei der Prozession klappt in der Gesamterzählung seltsam nach. Vor ihr steht das, was man für ein würdiges Finale nicht nur von II 6, sondern der gesamten LG halten möchte: Die Lade wird zum Abschluß der feierlichen Prozession in dem für sie aufgespannten Zelt aufgestellt, ein großes Abschlußopfer dargebracht, die Menge vom König – in priesterlicher Funktion! – ‘im Namen JHWH Zebaots’ gesegnet und danach großzügig verköstigt, ehe am Ende alle zufrieden nach Hause gehen (II 6,18f.).

Kein Wunder, daß FOHRER 6,20-23 kurzerhand zu einem relativ späten Nachtrag erklärt (1971 = 1981). CAMPBELL meint die Szene zwar für die LG festhalten zu können – aber nur als „epilogue“ (1975, 163.168); dieser hebe durch die Feststellung von Michals Kinderlosigkeit (6,23) ausdrücklich hervor, was zuvor in der LG nur stillschweigend angedeutet war: die Ausschaltung nicht nur der Philister, sondern auch der Sauliden. Man wird dem entgegenhalten müssen, daß die Sauliden in der LG keine Rolle spielen, daß sie folglich auch in einem „Epilog“ nicht plötzlich auftauchen werden.

In ihrem Ursprung stellt die Szene laut CRÜSEMANN (1980) eine kleine Sonderüberlieferung dar. Sie geht zurück auf höfische Kreise, die sich über das nicht eben zurückhaltende Sexualleben des Königs lustig machten. CRÜSEMANN meint geradezu die Gattung 'Witz' diagnostizieren zu können. Dafür muß dann allerdings V.21 zum Zusatz erklärt werden; und der bitterernste Schlußsatz V.23 will dann immer noch nicht recht witzig erscheinen. Wohl möglich, daß die kleine Szene im Hofgetuschel der Davidszeit ihre Wurzeln hat, doch muß die weitreichende politische Dimension des kolportierten Vorfalls bald erkannt und mit-überliefert worden sein.

Die Frage, auf die in 6,20-23 eine Antwort gegeben wird, schimmert noch deutlich genug in V.23 durch: Warum hatte König David keine Kinder mit seiner ersten Frau, der Königstochter Michal? Wer diese Frage stellte, ist nicht schwer zu erraten: die Anhänger des Hauses Saul, allgemein die in Davids Reich offenbar nie zufriedenen Nordisraeliten. Wer ihnen hier eine Antwort erteilt, ist ebenfalls klar: prodavidische, höfische Kreise.

Zeitgeschichtlich-politisch verstehen den Passus denn auch GUTMANN (1971, 25) und FLANAGAN (1983, 369): Daß David die in Nordisrael beheimatete Lade in Besitz nimmt, ist faktisch ein Schlag gegen die Selbständigkeit des Nordens und etwa noch virulente Herrschaftsansprüche der Sauliden. Das erfaßt Michal genau; nicht zufällig tritt sie ans Fenster, und das nicht etwa in der Haltung der harmlosen Zuschauerin, sondern im Gestus der Herrscherin (vgl. dazu II Kön 9,30 und Jer 22,14). Weniger durch eine Verletzung ihrer persönlichen Gefühle als durch den von ihr erspürten Angriff auf ihre politische Stellung und die bisherige politische Ordnung fühlt sie sich zum Eingreifen herausgefordert.

Nach PORTER (1954) und PHILLIPS (1969) ist es noch etwas anderes, Spezifischeres, was Michal ärgert. Sie ist eine streng jahwistisch denkende Nordisraelitin. David aber will sie, ganz jebusitischer Herrscher, in eine kanaanitische Zeremonie einbeziehen: die 'heilige Hochzeit'. Eben darauf stimmt er sich in seinem orgiastischen Tanz ein, und eben das ist ihr zuwider. Was nach der altorientalischen Königsideologie der Fruchtbarkeit des Königspaares und der Stabilität des Königshauses hätte dienen sollen, bewirkt hier genau das Gegenteil...

Die Dynastie- und Machtfrage sieht, wenn auch etwas weniger phantasievoll, POULSSEN (1978) in der gesamten Überlieferung II 6 angelegt. Die Ladeüberführung sei im Grunde nichts anderes als eine Selbstpräsentation des neuen Königtums und die Dedikation der neuen

Residenz. Damit werde unweigerlich die Dynastiefrage gestellt – und durch die Michal-Episode dahingehend beantwortet, daß die naheliegendste und beste Lösung (nämlich die Zusammenführung der Linien Sauls und Davids) sich nicht realisieren lasse.

Daß Michal nicht nur durch die Tanzdarbietung Davids, sondern viel tiefergehend durch eine lange und schwere Geschichte mit ihm in ihrer Würde als Frau verletzt gewesen sein könnte, haben erst neuerdings Exegetinnen entdeckt (BECHMANN 1988, EXUM 1992, vgl. dazu oben B. 1.4 und unten C. 3.2).

Mag sein, daß derjenige, der die Michal-Szene an ihrem heutigen Ort plazierte, solche Überlegungen angestellt hat. Es fragt sich indes, ob das der Ladeerzähler gewesen ist. Sicherlich besaß der von ihm aufgenommene Prozessionsbericht wichtige politische Implikate, doch trugen sie nicht den Hauptakzent. Erst recht für den Gesamterzähler steht die Lade im Mittelpunkt, die in ihr anschaulich werdende Selbstdurchsetzung des Gottes Israels. Diese Thematik streicht er noch einmal sehr plastisch durch die Peretz-Ussa-Sage heraus. Demgegenüber steht die Michal-Episode in einem ganz anderen Horizont. Sie blickt zurück auf die David-Saul-Geschichte und voraus auf die Thronfolgegeschichte.

Der Autor, dem wir die Anekdote im jetzigen Kontext verdanken, kannte und bearbeitete offensichtlich die Gesamtgeschichte des frühen israelitischen Königtums; und er kannte auch die LG und verwendete ihren Schlußteil etwa in dem von POULSSEN und auch von GUTMANN und FLANAGAN erfaßten Sinn. Damit sind wir nicht weit entfernt von ROST (1926), der die LG als Unterquelle zur TFG verstand. Freilich: nicht der Thronfolgeerzähler selbst ist hier am Werk, sondern einer, der die TFG seinerseits aufgenommen und mit der David-Saul-Überlieferung verknüpft hat; und nicht die gesamte LG verwob er in sein Werk, sondern nur deren Schlußteil.

II 6 in seiner jetzigen Gestalt erweist sich gewissermaßen als ein Brückenpfeiler: zusammengefügt aus dem Abschluß der LG und der Michal-Szene, und gedacht zur Überbrückung des weiten, geschichtlichen, politischen und literarischen Abstandes zwischen dem Aufstieg und der Nachfolge Davids. Zweifellos bringt die Einfügung der Michal-Szene eine Akzentverschiebung von den eigentlichen Intentionen der LG, die im Kultisch-Religiösen liegen, hin zum Geschichtlich-

Politischen mit sich. Säuberlich auseinanderhalten lassen sich diese Ebenen in den Samuelbüchern, überhaupt im Alten Testament, indes kaum einmal. Auch die LG selbst befaßt sich ja mit Geschichte und Politik – etwa mit den Auseinandersetzungen zwischen Israel und den Philistern oder mit der Religionspolitik Davids. Von welchem Standpunkt aus und mit welcher Absicht sie das tut, ist indes eine in der Forschung vieldiskutierte Frage.

1.3 Ort und Intention

Antworten auf die Frage, wann die LG entstanden ist, differieren – wie in anderen alttestamentlichen Literaturbereichen derzeit auch – um ein halbes Jahrtausend.

SMELIK (1989; ähnlich wieder 1992) und AHLSTRÖM (1984) plädieren für eine Entstehung in der Exilszeit. SMELIK macht dafür geltend, daß das Exil der Lade eine Parabel auf das babylonische Exil Israels, insbesondere der Tempelgeräte sei. (Dieses Thema spielt ja in den [nach-] exilischen Schriften eine durchaus wichtige Rolle.) Die LG zeige nun, daß derartige Katastrophen nie grundlos über Israel gekommen sind, daß Gott sein gezüchtigtes Volk aber nicht verstößt, sondern ihm wieder aufhelfen wird (1980). Traditionsgeschichtliche Vorstufen innerhalb der Erzählungen von der Lade ließen sich ebensowenig aufweisen wie eine eigenständige LG innerhalb des dtr Erzählkontextes. Das Fehlen Samuels in den betreffenden Kapiteln sei nur in dem Wunsch begründet, diese Gestalt von Niederlagen und Geschichtsabbrüchen fernzuhalten. Im übrigen sei alles ineinander verwoben und laufe auf die Erklärung der Katastrophe von 587 hinaus! Ähnlich meint AHLSTRÖM (1984), „the exilic D-historian“ wolle seinen Lesern mit der LG vor Augen führen, daß der Gott Israels schon immer Mittel und Wege gewußt habe, mit scheinbar übermächtigen Feinden fertigzuwerden; auch diesmal gelte es, Glauben und Mut zu bewahren. Schon TIMM (1966) hatte sehr eindrücklich gezeigt, daß der LG innerhalb des dtr Geschichtswerkes eine derartige Funktion zukommt. Das dtr Kerygma, das auch in der LG Gestalt gewinnt, besteht im Aufruf zur Beugung unter das göttliche Gericht, aber auch zu aktiver Buße und neuer Hoffnung.

Es ist kaum zu bezweifeln, daß die LG in düsteren geschichtlichen Zeiten, gerade auch in der Exilszeit, erhebliche Trostwirkung entfaltet haben kann. Die Frage ist aber, ob sie in dieser Absicht – und speziell: ob sie erst nach 587 v.Chr. geschrieben wurde. Die klar benennbaren dtr Zusätze in I 4,8 und 6,6 (nicht, wie TIMM im Anschluß an ROST meint: in I 6,5-9) zeigen zweierlei: daß es eine solche dtr Interpretation tatsächlich gibt, daß dies jedoch die exilische Deutung eines vorexilischen Textes ist. Es ist ja auch nicht eben wahrscheinlich, daß eine Geschichte über die heilige Lade gerade und erst zu dem Zeitpunkt erzählt worden wäre, da sie mitsamt dem Jerusalemer Tempel verbrannt war; denn unter den Beutestücken, welche die Babylonier mitnahmen und die Perser später zurückgaben, befand sie sich nicht. Und darf man Lesern der Exilszeit zumuten, daß sie den Schlußabschnitt der LG, den triumphalen Einzug in die strahlend festliche Davidsstadt gleichsam als eschatologische Vision verstanden hätten? Liegt es nicht viel näher, die Erzählung zu einer Zeit entstanden zu denken, als sowohl die Davidsstadt als auch die Lade (und wohl auch schon der Tempel, in die sie unter Salomo zu stehen kam) durchaus existent und der Stolz Judas – oder doch bestimmter Kreise in Juda – waren? So wiederum, als Erinnerung an etwas Vergangenes, konnte die LG in der Exilszeit sehr wohl zum Paradigma für etwas auch künftig wieder Mögliches werden.

Eine fast schon allegorische Auslegungsmethodik entwickelt POLZIN (1991, 266ff.), um die angeblich mannigfaltigen Bezüge zwischen der LG, überhaupt zwischen den Samuel-Erzählungen und der exilischen Gegenwart des dtr Erzählers aufzuspüren: Eli sei eine „royal figure“, sein Fall symbolisiere den des Königtums; Eli und seine Söhne würden durch die negativen Weissagungen in I 2 und I 28 mit Saul und seinen Söhnen parallelisiert – also nehme auch deren Tod in der Schlacht die Katastrophe des Königtums vorweg; Verlust und Wiederkehr der Lade stünden für die erfolgte Exilierung und erhoffte Wiederkehr Israels; der Tod der Ladepriester und der traurige Symbolname 'Ikabod' spielten ebenfalls auf 587 an; die Lade sowohl wie David müßten ins philistäische Exil – wie später die Juden ins babylonische; beide, die Lade und David, verursachten in ihren Exilländern einige Schwierigkeiten – wie sicher auch die Juden in Babylon; die in II 6 auftauchende und sogleich in die Kinderlosigkeit entlassene Michal sei Sinnbild nicht nur für den Untergang des Königtums, sondern auch für die Hoffnung des Dtr, diese Institution möge 'kinderlos' bleiben, und so, wie die Lade aus dem Feindland ohne Zutun eines israelitischen Führers zurückgekehrt sei, so würden die Exulanten zurückkehren – ohne einen König. – Das alles klingt, als habe 'der Dtr' seine Texte frei entwerfen können – und habe es so ungeschickt getan, daß es zur Entdeckung seiner wahren Absichten äußerst (spitz-) findiger Exegeten bedurfte. In der Exegese ist es wie in anderen Lebensbereichen: je höher die Spekulationslust, desto geringer die Seriosität.

SCHICKLBERGER (1973a, 170ff.) nimmt als Entstehungszeit für die LG als ganze nicht das 6., sondern das Ende des 8. Jahrhunderts an; in dieser Zeit der assyrischen Bedrohung Jerusalems wolle sie einer übersteigerten Zionsideologie entgegenwirken.

Zu dieser These führen verschiedene Gesichtspunkte: Die LG sei eine „komponierte theologische Aussageerzählung" mit erheblichem Abstand von den geschilderten Geschehnissen; die Vorstellung von einem ohne jede menschliche Mitwirkung geführten Jahwekrieg, von der I 4 - 6 getragen seien, habe ihre engste Parallele beim Propheten Jesaja; die Götterbildpolemik in I 5,2-5 und die Präsentation JHWHs als eines Gottes, der über Krankheit und Heilung gebiete, erklärten sich am besten als Widerspruch gegen entsprechende assyrische Gottesbilder; die angeblich in die LG aufgenommene Katastrophenerzählung in I 4 und die Exodusthematik in der LG selbst verwiesen auf Nordisrael als geistige Heimat – und Nordisraeliten seien nach dem Zusammenbruch ihres Staates um 720 v.Chr. in großer Zahl nach Juda geströmt; nach assyrischen Quellen gab es Interessengegensätze zwischen Philistern und Israeliten bzw. Judäern gerade anläßlich der antiassyrischen Aufstandsbewegungen in Syrien-Palästina im ausgehenden 8. Jahrhundert. – Keines dieser Argumente ist sicher zu beweisen, während umgekehrt einige wenig plausibel sind. Polemik gegen fremde Götter gab es – freilich mit zunehmender Tendenz – zu verschiedensten Zeiten in Israel; mit den Philistern haben sich die Israeliten ebenfalls verschiedenste Male herumgeschlagen; und nordisraelitisches Gedankengut konnte in den Süden auch anders als im Gepäck von Flüchtlingen gelangen.

Damit wird die Basis schmal für das, was SCHICKLBERGER als Intention der LG ausmacht: Sie wolle gegen eine übersteigerte Zionstheologie bzw. -ideologie, wie sie etwa auch in der Zionspolemik des Propheten Micha zum Ausdruck kommt (Mi 3,11), die alte Lade mit den ihr anhaftenden Vorstellungen von Souveränität und Freiheit Gottes wieder zu Ehren bringen; so wenig, wie in I 4 - 6 die Israeliten und die Philister, so wenig könnten nun die Judäer über den Gott, der auf der Lade thront, selbstherrlich verfügen. – Keine Frage, daß damit ein wesentlicher Zug der LG getroffen ist; möglich auch, daß dieses Denken, im Verein mit anderen Denkströmungen innerhalb der Religion Israels, gegen die Gefahr eines theologischen Triumphalismus Impulse der von SCHICKLBERGER beschriebenen Art freigesetzt hat. Ob die LG freilich zu diesem Zweck abgefaßt worden ist, scheint äußerst fraglich. Denn sie trägt, erst recht wenn sie mit dem triumphalen Einzug in Jerusalem II 6,9ff. schließt, zumindest *auch* einen triumphalistischen Akzent.

SCHICKLBERGERS These, die LG habe ihr Ziel in Zionskritik, stellt die seit ROST (1926) häufig wiederholte These, sie biete eine Zionsätiologie, geradeswegs auf den Kopf. „Wir haben es doch wohl mit dem ἱερὸς λόγος des Jerusalemer Ladeheiligtums zu tun. Die Erzählung diente dem Zweck, den Besuchern des Heiligtums, besonders wohl den Festpilgern, die Bedeutung der Lade darzulegen" (ROST 1926, 36 = 1965, 151). Die LG sucht „die Legitimität und Bedeutung Jerusalems als des Ladestandorts zu begründen" (MAIER 1965, 47). „Sie zielte auf den triumphalen Einzug des Ladeheiligtums in Jerusalem unter David hin, und diese am Jerusalemer Kult orientierte Tendenz schimmert in der Darstellung immer wieder durch" (STOLZ 1981, 40). Dann wäre die LG also doch Kultätiologie des Zionsheiligtums.

Dieser Bestimmung widerstreitet sehr bestimmt CAMPBELL (1975, 193ff.): Die Erzählung – durch und durch „narrated theology" (165) – stelle keineswegs die Lade als Kultgerät in den Vordergrund, sondern das Verhältnis zwischen Israel und seinem Gott. Mit der in I 4 geschilderten Katastrophe geht eine Epoche der Geschichte Israels, seiner Geschichte auch mit Gott, zu Ende; mit I 5f. bricht eine neue an, mit II 6 ist sie voll da: die Epoche einer neuen Nähe Gottes zu Israel. Das Neue beginnt indes nicht in Israel, und nicht David leitet es ein, sondern Gott selbst setzt es von außen her in Gang. „Yahweh is indeed free" (162) – das ist die Botschaft der LG von der ersten bis zur letzten Zeile. CAMPBELL gewinnt dieses Ergebnis aus einer sehr feinsinnigen Analyse zunächst der einzelnen Einheiten (55ff.) und dann der Gesamtkomposition der LG (142ff.). Er entdeckt „a carefully formed plan" (147), in dem die Fragen von I 4,3 („Warum hat uns JHWH heute den Philistern unterliegen lassen?") und 4,8 („Wer wird uns erretten aus der Hand dieses furchtbaren Gottes?") von zentraler Bedeutung sind. Niemand anders als der Gott Israels ist der Urheber der grundstürzenden Ereignisse. Doch in dem Augenblick, da dies klar wird, hat er sie bereits zu Israels Gunsten zu wenden begonnen (I 5,1ff.). JHWH, der scheinbar mit Israel Besiegte, hat Israel besiegt – und besiegt dann die Philister. Nicht, wer die Lade besitzt, siegt, weder Israel noch die Philister (und dann auch nicht David); Gott allein ist Sieger.

Damit sind wir nicht weit entfernt von SCHICKLBERGERS Votum für eine zionskritische Theologie der LG. Der Gott der Lade läßt sich nicht vereinnahmen! Und schon ROST hatte – an den für den Aussagewillen des Verfassers besonders kennzeichnenden Reden – beobachtet, daß sich in ihnen „fast nur Angst, Furcht, Entsetzen" kundgibt. „Darin scheint ... Absicht zu liegen, der Wunsch, über das Ganze der Erzählung eine düstere, schauererregende Atmosphäre zu legen" (1926, 28f. = 1965, 143). Laut ROST verträgt sich dies aber sehr wohl mit der These von der Kultätiologie. Religionsgeschichtlich ist das auch gar nicht unwahrscheinlich: Die Gegenwart des Heiligen ist nicht zuerst beruhigend, sondern bedrohend; es ist – nach der berühmten

Definition Rudolf Ottos – nicht nur *fascinosum*, sondern auch *tremendum*. Die von MILLER/ROBERTS (1977, 60) aufgestellte Alternative „The subject of the narrative is Yahweh, and not the ark" ist irreführend. Wohl betont die LG die Souveränität Gottes; wohl haben Ideologen in politischen Krisenzeiten (vor 701, vor 587) diese Souveränität einzuschränken und Gott bestimmten Interessen dienstbar zu machen gesucht. Aber das schließt eine kultische Verwurzelung der LG nicht aus; die Position, gegen die sie sich wendet, kann die einer depravierten Kultideologie sein. Weder darf kultisch geprägtes in Gegensatz zu wahrhaft theologischem Denken gebracht, noch sollte eine kultferne oder antikultische Theologie voreilig zum Ideal erhoben werden. Die LG ist kultisch gebunden, sie ist wohl immer noch eine kultätiologische Erzählung – und doch (vielleicht sogar: deswegen!) spielt sie im Ensemble theologischer Positionen im Alten Testament eine höchst beachtliche und keineswegs periphere Rolle. In manchen Zügen zeigt sie unverkennbar Nähe zu zentralen Einsichten der prophetischen Theologie.

Das führt wieder zur Datierungsfrage. Ist SCHICKLBERGER mit seiner Datierung in die Zeit der klassischen Prophetie doch im Recht? Auszuschließen ist das nicht. Ganz treffend (wenn auch mit einem unnötig tadelnden Unterton) stellt ROST (1926, 39 = 1965, 153) fest, daß die LG politisch-geschichtlich wenig Konkretes und Nachprüfbares bietet; ihr Interesse gilt ganz vorrangig der Kultgeschichte – und entsprechend schwer ist ihr zeitgeschichtlicher Ort auszumachen. So gut wie zeitgenössisch zu Jesaja, der in seiner Berufungsvision den thronenden JHWH schaut (Jes 6), kann sie Teil seiner geistigen Vorgeschichte sein. Der Kultus hat etwas Zeitloses, und die LG hat daran teil. Immerhin trägt sie an sich Zeichen einer inneren Überlieferungsgeschichte. Anscheinend ist sie nicht immer gleich gestaltet gewesen, hat sie sich mit der Zeit verändert. Ob sie in einer Vorform bis in die frühe Königszeit zurückreicht, scheint doch eher fraglich. ROST hat eben das mit Bestimmtheit angenommen, und die allermeisten sind ihm darin gefolgt. MILLER/ROBERTS wissen sogar fast das Jahrzehnt anzugeben: nämlich den Abschnitt der Regierungszeit Davids, der vor seinen Philistersieg zu liegen komme. Danach sei das, was die Intention der LG (im Umfang von I 4 - 6 wohlgemerkt) ausmache, nicht mehr unterzubringen: „this narrative deals with the fundamental problem of who is supreme, who is God: Yahweh or Dagon" (1977, 73). Das wäre ein sehr schmales Thema, und schwerlich ein biblisch zentrales. Die LG stellt die Gottesfrage, gewiß, aber sie stellt sie nicht nur gegenüber einem Nicht-Gott, und sie diskutiert sie nicht nur im Blick auf ein Jahrzehnt, sondern grundsätzlich. Und sie beantwortet sie so entschieden und zugleich so ehrerbietig, wie das biblischer und biblisch verantworteter Glaube nur tun kann.

Eine besondere Facette des in der LG geleisteten theologischen Nachdenkens hat TSEVAT (1980c) hervorgehoben. Er sieht in I 2,(22-)25 das theologische Thema der Verstockung angeschlagen: Die Eliden sind ruchlos, weil Gott ihre Vernichtung beschlossen hat: auch dies wieder ein gewissermaßen jesajanisches Thema (Jes 6,9f.). TSEVAT macht jedoch mit Recht darauf aufmerksam, daß die unbefangene Auskunft, menschliche Bosheit werde von Gott selber bewirkt, im Laufe des alttestamentlichen Nachdenkens und gerade unter prophetischem Einfluß mehr und mehr der Ratlosigkeit und dem Schweigen gewichen ist. Die LG dächte in diesem Punkt also ausgesprochen antik.

Aus ihrer Aufnahme in der Chronik fällt gewissermaßen von rückwärts her noch einmal ein charakteristisches theologisches Licht auf die LG. Diesem Gegenstand hat sich WELTEN (1979) gewidmet. Natürlich übergeht der Chronist I 2 - 4, nimmt dann aber in I Chr 13 - 16, „überraschend ausführlich" (173) und alsbald nach Beginn seines großen David-Abschnitts, II 6 auf. Nach näheren Untersuchungen gelangt WELTEN zu dem Ergebnis: „Der Lade kommt gerade auch in der ladelosen spätnachexilischen Zeit eine große sachliche Bedeutung zu... Die Lade markiert gewissermaßen den Weg Jahwes nach Jerusalem, in den Tempel. Wenn der Chronist so ausführlich die Geschichte der längst verlorenen Lade darstellt, dann geht es um die Präsenz Gottes im Gottesdienst, im Tempel in Jerusalem, der zu seiner Zeit gefeiert wird" (182). Ob der Chronist die LG damit nicht recht verstanden hat? Die theologische Dramatik des ersten Teils muß er sich entgehen lassen; erstaunlicherweise ist sie bis in die neueste Zeit weitgehend unentdeckt geblieben.

2. Die Natanweissagung (II Sam 7)

„Wer es unternimmt, sich einen Überblick über den gegenwärtigen Stand der Erforschung der Probleme von II Sam 7 zu verschaffen, der wird sehr bald resignieren" (RUPPRECHT 1977, 62). In der Tat gehört dieses Kapitel zu den meistdiskutierten und umstrittensten der Bibel. Das kommt nicht von ungefähr. In II 7 kreuzen sich unterschiedliche Erfahrungen und Interessen – und doch entsteht dabei nicht ein wirres Durcheinander, sondern ein in sich abgestimmtes Ganzes. Es lassen sich verschiedene Seiten hervorheben, unterschiedliche Intentionen herausstreichen, und divergierende Aussagen über das Ziel des Ganzen machen – und jede Perspektive hat jeweils ein gewisses Recht für sich. So sind die verschiedenen Felder, auf denen sich die Forschung bewegt (hat), vorläufig zu unterscheiden, aber nicht letztlich voneinander zu trennen. Wir wenden uns zunächst den beiden in II 7 verhandelten Grundthemen – der Tempelbaufrage V.1-7 und der Dynastieverheißung V.8-17(18-29) – je für sich zu.

2.1 Das Tempelbauverbot

Die Ablehnung des von David ins Auge gefaßten Tempelbaus durch den Propheten Natan wurde in der älteren Forschung gern aus einer grundsätzlich kultkritischen Haltung erklärt. Für GRESSMANN etwa äußert sich hier die „Abneigung", der „religiöse Gegensatz der ... Propheten gegen Tempel und Tempeldienst" (^{2}1921, 140). MOWINCKEL (1947) verspottet diese Interpretation als Rückprojektion rationalistisch-protestantischer Ideen in die Antike. Natan sei keineswegs Kultkritiker, sondern Kultprophet gewesen, und II 7 sei nicht ein antikultischer, sondern ein Kulttext; er gebe auf die Frage: „Warum hat nicht schon David den Tempel gebaut?" die ebenso einfache wie unwiderlegliche Antwort: „Weil Gott es so wollte". Im Grunde haben wir es hier mit nichts anderem zu tun als der Ätiologie für die zeitliche Verschiebung einer kultischen Handlung.

Gegen diese Sicht hat SIMON (1952) Protest erhoben. Natan wende sich sehr wohl grundsätzlich gegen den Tempelbau: als ein nomadischer Konservativer nämlich, der ein festes Gotteshaus als etwas dem Gott Israels Unangemessenes betrachte. Von der gleichen Haltung sei die gesamte prophetische Kultkritik bis hin zu Jes 66,1f. geprägt. Es gab offenbar in Israel eine nie ganz beigelegte Reserviertheit, ja Feindseligkeit speziell dem Tempel von Jerusalem gegenüber.

MOWINCKEL kann sich für seine Deutung vor allem auf V.13a berufen: die ausdrückliche Ankündigung des Tempelbaus unter Salomo. SIMON – und nicht nur er allein – hält eben diesen Halbvers für sekundär und verweist stattdessen auf die sehr grundsätzlichen Argumente gegen jeglichen Tempelbau in V.6f.

SOGGIN versteht diese Verse so, daß es unter David eine alt-israelitische Opposition gegen den Tempelbau in der Jebusiterstadt Jerusalem gegeben habe, daß diese Opposition dann aber unter Salomo verstummt sei: Natan zog sich „aus den Dingen des öffentlichen Lebens unter Umständen, die uns nicht überliefert sind, zurück" (SOGGIN 1966, 189; ähnlich auch POULSSEN 1967). Diese Beweisführung befriedigt nicht, weil sie mit Unbeweisbarem operiert.

Von der genau entgegengesetzten Seite rückt AHLSTRÖM (1961) dem Problem zu Leibe. Seiner Meinung nach ist Natan nicht Erz-Israelit, sondern gerade Jebusiter (wofür man auf seine Rolle in I Kön 1 verweisen kann), und als solcher fürchtet er nicht einen unisraelitischen, sondern gerade einen zu israelitischen Kult. Zur Zeit Davids wäre nämlich unweigerlich Ebjatar oberster Priester des königlichen Heiligtums geworden; nachdem dieser bei der Machtergreifung Salomos – unter tatkräftiger Mitwirkung Natans – ausgeschaltet und durch (den Jebusiter) Zadok verdrängt war, konnte das Tempelbauprojekt vonstatten gehen: jetzt drohte der jebusitisch-kanaanitischen Religions- und Lebensform keine Gefahr mehr.

Zwischen diesen beiden gegenläufigen werden auch Mittelwege gesucht.

ULSHÖFER (1977; vor ihm ähnlich W.C.KAISER 1974) sieht Natan lediglich darum bemüht, Unheil zu verhüten: Der Bau eines Tempels setze politische Stabilität, gesicherte Machtverhältnisse, Ruhe und Ordnung voraus; diese seien in der Richterzeit noch gar nicht, in der Zeit Davids nur unvollkommen, vollendet aber, wie dann die TFG und die Salomoüberlieferung zeige, unter Salomo gegeben gewesen. Erst dann eben sei die Zeit reif für einen Tempel... Wenn nicht zum gänzlich unkritischen Bild der Texte ein derart repressives Bild von Gesellschaft und Religion käme, könnte diese Sicht der Dinge vielleicht als naiv gelten.

Schon differenzierter und tiefgründiger vermutet WEISER (1965), Natan widersetze sich gar nicht einem Tempel als solchem, sondern nur einer besonderen Spielart: dem „Wohntempel" mit fester Realpräsenz der Gottheit. Einen solchen hatte David im Sinn; Salomo ließ sich von Natan zu der anderen Form des „Erscheinungstempels" bestimmen, in dem Gott nur auf eigenen Entschluß und keineswegs permanent anwesend ist (was sich angeblich aus I Kön 8 ablesen läßt).

Gern wird argumentiert: Natan sei nicht grundsätzlich gegen den Tempelbau. Was seinen Widerspruch hervorrufe, sei nur, daß David ihn aus eigenem Entschluß und nicht auf Weisung Gottes realisieren wolle (NOTH 1957 = ^{2}1960; GESE 1964; OTA 1974; SCHELHAAS 1974). Der Prophet wendet sich also „gegen die menschliche Initiative beim Bau des Tempels" (GESE, 124). Man fragt sich freilich, wo in der Salomoüberlieferung von einem göttlichen Auftrag zum Tempelbau die Rede ist; und die Verse 6f. erheben ja nicht den Vorwurf überhöhter Eigenaktivität Davids, sondern schildern den Gott Israels als prinzipiell tempellos.

Alle Versuche, Natan nur zeitweilig oder nur unter bestimmten Umständen gegen den Bau eines Tempels in Jerusalem aufstehen zu lassen, enden in Unwägbarkeiten und Aporien. Es scheint, man habe zu der Erkenntnis zurückzukehren, daß V.5b-7 eine profunde und prinzipielle Tempelkritik darstellt (so neben SIMON auch MULDER

1960, 39, und NORDHEIM 1977, 441). Zu fragen ist freilich, ob eine solche schon in der Davidszeit erhoben wurde. Warum denn soll David einen Tempelbau überhaupt in Erwägung gezogen haben – stand die von ihm herbeigebrachte Lade doch ihr angemessen in einem Zeltheiligtum (II 6,17, vgl. auch I Kön 1,39; 2,28-30)? Spätere, die den Tempel Salomos kannten, mögen das für einen Mangel, gar für eine Unbotmäßigkeit gehalten und daher das Bedürfnis empfunden haben, David von solchen Vorwürfen freizusprechen: einerseits, indem sie Gott die Verschiebung des Vorhabens auf die Zeit Salomos anordnen (V.13b), andererseits, indem sie ihn grundsätzliche Einwände gegen das ihm zugedachte Haus erheben lassen (V.5b-7).

Immer stärker wird in der Forschung die Möglichkeit erwogen, daß nicht nur V.13b, sondern auch V.5b-7 dtr Passagen sind. Dann gäbe es in der dtr Theologie nicht nur tempelfreundliche, sondern auch tempelkritische Strömungen, in denen wiederum vorexilische Tempelkritik aufleben könnte.

V.LÖWENCLAU beobachtet in dem Abschnitt V.4-11a Auffüllungen, „z.T. in deuteronomistischen Wendungen“ (1980, 210). KRUSE (1985) erklärt das gesamte Tempelbauverbot für dtr, schießt dann aber über das Ziel hinaus, indem er behauptet, es habe nie – weder zu Davids Zeit noch später – die leiseste Opposition gegen den Jerusalemer Tempel gegeben; es solle in II 7 einfach nur die Verzögerung des Baues begründet werden (just ebenso hatte schon MOWINCKEL votiert – und den Text ebenfalls für einen späten Midrasch erklärt).

COONS (1975) hält II 7 für einen durch und durch dtr gestalteten Text – freilich basierend auf älteren, Dtr vorgegebenen Überlieferungen. Dieser habe allerdings Hofberichte über einen vereitelten Tempelbauplan Davids in der Hand gehabt, auch eine knappe, alte Dynastiezusage. Und nun habe er darüber „gebrütet“ (*to muse*), wie er diese Materialien zusammenbringen und zu einem seine Zeitgenossen befriedigenden Bild gestalten konnte. Ihm stünden die Parteien seiner Tage vor Augen, die priesterlich und die prophetisch ausgerichtete, dazu die Bedürfnisse des gedemütigten Volkes, die Niedergeschlagenheit über das Debakel von 587, die Hoffnungen auf eine Restitution des Königtums (wofür in der frühnachexilischen Zeit dann der Name des Davididen Serubbabel stehen wird). All dies sei in den Entwurf dieses im dtr Geschichtswerk so zentralen Kapitels vom Davidsbund eingeflossen. „When the Deuteronomist had so mused he must have put down his pen and smiled“ (145). Ein vollkommener, facettenreicher und doch glatt geschliffener Text ist ihm gelungen! Ob der Endverfasser seinen Text so frei hat gestalten können, wie COONS sich das vorstellt, ist indes doch nicht so sicher!

HENTSCHEL (1992, 85ff.) rechnet die tempelkritischen Sätze in V.6f. zu einer Reihe von Zusätzen, die ab exilischer Zeit nach und nach in den Text gekommen sind. Vor ihrem Hinzukommen sei die Überlieferung dem Tempel (und David und Salomo) durch und durch freundlich gesonnen gewesen.

Es erscheint durchaus sachgemäß, wenn KUMAKI (1981) Vorbehalte gegen den Jerusalemer Tempel in der alttestamentlichen Religions- bzw. Theologiegeschichte von der frühen Königszeit an bis in die Exilszeit hinein wahrnimmt. Gerade dieses Heiligtum galt als „contaminated by syncretism, idolatry and mythological ideas" (1981, 19); Natans Orakel besitze insofern „significance ... for the theology of the Dtr school" (17), als es diesen Vorbehalten Rechnung trage. Auf der anderen Seite lege der Deuteronomismus wegen der joschianischen Kultuszentralisation Wert auf die Legitimierung des Tempels, was er durch die Motive der Erwählung Jerusalems und der Davidsdynastie zum Ausdruck bringe. Die Abwehr der „Canaanite idea" eines ewigen göttlichen Palastes in V.5b-7 könne also sehr wohl von „Dtr" dem Natan in den Mund gelegt – sie könne der Sache nach aber auch schon auf Natan selbst zurückzuführen sein (28). So bleibt bei KUMAKI die literarische Zuweisung seltsam unentschieden.

RUPPRECHT stellt V.5f. eng neben I Kön 8,27 – eine deutlich dtr Kritik an der Auffassung, Gott könne in einem Haus wohnhaft gemacht werden (1977, 70f.). Die Herausführung aus Ägypten (V.6) gehört zur dtr Formelsprache – wie übrigens auch die Wortereignisformel V.4. In V.1-3 gibt es Anzeichen eines textübergreifenden Horizontes (das 'Zedernhaus' von V.2 greift auf 5,11 zurück, die 'Zeltdecke' *j^erîᶜah* begegnet erst in jüngeren pentateuchischen Erzählschichten, V.3 bereitet I Kön 8,17f. vor). Ist der Passus V.5-7 als „ein Produkt der Arbeit dtn.-dtr. Kreise anzusehen" (77), so V.1-3 als „sekundäre Exposition" dazu (75). Es geht in dem ganzen Text „unbestreitbar um das Problem, ob man sich Jahwe in einem Tempel wohnend vorstellen darf"; dies wird verneint, mit dem Hinweis auf Gottes Vorliebe für ein „ortsunabhängiges Heiligtum" (76).

Ähnlich interpretiert auch COONS (1975,117ff.) den gesamten Passus vom Tempelbauverbot als dtr, ja sogar nach-dtr Konstruktion. Etwas inkonsequent räumt er für V.5b.6 die Möglichkeit ein, dies sei eine Reminiszenz an Tempelbaupläne Davids und ihre Verhinderung durch konservative Kräfte (141). Der Text, wie er jetzt vorliegt, ist aber bestimmt durch Probleme der nachexilischen Zeit. Die in ihm sich äußernde tempelkritische Haltung steht in Zusammenhang mit dem in Esr 3,11ff.; 4,1ff. greifbaren innerjudäischen Widerstand gegen den Bau des Zweiten Tempels. DIETRICH weist den Passus V.5b-8aαβ der spätesten dtr Redaktionsschicht, DtrN, zu. „Es will beachtet sein, daß diese scharf tempelkritische Stimme *nach* DtrH, vermutlich also im Umfeld des Zweiten Tempels, aufgeklungen ist" (^{2}1992, 135). Sie gehört zusammen mit tempelkritischen Stimmen wie I Kön 8,27 und Jes 66,1-4, in denen wiederum die Tempelkritik der vorexilischen Prophetie ihren Widerhall findet (Mi 3,12; Jer 7; 26).

Verbindet man die religionshistorische Sichtweise KUMAKIS mit der literarhistorischen COONS' und RUPPRECHTS, ergibt sich eine verlokkende Perspektive: Die dtr Geschichtstheologie ringt in II 7 mit der Frage nach dem Tempel, der einst als Wohnstatt JHWHs gedacht, dann aber synkretistisch „kontaminiert“, darum von Joschia gereinigt und schließlich doch von den Babyloniern zerstört worden war. In vorstaatlicher Zeit hatte JHWH keinen Tempel bewohnt; er bevorzugte damals ein „ortsunabhängiges Heiligtum“, er ist auch jetzt nicht auf Jerusalem und den Tempel angewiesen. Schimmert hier die Exilswirklichkeit durch, so bleibt doch die historische Realität und auch religiöse Dignität des Jerusalemer Tempels nicht außer Betracht: Der fromme David hat ihn bauen wollen, der Prophet Natan stimmte seinem Plan spontan zu, Salomo schließlich vollbrachte das Werk: eine der Chancen, die Gott seinem Volk im Lauf seiner Geschichte eingeräumt – und die Israel nur sehr teilweise ergriffen, ja insgesamt vertan hat. Das Resultat ist vor Augen. JHWH jedoch ist nicht mit 'seinem' Tempel untergegangen; er war und ist und bleibt auch ohne Tempel Israels Gott.

2.2 Die Dynastieverheißung

Der Gott Israels legt sich in der Prophetie des Natan fest auf die Dynastie Davids: 'Von Bestand wird dein Haus sein, und dein Königtum auf ewig' (V.16a). Diese Aussage ist von ungeheurer Tragweite und fordert zu immer neuer Interpretation heraus.

Die erste Frage lautet: Wie hängt das Dynastie- mit dem Tempelorakel Natans zusammen? ROST (1926 = 1965) hatte als verbindende Klammer den Begriff *bajit* ausgemacht, mit dem ein tiefsinniges Wortspiel getrieben werde: 'Du willst mir ein Haus bauen?' fragt Gott und wehrt dies Ansinnen ab. Sein Prophet hat dem König stattdessen auszurichten: 'Er will dir ein Haus schaffen' (V.5b / V.11b).

Die Bereitschaft zum Tempelbau würde dann Gottes Bereitschaft zum Dynastiebau hervorrufen. KUTSCH stellt denn auch ohne Zögern fest, daß die „Verheißung als der Lohn für Davids Dienst für Jahwe verstanden" sei (1961 = 1986, 140); diesen Zusammenhang zeigten auch mancherlei mesopotamische Parallelen. In die gleiche Kerbe schlägt, unter ausführlicher Beiziehung altorientalischen Materials, MANN (1977). Damit meint er nicht nur die innere Geschlossenheit von II 7, sondern auch den Zusammenhang mit II 6 und sogar II 5 plausibel machen zu können: Militärischer Triumph – und zwar von der Gottheit gewährt –, der Wunsch, sich der Gottheit erkenntlich zu zeigen, wiederum die Erkenntlichkeit der Gottheit gegenüber dem Herrscher, kurzum, die „exaltation" des einen wie des anderen und in wechselseitiger Bezogenheit: das sei ein so durchgängiges Muster königlichen Selbstverständnisses in der damaligen Zeit, daß die biblische Textfolge nur logisch erscheine. Doch wenn dem so wäre: warum dann die Schrecknisse mit der Lade zu Beginn von II 6, warum der Einspruch gegen den Tempelbauplan in II 7?

GESE (1964 = 1974, 127f.) hebt denn auch gerade das Scheitern des königlichen Bauvorhabens hervor und sieht darin ein Mittel, „den offensichtlich vorgegebenen Zusammenhang Stiftung des Ladeheiligtums durch David – Dynastiezusage durch Gott" zu *durchbrechen*. Nach V.1-7 sei V.11ff. eben „keine reactio Gottes auf eine actio Davids" mehr, sondern stehe Gott als der allein und souverän Handelnde da. Die Frage freilich, ob V.1-7 nicht zu eben diesem Zweck sekundär eingestellt sein könnte, erwägt GESE nicht.

Nach NOTH (1957 = ^{2}1960, 335) liegt die innere Einheit von II 7 in dem Gedanken von Israel als Gottesvolk. V.6 und 7 erinnern an das Israel des Stämmebundes; V.8 und 10 verwenden für David den *nagîd*-Titel – laut NOTH dem Führer des Stämmebundes vorbehalten; V.26 und 27 schließlich stellen neben die Dynastie- nachdrücklich die Gottesvolk-Vorstellung. So erweist sich II 7 als Versuch, das überkommene religiöse Selbstverständnis Israels mit der neuen politischen Ordnung des Königtums in Ausgleich zu bringen. (Auch NOTH fragt nicht, ob dieses Bestreben im Text möglicherweise als sekundär anzusprechen sei.)

GESE wie NOTH haben ein apologetisches Interesse. Mit Beginn der davidischen Dynastie und durchschimmernd noch im heutigen Text von II 7 forderten in Israel bestimmte Züge des altorientalischen Königsdenkens Tribut: Ein König schuldet der Gottheit gewisse Dienste, wofür sich die Gottheit dem König erkenntlich zeigt; am König allein hängen Wohl und Wehe des Volkes – zuerst ihm und dann durch ihn teilt sich göttlicher Segen mit. In Israel, so die beiden Exegeten, ist das nicht so – und zweifellos haben sie etwas Richtiges erkannt; es fragt sich nur, ob die Riegel gegen die Königsideologie jedenfalls in II 7 nicht erst relativ spät geschoben worden sind. DIETRICH ([2]1992, 132-135) meint, es sei DtrH gewesen, der durch den unerwarteten abschlägigen Bescheid Natans die „Trennwand" eingezogen habe zwischen dem frommen Vorhaben des Königs und der großzügigen Verheißung Gottes, überdies auch: „zwischen Krieg und Kult"; denn der David von II 7 hat nach der jetzigen Textfolge die Kriege von II 8 noch vor sich und kann nicht zuletzt deswegen den Tempel nicht bauen (vgl. auch I Kön 5,17). „Gottesdienst und Friede bedingen einander"; dabei ist DtrH „weder generell gegen jeden Krieg noch grundsätzlich gegen den Tempelkult. Er ist aber gegen ein unsauberes Ineinander der Dimensionen, in dem der Unterschied zwischen Gott und Mensch, zwischen Glauben und Interessen verwischt zu werden droht" (135).

Das Ringen zwischen divergierenden Positionen und Intentionen in diesem zentralen Kapitel der Bibel spürt auch NORDHEIM (1977). Er hört Anklänge an zwei unterschiedliche Sprach- und Literaturbereiche heraus: einen mehr höfischen und einen durch die Versammlung der freien Stämme bestimmten. Dieser letztere äußere sich in der Aufnahme des sog. „Bundesformulars", in welches die Königsaussagen eingepaßt würden. So sei II 7 „das Dokument eines Kompromisses" (447).

Mit solcher Halbheit kann sich TSEVAT (1980a) nicht zufriedengeben. Mit großer Schärfe stellt er fest, daß die Dynastiezusage des Natan innerhalb der Bibel völlig einzig dastehe. Während sonst überall – und sogar auch in den restlichen Anspielungen auf den Davidbund (z.B. I Kön 2,4; 8,25; II Kön 10,30) – die göttliche Selbstverpflichtung gegenüber Menschen immer die Verpflichtung dieser Menschen zu bundgemäßem Verhalten bedinge, ergehe die Natanweissagung an David bedingungslos. Daran ändere auch der erhobene göttliche Zeigefinger von V.14f. nichts – und so könne nur der gesamte Passus V.11b-16 als Glosse betrachtet werden, die dem Text (und der Bibel überhaupt) fremd sei. Was TSEVAT bemerkt, ist die Fremdheit der Königsideologie in der biblischen Religion. Dabei ist ihm ganz selbstverständlich, daß der Fremdkörper nachträglich eingedrungen sein muß in die längst gewachsene biblische Religion – und folglich mit ein paar entschlossenen Schnitten wieder herauszuoperieren ist. Abgesehen von der Frage, ob man auf diese Weise mit befremdlichen Gedanken fertigwerden kann: Ist es nicht möglich, daß die biblische Religion erst nach und nach allergisch geworden ist gegen die Königsideologie, ja sich erst im Kampf gegen sie recht eigentlich herausgebildet hat? Dann wären gerade die nicht-ideologischen, die streng jahwistischen Bestandteile in II 7 „Glossen“ (aber natürlich nicht herauszutrennen!).

Sehr umfassend glaubt BRUEGGEMANN (1979) in der gesamten Literatur und Gesellschaft Altisraels zwei „trajectories“ ausmachen zu können, die um den Vorrang streiten: die mosaische Tradition (bei NOTH der Gottesvolkgedanke) als „a movement of protest“ gegen jegliche Herrschaft von Menschen über Menschen und die davidische Tradition als „a movement of consolidation which is situated among the established“ (162). So gesehen, gewinnt II 7 theologisch wie politisch hohe Bedeutung und auch Aktualität. Wenn NOTH und GESE (und ähnlich vermittelnd auch LEVENSON, 1979) recht gesehen haben, dann ist im jetzigen Text das königsideologische Element nicht (mehr) bestimmend. Es scheint in der Überlieferungsgeschichte der Natanweissagung aber eine – früher vielleicht sogar dominierende – Rolle gespielt zu haben.

2.3 Altorientalische Parallelen

Auf den Zusammenhang zwischen Tempel- und Dynastieorakel fällt von Texten außerhalb des Alten Testaments manch überraschendes, aber nicht immer sehr klares Licht.

HERRMANN (1953/54 = 1986) hat II 7 in seiner Gesamtheit als israelitische Spielart der ägyptischen „Königsnovelle“ zu erklären versucht. In dieser Textgattung gehe es immer um die beiden Themen Tempelbau und Königtum. In den von den Ägyptologen A.Herrmann und E.Otto untersuchten ägyptischen Texten berät sich jeweils der Pharao mit Beratern seines Hofes über die Errichtung eines Heiligtums, setzt diesen Plan notfalls gegen den Widerstand seiner Höflinge durch – und gewinnt dadurch das Wohlwollen und die Protektion der Gottheit. Freilich, „die kopernikanische Wende der Königsnovelle auf dem Boden Israels“ ist es, daß David seinen Plan nicht verwirklichen kann, sondern sich vor der göttlichen Macht beugen muß (1953/54 = 1986, 138). Ferner redet der biblische Text nicht von der Gottessohnschaft des Königs, sondern von seiner Adoption durch Gott (II 7,14). Zu erwähnen wäre außerdem noch, daß die Vergleichstexte nie die Ankündigung einer ganzen Dynastie, sondern immer nur göttliche Gunsterweise an den jeweiligen König enthalten.

GÖRG (1975) hat den Vergleich ausgedehnt auf ägyptische Texte, die nicht mehr eigentliche Königsnovellen sind, sondern schon fortentwickelte Kunstformen dieser Gattung. Auch hier kommt der Dynastiegedanke nie zur Sprache (z.B. S.240: 'Ich habe dich (nunmehr) zum König der Ewigkeit bestellt, zum Horus, der immerfort lebt', oder S.241.248, wo zwar die Gottheit dem Pharao einen Palast 'macht', vgl. II 7,11, damit aber nicht mehr als die Residenz meint). Natürlich wird auch hier die königliche Macht nicht durch die göttliche begrenzt, sondern ist mit ihr identisch. Die Antwort des Königs auf die göttliche Segenszusage schließlich fällt in Ägypten

„selbstgerecht“ aus, in Israel dagegen – II 7,18ff. – als „Unterwerfung, die nur durch Jahwe zur Erhöhung wird“ (1975, 271).

Man kann die Inkongruenzen zwischen dem biblischen Text und den ägyptischen als bewußte Umprägung interpretieren und auch begrüßen; sie können aber auch skeptisch stimmen gegenüber der Vergleichbarkeit solch differenter Materialien (vgl. KUTSCH, 1961 = 1986, 144; VEIJOLA 1975, 71). So haben sich mehrere Autoren auf die Suche nach anderen Parallelen in der geistig-politischen Umwelt Israels begeben.

CALDERONE (1966) zieht zum Vergleich mit II 7 hethitische Vasallenverträge heran. Auch dort finde sich die Abfolge: Aufzählung vorgängiger Wohltaten seitens des Oberherrn (was in 7,8ff. aufgenommen sei) – Schutzgarantie für den Vasallen, seine Dynastie, sein Volk und sein Land (was der Dynastieverheißung entspreche) – Forderung von Loyalität und Gehorsam (was in 7,14 angesprochen werde). Somit begründe sich das Königtum in Israel nicht auf der Idee des ‘divine kingship’, sondern auf der des Vasallenverhältnisses des Königs zur Gottheit. – Die Analogien greifen, wie man sieht, nur ungefähr; immerhin aber vermögen sie anzuzeigen, wie jedenfalls die Endfassung des biblischen Textes auf gemeinorientalischem Denken fußt und sich gleichzeitig davon abhebt.

ISHIDA (1977, 81ff.) zitiert mehrere Anfragen von Königen bei Göttern wegen eines geplanten Tempelbaus sowie Bauinschriften an Heiligtümern, muß aber sogleich denselben Mangel einräumen, den er zuvor HERRMANN angekreidet hat (83f.): „it is not easy to find unsuccessful cases“ (86); daß ein König vom frommen Werk abgebracht werden soll, bleibt ein biblisches Unikum. Auch findet sich in den Bauinschriften wohl die Bitte um eine bleibende Dynastie – aber nicht die Verheißung einer solchen. Die Bilder wollen sich nicht recht zusammenfügen, und daran ändern auch die mancherlei Analogien zu Einzelaussagen von II 7 nichts, die ISHIDA (90-92; vgl. auch OTA 1974, 404-406) aus neuassyrischen Prophetensprüchen zusammenträgt: der biblische Gesamttext bleibt analogielos.

Einen neuen Anlauf nimmt MALAMAT (1980), indem er einen längst bekannten Mari-Brief (vgl. G.Dossin in der Festschrift für T.H.Robinson, 1950, 103-107, sowie Übersetzungen in ANET^3, 1969, 625, und TUAT II/1, 1986, 85-87) neu ediert und auf II 7 hin deutet. In dem Dokument berichtet ein Gesandter seinem König Zimri-Lim in Mari von zwei gegensätzlichen Prophetien, die ihm im Namen der Stadtgötter von Kalassu und von Aleppo in einer bestimmten, strittigen Angelegenheit vorgetragen worden seien: die eine drohend, die andere beschwichtigend. Zankapfel sind eine bestimmte Örtlichkeit und Lieferungen an (Opfer-) Vieh, welche der Gott von Kalassu dem König von Mari abfordert. MALAMAT nun gelangt in seiner Textedition zu Entscheidungen, die zwar eine gewisse Nähe zu II 7 ergeben, in sich aber höchst fragwürdig sind. Das akkadische Wort *niḫlatum* übersetzt er mit „estate“ im Sinne von ‘(Tempel-) Besitz’ (TUAT: ‘Landgut’), *maškanum* als „tent-shrine“ (TUAT: ‘Örtlichkeit’); das Versprechen weiträumiger Herrschaft setzt er mit ewiger gleich; daß die Mari-Prophetie nur von dem einen regierenden Herrscher redet, Natan dagegen von einer ganzen Herrscherlinie, übergeht er; daß die Verheißung an Zimri-Lim konditioniert ist, die an David nicht, erwähnt er immerhin selber (79; vgl. auch die Kritik von HERRMANN 1985).

HENTSCHEL (1992, 41ff.) möchte die verschiedenen altorientalischen Analogien kombinieren: Davids Tempelbauwunsch V.1-3 und die wohlwollende göttliche Reaktion darauf gemahne an die ägyptische Königsnovelle, während sich V.4-16 im Kern ansprechen lasse als „ein königliches Heilsorakel, in dessen Mittelpunkt wie bei vielen Bauinschriften der Bau des Tempels steht, und das mit einer Verheißung beschlossen wird, die an den Segen des Ptah erinnert" (47); II 7 also eine Mixtur heterogener Motive und Vorlagen!

Die Prüfung der von der Forschung zur Interpretation von II 7 beigezogenen altorientalischen Vergleichstexte hat ein doppeltes Ergebnis. Einerseits gelingt es nicht, die Natan-Prophetie aus der kulturellen Umwelt Israels bruchlos herzuleiten; namentlich die Verhinderung des Tempelbaus und die Verheißung einer ewigen Dynastie sowie natürlich die Verweise auf Geschichte und Geschick *Israels* in II 7 erweisen sich als biblische Propria. Auf der anderen Seite greift der Aufweis von Analogien keineswegs ins Leere; eine ganze Reihe von Topoi teilt II 7 mit gemeinorientalischem Denken: die Sorge des Königs um eine Wohnstatt für die Gottheit, die Fürsorge der Gottheit für den König, die Sicherung seiner Herrschaft bis hin zu seiner Adoption durch die Gottheit, und dann wieder die Haltung frommer Demut des Königs bei vollem Bewußtsein seiner Erwählung – das alles begegnet in II 7 genauso wie in Königstexten aus der Umwelt des AT. Anders formuliert: Die altorientalische Königsideologie erfährt in diesem Kapitel eine spezifisch israelitische, genauer: judäische Ausformung, die zugleich Überhöhung wie Durchbrechung beinhaltet. Wiederum fragt sich, welchen Stadien der Überlieferungsgeschichte diese besondere Prägung zuzuweisen ist. Wir stehen damit vor der Frage nach möglichen Vorstufen des jetzigen Textes von II 7.

2.4 Überlieferungs-, Literar- und Redaktionskritik

Wenn sich II 7 aus dem Horizont altorientalischer Königsvorstellungen nicht als einheitlicher Text verständlich machen läßt, dessen verschiedene Teile und Aspekte zwingend aufeinander folgen, dann legen sich Hypothesen einer mehrstufigen Entstehung nahe. Es gibt deren mittlerweile eine ganze Reihe.

ROST (1926 = 1965, 160ff.) unterteilt so:
I (ältester Kern, frühe Königszeit): V.11b.16.18-21.25-29; (die Einleitung ist in V.1-4a weitgehend erhalten;)
II (Erweiterung, nach 722): V.(4b-7).8-11a.12.14f.17;
III (dtr): V.13.22-24.
VEIJOLA (1975, 72ff.) sieht ebenfalls drei Textstufen:
I (zwei getrennt überlieferte, ältere Orakel): V.1a.2-5.7 und V.8-10.12.14f.17;
II (die früheste dtr Schicht DtrH): V.8b.11b.13.16.18-21.25-29;
III (die dtr Erweiterungsschicht DtrN): V.1b.6.11a.22-24.
METTINGER (1976):
I (ältester Kern, früheste Königszeit): V.1a.2-7.12-14a.*16.17;
II (Erweiterung beim Einbau in die TFG, Salomozeit): V.8f.11b.14b.15.*16. 18-22a.27-29;
III (dtr): V.10.11a.22b-26.
GÖRG (1975, 187ff.):
I (eine „Gott-König-Rede" als ältester Kern): V.1a.*2.*4.6.8b.9.*11b. 12-16.18-22a.25-29;
II (eine Bearbeitung, wohl dtr): V.(1b.3.5.)8a.10.*11.(13.)17.22b-24.
COPPENS (1982):
I (alter Kern): V.1a.2-5a.11bβ.12-22a.27-29;
II (tempelkritische Erweiterung): V.6f.;
III (Verschiebung des Tempelbaus auf Salomo): V.5b.8-10.*11.
HENTSCHEL (1992, 81ff.):
I (ältester Kern): V.1a.2f.;
II (Ausformung zur Davidszeit): V.1a.2f.11b.16;
III (Ausformung zur Salomozeit): V.1a.2-5.*8f.12f.*14.15a;
IV (Kombination von II und III – irgendwann vor DtJes!);
V (diverse Zusätze, ab exilischer Zeit): V.15b/*14/1b.11aβ/10.11aα/*7/6.7aα_1.
M.WEIPPERT (1981, 105f.) beschränkt sich auf die thetische Herauslösung einer „Grundschicht" aus II 7: V.8f.11f.14-16.
LEVIN (1985, 251ff.) sieht in dem Kapitel zwei Fortschreibungsketten verschlungen, deren eine in V.1-3 beginnt (diese Verse setzen angeblich bereits die Priesterschrift voraus!), die andere in V.12.14a (diese „ursprüngliche Verheißung" hat Jer 23,5f. und Ez 34,23f. zur Vorlage!). In einer vielstufigen Assoziationsreihe haben die Ergänzer von V.3 bis V.12 sich fortgeschrieben – und dann bis in die chronistische Zeit hinunter an V.13.14b.15ff. weitergearbeitet. Davids Gebet V.18-29 atmet „in jeder Zeile den Geist der späten" – d.h. der chronistischen – „Frömmigkeit" (251; MATHYS 1994, 68-75, bringt LEVIN in diesem Punkt viel Sympathie entgegen).

Die Forschungslage ist einigermaßen verwirrend. Art, Umfang und Alter der anzunehmenden Redaktionsarbeit werden sehr unterschiedlich bestimmt. METTINGER rechnet mit einer sehr frühen, ROST mit einer 200 Jahre, VEIJOLA und GÖRG mit einer erst 400 Jahre nach David und Salomo einsetzenden Redaktionstätigkeit, während LEVIN ohnehin alles spätdatiert. Recht große Einmütigkeit herrscht freilich in der Zuweisung von V.1b.11.13.22-24 an die dtr Redaktion.

Aller Wahrscheinlichkeit nach ist ab V.18 kein vor-dtr Satz mehr zu finden. Das gleiche gilt wohl auch für V.1-7: V.2-4 blicken, zusammen mit V.13, auf den Tempelbau Salomos voraus, V.5-7, zusammen mit V.10.11a, auf die bisherige Geschichte Israels zurück; das eine hat die Verschiebung, das andere die Verhinderung des Tempelbaus zum Ziel. Beides läßt sich aus den Anliegen der dtr Redaktion erklären – freilich kaum als Arbeit ein und desselben Redaktors. Der Kern von V.8-17 liegt eindeutig im Bereich der Weissagung V.11ff.; V.8ff. führen darauf hin.

Wichtige Einblicke in die Entstehungsgeschichte von II 7 eröffnet die Wahrnehmung der verschiedenen literarischen und geschichtlichen Horizonte, die in den einzelnen Abschnitten des Kapitels sichtbar werden.

MCCARTHY (1965) schlägt den Bogen ziemlich weit: II 7 ist für ihn eine der zentralen Schaltstellen des dtr Geschichtswerkes, wie sie NOTH ([2]1957) in Jos 1; 12; 23; Ri 2; I Sam 12; I Kön 8; II Kön 17 ausgemacht hat. Daß hierhin auch II 7 gehört, beweisen laut MCCARTHY einige spezifisch dtr Wendungen (der *ʿäbäd-jhwh*-Titel V.5-8, der 'Ruhe'-Begriff in V.1) und ausdrückliche Bezüge auf die Richterzeit in V.7.10f. Theologisch schließe das Kapitel die mit Saul tragisch zu Ende gegangene Richterzeit endgültig ab und konstatiere den Anbruch einer neuen, einer heilvollen Zeit, die bereits mit I 16 angehoben habe. Leider läßt es MCCARTHY bei diesen globalen Bemerkungen bewenden, ohne nach dem konkreten dtr Textanteil in II 7 und nach der dtr Gesamtsicht des Königtums zu fragen; denn immerhin war ja Saul auch schon König und verläuft die spätere Königsgeschichte, auch die in Juda, nach dtr Urteil keineswegs immer heilvoll.

Viel enger – und gewiß zu eng – zieht MOWINCKEL (1947) den Horizont, in dem die Natanweissagung stehe: Sie sei nichts anderes als eine Überbrückung der Zeitspanne zwischen Davids Ladeüberführung II 6 und Salomos Tempelbau I Kön 5 - 8. Im Grunde hätten wir es mit der Ätiologie einer Unterlassung zu tun: Warum hat nicht der vorbildliche David schon Gott ein Haus gebaut? Weil Gott es nicht wollte – und ihm dafür ein Haus zu bauen versprach, aus dem der Tempelbauer hervorgehen sollte.

Auch ROST (1926, 47ff. = 1965, 159ff.) sieht II 7 auf Salomo hinzielen: jedoch nicht auf seinen Tempelbau, sondern auf seine Thronbesteigung. Für ihn ist die Natanweissagung, zusammen mit der LG, eine Unterquelle der TFG. Die Tempelbauszene V.1-7 nimmt die LG auf, die Dynastieweissagung in V.*8ff. schlägt das Thema an, das laut ROST die weitere Davidüberlieferung beherrscht. V.LÖWENCLAU (1980, 209) wandelt diesen Ansatz unter dem Eindruck der neueren Debatte um die Tendenz der TFG (s. dazu unten D.) ab: Sei diese im Ursprung auch antisalomonisch ausgerichtet gewesen, so sei sie doch später einer prosalomonischen Bearbeitung unterzogen worden – und zwar eben in Gestalt von II 7 (und außerdem des sog. Testaments Davids I Kön 2,5ff., d.h. an ihrem Anfang und ihrem Ende).

Eine andere Zuordnung nimmt WEISER (1966, 345ff.) vor: Die Natanweissagung sei der krönende Abschluß der Geschichte von Davids Aufstieg.

RUPPRECHT (1977, 63, bestätigt von WASCHKE 1987, 165f.) gelangt zu der Erkenntnis, daß II 7, wiewohl im Ursprung sicher ein Text *sui generis*, im jetzigen Kontext mehrere Textebenen miteinander verklammert: LG, AG und TFG unter sich und diese wiederum mit der dtr Geschichtsdarstellung im ganzen. Doch ist damit schwerlich das gesamte Kapitel als redaktionell anzusprechen. Ältere Vorformen speziell der Natanweissagung meint DIETRICH in V.*11-17 fassen zu können (^{2}1992, 120-124): auf der frühesten Stufe ein „Deutewort zum Jerusalemer Krönungs-Sakrament“, das seit uralten Zeiten dem Natan zugeschrieben, aber „bei jeder Thronbesteigung – vermutlich während eines Inthronisationsgottesdienstes und durch einen Hofpropheten – rezitiert und so auf den neuen König appliziert wurde“ (123). Dieser gleichsam liturgische Text sei beim Einbau in die Geschichtserzählung von II 7 gewissermaßen historisiert worden, und zwar von dem Geschichtsschreiber, der die TFG prodynastisch überarbeitet und nach vorn um die David-Saul-Geschichte verlängert hat (V.11b.12aδb.15b, S.124-128). Auf der dritten Traditionsstufe schließlich habe DtrH die miteinander korrelierten Ankündigungen vom ‘festen Haus’ und ‘ewigen Königtum’, das JHWH dem David ‘aufrichten’, und vom ‘Haus JHWHs’, das Salomo bauen werde (V.13.16), eingebracht – und damit nicht nur die Salomo-, sondern die gesamte Königsgeschichte, womöglich gar die erhoffte Zukunft in den Horizont der Natanverheißung gerückt (116-118).

Damit zeichnet sich ab, daß die Natanprophetie auf verschiedenen Stufen des nach und nach entstehenden Bildes der Bibel von der frühen Königszeit eine verknüpfende und deutende Rolle gespielt hat. Nimmt man noch die gewaltige Nachwirkung hinzu, die dieses eine Kapitel Bibel in Prophetie und Psalmen, im jüdischen wie im christlichen Messianismus, und danach in der Auslegungsgeschichte bis in unsere Tage ausgeübt hat, dann erstaunt die Intensität nicht, mit der um sein richtiges Verständnis gerungen wurde und sicher weiter gerungen wird.

3. Anhänge zur Davidgeschichte (II Sam 21 - 24)

3.1 Komposition

Nach vorherrschender Forschungsmeinung schieben sich die Kapitel II 21 - 24 in einen fortlaufenden Erzählzusammenhang: In II 12 ist die Geburt des nachmaligen Thronfolgers Salomo erzählt, in I Kön 1 - 2 wird seine Machtergreifung geschildert, die verbunden ist mit der Liquidierung seines Bruders und Kontrahenten Adonja samt dessen wichtigsten Parteigängern. Dazwischen, in II 13 - 20, geht es um die Ausschaltung anderer Persönlichkeiten, die Salomo den Weg zum Thron verstellen könnten: der beiden Davidsöhne Amnon und Abschalom und des benjaminitischen Separatisten Scheba.

Mit dieser Thematik der Thronnachfolge Davids – wenn sie denn die zweite Hälfte des 2. Samuel- und den Anfang des Königsbuches bestimmt (s. dazu unten D.) – haben die in II 21 - 24 zusammengestellten Textstücke nichts zu tun. Dennoch stehen sie, wo sie jetzt stehen, an durchaus angemessenem Platz: In I Kön 1f. tritt David von der Bühne des Geschehens ab, in II 21 - 24 beherrscht er sie noch vollkommen. Wollte man nicht mit der Thronfolge befaßte, für sich umlaufende Überlieferungen von David noch sachgerecht unterbringen, dann konnte das im Grunde nur in einem Anhang an II 20 geschehen. Danach wäre es zu spät gewesen dafür, und davor ist angesichts der engen Verknüpfung von TFG und AG (wenn nicht ihrer längst vollzogenen Vereinigung zu einer durchgehenden David- [Saul-] Geschichte) auch keine Gelegenheit gewesen. Hinzu kommt, daß in II 21 - 24 Stücke enthalten sind, die sichtlich auf das Leben Davids *zurückblicken* wollen.

Die vier Kapitel sind, wie VEIJOLA (1975, 106ff.) bemerkt hat, chiastisch aufgebaut, und zwar, interessanterweise, nach formalen Kriterien: A) eine *ausgeführte Erzählung* über David und die Opferung von Sauliden bei Gibeon (21,1-14); B) eine *Aufreihung* von Anekdoten über denkwürdige Einzelereignisse im Kampf gegen die Philister (21,15-22); C) ein religiöses *Lied*, der sog. 'Psalm Davids' (22,1-51, weitgehend identisch mit Ps 18); C') ein weiteres religiöses *Lied*, die sog. 'Letzten Worte Davids' (23,1-7); B') *Aufreihungen* von Heldentaten berühmter Krieger Davids im Kampf gegen die Philister sowie der Namen und Herkunftsorte der 'Dreißig Helden Davids' (23,8-23.24-39); A') eine *ausgeführte Erzählung* über eine Volkszählung Davids, ihre schlimmen Folgen und die Errichtung eines Altars zur Versöhnung Gottes auf der 'Tenne Arawnas', dem Ort des späteren Tempelbaus (24,1-25).

VEIJOLA nun meint (1975, 121ff.), das Herzstück dieser Komposition, die beiden religiösen Lieder C - C', seien erst nachträglich, von DtrN, in einen zuvor schon bestehenden Organismus A - B - A implantiert worden; denn die Aufreihungen in 21,14-22 und 23,8-39 hätten im Werk des DtrH einen einzigen großen Zusammenhang gebildet, den DtrN als geistlich zu wenig anspruchsvoll empfunden, darum in der Mitte auseinandergetrennt und um zwei geistliche Lieder angereichert habe.

Als Hauptargument macht VEIJOLA die dtr und speziell nomistisch geprägte Sprache an wichtigen Gelenkstellen des Abschnitts geltend: in den Rahmenversen und dem Mittelstück des Psalms 22,1.21ff.54 sowie in 23,1.5. Erst durch diese redaktionellen Sätze seien die Lieder überhaupt auf David bezogen, und zwar in einer für das Davidbild des DtrN kennzeichnenden Weise. MATHYS (1994, 148f.) widerspricht der sprachgeschichtlichen Argumentation VEIJOLAS und will die beiden Lieder einer nach-dtr, gleichsam protokanonischen Bearbeitung zuweisen: eben einem „Theologen aus spätalttestamentlicher Zeit".

Die Doppelheit zweier Lieder – eines Lobpsalms und eines geistlichen Vermächtnisses – im Munde eines aus der Welt scheidenden israelitischen Glaubensheros begegnet nur noch einmal in der Bibel: im 'Moselied' und im 'Mosesegen' Dtn 32 - 33. Sichtlich, so VEIJOLA (1975, 122), wird David mit Mose parallelisiert und dabei kräftig spiritualisiert. Weniger der konkrete, historische König steht vor Augen, als vielmehr das Vor- und Urbild der Frommen Israels.

Das ist bei den älteren Teilen von II 21 - 24, den Erzählungen und Aufreihungen, anders. Nach VEIJOLA wurden sie bereits von DtrH in die Erstfassung des dtr Geschichtswerkes eingestellt.

Wieder begründet VEIJOLA dieses Urteil mit der Aussonderung redaktioneller Passagen in den betreffenden Abschnitten: II 21,2b verweise zurück auf Jos 9 und versuche auf diese Weise, Saul in seinem Vorgehen gegen die Gibeoniter zu be- und David in seinem Vorgehen gegen die Sauliden zu entlasten; 21,7 gebe unter Rückgriff auf I 20,17.42 eine ehrenrettende Erklärung zu 21,8 ab: *Sauls* Sohn Meribaal ließ David töten, *Jonatans* gleichnamigen Sohn, seinem Schwur gemäß, nicht (1975, 106-108). II 24 wiederum sei durch 24,1.25b redaktionell auf II 21 rückbezogen (1975, 108-110). Diese beiden Erzählungen hätten in der Komposition des DtrG die mehr aufzählenden Informationen in 21,15-22 und 23,8-39 gerahmt (1975, 118-120), so daß der Hauptanteil von II 21 - 24 bereits Teil der ersten Fassung des dtr Geschichtswerkes gewesen sei.

Zwischen DtrG (bzw. DtrH) und DtrN sieht VEIJOLA in den Nachträgen zur Davidgeschichte noch einen weiteren dtr Redaktor am Werk (1975, 108-117). Dieser scheint, im Gegensatz zu den beiden anderen, kein positives Davidbild gehabt zu haben. Er hat namentlich in II 24 eingegriffen, und zwar dort, wo der Prophet Gad auftritt. Diesen hat er aus einem David wohlgesonnenen Orakelgeber, als den DtrG ihn mit älterer Überlieferung gezeichnet hatte, umgestaltet zu einem königskritischen Gerichtspropheten. VEIJOLA identifiziert den dafür verantwortlichen Redaktor mit dem „DtrP" DIETRICHS (1972).

Nach VEIJOLAS Analyse gehören DtrP erhebliche Anteile an II 24: V.3.4a.10.11b-14.15a.17.21bβ.25bβ. Unter der Hand des DtrP wandelt sich David von einem sein Volk souverän regierenden (Zensus!) und aus tödlicher Bedrohung (Pest!) rettenden Herrscher zu einem schuldbeladenen Mann. „Für DtrP ist der König David nicht mehr unantastbar. Im Gegenteil, er kann sogar schwer sündigen und mit seiner Sünde das ganze Volk ins Unglück bringen" (1975, 117). In dieser dunklen Tönung rückt II 24 neben II 12. Speziell das Motiv von dem unter die prophetische Gerichtsrede sich beugenden sündigen König begegnet außer in II 12,13f. noch in I 15,24f. und wieder in II Kön 14 - 19 (1975, 112f.); man kann hinzufügen: in I Kön 21,27-30 – alles prophetisch-dtr Stellen.

Auch DIETRICH (^{2}1992) findet „bemerkenswert ..., wie scharf hier David kritisiert und wie unverhohlen er in Parallele zu dem gottverlassenen König Saul gerückt wird" (31). Allerdings vermag er VEIJOLA in der Unterscheidung *zweier* dtr Schichten innerhalb von II 24 nicht zu folgen. Ein und derselbe Redaktor, eben DtrP, habe den an sich (und noch von DtrH) prodavidisch gemeinten Zensus-Bericht (V.2.4b-9) durch V.1.3.4a.10 negativ eingefärbt und so zum Auftakt einer gerichtsprophetischen Szene zwischen Gad und David gemacht (V.11ff.; darin wurde eine ältere Geschichte von der Auffindung eines Opferplatzes auf der Tenne Arawnas verwendet, s. weiter unten).

Es kommt die Möglichkeit in den Blick, die gesamte Gad-Arawna-Geschichte 24,11-25 habe nicht schon im Werk des DtrH gestanden, sondern sei ihm erst durch DtrP eingefügt worden, um die Davidgeschichten nicht mit einem triumphalistischen (‘Israel zählte 800.000, Juda 500.000 Krieger’, 24,9), sondern mit einem nachdenklich-kritischen Schluß zu versehen (‘JHWH ließ sich für das Land erbitten’, 24,25). Damit würde zwar das oben nachgezeichnete chiastische Kompositionsmodell etwas unterminiert, doch bliebe mit 24,*2ff. ein abschließendes erzählendes Pendant zur Eröffnungserzählung 22,1ff. erhalten.

Den chiastischen Aufbau der sechs Bestandteile von II 21 - 24 beobachtet auch BRUEGGEMANN (1988). Doch fragt er nicht nach seinem redaktionsgeschichtlichen Zustandekommen, sondern faßt ihn dezidiert als nun einmal gegebenes Ganzes auf. Seiner Meinung steht es in beabsichtigter Antithese zu der ebenfalls sechsteiligen Komposition von II 5 - 8. Wollte diese den Übergang von der tribalen zur imperialen Gesellschaftsordnung aufweisen und gutheißen (s. oben B. 3.3), so führt der „Appendix“ II 21 - 24 „Deconstruction“ im Schilde, indem er klarmacht, „that the new Davidic world of guaranteeing oracle (7:1-17), imperial wars (8:1-14), and bureaucratic power (8:15-18) will lead to death. The appendix urges a return to a more lively faith and simpler modes of power“ (395 – eine Aussage mit postmodernem Einschlag).

Unter diesem Blickwinkel durchstreift BRUEGGEMANN die einzelnen Bestandteile der Komposition (1988, 385-393) – und scheut sich nicht, sie notfalls (und das heißt: in den meisten Fällen) auch gegen den Strich zu lesen: die Erzählung 21,1-14 wolle Zweifel an der Legitimität des harten Vorgehens Davids gegen die Sauliden wecken; die Aufzählung 21,15-22 berichte von vielen Heldentaten, aber von keiner einzigen Davids; in dem Lied II 22 schmeckten die Unschuldsbeteuerungen von V.20ff. angesichts etwa des Uria-Batscheba-Skandals einigermaßen schal; auch das zweite Lied 23,1-7 reproduziere nur scheinbar Königsideologie, konterkariere sie in Wirklichkeit aber mit V.3; die Listen in 23,8-39 legten Wert auf die Nennung vieler tapferer und tüchtiger Leute – u.a. des 'Hethiters Uria'! –, während David tatenlos dastehe; in der Schlußerzählung II 24 wandle sich David erst mühsam von einem selbstherrlichen Herrscher zu einem demütigen Mann. Zusammenfassend: „All of these elements, I submit, intend to dismantle any high royal pretension and invite an understanding of David (or any king) that must be held in the framework of an older, covenantal theology“ (394).

3.2 Einzelüberlieferungen

II 21,1-14. „Rizpah's Vigil and the Tragic End of the House of Saul“, überschreibt EXUM das betreffende Kapitel ihres Buches (1992, 109-119). Die Erzählung spiele in einer „chthonic sphere“ von Blutschuld, Rache, Pietät, Entehrung, Beleidigung und Versöhnung (110). Rizpah „symbolizes the demands of familial loyalty over against the power of state“ (111). „David appears in a characteristic ambiguous role“: er handelt nicht geradewegs unehrenhaft, doch der halbwegs zufriedenstellende Ausgang des Dramas ist Rizpa, nicht ihm zu verdanken (112). Sein hartes Verbot, die hingerichteten Sauliden zu begraben, wird in V.12 mit der Leichenschändung an Saul und Jonatan parallelisiert. Wenig günstig für ihn ist auch, daß er nicht merkt oder merken will, daß die Gibeoniter in den Verhandlungen mit ihm ihren Anspruch von 'einem Mann' auf 'sieben Männer' steigern – und er dem anstandslos nachkommt.

VANDERKAM (1980) liegt daran, historisch Davids „complicity" bei der Auslöschung des Hauses Saul plausibel zu machen. So ist er geneigt, die Anwürfe des Schimi in II 16,5ff. als glaubhaft und eben auf die hinter II 21 sichtbaren Vorgänge bezogen zu nehmen. Der Platz der Erzählung war ursprünglich denn auch vor der sog. TFG, genau: vor II 9. Dort steht am Anfang der Meribaal-Story Davids Frage: „Ist noch jemand übriggeblieben vom Hause Sauls?" Sie wäre bestens verständlich nach dem Massaker von II 21,1-14.

Die letzten Worte von 21,14 lauten, grammatisch ungewöhnlich, *ʾ^{a}ḥ^{a}rê-ken*; sie könnten, so VANDERKAM (1980, 537f.), ursprünglich den Übergang von II 21,1-14 nach II 9,1ff. gebildet haben: '*Danach* fragte David...' Und ist es ein Zufall, daß vor II 9 wie vor II 21 zwei fast identische Listen der Beamten Davids stehen? Wer aber sollte warum die Gibeonitergeschichte heraus- und wer sie wieder hineingenommen haben? Letzteres dürfte nach den vorhin angestellten Erwägungen klar der (Erst-) Verfasser des dtr Geschichtswerkes gewesen sein. Die Auslassung geht nach VANDERKAM aufs Konto eines Redaktors, der das faktische Schuldeingeständnis Davids in II 16,10 nicht auf die rituelle Tötung von II 21, sondern auf die Morde an Abner und Eschbaal (II 3f.) gehen lassen und ihn für diese verantwortlich machen wollte (538f.). Ist aber nicht, wenn schon, dann das Umgekehrte wahrscheinlicher: daß die Bezichtigungen Schimi's, nachdem II 21 an seine jetzige Stelle versetzt ist, ins Leere laufen? Denn die Morde an Abner und Eschbaal gehen ja, nach der jetzigen Erzählung, dezidiert *nicht* auf die Rechnung Davids ... Träfe diese Überlegung zu, dann wäre die TFG nicht nur durch Erweiterungen, sondern auch durch Kürzungen prodavidisch und antisaulisch bearbeitet worden.

Die gelehrte Diskussion geht immer wieder auch um die Identität der von der Rache der Gibeoniter Betroffenen. VEIJOLA (1978 = 1990, 59.82) wagt die These, es habe nur *einen* Meribaal gegeben, der ein Sohn Sauls mit Rizpa gewesen sei (21,8); der andere Meribaal, der ein Sohn Jonatans gewesen sein soll (21,7, vgl. II 9), sei eine rührende, die Treue Davids zu seinem Freund Jonatan ins beste Licht rückende Erfindung von DtrH. Der Einschätzung von II 21,7f. mag man kaum widersprechen; doch dürfte der Jonatan-Saul Meribaal schon vor DtrH erfunden – oder eben doch, wer weiß, von Jonatan gezeugt worden sein (s. oben B. 1.4).

Berührt wurde auch schon (ebd.) die Frage, wer die unglückliche Mutter der fünf Brüder von 21,8 gewesen ist: Merab (LXX) oder Michal (MT). Zwei Namen mögen für viele stehen: VEIJOLA (1978 = 1990, 58) plädiert für Merab als den ursprünglichen und richtigen Namen: „Die Änderung von 'Michal' zu 'Merab' ... fällt leichter als die Annahme, daß der Schreiber Merabs Ehemann (1Sam 18,19) mit dem Michals (1Sam 25,44; 2Sam 3,15) verwechsle und daß Michals Kinderlosigkeit (2Sam 6,23) sich nur auf ihre Ehe mit David beziehe". Demgegenüber hält STOEBE (1958 = 1989a, 229f. = 96f.) entschieden an der Mutterschaft Michals fest. II 21 bewahre eben „eine selbständige eigene Tradition", und deshalb sei die textkritische Harmonisierung mit I 18,19 „nicht zulässig". Die Tötung ihrer fünf Söhne erkläre sehr gut, warum Michal gegen ihren neuen Eheherrn David so gereizt reagiere und von ihm keine Kinder bekomme.

Wäre es so, wie STOEBE – und etwa auch GLÜCK (1965) – meint, dann kämen hier weitere Gründe für die oben erwogene Tilgung der Überlieferung 21,1ff. von ihrem ursprünglichen Ort vor II 9 in den Blick: Sie stünde in Spannung zu I 18,17ff., und sie käme nach II 6 zu spät. Durch die jetzige Textfolge erreicht der David-Saul-Erzähler umgekehrt, daß Michals Aufbegehren gegen David als grundlos, wenn nicht ungehörig erscheint – eine weitere Facette in seinem prodavidisch-antisaulischen Gemälde. Die Wiedereinstellung der beunruhigenden Gibeoniter-Geschichte in die Nachtragskapitel zur Davidszeit tut dem zuvor erreichten positiven Davidbild keinen Abbruch, zumal jetzt noch eine David entlastende Erklärung nachgeschoben wird (21,2, s. oben C. 3.1).

II 22,1-51; 23,1-7. Mit dem 'Psalm' und den 'Letzten Worten' Davids hat sich eingehend MATHYS (1994, 146-157.157-164) befaßt. Beides sind seiner Ansicht nach nicht ältere Überlieferungen, die durch die dtr Redaktion an ihren jetzigen Platz gelangten, sondern späte „Kunstprodukte" (146.158) nach-dtr Theologen, die dem gesamten, in der Entstehung begriffenen Kanon noch ihren Stempel aufprägten. Für II 22 allerdings benutzten sie, nach alter Erkenntnis, zwei vorgegebene Lieder: ein individuelles Danklied (22,2-20, mit eingeschobener Theophanieschilderung V.8-16) und ein königliches Sieges- und Danklied (V.33-50). Der dazwischenstehende Passus (V.21-32) ist der jüngste Teil des Kapitels; in ihm tritt am deutlichsten jene spätnachexilische Theologie zutage, welche die beiden Lieder erstmals zusammengefügt und mit Hinweisen auf die Davidsgeschichte versehen hat. Die dabei hergestellte Reihenfolge will beachtet sein: durch die Nachordnung des Königsliedes wird „das 'Deus et David' vom 'Solus Deus' überstrahlt" (147).

In Anlehnung an J.-L.Vesco (RB 1987) interpretiert MATHYS II 22 als „Kommentar zu den Samuelbüchern" (150). Zahlreiche Wort- und Sachparallelen spielten auf die zuvor erzählte Geschichte der ersten Könige an: so etwa die Gottesepitheta in V.2f. auf die Zufluchtstätten Davids in I 19ff.; das *b*^{e}*lijja'al* von V.5 auf I 25,17; II 20,1; 'der Feind' in V.18 (Singular, neben pluralischen 'Hassern'!) auf die Apostrophierung Sauls als 'Feind' Davids, z.B. I 25,26; 26,8; das 'Retten' Gottes (*nṣl*, V.1.18.49) auf I 26,24; die Aussage von der zuverlässigen Vergeltung Gottes in V.26f. auf I 2,30 und I 15,23. – Man mag, wie beim Hanna-Lied I 2,10ff. (s. oben A. 2.), zweifeln, ob diese Anklänge willentlich hergestellt oder nicht eher zufällig sind und dem für die Einstellung des Liedes am jetzigen Ort Verantwortlichen hochwillkommen waren.

II 23,1-7 hat der Forschung lange Zeit als besonders altertümlicher Text gegolten. MATHYS sieht das anders. In V.2f. werde David als Prophet gezeichnet. Freilich: „Er besitzt die Dignität eines Propheten, übt aber nicht dessen Amt aus" – was für großen Abstand sowohl vom Königtum wie von der Prophetie spricht. David „verliert hier wie Mose in einigen [sc.: besonders späten] Schichten des Pentateuchs jedes menschliche Maß" (1994, 160).

Wieder, so MATHYS, lassen sich Anspielungen auf Erzählungen der Samuelbücher beobachten: Der *ṣaddîq* von V.3 zielt auf I 24,18, V.5 auf die Natanweissagung II 7 (wobei deren Ewigkeitsaussage durch Verallgemeinerung „gerettet" wird), „V.6f. auf Saul, seine Dynastie (und weitere Feinde Davids)" (161); denn in der Tat wurde Saul ja 'verbrannt' (I 31,12), sein 'Speer' (*ḥanît*) war geradezu sprichwörtlich (I 22,6, vgl. I 17,40). Unter Verweis auf Sheppard (BZAW 151, 1980) stellt MATHYS fest, es werde „in diesem Text Davids Leben proverbialisiert" (163) – wiederum ein Kennzeichen einer besonders späten Textschicht im AT.

II 23,8-39. Den in diesem Abschnitt aufgezählten Anekdoten und Personendaten hat ELLIGER (1935 = 1966) eine ausführliche Untersuchung gewidmet. Dabei gelangt er zur Einsicht, daß hier eine sehr alte Quelle vorliegt, die aufschlußreiche Informationen über das Militärwesen zur Zeit Davids, genauer: während seiner Zeit als König zuerst in Ziklag, dann in Hebron (nicht mehr: in Jerusalem!) bietet.

Die 'Dreißig' sind nicht eine Ansammlung von Individuen, sondern eine Institution, die sich auch im Ägypten des Neuen Reiches nachweisen läßt. Am Hofe Pharao Ramses' II. hat sie eine vorwiegend militärische Funktion, darüber hinaus aber auch politischen Einfluß. Die Einrichtung mag über die jahrhundertelang ägyptisch dominierten kanaanitischen Stadtkönigtümer auch David zur Kenntnis gekommen und von ihm nachgeahmt worden sein. So sammelte David um sich eine „Leibgarde" – zu unterscheiden von der Leibwache! – „erprobter, ihm ganz ergebener Männer, deren jeder nicht unbedingt ein Führer, aber unbedingt ein ganzer Kerl und Krieger vom Scheitel bis zur Sohle war" (111). Die Zusammensetzung des Zirkels konnte fluktuieren; einzelne Mitglieder konnten, sei es altershalber oder wegen Verwendung in herausragenden Ämtern, ausscheiden und durch neue ersetzt werden. Die in der Liste 23,25ff. mit aufgeführten Herkunftsorte der 'Helden' spiegeln nach ELLIGERS minutiösen Nachforschungen (80-107) ungefähr den bewegten Lebenslauf Davids *vor* seiner Niederlassung in Jerusalem: Die ersten 23 Mannen scheinen sich ihm bis zu seiner Einsetzung als Stadtkönig von Ziklag angeschlossen zu haben; die letzten sieben, wohl allesamt ausländische Söldner, rückten in seiner Zeit als König von Hebron für eine Gruppe von „Altgedienten" (118) nach, die in der vorangehenden Anekdotensammlung besonders herausgehoben werden: 'Die Drei', wohl eine Troika besonders hoch dekorierter Offiziere (23,8-17), dazu die Zerujasöhne Abischai und Asahel (hier nicht erwähnt: Joab) sowie Benaja (23,18-24).

MAZAR (1963b) mißt der Chronik-Fassung unserer Listen (I Chr 11,26-47) weit mehr Quellenwert bei als ELLIGER. Dennoch kommt er nur in wenigen Punkten zu abweichenden Ergebnissen: David sammelte die 'Dreißig' bereits in seiner Zeit als Bandenführer um sich, und zwar nicht nach ägyptischem, sondern nach altisraelitischem Vorbild (310 – dazu Verweis auf Ri 14,11; I Sam 9,22). Die 'Drei' sind die Kommandeure von Davids 600-Mann-"regiment", das in drei Abteilungen aufgeteilt war: zwei kämpfende und eine dritte, welche die Waffen bewachte (314, dazu Verweis auf I 25,13; 30,9f.21-25). MAZAR möchte die 'Drei' und die weiteren Einzelnen von 23,18ff. den 'Dreißig' zuschlagen, so daß die Liste eigentlich bei 23,35 schließe; die restlichen Sieben „were perhaps added on to the Thirty to serve as officers over foreign mercenary units in David's army" (319). Die vierzehn weiteren Namen, die in der Chr-Parallele über die 'Siebenunddreißig' (II Sam 23,39) hinaus genannt werden, sind offenbar mit der Militärverwaltung des Ostjordanlandes in Verbindung zu bringen, aber nicht sicher zur Zeit Davids, sondern vielleicht zu der Jerobeams II. (786-746).

II 24. Dieses letzte und gewichtige Kapitel der Samuelbücher kann man als ganzes auf seine theologische Gesamtaussage hin, oder man kann es auf seine Entstehungsstufen und die darin sich spiegelnden geschichtlichen Vorgänge hin untersuchen.

Ersteres tut SCHENKER (1982). Er sieht das Kapitel als „eine planmässig gestaltete, im wesentlichen intakte Erzählung in mehreren Episoden, von denen keine entbehrt werden kann", und die darstellt, wie David „aus einem für sein Volk rücksichtslosen Tyrannen zu einem Vater seines Landes" förmlich umgeschmolzen wird (1982, I). So ist die Erzählung ein „Fürstenspiegel" (28). Sie gliedert sich in drei Akte, in denen die Entstehung, die Austragung und die Lösung des Konflikts vorgeführt wird.

– V.1-9 (dazu SCHENKER 17-23) setzt damit ein, daß Gott den König David zur Zählung Israels 'reizt'. Das meint nicht, daß eine Volkszählung an sich etwas Böses wäre (wie etwa Mord – zu dem Gott David *nicht* 'reizt'), und daß Gott dieses Böse herbeiführen wollte, um es dann bestrafen zu können. Vielmehr hätte David, wie die Parallele I 26,19 zeigt, die Möglichkeit, den in der 'Reizung' sich äußernden göttlichen Groll (den sogar der alte Haudegen Joab spürt!) durch geeignete Opfer zu besänftigen und sich auf diese Weise das Einverständnis zum Zensus zu holen. Doch dazu ist er zu selbstherrlich.

– V.10-17 (SCHENKER 1-9): Durch ein erstes Schuldbekenntnis hofft David die drohende Strafe für sein Fehlverhalten noch vermeiden zu können – vergeblich. Gott legt ihm drei Strafvarianten zur Auswahl vor: eine, die nur ihn und seine Familie, zwei, die mit ihm sein ganzes Volk treffen würden (wobei solche „Herrscherstrafen" einem guten Regenten besonders schwer zusetzen). David aber wählt, was seinem Volk schadet – weil, wie er sagt, Gott nicht so hart sein könne wie menschliche

Feinde. Er täuscht sich, jedenfalls fürs erste. Die Pest wütet nicht einmal *einen* Tag (hier die etwas waghalsige These, die angekündigten *drei* Tage seien noch nicht einmal ins Land gegangen, 7f.), und schon sind 70.000 Menschen 'von Dan bis Beerscheba' tot – die gleiche Formel wie im Zensusbericht, V.2! Da aber packt zuerst Gott (V.16), dann David (V.17) das Mitleid. Die beiden Verse dürfen keinesfalls, wie es in Kommentaren und Übersetzungen oft geschieht, umgestellt werden; denn „Davids Fürbitte (ist) nicht die Ursache von JHWHs Erbarmen“ (8). In seinem zweiten Schuldbekenntnis sieht David nicht mehr nur sich, sondern sein Volk: „das richtige Verhältnis zur Macht kann nur der zu Mitleid fähige Herrscher“ haben (9).

– V.18-25 (dazu SCHENKER 11-16): Gad teilt David „die Massnahmen mit, die JHWH aus ... seinem Erbarmen heraus anordnet“ (11). Der von Gott selbst inaugurierte Kult auf der Tenne Arawnas soll „bleibendes Unterpfand der Versöhnlichkeit JHWHs“ werden (15). Um der dauerhaften Versöhnung willen wird so viel Wert auf den Ankauf des Geländes gelegt. Die „Stiftung Davids“ betrifft lediglich „einen Altar und eine Opferliturgie“ (15); die Wohnung Gottes um den Altar herum zu bauen, bleibt Salomo vorbehalten.

Die Erzählung II 24 weist sachliche und wohl auch „zeitliche Nachbarschaft mit Ez 14 und Jes 53“ auf; vielleicht hat sie mit den Plänen zur Errichtung des Zweiten Tempels am Ende der Exilszeit zu tun (SCHENKER 1982, 38). Viel Gewicht wird auf die Erhellung der Auslegungsgeschichte des Kapitels gelegt (39-58): angefangen von der Chronik über die LXX und Josephus bis hin zu patristischen, rabbinischen und karäischen Deutungen. SCHENKER bekennt: „Die alte jüdische Exegese hat ... den Weg vorgezeichnet, dem die Interpretation der hier vorgelegten Untersuchung folgt“ (54).

Anscheinend, ohne SCHENKER zur Kenntnis genommen zu haben, gelangt BRUEGGEMANN (1988) zu einer ganz ähnlichen Interpretation von II 24: „There is a remarkably developed characterization of David offered in this narrative“ (392). „In the census, David acts the role of the potentate who will mobilize all his power for his own ambitious and oppressive ends ... Finally, in vv 18-25, David acts as a religiously submissive and obedient man“ (393). Für BRUEGGEMANN steht dieser Abschluß der Samuelbücher in einem gezielten Gegenüber zu ihrem Anfang, speziell zur Gestalt und vor allem zum Gesang der Hanna. „In the poem, Hannah stands as the extreme counterpoint to royal power. ... David has now [i.e. in II 24] become the true king ... he has become more like Hannah, Samuel's mother. Like her, he is empty-handed, utterly needful, utterly trusting. These narratives of Hannah and David ... provide an *inclusio* for the Samuel narrative about power and the transformation of power“ (396f.).

Andere Forscher haben sich der diachronen Analyse von II 24 gewidmet. Es scheint, als seien in dem Kapitel verschiedene, einst selbständige Überlieferungen verarbeitet: der Bericht von einem Zensus unter David, die Geschichte von einem Zusammenstoß zwischen dem Propheten Gad und dem König David, und die Ätiologie eines Altarbaus und des zugehörigen Opferdienstes auf der 'Tenne Arawnas', vor den Toren Jerusalems.

MEYERS (1987) meint der Erzählung II 24 recht viel über die Religionspolitik König Davids entnehmen zu können. Der Zensus, denkt sie, zielte auf die Rekrutierung gar nicht von Soldaten, wie sonst meist angenommen, sondern von Zwangsarbeitern für den Bau repräsentativer Gebäude, vor allem aber eines Tempels. Eben darauf deutet auch der Schluß des Kapitels: David erwarb bereits Gelände für den geplanten Tempelbau. Andere biblische Nachrichten verraten, daß er den Tempelbauplan noch weiter vorangetrieben hat: Die Lade als zentralen Kultgegenstand hat er nach Jerusalem überführen lassen (II 6), beamtete Priester hat er bereits bestallt (das zeigt die Nennung oberster Priester in den Beamtenlisten, II 8,17f.; 20,25f.), und die göttliche Zustimmung zu dem frommen Werk hat er eingeholt (und nach II 7,1-3 ja auch erhalten). Warum aber wurde David dann nicht wirklich zum „Temple Builder"? Die einfache Antwort, er habe das gar nicht gewollt, er und die Lade seien mit dem heiligen Zelt ganz zufrieden gewesen, weist MEYERS aus allgemeinen historischen Erwägungen weit von sich. Und auch die biblischen Erklärungen – David sei zu beschäftigt oder zu sehr Krieger gewesen oder von Natan dann doch an seinem Plan gehindert worden – greifen fehl. Die Lösung bietet II 24: Eine Pestepidemie unmittelbar nach dem Zensus weckte den Eindruck göttlicher Verstimmung und führte zur Aufgabe des Plans, den dann erst Salomo wieder aufnahm. – Hier wird die verwickelte und offenbar auf verwinkelten Wegen zustandegekommene Erzählung II 24 doch wohl allzu direkt als historische Quelle genommen.

Es scheint sehr wohl möglich, daß die in II 24 verarbeiteten Überlieferungen über die Ära Davids und damit über die israelitische Zeit Jerusalems zurückgreifen bis in die jebusitische. Denn erst unter David fiel Jerusalem an Israel, und ganz sicher waren seine kanaanitischen Bewohner schon zuvor religiöse Menschen und verehrten den Gott oder die Götter der Stadt an geheiligter Stätte. Könnte diese exakt der Ort des späteren JHWH-Tempels gewesen sein – womit JHWH eine andere, kanaanitische Gottheit beerbt hätte? Darauf deutet manches in unserer Erzählung

FUSS (1962) meinte, im Grundbestand von II 24 eine „Altar-Ätiologie" (V.2.4b. 8f.15aαb.*17-19.25) von einer „Kulthöhen-Ätiologie" (V.*16.20-24) isolieren zu können. Die erste soll in frühköniglicher Zeit in priesterlichen Kreisen entstanden sein und den Brandopferaltar im Jerusalemer Heiligtum betont als davidische

Neustiftung deklariert haben – im Unterschied zum Salomonischen Tempel, der lediglich ein erweitertes jebusitisches Heiligtum sei. Eben dies verrät in wünschenswerter Deutlichkeit die im Kern jebusitische „Kulthöhen-Ätiologie", die erzählt, wie einst dem Jebusiter Arawna bei seiner Tenne ein Gottesbote erschien und ihm bedeutete, dies sei heiliges Land, woraufhin er spontan seine Dreschrinder als Opfer dargebracht und so einen Höhenkult inauguriert habe... Diese Erzählung sei der anderen von der Altarstiftung ein- bzw. angefügt und dabei davidisch-israelitisch überarbeitet worden. Spätere Zuwächse lägen in V.3.4a.5-7(?!).10.11b-14 vor.

Auf diesen literarhistorischen Ansatz kommt RUPPRECHT (1977) bei seinem Versuch zurück, den Tempel Salomos als „jebusitisches Erbe" zu erweisen. Zunächst gliedert er V.2-10 als selbständige, freilich in V.1.3.4a.10 redaktionell erweiterte Sonderüberlieferung aus (6). Ebenfalls für sich zu nehmen sei die aus prophetischem Geist geborene Erzählung „Wie David aus drei Strafen eine auswählen durfte", V.11-15; an ihrem Anfang habe einst vielleicht eine andere Exposition als der Zensusbericht gestanden (6f.), während mit V.15 der ursprüngliche Abschluß erhalten sei. Zudem sei „überlieferungsgeschichtlich vom Voraufgegangenen unabhängiger Stoff" in V.16-25, namentlich im Motiv des Verderber-Engels, zu greifen (8). Daß dieser sein grausiges Tun gerade vor den Toren Jerusalems, just bei der Tenne Arawnas, abbricht (V.16), macht den Kern der Tradition aus. So „dürfte Arauna in der ursprünglichen Fassung derjenige gewesen sein, welcher der Angelophanie (oder Theophanie) ansichtig und anschließend auch zum Kultgründer geworden ist" (10). König David, der Prophet Gad und auch der Altarbau sind in der Szene sekundär; Arawna opferte vermutlich unmittelbar auf dem heiligen Felsen (12, dazu Verweis auf Ri 6,20 und 13,19).

DIETRICH (^{2}1992, 31ff.) führt diese Analysen weiter und versucht, die stufenweise Entstehungsgeschichte von II 24 nachzuvollziehen. Die vermutete jebusitische Legende lasse sich aus der LXX-Fassung und der Chronik-Parallele (I Chr 21) noch vervollständigen: Arawna war gerade mit seinen 'vier Söhnen' beim 'Weizendreschen', als er des 'Boten' Gottes gewahr wurde, der seine Hand zum 'Schlag' gegen Jerusalem erhoben hatte; geistesgegenwärtig opferte er seine Dreschrinder, besänftigte damit den Todesengel und rettete so die Stadt. Der jebusitische Kult auf der 'Tenne Arawnas' vergegenwärtigte das schaurige Geschehen und versprach dauerhafte Bannung solch tödlicher Gefahr. – Als dann der Salomonische Tempel errichtet war, entstand das Bedürfnis einer „Israelisierung und Jahwisierung" (35) der Gründungslegende: Nicht mehr nur Jerusalem, sondern ganz Israel wurde vom Todesengel bedroht, doch gebot diesem JHWH knapp vor Jerusalem, just an der Tenne Arawnas, Einhalt (V.16). Daraufhin wurde David vom Propheten Gad (der hier, wie sonst öfter, die Rolle des Orakelgebers spielt) zum Ort des Wunders in Bewegung gesetzt und stiftete dort aus Dankbarkeit einen Altar (eben den Brandopferaltar im späteren Jerusalemer Tempel). – Eine andere, in prophetischen Kreisen überlieferte Geschichte vermittelte indes ein ganz anderes Bild von Gad: Auf einen unguten Vorfall hin – es ist nicht mehr zu ermitteln, ob das schon immer der Zensus war – trat er David als Gerichtsprophet entgegen und legte ihm drei Strafen zur Wahl vor... DtrP war es, der diese Erzählung (V.*11-15) aufnahm und sie auf der einen Seite mit der Tennen-Geschichte, auf der anderen mit dem (von ihm kritisch umgewerteten) Zensus-Bericht verknüpfte. So klingt nunmehr die Davidgeschichte, statt in einem triumphierend-hellen, in einem warnend-düsteren Schlußakkord aus.

Wie im Fall von II 24 (und nicht nur hier!) die synchronische und die diachronische Betrachtungsweise zu vereinbaren seien, ist eine vorerst noch offene Frage – bzw. eine unabweisbar gestellte Aufgabe.

D. DIE THRONFOLGEGESCHICHTE – DAS GESAMTWERK

Spannende, gewalttätige und tragische Vorgänge und Verwicklungen innerhalb der königlichen Familie und des davidischen Staates bis hin zur Nachfolge Salomos auf dem Thron Davids stehen im Mittelpunkt der Überlieferung von II Sam 9 - 20 + I Kön 1 - 2. Seit langem wird hierin ein zusammenhängendes literarisches Werk gesehen, das zu den eindrücklichsten und kunstvollsten hebräischer Erzählkultur gehört. Je nach Interpretation und Abgrenzung werden unterschiedliche Titel gewählt: 'Thronfolgegeschichte Davids' ('Succession Narrative'), 'Hofgeschichte' ('Court History') oder auch 'Geschichte(n) von König David' ('Story of King David'). Für die folgende Darstellung soll der bekannteste Titel 'Thronfolgegeschichte' (TFG) gebraucht werden, ungeachtet der Frage, ob dieser auch der zutreffendste ist. Das Erzählwerk besteht aus einzelnen, klar abgrenzbaren Erzählblöcken, die mehr oder weniger fest miteinander verbunden sind: II Sam 9 + 10 bis 12 + 13 - 14 + 15 - 19 + 20 + I Kön 1 - 2. In der Separierbarkeit einzelner dieser Blöcke liegt ein beträchtlicher Teil der literarischen Probleme.

Diese 'Thronfolgegeschichte Davids' hat in unserem Jahrhundert in sehr unterschiedlicher Intensität exegetische Forschung provoziert, was zweifellos mit der herausragenden Wirkung der 1926 veröffentlichten Untersuchung LEONHARD ROSTS und seiner Ergebnisse zusammenhängt, deren grundlegende, fast kanonische Akzeptanz über vierzig Jahre anhielt. Noch 1961 kommt ERNST JENNI bei seinem Bericht über „Zwei Jahrzehnte Forschung an den Büchern Josua bis Könige“ mit ganzen vier Zeilen für die TFG aus. Das wird hier nicht gelingen. Denn seit Ende der 60er Jahre regt sich vermehrt Widerspruch gegen den Entwurf des 'Übervaters', und gegenwärtig bietet sich eine vielfältige Forschungslandschaft dar.

1. Die Thronfolgegeschichte nach Leonhard Rost (1926)

ROST suchte die Existenz eines zusammenhängenden und ursprünglich literarisch eigenständigen Überlieferungsblocks nachzuweisen. Dieser umfaßt II 6,16.20-23; 7,11b.16; 9 - 20 + I Kön 1 - 2 und hebt sich durch das Thema der Thronnachfolge Davids und vor allem durch seine dichterische Gestaltungskraft deutlich gegen die literarische Umgebung ab, während seine einzelnen Szenen durch ein Geflecht enger gegenseitiger Bezüge miteinander verwoben sind (1926 = 1965).

Um die Grenzen des Werks zu erkunden, tastet sich ROST, ausgehend von der größten zusammenhängenden Erzählung vom Abschalomaufstand (II 15 - 20) nach vorn und zurück. Der Tamar-Amnon-Komplex (II 13f.) ist als Vorgeschichte des Abschalomaufstands von II 15ff. nicht zu trennen (vgl. 15,8). Innerhalb von II 15 bis 20 ist keine Szene entbehrlich. Die Ziba/Meribaal-Episoden (II 16,1-4; 19,25-31) bleiben ohne II 9 unverständlich. Die Tötung der Söhne Sauls in Gibeon (II 21) gehört sachlich eigentlich vor II 9, weil dort Meribaal als der letzte der Sauliden erscheint. Doch diese Episode ist stilistisch um Welten von der TFG entfernt und kann so nicht den Anfang des Erzählwerks bilden. Da II 20,22 keinen Abschluß bietet, aber II 19,23 unbedingt eine Fortsetzung erfordert, gehört die Erzählung von Salomos Thronbesteigung (I Kön 1f.), die im gleichen Erzählstil gehalten ist und viele Erzählfäden aus II 13 - 20 weiterspinnt, als glänzendes Schlußgemälde und Zielpunkt der Geschichte dazu, zumal ihr Ende in I Kön 2,46 mit aller wünschenswerten Deutlichkeit erreicht wird. Hauptakteur in I Kön 1f. ist Salomo, um dessen Thronbesteigung es geht, und dessen Geburt einst als mittelbare Folge von Davids Ehebruch mit Batscheba (II 10 - 12) erzählt worden ist. Von I Kön 1 und seiner in „brutaler Aufdringlichkeit und aufpeitschender Eintönigkeit" (195) wiederholten Frage: „Wer wird sitzen auf Davids Thron?" erschließt sich ROST dann das Thema der Gesamtgeschichte. Unter der Perspektive des so eruierten Themas behandeln II 13 - 20 die 'Vorgeschichte der Thronfolge' und II 10 - 12 die 'Vorgeschichte des Thronfolgers'. Auch II 9 gewinnt nun seinen guten Sinn, weil in dieser Episode Davids Verhältnis zu den Sauliden mit ihrer immer noch latenten Hoffnung auf Regentschaft geklärt wird. Doch bietet II 9 noch keinen stilistisch zureichenden Anfang einer Erzählung vom Rang der TFG; außerdem setzen I Kön 1f. eine göttliche Dynastieverheißung an David voraus, also in irgendeiner Form die Natanverheißung (II 7). Daher versucht ROST die Grenzen der TFG über II 9 hinaus zu erweitern und findet in II 7,11b.16 das Bruchstück einer alten Dynastieverheißung. Endlich gehört noch die Michalepisode mit der Nachricht ihrer Kinderlosigkeit II 6,16.20-23 dazu. Sie bildet den eigentlichen Anfang der TFG, den der Verfasser in den Schluß der Ladeerzählung verzahnt hat. Mit ihrer Kinderlosigkeit nämlich fällt die Saultochter Michal, das wichtigste Bindeglied zu den Sauliden, als Mutter des Thronfolgers aus. Damit wird gleich am Anfang die Frage, wer Davids Thron einmal einnehmen soll, im Hinblick auf etwaige

Nachkommen Sauls negativ entschieden. Auf diese Negation folgt dann mit der Dynastieverheißung an David (II 7,11b.16) unmittelbar die Position, sozusagen die thematische Fanfare zu allem folgenden.

Diese TFG ist von Anfang an die schriftlich fixierte Arbeit eines Autors, der nur wenige einzelne Quellen benutzt hat: vor allem die Ladegeschichte, das Fragment einer alten Dynastieverheißung sowie einen Ammoniterkriegsbericht (II 10 + 11,1 + 12,26-31), dessen Anfang der Erzähler durch 10,1-6a ersetzt hat und der ihm nun als Rahmen und Hintergrund für die konfliktreiche Vorgeschichte der Geburt Salomos dient (II 10 - 12).

Der Verfasser ist zweifellos einer der besten Erzähler hebräischer Sprache. Auf die Untersuchung seiner erzählerischen Kunst legt ROST ein besonderes Gewicht, denn neben dem Wortschatz und dem Ideengehalt lasse vor allem eine Untersuchung des Stils einem Autor ins „Herz schauen" (120).

Die TFG erzählt mit „epischer Breite" und „behaglicher Kleinmalerei", aber auch mit außerordentlicher Knappheit. Auf der einen Seite stehen Bilderreichtum, plastische Vergleiche, eine Vielzahl von Substantiven und Adjektiven, auf der anderen Seite drängen sich knappste Verbalsätze. So werden Spannungsbögen aufgebaut und ein oft wechselnder Erzählrhythmus geschaffen. Die TFG zerfällt in eine Vielzahl in sich abgerundeter Einzelszenen mit jeweils nur wenigen Handlungsträgern, die aber durch Anspielungen, Wiederholung von Wendungen und Motiven, Vor- und Rückverweisen und natürlich durch die unterschiedlichen Auftritte der selben Personen in einem raffinierten Geflecht so verbunden sind, daß auf kaum eine Szene oder ein Detail ohne Schaden verzichtet werden kann. Die Schauplätze wechseln schnell. Gleichzeitig spielende Handlungsabläufe werden durch Botenszenen dramatisch verbunden. Herausragend sind die Reden und Dialoge gestaltet, deren unterschiedliche Gattungen von der knappen militärischen Meldung bis zur geschwätzigen Überzeugungsrede der Erzähler virtuos handhabt. Den Reden kommt die eigentliche szenenbildende Kraft zu, während die Handlungsschilderungen stellenweise nur noch Rahmen und Einkleidung abgeben. In diesen macht ROST die häufig vorkommende Redeform der Ploke aus, bei der „ein Satz durch einen folgenden begründet oder erweitert und zum Schluß nochmals wiederholt wird, so daß das Schema a b a entsteht" (221). Außerhalb der TFG findet sich die Ploke zwar auch (z.B. Gen 50), aber doch selten; und sie fehlt in der sonstigen Davidüberlieferung. In ihr sah ROST eine besondere Stileigentümlichkeit des Erzählers. (Vgl. II 11,20-22.25b; 13,32f.; 15,19f.; 16,7f.; 19,12f.).

Die hohe Gestaltungskunst der TFG zeige sich auch darin, daß der Erzähler sein Thema der Thronfolge zu Beginn (II 6,23; 7,11b.16) nur ganz kurz anklingen läßt, um es im weiteren unbeirrt zu verfolgen, ohne es expressis verbis zu nennen, bis es endlich im Finale (I Kön 1) mit großer Wucht ans Licht tritt (230). Wie die vielerlei

Erzählfäden, die geknüpft, fallengelassen, wieder aufgenommen, aber nie vergessen, sondern zu Ende geführt werden, so ist auch die Personenführung in der TFG sorgfältig gestaltet. Außer David, Joab und Abjatar werden alle Personen mit näheren Kennzeichnungen eingeführt, auf ihren verschlungenen Wegen durch die Erzählung begleitet, bis sie aus ihr verabschiedet werden, meistens freilich mit der Todesnachricht. Dagegen bleiben Charakterisierungen der Volksmassen oder bestimmter Gruppen blaß und im Hintergrund. Die geschilderte Geschichte wird ganz von Einzelpersonen beherrscht und getragen.

Ist das Ganze nun Dichtung oder (historische) Wahrheit? Gerade die hohe Kunstfertigkeit der Erzählung, mit ihren zahlreichen Gesprächen unter vier Augen und intimen Szenen in Palast und Schlafgemach, nähren bei ROST Zweifel an der nicht nur seinerzeit allgemeinen Hochschätzung der TFG als historischer Quelle. Immerhin spreche die Benutzung des Ammoniterkriegsberichts und die Detailkenntnis, die offene Art, in welcher der Ehebruchskandal geschildert wird, dafür, „daß hier wirkliche Geschichtstatsachen erzählt werden, allerdings in einem stark stilisierten Gewand" (233).

Wer war der Verfasser? Mit Sicherheit ein Mann im Umkreis des Hofes, wie aus der Erzählperspektive und der außerordentlichen Detailkenntnis höfischer Gepflogenheiten (Ergebenheitsformeln usw.) hervorgeht. Ob es nun Ahimaaz ben Zadok war (so KLOSTERMANN 1887), jemand aus der Nachkommenschaft Abjatars, die ihr Exil in Anatot zur schriftstellerischen Ausformung ihrer Familienüberlieferungen genutzt habe (so eine einflußreiche Vermutung BERNHARD DUHMS), oder ein Anonymus: das ist schwer zu entscheiden. Was für einen Freund Salomos (und gegen Abjatar) spreche, ist die Tendenz der TFG, die für ROST „trotz allem" ... „in majorem gloriam Salomonis" (234) abgefaßt ist; denn das „Wort: 'Jahwe liebte ihn' (sc. II 12,24b) und dann die Reden Davids und Benajas" anläßlich von Salomos Thronbesteigung zeigen ein „derartiges Wohlwollen, das die Grenzen der Objektivität doch weiter überschreitet, als man Wort haben will" (234). Die TFG entstand in der Anfangszeit der Regierung Salomos und ist im Laufe ihrer Überlieferung nahezu unversehrt geblieben.

Später zugewachsene Stücke erkennt ROST neben II 7 nur in Natans Drohrede 12,7b-12, den Abschalomnotizen in 14,25-27; 18,18; der Beamtenliste 20,23-26 sowie in I Kön 2,3f.11.27b. Von diesen weist ROST II 7,13b.22-24 und I Kön 2,3f.11 einer dtr Hand zu.

Das theologische Profil des Erzählers wird besonders an der Art erkennbar, wie er Gott in die Geschichte einwirken läßt. JHWH gibt sich weder durch Wunder, Träume oder Orakel, sondern im unmittelbaren Gang der Ereignisse kund. Nur an drei Stellen gibt der Erzähler zu erkennen, daß Gott selbst hinter den Ereignissen steht (11,27b; 12,24f.; 17,14b). Aus dem Fehlen jeglichen wunderhaften Eingreifens JHWHs schließt ROST, „daß für den Erzähler das Wirken Gottes in der Geschichte ein größeres Wunder war als einzelne Wundergeschichten, an denen zu seiner Zeit wohl kein Mangel gewesen ist“ (235).

In den meisten ihrer Erkenntnisse steht ROSTS feinsinnige Analyse viel stärker auf den Schultern von Vorgängern als hier zu skizzieren ist. (Vgl. EDWARD BALLS ausgezeichnete forschungsgeschichtliche Einführung 1982). ROSTS herausragende Bedeutung gründet sowohl in der integrativen Kraft seines Gesamtentwurfs als auch in der Verbreitung, die seine Ergebnisse durch die Werke anderer bedeutender Forscher erfuhren. Mit der Herausarbeitung eines einheitlichen literarischen Werkes konnten beide seinerzeit bestehenden alternativen Sichtweisen von der literarischen Genese des 2. Samuelbuches gleichsam durch eine mittlere Position aufgehoben werden.

Die einen sahen in den Texten eine Sammlung ehemals selbständiger Novellen. Vgl. LUTHER (1906), CASPARI (1909a; 1911), GRESSMANN (^{2}1921). Letzterer hat in seiner Rezension (1926) des ROSTschen Werks dann immerhin II 13 - 20; I Kön 1f. als „einheitliche Quelle“ anerkannt. Die andere Sichtweise war durch quellenkritische Versuche geprägt, die Urkunden des Pentateuch in den Samuelbüchern weiter zu verfolgen (BUDDE, EISSFELDT). Diese Position schwächte ROST entscheidend dadurch, daß er innerhalb seiner Theorie mit ehemals selbständigen Großerzählungen (Ladegeschichte, Aufstiegsgeschichte Davids und TFG) rechnete und das horizontale Urkundenmodell durch ein vertikales Blockmodell ersetzte. Dabei soll aber nicht verkannt werden, daß auch bei den profiliertesten Vertretern der Quellenscheidung in den Samuelbüchern nie zweifelhaft war, daß II 9 - 20; I Kön 1f. in ihrer Hauptmassse „deutlich eine literarische Einheit“ darstellen (so EISSFELDT 1931, 50; ähnlich BUDDE 1902, XIV).

Die Gesamtthese ROSTS, d.h. seine Bestimmung der Grenzen, des Themas und der Tendenz des Werks sowie die Betrachtung der TFG als literarisches Werk eines nahezu zeitgenössischen Autors, sind durch ALBRECHT ALT (1930 = 1953), MARTIN NOTH (1943; modifiziert 1968) und vor allem durch GERHARD VON RAD (1944 = 1965 u.ö.)

in jeweils einflußreichen Arbeiten unterstützt worden. So sind sie lange Zeit und – von Modifikationen abgesehen – für manche bis heute das entscheidende Wort zur Sache geblieben.

Dabei ist forschungsgeschichtlich aufschlußreich, daß der von ROST vorgeschlagene Beginn der TFG (II *6; *7) in den Rezensionen seiner Studie, von denen die EISSFELDTS (1928) die bedeutendste war, rundweg und mit guten Gründen abgelehnt wurde. Vgl. noch GRESSMANN (1926) und KUHL (1928). Denn die stilistische Einheitlichkeit, die ROST für seine TFG forderte, läßt sich für II *6; *7 nicht erweisen. Der Zusammenhang dieser Kapitel zur TFG wird allein über die Evidenz des gefundenen Themas aufgewiesen, das in II *7 anklingt und in II *6 indirekt erschlossen wird. Dies aber sei nicht zwingend begründbar. Die Brücke zwischen I Kön 2,24 und der Dynastiezusage in II *7 gehört einer späteren Bearbeitung an (GRESSMANN 1926). Erst ab II 9 wird der Grund sicherer. Das aber ist eine alte Erkenntnis (WELLHAUSEN ^{3}1899, 255f.).

Doch auch eine so abgegrenzte TFG hat noch immer „feste Brükken" zu den anderen Daviderzählungen (besonders den Saulidenepisoden und dem David-Jonatan-Komplex), die ROST zu wenig beachtet, und die einer Erklärung bedürfen. So sei der Anfang (wie auch das Ende) der TFG „willkürlich bestimmt", vermerkt EISSFELDT (1928, 505).

Allerdings blieben EISSFELDTS kritische Bemerkungen wohl deshalb ohne Wirkung, weil er selbst noch immer auf dem Boden der Quellenscheidungstheorie nach einer Lösung der literarischen Probleme der Samuelbücher suchte und keinen überzeugenden Gegenentwurf (1931) liefern konnte. Seine Fragen indes bleiben bestehen.

Als mehr oder weniger feste Brücken zur übrigen Davidüberlieferung sind die folgenden anzusehen:

– Die von David veranlaßte Tötung der Söhne Sauls, von der II 21 erzählt, wird sachlich in II 9 vorausgesetzt und begründet den Fluch des Benjaminiten Schim'i (II 16,7f.).

– 'Benjaminitische Episoden' (Ziba, Meribaal, Schim'i) finden sich innerhalb (II 9; 16,1-4.5-14; 19,17-31; I Kön 2,8f.36-46) wie außerhalb der TFG (II 2 - 4).

– Wenn nach II 9,1 David den übriggebliebenen Sauliden 'um Jonatans willen' Gunst zu erweisen verspricht, wird die Freundschaft Davids mit Jonatan vorausgesetzt, die literarisch ein wesentliches Moment der sog. Aufstiegsgeschichte darstellt (I 18,1ff.; 20,12ff.; 23,17ff. u.ö.).

– Salomos Ausschaltung Joabs (I Kön 2) wird mit dessen Mord an Abner begründet, der in II 3 erzählt wird.

– Die Negativcharakterisierung der Zerujasöhne Joab und Abischai und Davids schwieriges Verhältnis zu ihnen begegnet innerhalb der TFG (stereotyp in II 16,10f.; 19,22f.; nicht in II 10,9ff.!) wie außerhalb (I 26,8; II 3,27.39) und ist oft mit dem Motiv von der 'Unverletzlichkeit des Gesalbten' verbunden, das auch sonst häufiger in der David-Saul-Überlieferung vorkommt (z.B. I 24,11; II 1,16).
– Ähnlich übergreifend ist der Topos vom '(unschuldig) vergossenen Blut und seinen Wirkungen' (vgl. I 25,26.31.33; II 1,16; 4,11; 16,7f.; 21,1; I Kön 2,5f.32f.37).
– Die verschiedenen Dynastiezusagen in I Kön 1f. scheinen nicht allein auf die Natanweissagung (II 7) zurückzugreifen, sondern sind bereits innerhalb von I Sam mehrfach vorbereitet worden.

2. Die literarischen Grenzen der TFG

2.1 Der Anfang

Mit II 9 beginnt zwar ein relativ geschlossener Erzählzusammenhang, aber ein Anfang ist es nicht. Zieht man die hohe erzählerische Qualität der TFG in Rechnung, kann sie „nicht derartig stümperhaft mit einem Kapitel begonnen haben, das nicht nur eine bestimmte Situation, sondern ganz spezielle Vorgänge, nämlich die Ausrottung eines großen Teiles der Saul-Familie, voraussetzt, ohne sie selber zu berichten" (SCHULTE 1972, 139).

a.) Der Anfang in II 21: Gehört nicht, trotz der häufig geäußerten stilistischen Bedenken, die Überlieferung von der Tötung der sieben Sauliden (II 21), die historisch am ehesten in die frühe Regierungszeit Davids gehören dürfte, nicht nur sachlich, sondern auch literarisch vor Kap.9? Davids Gnadenerweis an Meribaal (II 9) und der Fluch Schim'is (II 16) nehmen darauf Bezug. Gab es literaturgeschichtlich eine Stufe, auf der sich II 21,1-14 vor II 9ff. befand, wie zuerst KLOSTERMANN (1887, 168) behauptete und nach ihm viele annahmen?

Die Probleme diskutiert SCHNABL (1988, 133-140). Er findet den Beginn der alten TFG zuversichlich in II 21,1-6.8-14. Dieser Anfang sei dann später abgetrennt, legendarisch und davidfreundlich überformt und mit II 24 zusammengestellt worden. Einer alten Beoabachtung KLOSTERMANNS folgend, soll in dem eigentümlich nachhinkenden *ʾaḥ^{a}rê ken* in 21,14bγ die alte erzählerische Naht noch zu erkennen sein. Allerdings sei die „nähere Redaktionsgeschichte" von II 21,1-14, die aus dem davidkritischen Anfang der TFG die fromme, David als gottergebenen Herrscher zeigende Legende von II 21 werden ließ, „nicht mehr zu erhellen" (137). Die gründlichste Bestreitung der These vom Anfang der TFG in II 21 stammt von VEIJOLA (1978 = 1990).

b.) Der Anfang im Ende der sog. Aufstiegsgeschichte Davids: Unbeeindruckt von der durch ROST inaugurierten Trennung von Aufstiegs-, Lade- und Thronfolgegeschichte arbeitete SEGAL (1964/65 = 1967) eine „First Story of David“ heraus, die nicht nur die TFG, sondern auch große Teile der Aufstiegsgeschichte mit umfaßt. Denn in dieser sah er den gleichen hochstehenden Erzählstil wie in der TFG und damit den selben Autor am Werk. Er bereitete damit den Boden für manche Versuche, die TFG mindestens auf die 'benjaminitischen Episoden' in II 2 - 4 auszuweiten.

Dies versuchte erstmals SCHULTE (1972). Sie fragte nach dem jeweils ersten Auftreten der in der TFG handelnden Personen. Von David, Joab und Abjatar abgesehen, begegnet ab II 2,8ff. ein neuer und und viel weiterer Kreis von Handlungsträgern als in den zurückliegenden Erzählungen. Andererseits fehlen ab 2,8ff. alle Merkmale, die für die vorangegangenen Kapitel kennzeichnend sind. II 2,8.9.10b bringt die Exposition und Vorstellung Abners (10a.11 sek.), so daß mit V.12ff. dann die Handlung beginnen kann. In II 3 wird der Mord Joabs an Abner erzählt, der später in I Kön 2,5.32 als Begründung für das Todesurteil an Joab dient. „So greift das Ende des ganzen Erzählkomplexes auf den Anfang zurück“. Und es gibt „keinen Grund, die Kapitel II Sam 2 - 4 von den mit Kap.9 beginnenden Erzählungen zu trennen“ (142). Doch setzt auch ein so beginnendes Erzählwerk bereits das Königtum Davids in Hebron und seinen Bund mit Jonatan und damit die Kenntnis des Vorangegangenen voraus. Der Neueinsatz in 2,8ff. ist daher „als Fortsetzung eines anderen, vermutlich bereits vorliegenden Berichtes“ (142) zu verstehen, der in SCHULTES 'David-Saul-Geschichten' zu finden sei. Allerdings bricht zwischen II 5,3 sowie II 6; 9 der Erzählfaden sichtlich ab, denn von dem gewiß tiefgreifenden Übergang des Königtums von Hebron nach Jerusalem wird in der alten Erzählung nichts erwähnt. SCHULTE versucht diesen Bruch mit der Annahme zu erklären, daß zwischen 5,3 und 6,1 „eine oder mehrere Geschichten verlorengegangen sind“ (166). So kommt sie zu einem großen, sammelnden Literaturwerk, den „David-Geschichten“. Es besteht „aus mehreren in sich relativ geschlossenen Großerzählungen“ (180) und erstreckt sich über II 2,8 - 5,3; 6; 24; 21; 9 - 20; I Kön 1f.

SCHULTES Ansatz baut GUNN (1978, 66ff.) aus. Er findet eine stärker thematisch in sich geschlossene „Story of King David“ (II 2,8 - 4,12 [5,1-3* ?]; 9 - 20; I Kön 1f.). In dieser bilden II 2,8 - 5,3 + II 9 einen ebenso abgrenzbaren Erzählblock der 'Story' wie etwa II 15 - 20 oder I Kön 1 - 2. Das Problem des fehlenden Erzählübergangs von Hebron nach Jerusalem löst GUNN so, daß er die Episode von II 9 ursprünglich noch in Hebron spielen (V.13 sek.) und erst mit 10,1ff. einen neuen Erzählblock beginnen läßt. Dieser setzt dann allerdings David als König in Jerusalem voraus (11,1). Andernfalls könnte der jetzige Eroberungsbericht von Jerusalem auch eine ältere Passage verdrängt haben, die von Davids Übergang nach Jerusalem erzählt habe (69f.).

Dem Einbezug von II 2,8 - 4,12 + 5,3a in die TFG stimmt VAN SETERS (1983,

277-291) mit weiteren stilistischen Argumenten zu. (Vgl. ferner SACON 1982; ISHIDA 1982 sowie O.KAISER 1988).

Die Anstrengungen der genannten Autoren gehen vor allem in zwei Richtungen: Einmal soll gezeigt werden, daß die Erzählungen in II 2,8ff. als Voraussetzung von II 9ff. innerhalb desselben Literaturwerks nötig und aus dem Bestand der sogenannten Aufstiegsgeschichte Davids herauslösbar sind. Zum andern wird mit einer Fülle stilistischer Untersuchungen für II 2 - 4 der Nachweis des gleichen hochstehenden Erzählstils, der für die TFG charakteristisch ist, versucht (SCHULTE, GUNN, VAN SETERS, SACON). Hier rächt sich, daß ROST den Stil der TFG im Kontrast zur Ladegeschichte herausgearbeitet hatte und nicht gegenüber II 2 - 4 oder anderen Bestandteilen der Aufstiegsgeschichte (z.B. I 25). Denn die dort verwendeten erzählerischen Mittel stehen „schon ganz nahe bei der Thronfolgegeschichte", so daß RENDTORFF (1971, zit. 432), ohne die hier genannten literarischen Schlußfolgerungen zu ziehen, eine Verfasseridentität für II 3,6 bis 4,12 und die TFG vermuten konnte.

Eine Konsequenz dieser erweiterten Grenzziehung ist die vehemente Bestreitung des klassischen Generalthemas der 'Thronnachfolge Davids' als Ergebnis nicht nur „einer falschen Abgrenzung, sondern auch einer fehlerhaften Bestimmung" dessen, worum es in diesen Erzählungen geht (SCHULTE 1972, 138). Die Themen seien wesentlich vielgestaltiger, bleiben aber auf das persönliche wie politische Leben König Davids ausgerichtet. Daher sollte, so diese Autoren, als Oberbegriff für das Literaturwerk nur ein allgemeiner, wenig spezifischer Titel benutzt werden: 'Story of King David' (GUNN) = 'Erzählung vom König David' (O.KAISER); 'Court History' (VAN SETERS in Anlehnung an FLANAGAN 1971).

Daß mit dieser Grenzziehung tief in das traditionelle Modell der Aufstiegsgeschichte Davids eingegriffen wird, bedarf keines Hinweises. Ist einerseits kaum bestreitbar, daß II 9 Kenntnisse über die Sauliden (einschließlich Jonatans Freundschaft mit David) voraussetzt, bleibt fraglich, ob II 2,8 (12) tatsächlich ein geeigneter Anfang des Erzählwerks ist, in dem dann z.B. nur die Krönung Davids durch Nordisrael, nicht aber die durch Juda erzählt würde und weitere Verbindungslinien zur Aufstiegsgeschichte keine befriedigende Erklärung finden. Daher rechnet SCHULTE mit einer königsideologischen Bearbeitung, die – orientiert an der 'Unverletzlichkeit des Gesalbten' und der 'Unschuld des Königs' – bereits die 'David-Saul-Geschichten' und die 'David-Geschichten' gemeinsam betraf.

Zu dieser Bearbeitung, für die der in der Zeit Rehabeams wirkende Jahwist verantwortlich sein soll, gehören II Sam 1,5-10.13-16; 3,39; 16,10; 19,22-23; [15,25-26?]; 21,12-14a sowie der Grundstock des Natanauftritts II 12,1-4a.5.7a.*9. 13a.b; noch spätere, vorwiegend dtr Zusätze seien in 2,10a.11; 3,(1?).2-5.10.30; 4,2b.4; 5,2b.4.5.11-15 zu finden (1972, 155-160.166.180).

Auch für O.KAISER (1988) bleiben weitere Verbindungslinien zwischen Aufstiegs- und König-David-Erzählung unübersehbar und eine „sehr komplexe Erscheinung" (11), die er einem mehrfachen Redaktionsprozeß, der in beide Richtungen gewirkt hat, zuschreiben will.

Gestützt auf redaktionskritische Vorarbeiten von WÜRTHWEIN u.a. sieht O.KAISER:
– in II 4,10.11a + *w^{e}attā* von 11b sowie II 1,10-11a eine prodavidische Redaktion, die mit I Kön 2,31b-33 zu verbinden ist,
– in 3,38f.; 16,10.12; 19,22f. eine Reihe von Einschaltungen, welche Davids Testament in I Kön 2,5-9 vorbereiten,
– in II 3,14 und I 25,44 den redaktionellen Harmonisierungsversuch zweier David-Michal-Überlieferungen.

Bisher ist m.E. noch nicht hinreichend herausgearbeitet, ob und wie die nicht nur redaktionelle, sondern auch in den Grundschichten von II 2 - 4 deutlich wahrnehmbare Entlastung Davids von jeglichen Verbrechen an den Sauliden mit dem Erzählstil der Saulidenepisoden innerhalb der TFG kompatibel ist. Diesen Texten im Grenzbereich von Aufstiegs- und Thronfolgegeschichte kommt zweifellos eine Schlüsselstellung für die literarische Genese der Davidüberlieferung zu. Zur Kritik der hier dargestellten Versuche, den Anfang der TFG in II 2,8 zu suchen, vgl. VEIJOLA (1978 = 1990) sowie SCHNABL (1988, 42ff.). VEIJOLA (1975, 94) sieht es als erwiesen an, „dass sämtliche Stellen innerhalb der Aufstiegsgeschichte, die 2 Sam 9 vorbereiten, von DtrG stammen", was eher nach einem Programm als nach einem Ergebnis klingt. (Zu den Möglichkeiten vordtr Zusammenwachsens der Samuelüberlieferung vgl. oben B. 2.3.)

Es sei noch erwähnt, daß HERTZBERG in guter Kenntnis der Situation die Aussichtslosigkeit betont, einen literarisch befriedigenden Abschluß der Aufstiegs- und Anfang der Thronfolgeerzählung finden zu wollen: Es „sind da überall die Dinge so miteinander verzahnt, daß sich literarisch schwerlich weiterkommen läßt“ (1956, 240). Ähnlich denkt auch STOLZ, der sich ein baldiges tiefgreifendes Zusammenwachsen der ursprünglich getrennten Überlieferung beider Erzählwerke vorstellt. Die „verbindenden Elemente sind nicht als oberflächliche redaktionelle Übermalung zu werten, sondern sie stellen grundlegende Motive beider Erzählzusammenhänge dar“ (1981, 18).

c.) Ein Grundbestand von II 7 als Anfang der TFG: Während die Verzahnungshypothese der TFG mit der Michalepisode in II 6,16.20-23 heute weithin aufgegeben wird, fehlt es doch nicht an Stimmen, die an II *7 als Anfang der TFG festhalten. Scheint doch erst die Natanverheißung wichtige theologische – und mit der Einführung des dynastischen Königtums auch verfassungsrechtliche – Perspektiven auf das folgende zu eröffnen, die der Geschichte sonst fehlen würde (VON RAD 1944 = 1965, 177).

RIDOUT (1971) sieht nahezu den gesamten Bestand der Natanverheißung (samt Dynastiezusage und Davidbund) als für die TFG unverzichtbar an. Vorsichtiger ist METTINGER, der die Natanverheißung noch nicht auf die Dynastie, sondern konkret auf Salomo gemünzt sieht (1976, 48-63). SEEBASS weist auf das prophetische Element hin: Natans Auftreten in II *7 sei ein „überaus kühner Akt, den Machtmenschen David und seine Nachkommen unmittelbar Jhwh zu unterstellen und für Jhwh in Anspruch zu nehmen“ und erscheint somit als ein würdiger Anfang der „Erzählung von der Krise des Staates Davids“ (1980, 35f.). Eine ähnliche prophetisch-theopolitische Gesamtperspektive macht auch POLAK (1994) aus. In II 7 seien wichtige Stichworte und Bezüge zu finden, die später aufgenommen werden, was als raffinierte Erzähltechnik (‘foreshadow’) des „prophetic narrator“ der TFG anzusehen ist und sich nicht der redaktionellen Bearbeitung verdankt. Dabei ist die theologische Strahlkraft der Natanverheißung unbestritten und für den Endtext der TFG kaum zu überschätzen, aber sie ist doch eher eine nachträglich gezielt geschaffene. (Vgl. weiteres unter C. 2.)

d.) Weitere Bestimmungen des Anfangs (Kap.9; 10; 11; 13; 15): Bleibt demnach nur, den Beginn der TFG mit II 9 zu markieren, obwohl dies kein Anfang ist? Bereits WELLHAUSEN war skeptisch gegenüber den Versuchen, den Anfang der TFG in den uns erhaltenen Samueltexten wiederzufinden: „Der Anfang ist nicht erhalten“ (^{3}1899, 256). Vielleicht ist er im Zuge kompositioneller und redaktioneller Vorgänge weggebrochen (WHYBRAY 1968, 8 u.a.), was angesichts der komplizierten literaturgeschichtlichen Probleme, die durch die vordtr Davidüberlieferung aufgegeben werden, nicht auszuschließen ist. Es liegt aber in der Natur der Sache, daß mit einer solchen Auskunft die Neugier der Forschenden eher angereizt denn besänftigt wird.

II 9 gehört noch nicht zum Werk des Thronfolgeerzählers, weil erst ab II 10ff. „die Geschlossenheit des Werkes evident wird“, vermutete WÜRTHWEIN (1974, 58), der die Kategorie der ‘Geschlossenheit’ eng mit der von ihm eruierten davidkritischen Tendenz der TFG verbindet, die in Kap.9 ganz fehlt.

Folgerichtig nennt es VEIJOLA „schwer verständlich, wenn bereits der Thronfolgeerzähler 2 Sam *9 und *10 - 12 nacheinandergestellt hätte; zu verschieden ist der Ton in diesen beiden Geschichten“ (1978 = 1990, 80). In Weiterführung der Analysen LANGLAMETS (1976a) grenzt VEIJOLA Kap.9 und die mit diesem zusammenhängenden ‘benjaminitischen Episoden’ (*II 16,1-4.5-14; 19,17-24.25-31) aus der TFG aus und schreibt sie der prodavidischen und prosalomonischen Bearbeitung zu. Eine Ausnahme bilde allerdings die (salomokritische) Schim’iepisode in I Kön *2,36-46 (sek. 37b.44-45), „die ihren Horizont ganz in sich selbst“ hat und daher zur TFG hinzugehört.

Man kann aber auch noch weiter zurückgehen, denn auch Kap.10 wäre ein eigenartiger Anfang und ist zudem kaum fest mit II 11f. verbunden (s. unten E. 1.1). So umfaßt CAMPBELLS ‘Court History’ nur noch II 11 - 20 (1986, 82f.). Und BAR-EFRAT bemerkt: „There is greater unity in the block of narratives in 2 Samuel 11 - 20“ (1989, 136). Doch würde die ‘unity’ unvergleichlich ‘greater’, wenn der Hiat zwischen II 12 und II 13 wahrgenommen und erst II 13 - (19)20 als eine geschlossene Erzählung gesehen wird, wie CONROY (1978) in aufwendiger Argumentation nachweist. Während sich BAR-EFRAT und CONROY literaturgeschichtlicher Spekulationen darüber enthalten, ob mit II 13 - 20 auch die Grenzen eines alten Erzählwerks markiert sind, erkennt FLANAGAN (1972) in der ‘Court History’ von II 13 - 20 die Grundlage eines später erweiterten Erzählwerks. Für MILDENBERGER (1962) endlich umfaßt die TFG gar nur II 15 - 20 + I Kön 1f. und ist später mit anderen historiographischen Stücken (II 10 - 12; 13 - 14) ergänzt worden. Das führt bereits tief in die Frage nach der Wachstumsgeschichte der TFG hinein (s. unten D. 6.).

2.2 Der Schluß

„Und die Herrschaft war fest geworden in der Hand Salomos“ heißt der gleichermaßen lapidare wie hintergründige Satz, der die Erzählung von der Machtergreifung Salomos in I Kön 2,46a abschließt. Daß damit zugleich die TFG ihr Ende findet, wie seit ROST mit übergroßer Forschungsmehrheit angenommen wird, hatte EISSFELDT (1928 u. 1931) bestritten: Der Satz ist nicht Abschluß-, „vielmehr Vordersatz zum folgenden“ (1928, 505). Mit der Beamtenliste in II Sam 20,23-26 ist die Geschichte von Davids Regierung abgeschlossen. I Kön 1f. hingegen gehören mit den weiteren Kapiteln einer Geschichte der Regierung Salomos an (1931, 7). Die so von EISSFELDT vollzogene Abtrennung der Erzählung von Salomos Machtergreifung von der Überlieferung in II 9 - 20 ist zwar verschiedentlich aufgenommen und modifiziert worden (MOWINCKEL 1963; LIVER 1967; STOEBE 1971, 57f.), hat aber insgesamt kaum Zustimmung erfahren.

Auch NOTH (1968) schlug vor, den Schlußpunkt der TFG weiter nach vorn zu verlegen. Seine These nimmt ihren Ausgangspunkt bei dem schwer erklärbaren Sachverhalt, daß die Formel von der Festigkeit der Königsherrschaft Salomos in I Kön 2,12.35^{LXX}.46. dreifach vorkommt. Zieht man in Betracht, daß diese Formeln einst Schlußformeln gewesen sein könnten, was die LXX noch empfand, indem sie hinter V.35 und V.46 umfangreiche Texterweiterungen einschob, dann könnten in 2,13-35.36-46 Nachträge der alten TFG gesehen werden. Sie entfalten erzählerisch das, was das gleichfalls nachgetragene Testament Davids in V.5-9 fordert. Allerdings muß NOTH die mit 2,13ff. zusammenhängende Abischagepisode (I Kön 1,1-4a) sowie V.15b als „im Zusammenhang entbehrlichen Rückverweis“ (11) ausgrenzen. Damit wird das Ende der alten TFG in I Kön 1,53 erreicht. Salomo stellt seinen Bruder Adonja, den Verlierer des Kampfes um die Thronfolge, unter Hausarrest. Die erste der Schlußformeln (2,12) wäre unmittelbar hieran anzuschließen.

ROST hatte die Möglichkeit, in 2,13ff. eine „spätere Sprossung“ zu sehen, verworfen, weil der Satz 1,53 einen abrupten und unbefriedigenden Schluß bietet und „gebieterisch“ den Fortgang der Erzählung verlangt (1926 = 1965, 196). Das ist für NOTH nicht zwingend. Der Vers ist eben ein Schluß, der „den weiteren Verlauf eines erzählten Begebnisses offen läßt“ (1968, 11). Die Hypothese NOTHS ist von GRAY (^{2}1970), KEGLER (1977) und modifiziert von METTINGER übernommen worden. Letzterer läßt die TFG bereits mit I Kön 1,1-40 + 2,5-9.12 enden (1976, 28). Damit werde erst in den Nachträgen Salomo als skrupelloser Mörder gezeigt, und die salomokritischen Stücke gehören noch nicht zu der für METTINGER salomofreundlichen TFG.

Man wird sich jedoch nach der tatsächlichen Tragweite der von NOTH vorgetragenen Argumente fragen müssen; zumal der 'Ergänzer' letztlich in nahezu derselben Zeit und dem gleichen geistigen Milieu wie der Thronfolgeerzähler angesiedelt wird. Andererseits lassen die für die spätere Textentwicklung höchst interessanten Erweiterungen der LXX kaum Schlüsse auf vielleicht nicht ganz so späte, redaktionelle Vorgänge zu.

3. Themen und Hauptthema der TFG

In der Frage, wer auf dem Thron Davids sitzen soll, fanden ROST und andere vor und nach ihm das zentrale Thema, unter dem sich Anordnung und Stoff der gesamten 'Überlieferung von der Thronnachfolge Davids' von ihrem Ende her erschließt, denn explizit tritt dieses Thema erst in I Kön 1 in den Vordergrund. In dieser Perspektive wird die TFG als Begründungsgeschichte für Salomos Thronbesteigung angesehen. Es gehört zum Wesen solcher ätiologischer Erzählung, daß sich ihre eigentliche Zielrichtung erst am Ende zeigt.

Wird diese sehr enge thematische Fixierung der Überlieferung aber als ganzer gerecht? Nirgends in II 9 - 20 wird auf das Problem der Thronfolge explizit Bezug genommen. Daß mit Amnon, Abschalom und Adonja als den jeweils ältesten Söhnen die Anwärter auf den Thron ausfallen, wird in der Erzählung selbst nicht gesagt und kann nur aufgrund der – außerhalb der TFG stehenden – Sohnesliste (II 3,2-5) indirekt erschlossen werden. Doch dieser Rückschluß ist nicht ohne Probleme, denn der nach Amnon zweitgeborene Kileab wird in der TFG nicht erwähnt. Auch der einprägsame Kunstgriff ROSTS, mit dem er II 10 - 12 als 'Vorgeschichte des Thronfolgers' und II 13 - 20 als 'Vorgeschichte der Thronfolge' unter ein gemeinsames Thema zwang, läßt manche Frage offen: Ist Salomo, dessen Geburt eine kleine Notiz am Ende von II 12 erwähnt, tatsächlich der heimliche Ziel- und Mittelpunkt der Geschichte von Davids Ehebruch und seinen Folgen? Wie läßt sich Schebas Aufstand in die Fluchtlinie der Vorgeschichte der Thronfolge rücken? So stellt sich die Frage, ob ROST u.a. das in I Kön 1 bestimmende Thema nicht ungerechtfertigt zum Hauptthema des gesamten Erzählwerks aufgespreizt haben. Es ist zwar offenkundig, daß Verbindungslinien von den theologischen Legitimationsaussagen für Salomos Königsherrschaft und die davidische Dynastie in I Kön 1f. zur Natanverheißung in II 7 zurücklaufen und vielleicht auch zur Kennzeichnung Salomos als „Liebling Jah's“ in 12,25. Das rückt die TFG zweifellos in die Perspektive der Dynastieverheißung. Aber gehören diese Bezüge schon von Anfang an zur TFG?

GUNN fragt, auf welche Weise sich das Thema einer Erzählung bestimmen läßt? Darf man sich bei der Abgrenzung eines Literaturwerks von einem schon vorher postulierten Thema, einem inhaltlichen Kriterium leiten lassen wie es ROST tat, oder kann die Frage nach dem Thema legitim erst dann gestellt werden, nachdem die Grenzen aufgrund literarischer Kriterien erkannt sind? Hat als zentrales Thema das zu gelten, wovon ein Text in seiner Hauptmasse erzählt oder das, womit er am Schluß aufhört? Oder kann auch ein vom Text nicht artikuliertes Sinnpotential als geheimes, aber zentrales Thema bestimmt werden, das im Rahmen der Argumentationsfigur 'der Erzähler verfolgt sein Thema unbeirrt, ohne es zu nennen' erst durch die Interpretation ans Licht zu heben ist? GUNN tritt mit Nachdruck für das erste und quantitative Kriterium zur Themenbestimmung ein (1978, 81ff.).

Die Themenbestimmung ROSTS suchte THORNTON (1968) zu präzisieren. Nicht die Frage, wer auf dem Thron Davids sitzen wird, soll mit der TFG erklärt werden, sondern warum es gerade der am allerwenigsten dazu prädestinierte, weil spätgeborene Salomo war, der zudem seine Herrrschaft mit einer Reihe politischer Morde befestigte. BLENKINSOPP unterschied in der TFG zwei miteinander verschränkte, aber zu unterscheidende Themen: „the *legitimisation* of David's own claim, and the struggle for the *succession* to his throne brought on by his determination to start a dynasty“ (1966, 47; Hervorhebung T.N.). Damit bekommt David, der in II 9 - 20 als der zentrale Charakter erscheint, und die ab II 15ff. wichtige Frage nach der Konsolidierung seiner Königsherrschaft ihr thematisches Eigengewicht zurück.

Diese Unterscheidung zweier Themen nutzt FLANAGAN (1971; 1972), um auch literaturgeschichtlich zwei Wachstumsstufen der TFG zu unterscheiden, die jeweils von einem der beiden Themen geprägt werden.

Für MCCARTER (1984) hat das Thronfolgethema nur noch für die Erzählung von Salomos Machtergreifung in I Kön 1 - 2 Bedeutung ('Solomonic Apology'). Neben dieser ist die Geschichte von Abschaloms Aufstand (II 13 - 20) wie bei FLANAGAN eine eigene Quelle mit eigenem Thema, und die Vorschaltung von II 10 - 12, die für

FLANAGAN den Horizont der Thronfolgefrage noch sicherte, weist MCCARTER einer späteren, prophetischen Redaktion zu. Zu den literaturgeschichtlichen Modellen s. unten D. 6.

Eine größere thematische Vielgestaltigkeit gesteht KEGLER (1977) der TFG zu und fordert, gegenüber einer zu einseitigen Fixierung auf staatspolitische Fragen der Thronfolge und des Dynastieerhalts, auch die familiären und privaten Konflikte angemessen zur Geltung zu bringen (so schon WESTERMANN 1971). Die TFG verdankt ihre Themen weniger dynastischen oder apologetischen Interessen, auch nicht der Einfühlungsgabe eines begnadeten Dichters (s. unten), sondern den Unsicherheiten und politischen Umbrüchen der frühen Königszeit selbst, als deren treues Abbild KEGLER das Werk ansieht: „nicht primär eine Tendenzschrift, mit der auf bestimmte Fragestellungen der Dynastie geantwortet wird, sondern der Versuch, die neuen komplexen Erfahrungen politischer Macht und ihrer Gefährdung mit Hilfe von Erfahrungen aus dem Bereich der Grossfamilie ... zu bewältigen" (131f.; Hervorhebung getilgt)

SEEBASS (1980) und CONRAD (1983) suchen wiederum nach einem einzigen, alle Texte umspannenden Erzählziel. Auch sie finden es am Ende der TFG, aber nicht in der Frage, wer auf Davids Thron sitzen soll, vielmehr im Schlußsatz, der von der nun befestigten königlichen Macht Salomos spricht (I Kön 2,46). Damit rückt das Problem der königlichen Macht ins thematische Zentrum der „Erzählung von der Krise des Staates Davids", wie SEEBASS das Werk nennt.

Es ist unverhohlen david- aber nicht salomokritisch und erzählt von den Erschütterungen des Königreichs, denen David durch grobe Fehler bei der Verwaltung der königlichen Macht letztlich nicht Herr werden konnte. Signifikant dafür ist der hervortretende Konflikt Davids mit Joab. Salomo hatte das schwere Erbe von David zu übernehmen und die königliche Macht zu stabilisieren. Dieser Aufgabe wurde er mit Maßnahmen gerecht, „die nur ganz wenig Blutvergießen anrichteten", denn es galt eine blutige Rebellion im Stil des Abschalomaufstands zu verhindern (SEEBASS, 48). Die Frage der Erhaltung der Macht als das zentrale Thema der TFG sucht CONRAD (1983) noch schärfer herauszuarbeiten. Die Sicherung der als unumgänglich angesehenen königlichen Macht ist „der eigentliche Maßstab der Beurteilung". Daher begeht David schwere politische Fehler wegen seiner menschlichen und persönlichen Rücksichten gegenüber seinen Gegnern; denn für den Erzähler sei grundlegend, „daß der König keine Beeinträchigung seiner Macht dulden darf und deshalb alle Gegner rücksichtslos ausschalten muß" (165), damit das Großreich nicht vorzeitig zerfällt. Der Erzähler will diese neuen Machtverhältnisse nicht attackieren, sondern bestätigt sie, auch wenn sie sich für ihn insofern als zwielichtig erwiesen haben, als mit dieser Machtkonzentration auf dem Königsthron die Möglichkeit ihres Mißbrauchs zu persönlichen Zwecken gegeben ist. Denn: „Jahwe will Israel erhalten. Die davidisch-salomonische Herrschaft ist dafür das gegebene Mittel. Deshalb ist es nötig, daß die neuen Gesetzmäßigkeiten der Macht von allen Beteiligten beachtet und konsequent eingehalten werden. Andernfalls treten nur noch schlimmere Folgen ein" (173). Ungeachtet der Tatsache, daß bei dieser Themenbestimmung, die sich ganz auf die politisch-institutionellen Aspekte der TFG abstützt, die persönlichen und familiengeschichtlichen Dimensionen ausgeblendet werden, bedarf der hier zugrunde gelegte und theologisch aufgeladene 'Machtfatalismus' einer kritischen Überprüfung.

Die nahezu uneingeschränkte Legitimation der Macht Salomos findet für ISHIDA ihren besonderen politischen Grund in der Stärke des Generals Joab, der als Parteigänger Adonjas Davids Schwäche auszunutzen versuchte. Die Machtergreifung Salomos ziele vor allem auf die Begrenzung der Macht Joabs, die Ausschaltung seiner Gegner sind staatspolitische Notmaßnahmen im Interesse der Dynastie und keine kleinlichen Racheakte (1982, 186, vgl. ähnlich auch SEEBASS 1980, 39ff.).

Das Thema 'Macht' rückt – unter entgegengesetzter Bewertung – bereits bei DELEKAT zu einem wesentlichen Aussageimpuls der TFG auf. Nur zeige sie gerade die Illegitimität der salomonischen Machtergreifung auf: „Der Verfasser hält es wohl von *vornherein* für verhängnisvoll, einem Menschen so viel Macht zu geben" (1967, 31). Und für DIETRICH ist in allem Facetten- und Farbenreichtum, mit dem die TFG ihre Charaktere und die von ihr gestalteten Konflikte versieht, „ein Aufschrei zu vernehmen gegen die Unerbittlichkeit, mit der da Macht ausgeübt – und die Unausweichlichkeit, mit der unter ihr gelitten wurde" (^{2}1992, 107).

Gegen die Suche nach einem einzigen, alles beherrschenden Thema hatte sich JACKSON (1965) gewandt. Die Erzählung enthält sehr viel mehr, als sich unter einer einzigen Leitidee fassen läßt. Und wer sie als Ätiologie bestimmter politischer Gegebenheiten oder als Geschichtsbericht begreift, hat sie gründlich mißverstanden. Denn sie ist Dichtung, deren Reichtum und Differenziertheit gar nicht auslotbar, vor allem aber nicht auf ein Generalthema reduzierbar ist. Zwar wird im 'external framework' die Geschichte von David und seinen Söhnen erzählt, bis Salomo auf dem Thron sitzt, aber beachtet man das 'internal design', zeigt sich, daß der Erzähler kaum geschichtlich politische Interessen verfolgt, sondern dieses 'Material' dazu benutzt, die großen Themen des Lebens: Leben und Tod, Liebe und Haß, Mann und Frau, Vater und Sohn, Ehre und Scham, Täuschung und Wahrhaftigkeit und vieles andere künstlerisch zu gestalten. Die TFG läßt vor allem viel über die Weltsicht ihres Erzählers und weniger über die Historizität der dargestellten Ereignisse erkennen.

Am energischsten hat GUNN die besondere Bedeutung des Thronnachfolgethemas außerhalb von I Kön 1f. bestritten und selbst eine differenzierte Beschreibung des thematischen Geflechts der Erzählung vorgelegt (1978, 81ff.).

David selbst ist der zentrale Charakter, um den es in nahezu allen Episoden der Gesamterzählung 'Story of King David' geht, und nicht irgendein potentieller Thronfolger und am wenigsten Salomo: „one of the less substantial figures in the story" (83). Die Erzählung oszilliert zwischen politischer und privater Sphäre: Davids öffentliche Rolle als König kreist um die Themen „acquisition and tenure of Kingdom" und „founding of dynasty". Andererseits steht der private David als Liebhaber, Ehemann und Vater seiner Söhne (und seiner Tochter Tamar) im Blickfeld. Die Dimension der Thronnachfolge erweist sich dabei als Bindeglied zwischen öffentlichem und privatem Lebensbereich (88ff.).

Davids Charakter wird dabei in der Polarität von 'giving' and 'grasping' dargestellt. Jedesmal, wenn David als der gebende, nachsichtige und die Dinge abwartende Mensch erscheint, schlägt dies zu seinem Wohl und dem Wohl der Königsfamilie wie der Monarchie aus; immer dann aber, wenn David skrupellos 'nimmt' (z.B. die Frau des Urija), sind schwere Konflikte die unvermeidbare Folge (94-108).

4. Die theologischen und religiösen Dimensionen der TFG

Eines der hervorstechenden Merkmale der TFG ist die 'Profanität', mit der in ihr die Ereignisse zur Darstellung gebracht werden. Weder greift Gott wunderhaft-direkt in den Lauf der Dinge ein, auch dann nicht, wenn man es um der Gerechtigkeit willen wünschte; noch findet sich die in der Aufstiegsgeschichte so häufige Gottesbefragung oder offenbart sich Gott durch Träume, Priester oder Gottesmänner: „Jahwe tut sich kund im Gang der Ereignisse." (ROST 1926 = 1965, 237). Berühmt wurde ein Wort des Profanhistorikers EDUARD MEYER: „Gänzlich fern liegt jede religiöse Färbung, jeder Gedanke an eine übernatürliche Leitung; der Lauf der Welt und die in der Verkettung der Ereignisse sich durch eigene Schuld vollziehende Nemesis werden dargestellt in voller Sachlichkeit, wie sie dem Beschauer erscheinen" (^{2}1931, 285).

Auch wenn die Diesseitigkeit der Darstellung, die unkultische Frömmigkeit der Personen in der TFG überraschen mag, profan ist sie allenfalls auf den ersten Blick. Ihrem religiösen und theologischen Gehalt geht bereits ROST differenziert nach und fördert eine ganze Reihe wichtiger Einzelheiten ans Licht (1926 = 1965, 234-237).

Im Hinblick auf die Art, wie Gott selbst sich zu den allzu menschlichen Verstrikkungen der Geschichte verhält, springen besonders jene drei Stellen ins Auge, in denen der Erzähler ausdrücklich Gottes Reaktionen auf die Ereignisse ins Spiel bringt: Davids Ehebruch mit Batscheba, der Mord an Urija und die Heirat Batschebas sind „böse in den Augen JHWHs" (11,27b); über den dieser Verbindung entsprungenen Salomo heißt es in 12,24b: „Und JHWH liebte ihn!"; und auf dem Höhepunkt des Abschalomaufstands teilt der Erzähler mit, daß JHWH es war, der den klugen Rat Ahitophels vereitelt hatte, um Böses über Abschalom zu bringen (17,14b).

Darüber hinaus erscheint Gott natürlich häufig im Mund der agierenden Personen: „Jahwe ist der Gott des Königs (II.Sam 14,11 u. 17; 18,28; I.Kön 1,17), aber auch der Gott Israels (I.Kön 1,30 u. 48), das sein Volk (II.Sam 14,13) und sein Erbteil ist (II.Sam 14,16; 20,19)" (ROST 235). Die besondere Beziehung zum König drückt sich in dessen Erwählung und Schutz in Bedrängnis aus (16,18; 19,22; I Kön 1,29.37) wie auch in seiner Fürsorge für die Dynastie (I Kön 2,33 u.ö.). Der Gesalbte ist religiös tabuisiert. Als Wahrer des Rechts tritt Gott aber ebenso gegen die Schuld des Königs auf (II 12,13f.). Der König soll selbst gerechter Richter sein und wird in dieser Eigenschaft mit einem Boten JHWHs verglichen (14,17.20). Er versagt auch in dieser Aufgabe (II 12 u. 15). Demut und das Erweisen von Gnade und Barmherzigkeit gelten für den König als gottgefällige Tugenden.

Segen und Fluch werden immer wieder in JHWHs Namen ausgesprochen. Die TFG kennt das kultisch unvermittelte Gebet (15,31) wie auch spezielle Gebetsorte (15,32), weiß von JHWH-Befragungen (16,23), Opfern, ritueller Trauer und Selbstminderung sowie von Gelübden (15,7) und verschiedenen Kultplätzen. Kultobjekt ist die Lade: sie begleitet in den Krieg (11,11), steht aber sonst im 'Heiligen Zelt' (I Kön 1,39) und verkörpert den Ort der Wohnung Gottes in Jerusalem (15,25). Das Zelt beherbergt die Salbgeräte (I Kön 1,39) sowie einen mit Hörnern versehenen Altar, der u.a. als Asylstätte fungiert (I Kön 1,50ff.; 2,28ff.).

Die drei theologischen Deutestellen der TFG rückt VON RAD in seiner epochemachenden Arbeit zu den Anfängen der Geschichtsschreibung in Israel ganz ins Zentrum seiner Überlegungen (1944 = 1965). Mit E.MEYER betont er den vollkommen profanen Raum, in dem sich die Ereignisse in einer immanenten Kausalkette bewegen, die so dicht geschlossen ist, „daß das Menschenauge überhaupt keine Lücke mehr findet, in der Gott hätte eingreifen können. Und doch hat er alles heimlich gewirkt". Allein die drei Stellen, in „denen der Erzähler die strikte Zurückhaltung seines eigenen Urteils aufgibt und selbst theologisch Stellung nimmt", zeigen, daß hier ein besonderes Verständnis vom Handeln Gottes in der Geschichte vorliegt: „Der ganze menschliche Bereich ist das Betätigungsfeld der göttlichen Vorsehung" (185). Gott erscheint als der verborgene Herr und Lenker der Geschichte. Diese „Glaubenserkenntnis allereinfachster Art liegt diesem Werk zugrunde und deshalb muß es unter allen Umständen als ein theologisches Geschichtswerk bezeichnet werden, wenngleich es ein ganz weltliches Gemälde darbietet" (185f.). Denn es lehrt das göttliche Geschichtswirken „viel totaler zu verstehen, nicht von Fall zu Fall im Charisma eines berufenen Führers, sondern viel kontinuierlicher, viel umfassender, nämlich in der ganzen Profanität, schlechthin alle Lebensbereiche durchwaltend" (188).

Ein sprechendes Beispiel für diese Erzählhaltung sieht VON RAD in der Episode, in der David vor Abschalom aus Jerusalem fliehen muß (II 15,30ff.). David schickt ein eiliges Stoßgebet zum Himmel, daß Gott doch den Rat des Ahitophel vereiteln möge, um sogleich Huschai zu treffen, der dann als Davids' Spion den Rat Ahitophels vereitelt. Die Begegnung mit Huschai findet auf der Bergkuppe statt, 'wo man Gott anzubeten pflegt' (15,32), für VON RAD ein Hinweis, „daß hier kein Zufall, sondern eine Fügung waltet" (184).

Die Einbeziehung von II *6;*7 sowie die prosalomonische Tendenz bringt für VON RAD eine geradezu messianische Perspektive der TFG zum Vorschein, denn der „Historiker" wollte „die Bewahrung des davidischen Thrones durch Gott durch alle Wirren der Geschichte darstellen" (186).

Diese berühmte Arbeit VON RADS, die CLAUS WESTERMANN als „wegweisendes Wort" bezeichnet, „das Generationen von Studenten in das Geschichtsverständnis des Alten Testaments eingeführt hat", ist der enthusiastische Versuch, auf der Grundlage der Ergebnisse ROSTS die theologische Bedeutung der TFG aufzuzeigen (1971, 611). Wir verdanken ihr eine gültige Darstellung der diesseitigen Vorstellungen vom Geschichtswirken Gottes (von dem besonders II 17,14b spricht), und eine eindrückliche poetische Würdigung dieser Erzählung. Aber ein wesentlicher Teil der Fundamente dieser Deutung stehen und fallen mit den Ergebnissen ROSTS:

Dazu zählt der Versuch, die Natanverheißung in den Grundbestand der TFG zu integrieren. Damit und mit der postulierten dynastiefreundlichen Tendenz (s. unten D. 5.) des Ganzen fällt die messianische Perspektive. Die Tendenzbeschreibung „in majorem gloriam salomonis" wird bei VON RAD zur alles beherrschenden Grundlage. Die drei theologischen Deutestellen (11,27b; 12,24f.; 17,14b), die jedesmal literarisch nahezu isoliert im Kontext stehen sollen und die VON RAD als den kurzen und pathetisch erhobenen Fingerzeig des Erzählers über die Haltung Gottes zu dem Geschehen ansah, sind mittlerweile allesamt in ihrer Zugehörigkeit zur ursprünglichen TFG in Frage gestellt worden. Zu 11,27b vgl. DIETRICH (1972, 131f.); zu 12,24f. vgl. WÜRTHWEIN (1974, 28f. und 33) mit jeweils zahlreichen Nachfolgern. Gegengründe formulieren u.a. CRÜSEMANN (1978, 183f.) für alle drei Stellen und A.FISCHER (1989) für II 11,27b.

Die durch VON RAD beschriebene geschichtstheologische Dimension der TFG als einer göttlichen Führungsgeschichte bestritt WÜRTHWEIN (1974) für den Grundbestand der TFG. Die geschichtstheologisch relevanten Texte verdanken sich ausnahmslos späteren Bearbeitungen; und damit sei die TFG in ihrer ursprünglichen Gestalt nicht theologische, sondern ‘politische Geschichtsschreibung’. Diese Ansätze werden von WERNER (1988) ausgebaut, der die Frage VON RADS nach dem Konzept vom göttlichen Geschichtshandeln in der TFG übernimmt und eine redaktionskritische Lösung sucht. Danach sei die Vorstellung, nach der ein menschlich unkalkulierbares Geschehen letztlich auf JHWHs Plan zurückzuführen sei (wie z.B. in II 17,14b), erst (nach-) exilischen Ursprungs. (Näheres s. unten D. 6.).

WESTERMANN kritisiert mit Recht die bei VON RAD zu starke Isolierung dieser drei Aussagen, die von den vielen anderen Stellen, gerade auch in den Personenreden, in denen von Gott die Rede ist, absieht. Er weist den Begriff ‘profane Geschichtsschreibung’ als anachronistisch zurück und hält fest: „Eine rein immanente Geschichtsschreibung, für die das politische Geschehen vom Wirken Gottes absolut losgelöst wäre, kann es für den Verfasser der Thronfolgegeschichte nicht geben; für ihn gibt es Wirklichkeit ohne Gott nicht" (1971, 614). Indem VON RAD die Bezugnahmen auf Gott, wie sie sich vor allem in vielen Reden finden lassen, als „mehr oder minder rhetorische(n) Apostrophierungen Gottes" (1944 = 1965, 181) abwertet, wird er auch der erzählerischen Eigenart der TFG nicht gerecht und begibt sich methodisch der Möglichkeit, den theologischen Aussagewillen des Erzählers gerade an den Reden der von ihm gestalteten Figuren zu studieren (GUNN 1978, 38 Anm. 6; ähnlich CONROY 1978, 98).

KEGLER (1977, 137f.) meint, die theologischen Aussagen der TFG müßten nicht als Ausdruck einer dezidierten Geschichtstheologie, eines sich koninuierlich entwikkelnden Geschichtsplans JHWHs verstanden werden, sondern verdanken sich den allgemeinen Glaubensvorstellungen der Zeit, nach welchen sich göttliches Wirken und geschichtliches Handeln nicht trennen lassen. Das erwiese die TFG samt ihren theologischen Spitzensätzen dann nicht als theologische, sondern immer noch als politische Geschichtsschreibung; so auch SEEBASS (1980, 49). Skeptisch gegenüber einer geschichtstheologischen Überbetonung der Aussagen ist bereits MILDENBERGER (1962, 99), der nicht JHWHs Plan oder Fügung, sondern viel schlichter den Erfolg Salomos und damit eine „Ideologisierung des Faktischen“ als theologisches Leitmotiv seiner insgesamt prosalomonischen TFG erblickt. Wiederum eine ausgearbeitete Geschichtstheologie sieht allerdings CONRAD am Werk: die historische Einsicht in die Notwendigkeit einer starken königlichen (= salomonischen) Macht und die theologische Deutung, daß JHWH sein Volk Israel durch Erhaltung dieser Macht erhalten will, fallen in der TFG in glücklicher Weise zusammen (1983, 173).

Im Gefolge VON RADS sieht BRUEGGEMANN (1972 u.ö.) den theologischen Aussageimpuls der TFG besonders in ihrer Darstellung der Person Davids. Mit David werde ein neuer Frömmigkeitstyp verkörpert. Frei gegenüber dem alten Zwang einer kultisch orientierten religiösen Bindung, aber ebenso frei auch vom neuen Zwang tyrannischen Machtgebarens, der Salomo kennzeichnet, verbindet David menschliche Handlungs- und Entscheidungsfreiheit mit demütiger Anerkennung von Gottes Autorität, eben ‘Trust and Freedom’. Der Gott der TFG verkörpert nicht einfach eine Schicksalsmacht, einen immanenten säkularen Vergeltungszusammenhang, sondern bleibt selbst in seinen Entscheidungen frei, auch Verbrechen und Leid am Ende noch zum Guten zu wenden. Ungeachtet mancher offenkundiger Eintragungen aus der modernen Dogmatik bringt BRUEGGEMANN die eigenartige Verschränkung von Ethik, Frömmigkeit und Ereignisverlauf, von Macht und Verantwortung unter einer theologischen Perspektive zur Geltung, die eine wichtige und merkwürdig gebrochene Dimension in der TFG ausmacht, und die gegen WHYBRAY (1968), KEGLER (1977), OTTO (1977) u.a. nicht einfach im Horizont von Tun und Ergehen verrechnet werden kann. POLAK hat diese Verschränkung theologischer und politischer Aspekte als ein schwierig auszubalancierendes Gleichgewicht beschrieben, das kein theologisch einheitliches Bild vermittelt, sondern die unterschiedlichsten Aspekte zusammenbindet: der prophetische Erzähler der TFG prüft in verschiedenen Situationen den Status eines Königs in seiner Verantwortung für Gebrauch und Mißbrauch seiner königlichen Macht vor Gott (1994).

5. Pro und Contra – Zur Tendenz der TFG

Mit der Tendenzbeschreibung „in majorem gloriam salomonis" und ihrer Datierung in die salomonische Zeit wird der TFG eine die aktuelle Herrschaft Salomos legitimierende Funktion zugeschrieben. Und in der Tat scheinen die Aussagen, welche Salomo als Liebling JHWHs (II 12,24f.) sowie seine Thronbesteigung als gottgewollt und Erfüllung eines Davidversprechens hervorheben (vgl. I Kön 1,36f.46f.; 2,33.45), kaum eine andere Aussageabsicht zuzulassen als die der Legitimation. Aber dürfen solche Aussagen von der Art der Ereignisdarstellung isoliert werden?

Denn abseits dieser Legitimationsaussagen werden auf Schritt und Tritt äußerst heikle Begebenheiten erzählt, die an der legitimatorischen Gesamttendenz der TFG zweifeln lassen. Von David wird neben vielem Wohlwollendem auch erzählt: daß er ein Ehebrecher und heimtückischer Mörder (II 11) ist, daß er als Vater versagt (II 13) und daß seine (politische) Schwäche zum Aufstand des Abschalom (II 15,1ff.) wie zum Machtkampf zwischen Adonja und Salomo beigetragen hat. Salomo selbst erscheint als Frucht zweifelhafter Eheverhältnisse, als Brudermörder und rücksichtsloser Befestiger seiner Königsmacht, die er einer Palastverschwörung verdankt. Wie lassen sich diese finsteren Züge, die auch in der gegenwärtigen Gestalt der TFG mühelos erkennbar bleiben, mit dem Postulat ihrer legitimatorischen Absicht in Einklang bringen? ROST versah seine eher beiläufig vorgetragene prosalomonische Tendenzbestimmung, die sich weniger auf den Erzählzusammenhang als auf einzelne Legitimationsaussagen für Salomo abstützt, mit einem zweifelndem „trotz allem", das bei VON RAD dann allerdings verschwand. In dessen Gefolge wurde die david-, salomo- und dynastiefreundliche Aussagetendenz zunehmend stärker betont, so daß der TFG nachgerade propagandistische Funktionen zugeschrieben wurden. Für WHYBRAY etwa ist die von ihm herausgestellte weisheitliche Lehrerzählung (sc. die TFG) eigens zu politisch propagandistischen Legitimationszwecken verfaßt worden: „intended to support the régime by demonstrating its legitimacy and justifying its policies“ (1968, 55). Vgl. ähnliche Tendenzbeschreibungen bei THORNTON (1968), FLANAGAN (1972), METTINGER (1976), MCCARTER (1981; 1984), WHITELAM (1984) u.a.

Eine andere Sicht bietet SEEBASS (1980). Die TFG legitimiert weniger Salomo als Person, vielmehr als Inhaber der königlichen Macht, die zum Erhalt der Dynastie notwendig und somit gottgewollt ist. Gerade im Hinblick auf die Verwaltung der königlichen Macht habe König David aber versagt, was sich in den Erschütterungen seiner Familie wie seines Reiches zeigt, die erst mit der Machtergreifung Salomos ihr Ende finden; und daher verfolgt die TFG eine *salomo- und dynastiefreundliche, aber davidkritische Tendenz* (vgl. auch ISHIDA 1982, CONRAD 1983). Ähnlich schreibt bereits OTTO, der Davids Schwäche besonders in dessen mangelhafter Durchsetzung des Tun-Ergehen-Zusammenhangs (fehlende Bestrafung Schim'is und Joabs) sehen will: „Dem weisen, strengen und konsequenten Salomo steht der schwankende, zaudernde, sich verfehlende David gegenüber“ (1977, 386).

Immerhin läßt sich bei einer Datierung der TFG in die Frühzeit der Herrschaft Salomos auch historisch leicht einsehen, daß ein Herrscher, der so wie Salomo an die Macht gekommen ist, eine Legitimation dringend nötig hat. Kann die TFG eine solche aber tatsächlich bieten? Die inhaltlichen Spannungen werden dann in der Regel so erklärt, daß die ungünstigen historischen Umstände jedermann bekannt waren und nicht verschwiegen werden konnten. Der Geschichtsschreiber präsentiere aber diese Vorgänge in einem Licht, das den augenblicklichen Herrscher als den legitimen ausweise.

Dies meint MCCARTER, der darin geradezu eine besondere Rafinesse apologetischer Literatur sieht (1981, 360; 1984, 16; vgl. noch WHITELAM 1984). MCCARTER weist auf ein angeblich ähnliches Verfahren in der königlichen Propagandaliteratur der Hethiter hin (die Apologie Chatuschilisch' III. = TUAT I, 481f.). Doch ist ein wirklicher Vergleich beider Literaturwerke nicht durchgeführt. Und wenn MCCARTER das gleiche hethitische Werk als Analogie zu der doch gegenüber der TFG thematisch ganz anders gelagerten Aufstiegsgeschichte Davids heranzieht, bekommt dieser Hinweis eine gewisse Beliebigkeit.

Die ältere Forschung war kritisch gegenüber den apologetischen Interessen der TFG. Für die Darstellung der Palastintrige in I Kön 1 sprach WELLHAUSEN von einer „uns fast boshaft vorkommenden

Aufrichtigkeit" ([3]1899, 259). Und in der Batscheba-Urija-Geschichte fällt kein einziges Wort, das David irgendwie zu entlasten sucht.

Im Hinblick auf Salomo und die Erzählung von seiner Machtergreifung (I Kön 1f.) ist für BENZINGER „ganz deutlich, daß der Berichterstatter nicht der Partei Salomos angehörte" (1899, 1). Für die Schilderung der Thronbesteigung Salomos weist NOTH daher dem Erzähler den Standpunkt eines 'objektiven' Historikers zu: „Von einer Sympathie des Haupterzählers für Salomo kann offenbar keine Rede sein. Er hat sich mit der Tatsache der Thronnachfolge abgefunden und beschreibt die darauf hinführenden Vorgänge" (1968, 39). Eine „durchaus kritische Distanz zum König" bescheinigt auch HERMISSON dem Verfasser der TFG. Diese Zurückhaltung schützt ihn „vor dem Verdacht ... er könne der Propagandaabteilung Salomos angehört haben" (1971, 137).

Eine dezidiert *david-, salomo-* ja *königtumsfeindliche* Abzweckung der TFG hat erstmals DELEKAT (1967) behauptet. Um die Tendenz eines Literaturwerks methodisch verläßlicher zu ergründen, sei auf folgende drei Kriterien zu achten: 1.) auf die Urteile, die im Text explizit gefällt werden; 2.) auf die Auswahl und die Präsentation der Ereignisse, die der Erzähler aus der Vielfalt der Möglichkeiten auswählt; sowie 3.) auf Formulierungen, die Gefühle und Überzeugungen der Rezipienten in eine bestimmte Richtung steuern (Leserlenkung). Da explizite Urteile und Wertungen in der TFG selten sind, müsse man besonders auf die Kriterien 2 und 3 achten (27). Die Art, wie Davids Ehebruch und Mord an Urija erzählt wird, die Palastintrige, mit der Salomo an die Macht kommt, samt den Terrormorden, die sie konsolidieren, „*erklären* nicht, warum die Herrschaft fest in Salomos Hand lag, sondern lassen diese Tatsache vielmehr als unerklärliche, als Ärgernis erscheinen" (28). Der Erzähler der TFG demontiert geradezu den Davidmythos seiner Zeit, daß nämlich JHWH zu David stand, indem er zeigt, „daß die Verehrung Davids unberechtigt und Salomos Königsherrschaft ... nicht gottgewollt ist". So zielt er „ganz konkret auf den Sturz Salomos" (30f.). Diese Tendenz hat natürlich auch auf die Theologie der TFG Auswirkungen, denn durch „die ungünstige Beleuchtung, in die der David-Salomo-Erzähler David rückt, bekommt diese Solidarität Jahwes etwas Unheimliches" (33). Überall, wo der Erzähler nach der Stellung Gottes zur Davidgeschichte fragt, ist für

DELEKAT „zugleich ein untergründiger Groll ... gegen Jahwe unverkennbar“ (34).

Diese These einer kritischen Gesamttendenz der TFG baut WÜRTHWEIN (1974) aus. Er konstatiert, daß es sich in I Kön 1f. ebenso wie in II Sam 10 - 12 „nicht um einen historischen Bericht im strengen Sinne handelt, sondern um eine freie erzählerische Gestaltung, bei der alles andere als Wohlwollen gegenüber David dem Verfasser die Feder geführt hat“ (22). Denn die Absicht eines Erzählers wird doch darin sichtbar, „in welcher Weise er sich die Dinge zurechtgelegt hat“ (14). Salomos Inthronisation wird als Ergebnis einer dubiosen Palastintrige erzählt, der eine Reihe willkürlicher Mordtaten Salomos nachfolgen (I Kön 1f.). David erscheint als Ehebrecher und Meuchelmörder (II 11f.), wobei der Erzähler König David unter Zuhilfenahme des literarischen Motivs vom 'Todesbrief' noch „in einem besonders ungünstigen Licht erscheinen läßt“. Dies sei nur verständlich als eine „vernichtende Kritik am Königtum Davids“. Der „Verfasser ist ein Gegner dieses Königtums, wahrscheinlich der davidischen Dynastie überhaupt“ (23). Die drei bei VON RAD so bedeutsamen theologischen Deutestellen (II 11,27b; 12,24f.; 17,14b) sind sämtlich nachträgliche Milderungen dieses kritischen Bildes. Überhaupt macht WÜRTHWEIN in bisher ungeahntem Umfang spätere Zusätze in der TFG aus, die auf verschiedene Weise entlastende Tendenzen nachtragen.

Die TFG will zeigen, wie sich das Königtum Davids von den Bindungen das altisraelitischen Ethos und Rechts hin zu einem dynastischen Denken freigemacht hat, indem es die Folgen dieser Entwicklung an verschiedenen negativen Beispielen aufzeigt. Denn mit der selbstherrlichen Inthronisation Salomos (Staatsstreich von oben) hat sich David praktisch über das entscheidende Grundrecht der Stämme Israels hinweggesetzt. So liegen die politischen Voraussetzungen der TFG „in erster Linie in dem politischen Interesse, das die freien Bürger hinsichtlich ihrer Mitwirkung an der Gestaltung des Staates beseelt“. Mit den Mitteln der geschichtlichen Darstellung wollen die israelitischen Stämme ihr altes Recht auf Mitbestimmung bei der Königswahl lebendig erhalten (49ff.).

Komplettiert wird DELEKATS und WÜRTHWEINS Gegenschlag gegen die Bestimmung einer salomofreundlichen Tendenz der TFG durch VEIJOLA (1975), der von einem anderen methodischen Ausgangspunkt einen Großteil der traditionell für eine prosalomonische Deutung herangezogenen Stellen als sekundäre Bildungen herausstellte. Für VAN SETERS endlich verfolgt seine nachexilisch datierte 'Court History' (II 2 - 4 + 9 - 20 + I Kön 1f.) – wie schon bei DELEKAT – dezidiert antimessianische Interessen und steht im schärfsten Kontrast zur Königsideologie (1983, 277-291).

Man kann sich der Kraft der vorgetragenen Argumente zugunsten einer david- bzw. salomokritischen Tendenz mindestens für II 11 und I Kön 1f. schwerlich entziehen. Schwieriger ist es, eine solche in II 13 bis 20 auszumachen, wie WÜRTHWEIN selbst zugeben muß: „Das ursprüngliche Bild Davids erscheint im Absalom-Aufstand positiver und sympathischer gezeichnet als in Kapitel 11f. und in I Kön. 1“ (1974, 50).

Damit lassen sich WÜRTHWEINS prodavidische Überarbeitungen in II 13 - 20 – ungeachtet der Akzeptanz ihrer literarkritischen Argumente – nurmehr als Verstärkungen einer ohnehin davidfreundlicheren Erzählweise und nicht als Umkehrung oder Entlastung einer davidkritischen beschreiben. KEGLER erhebt in seiner Kritik den Vorwurf, daß WÜRTHWEIN programmmatisch „alle Textstellen, die unzweifelhaft positiv über David und sein Tun berichten, nicht behandelt“ (1977, 168). Daher sei auch der Anfang der TFG recht willkürlich erst mit II 10 bestimmt, weil sich die unzweifelhaft davidfreundliche Meribaal-Episode in II 9 der kritischen Tendenzbestimmung nicht fügt.

WÜRTHWEIN gewinnt den historischen Ort seiner TFG in den Kreisen der freien israelitischen Stammesbevölkerung. Deren Freiheitsideal ist der Nährboden einer gegen die Einführung des Königtums gerichteten Haltung, die er als hellen ‘demokratischen’ Hintergrund gegen die dunklen Kulissen der TFG profiliert. Aber die Texte geben von einem solchen Ideal direkt nichts zu erkennen, und es fällt bei dieser Situierung sträflich ins Gewicht, daß WÜRTHWEIN gerade die Texte nicht untersucht, in denen innerhalb der TFG die israelitischen Stämme, also seine potentiellen Autoren, in Erscheinung treten (II 19f.).

Im Streit der Tendenzzuweisungen nimmt CRÜSEMANN (1978), der in der TFG eine *davidfreundliche, aber salomokritische Tendenz* ausmacht, eine mittlere Position ein.

In WÜRTHWEINS Modell sei das Problem der Tendenz wie der historischen Situierung der TFG nicht wirklich gelöst, „die Frage also, wo denn zwischen Salomo und David einerseits, deren politischen Gegnern andererseits der Verfasser der ThFG politisch und geistig einzuordnen ist“. Denn die TFG „kritisiert Salomo – und nach Würthwein auch David – ganz massiv, aber doch ebenso unbestreitbar die, die gegen ihn vorgehen, Absalom und Scheba“ (184). Mit CASPARI (1909a) betont CRÜSEMANN (185f.) das höfische Blickfeld des Erzählers, bei dem sich auch die kritische Darstellung auf Vorgänge innerhalb des königlichen Hofes beschränkt, und zwar ohne Interesse für die Auswirkungen nach außen, etwa die sozialen Ursachen der Aufstände oder die mit der Einführung des Königtums verbundenen Veränderungen in der Stammesorganisation: „Bei einem Mann, der so ausschließlich aus höfischer Perspektive schreibt, muß auch sein Publikum primär an diesem Hofe gesucht werden“ (187). Während die theologischen Deutestellen bei DELEKAT als Ausdruck eines Gott geradezu anklagenden Sarkasmus verstanden und bei WÜRTHWEIN u.a. als sekundäre Bearbeitungen angesehen werden, zeigen sie für CRÜSEMANN, daß Salomos Königtum, bei aller Kritik im einzelnen, als Ausdruck von JHWHs Willen akzeptiert wird. Damit stehe die TFG „uneingeschränkt auf dem Boden der Dynastie" (186). Aber sie sei keine legitimierende Propagandageschichte, vielmehr handelt es sich bei ihr um eine „höfisch-weisheitliche Königskritik, die aus aktuellem Anlaß heraus Salomo im Sinne weisheitlicher Mahnung und Rüge seine eigenen Taten und das Vorbild des Vaters vorhält, um ihn auf den rechten Weg zurückzuführen" (192). So will die TFG insgesamt „als kritisches Wort an Salomo gelesen werden" (188). Der Thronfolgeerzähler übernimmt mit seinem Werk praktisch die gleiche Funktion gegenüber Salomo, die Natan in II 12 gegenüber David einnimmt.

In der Wahrnehmung der unterschiedlichen Charakterisierung Salomos und Davids ist CRÜSEMANN sicher rechtzugeben. Außerhalb des Batscheba-Urija-Komplexes wird David nirgendwo in ein so düsteres Licht getaucht wie Salomo in I Kön 1f. Eine durchgängig davidkritische Haltung läßt sich der TFG nicht entnehmen. Schwieriger ist die Annahme, es seien Weisheitskreise am Jerusalemer Hof gewesen, die eine solche nahezu prophetische Kritik an Salomos Herrschaft zuwege brachten. Sein Versuch, eine solche Königskritik auch in der Spruchweisheit aufzuweisen, wird nicht jeden überzeugen. Immerhin hat CRÜSEMANN einen Entwurf vorgelegt, in dem bei salomokritischer Gesamttendenz der TFG das Zusammenprallen kritischer wie legitimierender Aussagen auf einer Textstufe verstanden werden kann.

Eine salomokritische, nicht in gleicher Weise auch davidkritische Haltung bescheinigen auch LANGLAMET (1976a u.ö.) und DIETRICH (1977a u.ö.) der TFG. Durch zahlreiche Retuschen sei dieses kritische Bild aber später in ein die Dynastie legitimierendes umgewandelt worden.

Insgesamt zeigt sich im Hinblick auf die in der TFG wahrgenommenen Tendenzen heute ein äußerst disparates Bild. Im Streit um Pro und Contra David bzw. Salomo sind alle der vier denkbaren Möglichkeiten nicht ohne Anhalt an den Texten selbst vertreten worden:

Sieht CRÜSEMANN in der TFG eine ausdrückliche Kritik an Salomo, dem das Vorbild seines Vaters David wie ein Spiegel vorgehalten wird (salomokritisch und davidfreundlich), ist nach SEEBASS und ISHIDA die TFG eine Legitimationsschrift für die konkrete und blutige Machtübernahme Salomos, der die machtpolitischen Fehler seines Vaters Davids zu bereinigen hatte (salomofreundlich und davidkritisch). Andererseits wird die David wie Salomo legitimierende Tendenz der TFG bei ROST u.v.a. (salomo- und davidfreundlich) durch DELEKAT, WÜRTHWEIN u.a. in ihr genaues Gegenteil verkehrt (salomo- und davidkritisch).

Wer angesichts dieser Vielfalt der möglichen Meinungen nicht an der Sinnhaftigkeit der Fragestellung zweifeln will, könnte versuchen, die Varianten zu bestimmen, denen eine größere Wahrscheinlichkeit zukommt als anderen. M.E. läßt sich eine durchgängige Negativcharakterisierung Davids ebensowenig begründen, wie eine rein David, das Königtum oder Salomo legitimierende Tendenz der TFG. Aber auch ein solches Urteil steht unter dem Verdacht, letztlich subjektiv und selektiv die Vielfalt widerstreitender Textaussagen zu vereindeutigen.

Die Beantwortung der Frage, ob die TFG ein insgesamt positives oder eher negatives Bild von David bzw. Salomo zeichnet, ist jedenfalls nicht abhängig von literarkritischen Urteilen über die Authentizität bestimmter Textbestandteile. Forscher wie

DELEKAT (1967), VAN SETERS (1983), LASINE (1984), DEIST (1984/85) entnehmen der TFG in ihrer Endgestalt ein dezidiert negatives Bild Davids und Salomos.

Forschungsgeschichtlich ist die sehr betonte Suche nach der Tendenz der TFG, die in dieser Art weder LEONHARD ROST noch seine Vorläufer kannten, eine unmittelbare Folge der Studie VON RADS (1944 = 1965) mit ihrer sehr einflußreichen und recht einseitigen Betonung der prodavidischen und prosalomonischen, ja messianischen Gesamttendenz. Seitdem orientieren sich Befürworter wie Bestreiter der VON RADschen Thesen an einem Modell, nach dem die TFG – bei aller zugestandener Differenziertheit im einzelnen – als Werk mit einer klaren ideologischen Option angesehen wird, dem ein Pro oder Contra zu verschiedensten Fragen abgelauscht werden kann. Unter der Hypothese eines nahezu zeitgenössischen Geschichtswerks ist es schlechterdings auch nicht anders vorstellbar, als daß der Berichterstatter seine politische Haltung in die Darstellung hat einfließen lassen. Folgerichtig trat dann mit DELEKAT (1967), WHYBRAY (1968) und WÜRTHWEIN (1974) der Aspekt der politischen Propaganda in den Vordergrund: die TFG sei ein Werk, das in der politischen Auseinandersetzung direkt die Interessen einer der beteiligten Parteien vertrete. Der Begriff 'Propaganda' ist dabei selten definiert worden (vgl. aber WHITELAM 1984), setzt aber doch mindestens politische und moralische Eindeutigkeit in der Haltung zu den erzählten Ereignissen, eine wenig differenzierte und schematisierte Charakterdarstellung und ideologisch unmißverständliche Signale der Leserlenkung voraus. Propagandaliteratur darf ihren Adressaten keinen allzugroßen Interpretationsspielraum gewähren, soll die Botschaft ankommen, um derentwillen sie geschaffen wurde. Genau dies tut aber die TFG mit ihrer uneindeutigen Erzählweise nicht, bei der klare Bewertungen und deutliche Motivationen der Handlungen gemieden werden. In den meisten der hier interessierenden und verhandelten Fragen läßt die TFG mehrere, auch gegensätzliche Verständnismöglichkeiten zu, je nachdem mit welchen Augen und unter welchen Bedingungen der Text rezipiert wird. Die modernen Auslegungen beweisen es, und es besteht kein Grund anzunehmen, daß es den Rezipienten im Alten Israel wesentlich anders ergangen ist.

Eine Möglichkeit, die widerstreitenden Tendenzen zu verstehen und gleichwohl am Modell einer ideologisch klar orientierten TFG festzuhalten, bietet für WÜRTHWEIN u.a. die Redaktionskritik, die gleich ausführlicher zu besprechen sein wird. Mit ihrer Hilfe können Abschnitte mit unterschiedlicher Aussagetendenz auf verschiedene Schichten der hypothetischen Textentstehung verteilt werden, so daß innerhalb einer Textschicht jeweils ein einigermaßen klares Aussageprofil erreicht wird. Die Tendenz wird somit zu einem wesentlichen Kriterium für redaktionskritische Lösungen. Erst die Wachstumsgeschichte, in der Pro-Schichten mit Contra-Schichten verbunden worden wären, hätte die jetzige Uneindeutigkeit und Widersprüchlichkeit hervorgebracht.

GUNN schlägt dagegegen ein anderes Verfahren vor. Die Voraussetzung der Tendenzkritik ist falsch, weil sie mit einer in ihrer Tendenz eindeutigen TFG rechnet. Eine Erzählung wie die TFG muß überhaupt nicht für oder gegen jemanden geschrieben sein. Als gute Romanerzählung, fernab von den erzählten Ereignissen, hat sie von Anfang die Möglichkeit, die ganze Widersprüchlichkeit von Haltungen und Ereignissen in einer spannenden und hintergründigen 'story' zu präsentieren. Ihre tendenzielle Vielfalt ist ihre Stärke. Das macht sie zwar untauglich zur Propaganda, aber tauglich als ein Meisterwerk der Erzählkunst, in dem es auf die Gestaltung ambivalenter Handlungsmuster und realer, widersprüchlicher und nicht tendenziell geglätteter Charaktere ankommt. Dem steht auch bei GUNN nicht entgegen, daß der Erzähler ein bestimmtes Ziel verfolgt und Haltungen vermitteln will. Aber diese lassen sich nicht in Pro- oder Contra verrechnen (1978, 21-26; s. unten D. 7.).

6. Das literarische Wachstum der TFG und redaktionskritische Lösungsversuche

Aus welchen Quellen ist die TFG zusammengesetzt und welchen redaktionellen Veränderungen wurde sie während ihrer Tradierung unterworfen?

Nach der Theorie ROSTS ist sie ein literarisches Werk aus einem Guß. Dem Erzähler standen außer wenigen marginalen Quellen (Kriegsannalen, Ladegeschichte) keine ehemals selbständigen Einzelerzählungen zur Verfügung. ROST bestritt nicht, daß es Risse im Gesamtwerk gibt, doch reichen diese nicht aus, einzelne Erzählblöcke oder Novellen abzugrenzen, wie dies ein Teil der Forschung vor ihm tat (LUTHER 1906; CASPARI 1909a, 1911 u. 1926; GRESSMANN ^{2}1921). Die innere Einheitlichkeit des Werks werde durch den Stil und das Thema gefordert.

Nicht alle ließen sich von dieser Sicht überzeugen. SEELIGMANN (1962) untersucht die Kompositionstechniken, mit denen die frühe israelitische Historiographie einzelne Erzählblöcke (u.a. die Novellen in II 13f. und 15ff.) verbunden hat. MILDENBERGER (1962) rechnet mit einer TFG, die nur II 15 - 20 + I Kön 1 - 2 umfaßt, während II 10 bis 12 und 13f. Teile einer anderen Sammlung seien.

Als einen Mittelweg zwischen einem literarisch einheitlichen Werk und der Kompilation verschiedener Quellen entwickelt FLANAGAN (1971; 1972) das Modell vom Wachstum desselben Werks in zwei Auflagen. Am Anfang der literarischen Entwicklung steht eine 'Court History' in den Grenzen von II 8,16 - 10,1-5; 11,1; 12,26 - 20,26. Sie entstand in höfischen Kreisen, bereits in der späten Davidzeit (1971, 122f.) und will zeigen, wie David in einer wechselvollen Geschichte vom Kampf um die Macht und den Erhalt des Doppelkönigtums gegen Separierungsbestrebungen legitimerweise König bleibt. Die TFG dagegen ist eine um die 'salomonischen' Partien und damit das Thronfolgethema (II 11,1 - 12,25 + I Kön 1 - 2) erweiterte, zweite Auflage dieser 'Court History' aus frühsalomonischer Zeit, wobei die Stilgleichheit an den selben Verfasserkreis denken läßt.

Für FLANAGAN erklärt dieses Modell auch die thematischen Verschiebungen. In der 'Court History' wird David als ein kluger, alles beherrschender und ordnender Monarch gezeigt. Konflikte werden durch Besonnenheit und durch Geduld gelöst. Dabei darf Abschaloms Aufstand nicht mit dem Versuch Adonjas, die Herrschaft zu übernehmen, sondern nur mit dem Schebas verglichen werden. Scheba und Abschalom fordern Davids Souveränität heraus, ungeachtet der Konsequenzen für die Thronfolge. Die Erweiterungen im Rahmen der zweiten Auflage zeichnen ein sehr kritisches Bild von David: in II 11 das eines Ehebrechers und Mörders, in I Kön 1 das eines hilflosen Greises, der unfähig ist, weiter König zu sein. Als Ursache für dieses geänderte Davidbild macht FLANAGAN eine allgemeine politische Enttäuschung am Ende der davidischen Herrschaft geltend.

In der kaum glaubhaften Frühdatierung liegt allerdings ein entscheidender Einwand gegen die Theorie FLANAGANS. Dennoch hat er eine Reihe wichtiger – oft gemachter – Beobachtungen zu einem in vielen Punkten interessanten literarischen Wachstumsmodell verarbeitet:

a.) II (9) 13 - 20 weisen aus sich selbst heraus keinen erkennbaren Bezug zum Thronfolgethema und sind thematisch von eigenem Gewicht.

b.) II 10 - 12 und I Kön 1 - 2 haben eine Reihe Verbindungslinien, die in II 13 bis 20 nicht begegnen (z.B. die Personen Batscheba, Natan, Salomo). Kompositorisch bildet sich somit eine Inclusio.

c.) I Kön 1f. ist eine relativ eigenständige Erzählung, aber nicht ohne das Vorhergehende verständlich, weshalb sie kaum unabhängig von II 13 - 20 entstanden sein kann.

d.) David wird in II 13 - 20 in anderer Weise charakterisiert als in II 11f.

MCCARTER (1984, 13f.) rechnet wieder mit einer Collage aus mehreren selbständigen, sehr alten Quellen:

Eine von ihnen ist die „story of Abishalom's revolt" (II 13 - 20), eine andere die Aufstiegserzählung Davids (I 16,14 - II 5,10), eine dritte „the story of the Gibeonites' revenge and David's patronage of Meribaal" (II 21,1-14 + 9,1-13), eine vierte die „Solomonic apology" in (I Kön 1 - 2). Nur die letztere verdient den Namen Thronfolgegeschichte. Die Querverbindungen, die besonders I Kön 1 - 2 zu dem vorangehenden Geschehen knüpfen, und selbst die Verweise zur Aufstiegsgeschichte will MCCARTER mit der Annahme erklären, daß der in frühsalomonischer Zeit schreibende Autor von I Kön 1 - 2 bereits die anderen Quellen vor sich hatte und sein Werk mit diesen abstimmt (13). Für die drei späteren Redaktionen (prophetic, Dtr^1, Dtr^2), mit denen MCCARTER rechnet, bleibt unter solchen Bedingungen wenig übrig (8). Allerdings weist er den Batscheba-Urija-Komplex (II 11,2 - 12,25) als eine „later composition with a prophetic point of view" (275) einer vordtr prophetischen Redaktion zu (s. genauer unten E. 1.2).

Ein stufenweises Zusammenwachsen einzelner Erzählblöcke vermuten auch LANGLAMET (1976a, s. unten) und O.KAISER (zuletzt 1992, 120), die daneben allerdings noch mit umfangreichen redaktionellen Bearbeitungen rechnen.

Dies führt zur zweiten Frage, der nach den Spuren späterer Überarbeitungen in der TFG. Es gibt nirgendwo im Alten Testament einen 14 Kapitel umfassenden Text, dessen literarische Einheitlichkeit im wesentlichen bis in die jüngere Zeit so einmütig anerkannt wurde, wie II Sam 9 - 20 + I Kön 1 - 2.

Die ältere Literarkritik hatte mit nur wenigen Bearbeitungsspuren gerechnet. Eine Ausnahme war allerdings Cook (1899/1900), der einen Großteil der Ergebnisse der neueren Literarkritik bereits vorwegnahm und mit dessen Thesen sich BUDDE (1902) ständig auseinandersetzt.

ROST reklamierte einen schwer überbietbaren maximalen Textbestand für die alte TFG, die im Lauf ihrer Überlieferung nahezu unversehrt geblieben sein soll. In seinem Gefolge rechnet MARTIN NOTH in seiner Abhandlung zum dtr Geschichtswerk damit, daß dem Deuteronomisten bereits ein umfangreicher Komplex von Saul-David-Überlieferungen zur Verfügung stand, der schon in vordtr Zeit aus verschiedenen Einzelblöcken (u.a. der TFG) zusammengewachsen war (1943, 61ff., s. oben B. 2.3). Das erkläre das weitgehende Fehlen dtr Bearbeitungen. Ein Gegengewicht brachte jedoch CARLSONS Untersuchung zum 2. Samuelbuch (1964). In Ablehnung literarkritischer Lösungsmodelle und auf dem Hintergrund der skandinavischen traditionsgeschichtlichen Forschung betrachtet CARLSON die jetzige Endgestalt des gesamten Buches als eine planvolle dtr Komposition. In II Sam 2 bis 5 + 6 + 7 werde 'David unter dem Segen' und in II Sam 9 - 24 'David unter dem Fluch' dargestellt.

Der Einfluß der D-Gruppe zeigt sich nicht nur an dem Vorhandensein eines abgrenzbaren dtr Sprachidioms, sondern ebenso in Auswahl und Anordnung des übernommenen Materials. Insgesamt ist II 9 - 24 „a Deuteronomic commentary on the latter half of the Davidic epoch" (139). Dabei sei es aussichtslos, hinter diese dtr Endgestalt zurückzukommen oder den dtr Anteil textlich und sprachlich abzugrenzen, denn neben den schriftlichen seien auch die mündlichen, erst durch die D-Gruppe schriftlich fixierten Überlieferungen in Betracht zu ziehen.

Bei der dtr Perspektive setzt auch die einflußreiche Untersuchung VEIJOLAS (1975) ein. Auswahl, Anordnung und Veränderung des auf die Deuteronomisten überkommenen Materials ist für ihn methodisch erst in zweiter Linie wichtig. Die dtr Anschauungen sind vor allem aus dem redaktionellen Eigenanteil der dtr Schule zu erheben, der literarisch erkennbar sei und nicht „aus zusammenhanglosen Glossen besteht, sondern eine *Bearbeitungsschicht* bildet, die an mehreren Stellen an Hand formaler und inhaltlicher Kriterien fassbar wird" (14). VEIJOLA untersucht – von I Kön 1f. ausgehend – alle Texte in den Samuelbüchern, die etwas für das Thema „David und die Entstehung seiner Dynastie nach der dtr Darstellung" besagen können, und isoliert gerade die Texte in der TFG als sekundär, die der Legitimation der Dynastie dienen. Diese weist er einer nach dem 'Göttinger Modell' dreifach gestaffelten dtr Redaktionstätigkeit zu (s. die Aufstellungen oben B. 2.3). Die Grundgestalt der TFG sei dagegen ungeschminkt david- und salomokritisch.

VEIJOLAS minutiöse redaktionskritische Analyse trifft sich in mancher Hinsicht mit der eher skizzenhaften, tendenzkritischen Arbeit WÜRTHWEINS (1974). Letzterer stärkte seine These von der david- und salomokritischen Zielrichtung der TFG durch den Nachweis, daß sich sowohl die drei theologischen Deutestellen (II 11,27b; 12,24f.; 17,14b) als auch eine Reihe weiterer Passagen innerhalb von II 15 - 20 redaktioneller Nacharbeit verdanken. Ihr Ziel ist es, den Eindruck des dunklen Bildes, das die Grundschicht der TFG von den Machenschaften Davids und Salomos malt, dadurch zu mildern, daß David und seine Verbündeten entlastet und seine Gegner zusätzlich belastet werden. Diese Entwicklung sieht WÜRTHWEIN aber bereits in höfischen Kreisen der vorexilischen Zeit einsetzen.

So seien als sekundäre Einschübe die Entlastung Davids in II 11,27b; 12,1-15a (evtl. 15b-24a) und eine salomofreundliche Bearbeitung (12,*24f.; I Kön 2,5-9.31b-33.44f.) abzugrenzen. Vorexilisch höfische Bearbeitungen schwärzen das Bild des Ratgebers Ahitophel zugunsten Huschais ein (II 15,16b.31; 16,21-23; 17,5-14.15b*; 17,23; 20,3) und heben David auf Kosten Joabs ins helle Licht (II 15,24-26.29; 16,5-13 [darin 9-12 tertiär]; 17,25; 18,2b-4a.10-14; 19,14.22f.; 20,4f.8-13). Schließlich sei II 14,2-22 als ein höfisch-weisheitlicher Einschub anzusprechen, der Joabs Verantwortung für den Abschalomaufstand hervorhebt.

Die redaktionskritische Arbeit an der TFG hat VEIJOLA in mehreren Aufsätzen fortgeführt. Seine Analyse zu II 9 (1978) ist oben B. 2.3, die zu II 12 (1979) unten E. 1.2.2 vorgestellt. Dabei werden WÜRTHWEINS Thesen einer nicht am Hof, sondern in der antimonarchischen Tradition des Nordreichs beheimateten TFG samt den von ihm herausgeschälten Bearbeitungen aufgenommen. Andererseits hat WÜRTHWEIN in seinem Königekommentar (1977) das von VEIJOLA herausgestellte Ausmaß sekundärer Nachträge im wesentlichen bestätigt, von denen er aber nur einen geringen Teil als dtr ansieht:

I Kön 1,*30 (nichtdtr). 34 (Erwähnung Natans ist Glosse). 35aβ.b (dtr).46-48 (dtr?); 2,1.5-9 (vordtr höfisch). 2-4 (mehrfach dtr bearbeitet). 10f. (dtr). 12 (nachdtr). 24 (dtr). 26-27 (durch dtr in V.27 erweiterter Zusatz).*28 (Glosse). 31b-33 (vordtr höfisch). 35b (Glosse). 44-45 (vordtr höfisch; darin V.45 dtr oder später).

Der dritte und produktivste unter den Pionieren der redaktionskritischen Arbeit an der TFG ist LANGLAMET, der sich zwischen 1976 und 1981 in ganzen Aufsatzserien von ungeheurer Akribie und gelehrter forschungsgeschichtlicher Aufarbeitung der Einzelprobleme mit dem literarischen Werdegang der TFG befaßt hat. Eine zusammenfassende Würdigung seiner Arbeiten ist nicht einfach, nicht nur weil LANGLAMET noch keinen Gesamtentwurf zur Redaktionsgeschichte der TFG vorgelegt hat – das haben andere auch nicht – sondern weil er seine Ergebnisse jeweils als provisorische Arbeitshypothesen versteht, die nicht zuletzt er selber des öfteren wieder korrigiert. Methodisch rückt auch bei LANGLAMET die jeweilige Tendenz zu einem entscheidenden literarkritischen Kriterium auf, dem er minutiöse sprachstatistische Analysen zur Seite stellt. LANGLAMET verbindet das von FLANAGAN entwickelte Auflagenmodell mit der Annahme einer tiefgreifenden prosalomonisch-prodynastischen Überarbeitung der TFG in der späteren Königszeit. So ergibt sich ein mehrfach gestaffelter Wachstumsprozeß:

1. Am Anfang steht eine „histoire d'Absalom“ (II *15 - 20) aus der späten Davidzeit, der das Thronfolgethema noch völlig fehlt und die von David ein differenziertes, nicht einseitig negatives Bild zeichnet und seine Autorität als König nicht in Frage stellt (1976, 525f.).

Nach 1976a (519.522) ist diese Geschichte eine vom Thronfolgeerzähler nur aufgenommene Quelle, nach 1977a (164) aber dessen eigene Bildung.

2. Derselbe Autor erweitert diese Erzählung in der frühen Salomozeit zur ersten Auflage (S^1) einer eigentlichen Thronfolgeerzählung „première histoire de la succession“: S^1 = II *10 - 12 + *13f.(?) + *15 bis 20 + I Kön *1 - 2,35. Sie entsteht unter dem unmittelbaren Eindruck der brutalen Vorgänge bei Salomos Machtergreifung und ist dezidiert salomokritisch. Die Vorschaltung von II *10 - 12 erfolgte, weil mit ihr Batscheba und damit auch Salomo in ein schlechtes Licht gerückt werden. Der Schicht S^1 fehlen aber noch alle benjaminitischen Episoden (vgl. 1976a, 524-528; 1977, 163-165).

Die Zugehörigkeit von II *13f. zu S^1 bezweifelt LANGLAMET später wieder. Erst der prosalomonische Redaktor (S^3) habe von der Vergewaltigung Tamars und Abschaloms Mord an Amnon unter Verarbeitung einer mündlichen Überlieferung erzählt (1981, 246).

3. Der gleiche Autor fertigte mindestens drei Jahre später (vgl. I Kön 2,39) eine zweite Auflage (S^2) „deuxième histoire de la succession“ an.

In ihr sind neu alle 'benjaminitischen' Episoden aufgenommen: die Szenen mit Meribaal und Ziba in II *9; 16,*1-4; 19,*25-31 sowie die mit ihnen verflochtenen von Schim'i und Barsillai in II 16,5-14; 19,*17-24.*32-41a (?); I Kön 2,*36-46. Diese Auflage steht unter dem Eindruck des von Salomo verfügten Mordes an Schim'i und versucht Salomo dadurch zusätzlich zu belasten, daß sie diesen Mord mit dem ausgesprochen mildtätigen Verhalten Davids gegenüber den Sauliden kontrastiert (1976a, 521f.). Das Werk verrate die direkte Gegnerschaft gegen Salomo, weniger die gegen Königtum und Dynastie insgesamt. Der Einbezug der benjaminitischen Episoden fordert die Annahme, daß diese Fassung S^2 bereits über den literarischen Horizont von II 9 - 20 + I Kön 1f. hinausweist und damit keine literarisch abgrenzbare Thronfolgegeschichte mehr ist, sondern bereits als „histoire de David“ konzipiert wurde. Damit nähert sich LANGLAMET der Position SCHULTES (1972) an, die ein altes Geschichtswerk „David-Geschichten“ (II 2 - 4; 6; 21; 9 - 20; I Kön 1 bis 2) rekonstruiert hatte (s. oben D. 2.1).

4. Wie WÜRTHWEIN (1974) und VEIJOLA (1975) grenzt LANGLAMET eine umfangreiche – gegenüber seinen Vorgängern vermehrte – prosalomonische Redaktionsschicht S^3 aus, die er in Jerusalemer Kreisen der späteren Königszeit, etwa zwischen Hiskija und Joschija, beheimatet sieht (1976a, 378ff.528). Die sprachliche Nähe dieser Schicht S^3 zu priesterlichen Texten und Ezechiel läßt an einen Priester als Autoren denken. Dieser Bearbeitung geht es im Gegensatz zu den zeitgeschichtlichen Anliegen der früheren Auflagen nicht um Realpolitik, vielmehr um die theologische und moralische Legitimation des großen Königs und Tempelbauers Salomo. Sie krempelt die vorfindlichen kritischen Intentionen völlig um in ihr Gegenteil. Aus Oppositionsliteratur wird Legitimationsliteratur.

Es sei der Versuch gewagt, das von LANGLAMET eruierte Ausmaß dieser vordtr Schicht S^3 anzugeben. Die folgende Liste (Umschriften darin nach LANGLAMET) geht von den Aufstellungen 1976a (351-357.525) aus, die hier aber aufgrund der weiteren Arbeiten LANGLAMETS bereits ergänzt bzw. modifiziert werden. LANGLAMET hat sich bisher eingehend mit II 9 + 15 - 20 + I Kön 1 - 2 befaßt, sein Einverständnis mit WÜRTHWEINS Nachtragsthese zu II 14,2-22 und VEIJOLAS Ergebnissen zu II 12 aber mehrfach erklärt.

S^3 = 9,1.7b.10aε.11b.13aβ; – (13,13a.34b-35.36; 14,2-22); – 15,8.16b-17a.*24. 25-26.31.34aβγδε.b.35aα; – 16,7-8.10.11*(*ʾšr-yṣʾ mmʿy, ky-ʾmr lw yhwh*).12.13b* (*lʿmtw*).15a.16-19.20bα.21b.23; – 17,(2aβγ ?).3b.5-14.15b.17-22.23.24b.25.27-29; – 18,2b-4a.10-14.18; – 19,20aγ.22-23.25*.26a*(*wyhy ky*).29.33aβ.35b.36a.37.40a. 42bδ; – 20,3.4-5.8-13.

I Kön 1,5aβγ (*mtnśʾ*...).5b.6a.bα.12aβ.b.13aα (*lky*).17aβ*(*byhwh ʾlhyk*).21.29bβ. 30aα.30aγ*(*ṭhty*).30b.(34a**wntn hnbyʾ*?).35.37.(45a**ṣdwq hkhn wntn hnbyʾ*?).46 bis 48.51bα*(*lʾmr*).51bβγ.52; – 2,1.5*(ohne *wgm*).6.7(?).8-9.14-15.16aα*(*wʿth*). 22aαδ (*wšʾly-lw*).23.24a*(ohne *ḥy-yhwh*).31b-33.37b.44-45.

Spätere, aber noch vordtr Zusätze: 2,7(?).22b.26-27.28aβγ (*ky ywʾb*...); dtr Nachträge: 2,2-4.(*wgm* in V.5).11.

Modifikationen: Eine vertiefte Untersuchung (1977a) der Szene von Abschaloms Inbesitznahme des väterlichen Harems II 16,21-23 erbringt das Ergebnis: S^1 = 21a.22; S^3 = 20bα.21b.23. Die Gerichtsdrohung Natans in II 12,12 liegt dagegen auf einer anderen Bearbeitungsschicht. Innerhalb von II 17,1-3 werden Nächträge in V.2aβγ (Zuweisung unsicher).3b (S^3) erkannt (200ff.), die 17,9b-10 vorbereiten. Eine Untersuchung der Figurenkonstellation „Ahitofel et Houshaï" (1978) sieht die Redaktionsschicht S^3 in: 15,31.34 (ohne 34aα); 16,16-19.20bα.23; 17,5-14.15b.23. Ihr theologischer Höhepunkt ist in 17,14b zu finden.

In einer bisher unvollendet gebliebenen Aufsatzreihe sucht LANGLAMET den literaturgeschichtlichen Problemen der benjaminitischen Episoden (II 9; 16,1-14; 19,17-41) auf die Spur zu kommen (1979; 1980; 1981a) und zugleich seine Position gegenüber VEIJOLA (1978) zu verteidigen, der die Einarbeitung sämtlicher benjaminitischer Episoden einem prodynastischen Redaktor aus dem 7. Jh. zuschrieb. Nach LANGLAMET hat die Redaktion (S^3) diese Texte überarbeitet, aber nicht geschaffen (1979, 511f.). Zu ihr gehören: II 9,1.7b.10aε.11b.13aβ; 16,7-8.10. 11*(*ʾšr-yṣʾ mmʿy, ky-ʾmr lw yhwh*).12.13b*(*lʿmtw*); 19,20aγ.22-23.25*.26a*(*wyhy ky*).29.33aβ.35b.36a.37.40a; I Kön 2,37b.44-45 (1981a, 332). Davids Frage nach den übriggebliebenen Sauliden (II 9) und damit die dynastische Frage muß im Licht von II 2 - 4 verstanden werden. II *9 ist mit II *2 - 4 untrennbar verknüpft, auch wenn das Stück keine unmittelbare Fortsetzung gewesen sein muß. Das Bild Davids, das hier gezeichnet wird, scheint aber bereits auf der Ebene von S^2 nicht einheitlich zu sein. So ist die Grundlage von II *16,1-14; *19,17-41 davidkritischer als die von II *9 (1979, 501f. 507ff.). Zudem wird LANGLAMET (1979, 511f. u.ö.) der Nachtragscharakter der benjaminitischen Episoden insgesamt wieder fraglich und damit die Unterscheidung von S^1 und S^2.

Unter den mit den benjaminitischen Episoden verknüpften Texten erweist sich ihm die Barsillai-Szene (II 19,*32-41a) nicht mehr generell als ein jüngerer Nachtrag durch S^3, sondern als Überarbeitung einer von S^2 zu verantwortenden Szene (1977b/1983). Und in einem weiteren Beitrag (1981b) rechnet LANGLAMET u.a. mit einer tiefgreifenden S^3-Überarbeitung der Vorlage von II 13 - 14 (vermutungsweise könnten neben 14,2-22 auch 13,13a.34b-35.36 zu S^3 gehören).

Die wesentliche Literaturentwicklung sieht LANGLAMET mit dieser Bearbeitungsschicht abgeschlossen. Spätere unter dem Sigel R zusammengefaßte Zusätze, unter ihnen auch deuteronomistische, sind geringfügig und verändern das Gesamtbild wenig.

Dieser grob systematisierte Überblick kann dem gelehrten Fleiß LANGLAMETS ebensowenig gerecht werden wie den methodischen Schwierigkeiten und Unsicherheiten, denen sich die redaktionskritische Forschung und ihre Suche nach den jeweiligen Tendenzen innerhalb der Texte der TFG gegenüber sieht, und die LANGLAMETS Arbeiten besonders eindringlich vor Augen führen. Es scheint nicht zufällig, daß LANGLAMET in den letzten zehn Jahren weitere Arbeiten zum Thema nicht veröffentlicht hat.

WERNER kommt in seiner redaktionskritischen Untersuchung der theologischen Kernsätze II 11,27b und 17,14b und ihres Umfelds zu den folgenden Ergebnissen (1988):

Zu II 11 - 12:

a.) Die Erzählung von Ehebruch, Mord und Geburt Salomos wurde in den auseinandergebrochenen Bericht vom Krieg gegen Rabba (11,1*;12,26-31) hineinkomponiert: *11,2-10.11(außer: die Lade und Israel und Juda wohnen in Hütten).12 bis 20a.21b-23.24*.25-27a.

b.) 12,1-5.7*.8.13 bildet den Grundstock der David-Natan-Szene, deren Rechtsparadigma „von Anfang an auf die Erzählung von Davids Ehebruch mit Batseba hin angelegt war" (234).

c.) Ein dtr Verfasser („vermutlich DtrP" 255) erweitert diese Szene mit Blick auf II 16,20-23 und fügt sie dem unter a.) genannten Erzählzusammenhang ein. Auf sein Konto gehen 11,27b; 12,11f., die gesamtisralitische Perspektive in 11,1*.11*; 12,7* und die im Zusammenhang der Abimelech-Notiz stehenden Nachträge 11,20b.21a.24aα.27b.

d) Die Legende vom Tod des Kindes 12,15-25 gehört zu einer Redaktion, die chronistischer Vergeltungstheologie nahesteht, zu der noch 12,9a.10.14 zu rechnen sind. Darin verarbeitet ist die alte Geburtsnotiz von Salomo, die ursprünglich an 11,27a angeschlossen war. Unklar bleibt 12,9b. (vgl. 221-261.300)

Zu II 16,15 - 17,23:

a.) „Die Grundschicht berichtet vom Beginn der Agententätigkeit Huschais, von Ahitofels Rat, David nachzusetzen, von der erfolgreichen Spionage Huschais und von Davids geglückter Flucht": II 16,16f.18aα.19* (ohne: und zum zweiten). 20* (ohne: schafft ihr Rat herbei); 17,1-4.15a.16.17a.21b* (ohne: zu David). 22.

b.) Die Sympathien der ersten redaktionellen Überarbeitung (DtrH) gelten „dem König und seinen Helfern": II 16,15.18aβ.b.19* („und zum zweiten"). 20* („schafft ihr Rat herbei); 17,5-14.15b.17b-21a.23.

c.) DtrP stellt die „vordtr Erzählung von Absalomos Haremsübernahme" (16,21f.) an ihre jetzige exponierte Stellung und verknüpft diese Szene als „Erfüllungssituation" mit der Gerichtsankündigung in II 12,11f. (vgl. 262 bis 286.301f.)

Was läßt sich als bleibende Erkenntnis dieser redaktionskritischen Studien festhalten? Der wichtigste Ertrag ist sicherlich der, daß die klassische Sicht der TFG als eines einheitlichen und in sich geschlossenen Erzählwerks, das später nur noch unverändert überliefert wurde, in ihren Grundfesten erschüttert ist. Insgesamt scheint sich innerhalb dieser Forschungsrichtung ein dreistufiger Wachstumsprozeß herauszuschälen, in dem sich neben den Anfängen der Überlieferungsbildung und der dtr Redaktion eine weitere größere Redaktionsschicht abzeichnet, die eine dynastiefreundliche Tendenz vertritt und vielleicht in die spätere Königszeit gehört. In dieser Richtung arbeiten jedenfalls neben WÜRTHWEIN und LANGLAMET auch DIETRICH (^{2}1992) und O.KAISER (1988). Kompliziertere Modelle vertreten HENTSCHEL (1984; 1990a u. 1990b) und WERNER (1988).

Schwierig scheint jedoch die Annahme, daß eine dezidiert königskritische TFG mit einigen Retuschen zu einem offiziellen Werk dynastischer Geschichtsschreibung des judäischen Königshauses umfunktioniert worden sein kann, bleiben doch alle dunklen Machenschaften des Königshauses in der TFG neben den 'ergänzenden Strichen der Übermalung' überdeutlich sichtbar. Oppositionsliteratur ist nicht so leicht in Legitimationsliteratur zu verwandeln. Die Königspsalmen vermitteln ein ganz anderes Bild vom Legitimationsbedarf der Dynastie in Jerusalem. Für CARLSONS (1964) deuteronomistisch orientierte Sichtweise wird in II 9 - 24 in seiner jetzigen Gestalt 'David unter dem Fluch' gezeigt, und VAN SETERS (1983) kommt nach seinem Durchgang durch die altorientalisch-höfische Geschichtsschreibung zu dem Urteil, daß die TFG auch in ihrer Endgestalt keinesfalls im Umkreis eines Königshofes denkbar sei.

Ferner dürfte der dtr Anteil der Nachträge innerhalb der TFG nicht so groß sein wie VEIJOLA annimmt. Über das Ausmaß der Bearbeitungsgänge im einzelnen ist bisher keine Klarheit erreicht und ist angesichts der Risiken der jeweiligen Beweisführung auch nicht erreichbar. Der sicherste Anhaltspunkt für redaktionskritische Versuche liegt immer noch bei den 'festen Brücken', die einzelne Erzählblöcke miteinander verbinden.

Die Annahme einer derart tiefgreifenden, redaktionellen Bearbeitung der TFG hat immer wieder zu Bedenken gegen die gehandhabten literarkritischen Methoden geführt. Vgl. zur Kritik von z.T. sehr unterschiedlichen Ausgangspunkten KEGLER (1977, 165ff.), GUNN (1978, 115-118), CRÜSEMANN (1978, 129.183f.) und MCCARTER (1984, 14ff.).

Bei WÜRTHWEIN, LANGLAMET und in VEIJOLAS späteren Arbeiten rückt das Problem der erzählerischen Tendenz als literarkritisches Kriterium in den Vordergrund. Unterschiedliche Tendenzen sind allemal Hinweise auf Pro- oder Contra-Bearbeitungen. Dabei wird vorausgesetzt, daß die TFG eben ein Werk mit einer klaren Tendenz gewesen sei und propagandistische Ziele verfolge, die mit den inhaltlich recht groben Kategorien von Pro- und Contra zu fassen sind. Diese Annahme ist besonders wegen der mehrdeutigen, unterschiedliche Verständnismögligkeiten offenlassenden Erzählweise der TFG schwierig (s. auch oben E. 1.3). Eine offene Frage bleibt, wie sich das Kriterium der Unvereinbarkeit widerstreitender Tendenzen so definieren läßt, daß es den Geruch eines Geschmacksurteils verliert? Die methodischen oder auch rezeptionsästhetischen Voraussetzungen der Tendenzkritik werden aber kaum diskutiert. Häufig hat es den Anschein, daß sich das literarkritische Handwerkszeug, das innerhalb der TFG gern mit dem Argument von der Entbehrlichkeit ganzer Passagen im Kontext operiert und die Kriterien der Doppelrede und der Wiederaufnahme als sicheres Kennzeichen für einen literarischen Einschub empfiehlt, als zu grob erweist.

7. Die Gattung der TFG zwischen 'Geschichtswerk' und 'Roman'

Die TFG verbindet große Erzählkunst mit den Handlungen geschichtlicher Personen derart, daß das Erzählte im Wesentlichen als historisch plausibel vorstellbar ist. Die Betonung des letzteren hat vor allem in der deutschsprachigen Forschungstradition der TFG die Gattungsbezeichnung 'Geschichtswerk' eingebracht, dessen hoher historischer Quellenwert, gestützt durch die These der Frühdatierung, weithin anerkannt wird. WELLHAUSEN rühmte die ausgezeichnete Detailkenntnis der Texte: „aus keiner Periode der israelitischen Geschichte haben wir so viele historische Namen" (^{3}1899, 259). Szenen wie die von der Übersiedlung der Barsillaifamilie oder auch die Tamarepisode verrieten ihm weniger historische als zeitgeschichtliche Interessen. Der Autor berichte von den Ereignissen „mit sichtlicher Objektivität und mit grossem Interesse für das stoffliche Detail" (259).

Der Historiker EDUARD MEYER erkannte in dieser Art der Darstellung die Geburtsstunde der wirklichen Geschichtsschreibung in der Weltgeschichte, Jahrhunderte vor Herodot und später Thukydides, eine These, der VON RAD weite Geltung verschaffte: „Der Historiker, der uns diese Ereignisse beschrieben hat, ... muß ein Mann gewesen sein, der eine genaue Kenntnis der Verhältnisse und Vorgänge bei Hofe hatte. Seine Schilderungen atmen eine Lebensnähe, der gegenüber jeder Zweifel an der Verlässigkeit seiner Wiedergabe verstummen muß" (1944 = 1965, 180f., zit. 178). Inzwischen wird nicht mehr ganz so emphatisch formuliert, doch beschreibt auch DONNER (1984, 207f.) die TFG als ein „ausgezeichnetes, möglicherweise im Grundbestand zeitgenössisches Geschichtswerk" (207), auch wenn es „nach seiner literarischen Gestalt nichts anderes ist als eine von bestimmten handfesten Interessen geleitete historische Novelle." Und er urteilt über ihren historischen Quellenwert: „... sicherlich hat sich nicht alles in der geschilderten Weise ereignet, aber es hätte sich durchaus so ereignen können" (208). Die Hauptkennzeichen dieser historiographischen Festlegung sind neben dem 'geschichtlichen Stoff' der Erzählung die 'innere Plausibilität' und die 'historische Vorstellbarkeit der erzählten Ereignisse' nach den Maßstäben der modernen Historik.

Das Kriterium der inneren Plausibilität und historischen Vorstellbarkeit der Ereignisse spricht in jedem Fall für den Realitätssinn des

Erzählers, kann allerdings nicht erweisen, daß die TFG Geschichtsschreibung sein will, d.h. an der Abbildung historischer Ereignisse interessiert ist. Nach WHARTON (1981) hat die Plausibilität der TFG, die er als „plausible tale“ beschreibt, ihren doppelten Sinn darin, daß sie mit konkreten, historischen Personen unmittelbar glaubhafte Handlungen verbindet, das Ganze aber in einer Weise präsentiert „that the depths and implications and ambiguities of human betrayal are chronicled with extraordinary clarity“ (343 zu II 11).

Die TFG selbst erhebt an keiner Stelle einen historiographischen Anspruch (anders als Herodot und Thukydides), und sie enthält vor allem vieles, was ihrer landläufigen Bestimmung, ein *Bericht* historischer Ereignisse zu sein, zuwiderläuft.

Reihenweise werden verschwiegene Situationen, von denen kein Berichterstatter wissen konnte, in einer Weise präsentiert, als wäre der Erzähler jeweils dabei gewesen. Mit Vorliebe werden Ereignisse und Details ausgewählt, „for which in our more sophisticated times the Sunday newspapers of the slightly less reputable kind pay handsomely“ (ACKROYD 1981, 385). Der weithin vorherrschende, dialogische Stil mit seinen direkt zitierten Reden, die nicht als erinnerungsgestützte Wiedergaben, sondern als freie Erfindungen gelten müssen; die Vorliebe für Stilisierungen und kontrastreiche Szenen, das psychologische Gestaltungsinteresse der Charaktere: dies und noch weiteres spricht dafür, daß der Erzähler seine 'erzählte Welt' – ohne allzustarke Rücksicht auf das tatsächlich Gewesene – 'inszeniert' hat.

Innerhalb der Theorie vom 'Geschichtswerk' gelten diese Merkmale als künstlerische Form, als novellistisches Beiwerk, das zur poetischen Freiheit eines guten Erzählers gehört, aber seiner Berichtstreue keinen Abbruch tut. Wird die künstlerische Form vom geschichtlichen Stoff gelöst, treten für WELLHAUSEN die historischen Tatsachen hervor. Dieses Verfahren haben ALT (1930 = 1953, 36ff.) und seine Nachfahren zur Meisterschaft erhoben.

Als Auswertungskriterien für geschichtlich Zuverlässiges galt das, was ein zeitgenössischer Beobachter wissen konnte: „grob gesagt, was in der Öffentlichkeit vor sich ging“ (DELEKAT 1967, 29). Der Reichtum an erzählten Details wird als ebenso unerfindbar angesehen wie die Darstellung der negativen Seiten Davids; denn David etwas in die Schuhe zu schieben, was er nicht getan hat, wäre für einen zeitgenössischen Berichterstatter auch politisch höchst heikel. Positive Darstellungen geraten dagegen viel schneller in den Verdacht, schönfärberische und entlastende Erfindung zu sein, so daß Negativität schon eo ipso historische Authentizität verbürgt.

WÜRTHWEIN (1974) weist zwar auf die tendenziöse Auswahl und Beleuchtung der geschichtlichen Fakten innerhalb der TFG hin, bleibt aber begrifflich im Theorierahmen der 'Geschichtsschreibung'. Deren Ideal ist nach WÜRTHWEIN allerdings nicht 'Objektivität', sondern der voreingenommene und kritische Blick auf David und Königtum (1974, 59). Damit hat der Begriff Geschichtsschreibung für WÜRTHWEIN bereits nicht mehr die Bedeutung, Abbild oder mindestens künstlerische Nachgestaltung des Gewesenen zu sein. Die historische Wirklichkeit ist dem Autor eher Material für seine david- und königtumsfeindliche, politische Haltung; denn durch die Art der Darstellung der TFG wird „das geschichtliche Faktum des davidischen Großreiches eher verschleiert oder zum Rätsel gemacht" (55f.). WÜRTHWEIN bestreitet zu Recht die Trennbarkeit von *geschichtlichem Inhalt* und *erzählerischer Form*, weist auf die „freie erzählerische Gestaltung" auch bei der Negativdarstellung Davids ('Urijabrief') in II 11 hin (22f.), betont die „dichterische Phantasie" in den Redezitaten und in der Auswahl und Darstellung der Fakten, und warnt insgesamt vor einer allzu optimistischen historischen Auswertung der TFG, die nun eher als Ganzes, weniger in ihren Details historisch zu überzeugen vermag (59).

Die Bedenken WÜRTHWEINS sind älter und begegnen verstärkt bei Forschern, die sich mit der erzählerischen Präsentation der TFG befaßt haben. Vgl. LUTHER (1906, 327ff.), CASPARI (1909a, 327ff.). Nach EISSFELDT hat die kunstfertige Erzählweise der TFG „immerhin einiges von einem – guten! – historischen Roman an sich". Die TFG ist „kein Bericht", schon gar nicht der eines Augenzeugen, „sondern kunstvolle, von der Freiheit des Dichters Gebrauch machende Erzählung", wenngleich nicht auszuschließen ist, daß sie aufgrund historischer Überlieferung verfaßt wurde (^{4}1976, 187). Folgerichtig werden von diesen Autoren Gattungsbezeichnungen erzählender Literatur bevorzugt, etwa 'Novelle', 'Roman' oder 'Erzählung'.

LUTHER (1906, 189ff.) suchte die Gattung 'Novelle' als eine besonders kunstvolle Form der 'ausgeführten Erzählung' näher zu bestimmen. Ihre Merkmale sind die Verknüpfung eines Grundmotivs, aus dem sich die Handlung entwickelt, mit allen Nebenmotiven zu einer inneren Einheit; die Konzentration auf persönliche Konflikte und das Zurücktreten politischer Urteile und Begründungen; ein Interesse an persönlichen Motivationen und Folgen der Handlungen (Kausalität) sowie die besondere Neigung zum psychologischen Detail und Charakterbild. Hinzu kommen alle auch in anderen Erzählformen anzutreffenden epischen Techniken der Spannungserzeugung und -lösung. Ein Paradebeispiel für eine Novelle sei II 10 - 12: „Auf das Psychologische kommt es ihm (sc. dem Novellisten) an, das Faktische ist ihm Nebensache.“ So wird zwar historisches Material benutzt, aber in einer Weise, die eine sinnvolle historische Auswertung unmöglich macht (190). In II 13 - 19 werde allerdings die Novelle in den Dienst der Geschichtsschreibung gestellt, was letzterer aber eher schadet, denn von Geschichtsschreibung muß ein politisches Verständnis für geschichtliche Vorgänge verlangt werden; in II 13 - 19 aber „werden alle geschichtlichen Vorgänge auf persönliche Motive zurückgeführt“ (196). Zur weiteren Diskussion der Gattung ‘Novelle’ (engl. novella) bzw. ‘Roman’ (engl. novel) vgl. CASPARI (1911), GRESSMANN ([2]1921, XIVf), WHYBRAY (1968, 19-47) und HUMPHREYS (1985).

In jüngerer Zeit votiert WHYBRAY (1968, 11-19) ausführlich und gut begründet gegen die historiographischen und für die literarischen Interessen der TFG. Sie sei aber weder „a national epic“ noch „a moral or religious tale“, sondern eine weisheitlich geprägte „historical novel“, die wie ihre ägyptischen ‘Parallelen’ lehrhafte und unterhaltsame Absichten verfolge. Die Unterhaltungsaspekte hält WHYBRAY jedoch nicht für ausreichend bei einem Werk, daß mit der königlichen Dynastie befaßt ist und in unmittelbarer Nähe zu den beschriebenen Ereignissen entstanden sein soll. Daher verweist er auf die politisch propagandistischen Absichten, die dieser historische Roman im Interesse der Dynastie verfolgt (51-55). Mit WHYBRAY sieht GUNN in der TFG ein Werk der erzählenden Literatur, bestreitet aber ihre propagandistischen Interessen, weil sie zu viel enthält, was der jeweils eruierten politischen Tendenz entgegenläuft (1978, 19-34).

Die TFG sei ein Werk der schönen Literatur, Jahrhunderte nach der Regierungszeit Davids entstanden (30-33), „a story told for the purpose of serious entertainment“ (62 u.ö.) Sie hat nicht die Absicht, geschichtliche Ereignisse abzubilden, sondern will von diesen unabhängig eine erzählte Welt hervorbringen, die sich in der Komplexität ihrer Darstellung nicht auf eine bestimmte Tendenz festlegen lassen muß, aber deshalb noch lange nicht unpolitisch ist, darin Shakespeares Königshistorien (z.B. Henry IV.) nicht unähnlich (25). Der Zweck der Unterhaltung wird bei GUNN zum eigentlichen Anlaß der TFG, freilich keine billige, sondern eine Unterhaltung, wie sie eben gute Literatur bietet, indem sie „demands the active engagement of those being entertained, which challenges their intellect, their emotions, their understanding of people, of society and of themselves“ (61). Ungeachtet der sanften Provokation, den in der Theologie gern abschätzig bewerteten Unterhaltungsaspekt für biblische Erzählungen in den Mittelpunkt zu stellen, hat GUNN die TFG gänzlich vom Referenzrahmen der faktischen Geschichte gelöst. Die historische Wirklichkeit der erzählten Ereignisse spielt als Bezugssystem für den Erzähler keine Rolle mehr. Das heißt auch bei GUNN nicht, daß sich nicht die eine oder andere historisch zutreffende Information über die Jahrhunderte hinweg in die TFG gerettet haben kann. Sie finden zu wollen, ist allerdings müßig (vgl. ganz ähnlich schon LUTHER 1906, 191).

Gibt GUNN die TFG als geschichtliche Quelle für die Davidszeit weithin verloren, so wird sie nun erst in die Lage versetzt, ihre eigentlichen Qualitäten, die nicht in der abgebildeten sondern in der von ihr erzählten Wirklichkeit liegen, zur Geltung zu bringen. Was unter dem Gesichtspunkt der Geschichtsschreibung ein Mangel wäre (vgl. VAN SETERS 1983, 287: „the events may all be imaginary"), wird unter literarischer Perspektive geradezu ihre Stärke.

Die Gattungsbezeichnung 'novel' allerdings verwirft GUNN (38ff.), weil sie an ein freies schriftstellerisches Werk ohne Rücksicht auf mündliche Überlieferungen denken läßt und „a particularly high degree of autonomy of the author over his style and subject matter" beinhaltet. Für ihn wurzelt die TFG tief in mündlicher Erzähltradition und sei daher besser als „traditional story" zu bezeichnen. Angeregt durch den Aufweis der mündlichen Überlieferung der riesigen homerischen Epen durch M.Parry und A.B.Lord sucht GUNN auch für die TFG die Verwendung von einzelnen Motiven und ganzen fest geprägten Erzählmustern („oral-traditional-composition") aus dem großen Reservoir der „oral tradition" nachzuweisen. Zu diesen gehören der 'Todesbrief', die 'Judgement eliciting Parable' (s. unten zu II 12), 'die Frau, welche die Kundschafter versteckt', 'die Frau, die den Tod bringt' (vgl. hierzu unten D. 10.), ferner Davids ambivalentes Verhältnis zu Joab und den Zerujasöhnen, Kampfberichte und Botenszenen, die Verpflegungsgabe Barsillais u.a. GUNN meint indes nicht, daß die TFG ein zu Schrift erstarrtes Werk mündlicher Überlieferung ist. Die „oral tradition" ist das Reservoir (47ff.), aus dem der Autor einen Großteil seiner Erzählmuster bezieht. Er wird damit noch nicht zum Knecht der Überlieferung. Seine Originalität besteht – wie bei Homer – in seiner unverwechselbaren Formung des Konventionellen.

GUNNS erstmals 1974 vorgetragenen Thesen haben entschiedene Kritik durch VAN SETERS (1976b; 1983) erfahren (vgl. auch GUNNS Replik 1976a; 1978). Der Aufweis traditioneller Erzählmuster, die Benutzung von Weisheitssprüchen, Fabeln und anderen Gattungen usw. zeigt für VAN SETERS nur, daß solche sowohl von Literaten wie von mündlichen Erzählern benutzt werden konnten (1983, 286f.). Als Ganzes hat die TFG nach Anlage, Tendenz und Thema überhaupt nichts Konventionelles. „It is unique within the Bible and has no close parallel outside it". Eine lange anhaltende, mündliche Erzähltradition über Einzelheiten der Familiengeschichte Davids bestreitet er. GUNN prüfe bei unbestreitbaren Parallelen über die Grenzen der 'Court History' hinaus viel zu wenig die Möglichkeit literarischer Abhängigkeit und redaktioneller Überarbeitung (z.B. 'David und die Zerujasöhne'). Als Ganzes ist die TFG keine Komposition mündlicher Überlieferungselemente, sondern das literarische Werk eines Autors, der „quite creative with his material and subjects" umgegangen ist. VAN SETERS Kritik ist in ihrer Argumentation, nicht in ihrer Schärfe, z.T. berechtigt. Die TFG wirkt auch in ihren geprägten Motiven und Szenen literarisch durchgearbeitet und innerlich geschlossen. Sein kategorisches Nein zu dem Versuch, vergleichbare Erzählstrukturen auf 'oral tradition' zurückzuführen und nur literarische Erklärungen zuzugestehen, ist allerdings kaum vertretbar und durch seine These präjudiziert, nach der die 'Court History' das Werk einer nachexilischen, antimessianischen Außenseitergruppe ist und damit ohne Rückhalt in der mündlichen Erzähltradition sein muß. Wie alle Versuche, Licht in das Dunkel der mündlichen Erzähltradition in Israel zu bringen, steht GUNN vor dem Problem, nur von verschrifteten Texten aus in einen Bereich vordringen zu müssen, der mit solchen Quellen eigentlich kaum zu fassen ist.

Die These, die TFG als ein komplexes und tiefgründiges Werk literarischer Epik anzusehen, wie auch immer ein solches gattungsmäßig zu definieren und literatursoziologisch zu verorten ist, hat heute im angelsächsischen Raum m.E. zu Recht breite Zustimmung gefunden. Daher bieten sich Gattungsbezeichnungen erzählender Literatur an. Der Begriff 'Novelle' ist allerdings problembeladen, weil er eine historisch und literarisch eng begrenzte Gattung innerhalb der europäischen Literatur bezeichnet, und außerhalb dieser nicht sinnvoll definierbar ist.

8. Datierung und sozialer Ort der TFG

Eine Datierung der TFG in die (früh)salomonische Zeit ist den meisten Studien so selbstverständlich, daß es kaum Versuche gibt, diese Annahme näher zu erweisen. Neben der detailreichen und lebensnahen Erzählweise gilt das kritische Bild von David und Salomo, das den Idealbildern späterer Texte so stark widerspricht, als ein wichtiges Indiz für eine frühe Datierung der TFG. Wer die dichterischen Stilisierungen hervorhebt, rechnet allerdings mit einem gewissen zeitlichen Abstand der TFG zu den in ihr verarbeiteten historischen Ereignissen (etwa CASPARI 1909a, 324). EISSFELDT denkt an das 9. Jh. und vermutet überdies, daß die Schilderung von II 20,14 die aramäische Besetzung von Abel-Bet-Maacha (I Kön 15,20) schon voraussetzt ([4]1976, 187). Für GUNN ist eine Zeit „several centuries after the events“ wahrscheinlich, und er weist auf die Textstellen hin, die eine zeitliche Distanz des Erzählers zu den historischen Ereignissen der Davidzeit zu erkennen geben, und die – im Interesse der Frühdatierung – gern als sekundär angesehen werden (1978, 30-33, zit. 31).

Nach II 12,20 geht David in den Tempel JHWHs, den es nach der biblischen Darstellung erst ab der Zeit Salomos gegeben hat. (Vgl. zur Gegenthese RUPPRECHTS unten E. 1.5). In II 13,18 belehrt der Erzähler seine Hörer darüber, daß Tamar einst – wie bei Königstöchtern üblich – ein besonderes Kleid getragen habe; und in 18,18 verweist er sie an die damals von Abschalom errichtete Gedenkstele im Tal der Könige, die ‘bis auf den heutigen Tag’ zu sehen sei. Überdies sind für GUNN die unterschiedlichen Bezeichnungen für die gesellschaftlichen Gruppen und Stämme (vgl. etwa nur ‘Israel und Juda’ einerseits und ‘ganz Israel’ andererseits) „certainly confusing“ und verraten eine gewisse aus dem zeitlichen Abstand heraus resultierende Unsicherheit des Erzählers. (Zum Versuch einer sozialgeschichtlichen Vereindeutigung der verschiedenen Gruppenbegriffe im Hinblick auf die frühe Königszeit vgl. jedoch CRÜSEMANN 1978, 94-104.)

Ist für GUNN erst die dtr Redaktion im 6. Jh. ein wirklicher terminus ad quem für eine Datierung der TFG, geht VAN SETERS mit seiner These entschieden darüber hinaus, nach der die ‘Court History’ (II 2,8 bis 4,12 + 5,3a + 9 - 20 + I Kön 1 - 2) eine antimessianisch orientierte Ergänzung aus nachexilischer Zeit ist, die das Testament Davids I Kön 2,1-12 (dtr) voraussetzt und mit Hilfe von II Sam 1,5-10.13-16 den Anschluß an die vorangegangene Überlieferung bewerkstelligt (1983, 277-291). Nur durch eine solche Ergänzungshypothese läßt sich nach VAN SETERS das Problem lösen, daß sich das kritische Davidbild der Erzählung schwerlich mit dem Davidideal des dtr Geschichtswerks vereinbaren läßt (278).

Die These ist eine modifizierte Neuauflage alter Überlegungen BUDDES und NOWACKS, die an eine dtr Redaktionsstufe ohne wesentliche Teile der TFG (II 9 bis 20 oder II 13 - 20) dachten. Erst nachdtr sei die einst aus dem Kontext entfernte Geschichte wieder eingefügt worden. Vgl. BUDDE (1890, Xf.; 1902, 246) und NOWACK (1902, XXV).

In Auseinandersetzung mit VAN SETERS kommt O.KAISER (1988) wieder in die vordtr Zeit. Einzelne Erzählungen mögen bis in salomonische oder kurz nachsalomonische Zeit zurückreichen (15). Für die

„Gesamterzählung vom König David" (im Umfang wie bei VAN SETERS) schlägt O.KAISER eine Datierung „in der Zeit zwischen Hiskia und Jojakim" (20) vor.

Die Kriegserzählungen in II 2 und II 20 „enthalten derartige Unwahrscheinlichkeiten, daß sie in dieser Weise nur in beträchtlichem zeitlichem Abstand zu den berichteten Ereignissen formuliert sein können" (15). II 2f. verarbeitet „sehr unzulängliches Überlieferungsgut" (17): eine ätiologische Sage (2,12-16) sowie Traditionen vom Tod Asaels und Abners. Alles andere innerhalb vom 2,17-32; 3,22-27 ist erzählerische Ausschmückung. Und aus dem schwierigen und mehrfach überarbeiteten Kap.20 ergibt sich, „daß der Erzähler schlechterdings gar nichts über revolutionäre Umtriebe im Land zu erzählen wußte" (18). Endlich rechnet der Vers 11,1 damit, daß die Könige zur 'Wiederkehr des Jahres' in den Krieg ziehen. Da solche Kriegszüge (in Assyrien) gewöhnlich im Frühjahr stattfanden, setze die Rede von der 'Jahreswende' (= Frühjahr) bereits die Übernahme des babylonischen Frühjahrskalenders anstelle des traditionellen Herbstkalenders in Juda voraus. Vgl. jedoch GARSIELS Bedenken, ob ein bäuerlicher Heerbann – im Unterschied zum assyrischen Berufsheer – zur Zeit der Frühjahrsfeldbestellung überhaupt zum Krieg aufgeboten werden konnte (1993, 251).

Insgesamt zeichnet sich eine größere Vorsicht gegenüber einer bedenkenlosen Frühdatierung der TFG ab. O.KAISERS Datum ist dann zu spät, wenn für einen Grundbestand der TFG mit einer größeren, prodynastischen vordtr Bearbeitung gerechnet wird, die LANGLAMET, DIETRICH u.a (s. oben D. 6.) etwa in die Zeit Hiskijas oder wenig danach verlegen.

Zum sozialen Ort: Große Einmütigkeit herrscht darüber, daß die TFG am Königshof entstanden sei: als prodynastische bzw. apologetische oder distanzierte Geschichtsschreibung, als weisheitliche Königskritik oder lehrbuchartige Dichtung, die für die diplomatische Ausbildung bestimmt war. Die ausschließliche Konzentration des Erzählers auf die Vorgänge innerhalb der königlichen Familie oder bei Hof, die gute Vertrautheit mit höfischen Formen und Formeln sowie das erzählerische Desinteresse an den Menschen und Ereignissen im Land oder an den Problemen der Stämme scheinen dafür zu sprechen, daß der Erzähler wie sein Publikum aus höfischem Milieu kommen. (Vgl. CASPARI 1909a mit detaillierten Auflistungen solcher höfischer Formeln.) Durch die Betonung der legitimatorischen Interessen für die Machtergreifung Salomos konnte die TFG sogar in den Rang offizieller Hofgeschichtsschreibung erhoben werden.

Die radikale Gegenposition zu diesem Verständnis vertreten

DELEKAT (1967, 27) und WÜRTHWEIN (1974, 58f.), die sich ihre david- und salomofeindliche TFG nur noch in königsfeindlichen Kreisen der israelitischen Stämme vorstellen können. Angesichts der Darstellungsweise der TFG ist es wenig wahrscheinlich, daß sie für „wehrhafte israelitische Bauern mit ihrer dörflichen Jahwe-Sittlichkeit" verfaßt wurde (so DELEKAT 1967, 27; zur Kritik CRÜSEMANN 1978, 185ff.). Das entscheidende Problem bleibt aber, wie sich eine teilweise so schonungslose und für den König wie die königliche Familie so wenig schmeichelhafte Erzählung mit ihrer höfischen Perspektive verbinden läßt. Wenn zudem die Mehrzahl der entlastenden Aussagen der TFG als sekundäre Bearbeitungen der Tendenzkritik anheimfallen (s. oben D. 6.), bleibt eine Grundschrift übrig, die sich nur noch nach Analogie moderner Dissidentenliteratur verstehen läßt. Aber auch in ihrer jetzigen Gestalt ist die TFG kaum als offizielles Legitimationsdokument der judäischen Dynastie denkbar, jedenfalls nicht, wenn wir uns den Königshof in Jerusalem wie andere im Alten Orient vorzustellen hätten. CRÜSEMANN denkt an eine von weisheitlich geprägten Kreisen am Hof verfaßte, königskritische Reformschrift, was ein erhebliches Maß an Kritikfähigkeit des Königshauses voraussetzt. Soziologisch ist nach wie vor die alte Annahme interessant, im Verfasser der TFG den Angehörigen einer nicht am Königshof gebundenen Oberschicht zu sehen (nach dem Vorbild des von Salomo nach Anatot verbannten Priester Abjatar und seiner Nachfahren). Ein solcher 'Typus', der in Israel häufiger gewesen sein mag, könnte sowohl Bildung und höfische Kenntnisse, zugleich aber eine kritische (und räumliche) Distanz zum Königshaus wie auch ein gewisses Desinteresse an den politischen Belangen der Stämmeorganisation verständlich machen, wie dies uns in der TFG entgegentritt.

9. Weisheitliche Einflüsse und Berührungen mit 'jahwistischen' Texten

Nachdem GERHARD VON RAD die Josephsgeschichte als weisheitlich-didaktische Erzählung beschrieben und als Produkt der von ihm so genannten 'davidisch-salomonischen-Aufklärung' an den Jerusalemer Königshof verlegt hatte, war der Weg frei, Ähnliches auch für die

TFG zu versuchen. Die TFG als weisheitlich anzusehen, konnte sich von Rad bis in sein Spätwerk hinein allerdings nicht entschließen (1970, 370). Dies tat jedoch Whybray (1968) in den durch von Rad gewiesenen Bahnen. Die TFG ist ihm in ihrer erzählerischen Gestalt geradezu die „dramatization of proverbial wisdom“ (78) und in ihrer literarischen Absicht eine „combination of propagandist political novel and wisdom instruction in narrative form“ (96). Ein Weisheitslehrer habe sie für die nach ägyptischem Vorbild zu postulierende Beamten- und Schreiberschule an Salomos Hof verfaßt „to support the règime by demonstrating its legitimacy and justifying its policies“ (55).

Whybray weist auf die Hochschätzung der klugen Rede und des weisen Ratschlags hin; auf den Vergeltungsgedanken, der die TFG durchzieht; auf Jahwe als Garanten der Weltordnung sowie auf ein auffälliges Desinteresse an allem Kultischen (56-71). Im Oppositionspaar von Weisheit und Torheit, der Mahnung zur strengen Kindererziehung (gerade hier versage David nach der TFG), der Betonung des frommen und demütigen Königs sowie der Hochschätzung der Freundschaft werden weitere weisheitliche Elemente sichtbar (96-114) . Literarische Analogien findet Whybray vor allem in Ägypten, u.a. in der Sinuheerzählung, der Prophetie des Neferti sowie der Instruktion des Amenemhet.

Crenshaw (1969) kritisiert den sehr weiten Weisheitsbegriff bei Whybray, mit dessen Hilfe nahezu alle allgemeinmenschlichen Themen in das Licht weisheitlichen Denkens gerückt werden können, ohne an bestimmte Sprachformen gebunden zu sein. Mit dieser weiten Grenzziehung gerät die Unterscheidbarkeit von Weisheit und Nichtweisheit und damit der ganze Begriff ins Wanken, denn ein beträchtlicher Teil der von Whybray eruierten ‘weisheitlichen Elemente’ findet sich auch in anderen Literaturbereichen.

Zum andern werden alle Textstellen in der TFG übergangen, die der These entgegenstehen.

So wird Amnons übler Ratgeber Jonadab ausdrücklich als ‘sehr weiser Mann’ (II 13,2) eingeführt und der Rat der weisen Frau aus Tekoa zeitigt mit dem Abschalomaufstand furchtbare Folgen. Der Rat Ahitophels, der den Aufstand unterstützt, wird als kluger und nicht als törichter Ratschlag gekennzeichnet und dennoch zunichte gemacht.

Die vielen Berührungspunkte mit einem aus der Spruchweisheit bekanntem Denken hat Whybray überzeugend aufgewiesen: „Mehr als anderswo scheint dies Denken in die Darstellung der Thronfolgegeschichte Davids eingegangen zu sein“ (so von Rad 1970, 370). Die

Adaption weisheitlicher Momente aber, die vielleicht eher Kennzeichen allgemeinen Bildungsgutes ist, erscheint eigenwillig und gebrochen und läßt sich nicht einfach im Horizont der Spruchweisheit verrechnen. Die genannten Bedenken betreffen teilweise auch HERMISSON, der den Nachweis versucht, „daß weisheitliches Denken nicht nur in Einzelelementen in die Geschichtsdarstellung" der TFG „eingegangen ist, sondern diese Konzeption von Geschichte maßgeblich geprägt und überhaupt erst ermöglicht hat" (1971, 153). „Ob man ihren Verfasser unter den Weisen suchen kann, hängt davon ab, wie weit man hier die Kreise ziehen will" (153 Anm. 21).

Auch CRÜSEMANN sucht den geistigen Ort für seine salomokritische TFG in der höfischen Weisheit, indem er auf die Herrscherkritik in den Proverbien verweist. In ihr sieht er „das Wissen um die negativen Möglichkeiten des Königtums trotz der grundsätzlich positiven Sicht der Institution" verankert (1978, 187-193). Ob indes das Bild, das die TFG vom König und der Institution des Königtums zeichnet, mit dem der Spruchweisheit kompatibel ist, bleibt fraglich.

Ein besonderes exegetisches Interesse haben in jüngster Zeit die beiden weisen Frauen der TFG (II 14; 20) erfahren; jene Frauen, die in staatspolitisch brisanten Situationen als mit hoher Kompetenz und politischer Vollmacht ausgestattete Ratgeberinnen fungieren. Besaß Alt-Israel in solchen weisen Frauen einen festen Berufsstand? Wie lassen sich ihre Funktionen näher bestimmen? War eine solche Beratung die besondere Domäne bestimmter Frauen, dann könnte hier eine innerisraelitische Traditionslinie vorliegen, die – lange verdeckt – in der Spätzeit in der weiblichen Figur der Weisheit als Ratgeberin Gottes wieder erscheint (Prov 8), wie SCHROER (1990) vermutet. Vgl. CAMP (1981), BRENNER (1985) u. unten E. 2.2.

Berührungspunkte zu jahwistischen Texten: Die Betrachtung der TFG als literarisch unabhängiges Erzählwerk war der literaturvergleichenden Forschung nicht günstig (BLENKINSOPP 1966, 45f.). Die Affinitäten der TFG zu traditionell dem Jahwisten zugeschriebenen Texten sind allerdings früh aufgefallen. Wer die Pentateuchquellen in den Samuelbüchern weiterverfolgte, erblickte fast zwangsläufig in J auch den Verfasser der TFG. Vgl. u.a. EISSFELDT ([4]1976, 375) und SCHULTE (1972, 224) und den detaillierten Überblick bei SCHNABL

(1988, 2-9). Öfter werden jedoch beide Werke vor dem gemeinsamen Hintergrund der davidisch-salomonischen Zeit gesehen.

Mit den Mitteln der Sprachstatistik arbeiten KLAEHN (1914) und extensiv LANGLAMET. Nach letzterem weisen zwei Drittel der von ihm gefundenen Übereinstimmungen zwischen TFG und dem Pentateuch auf J-Texte (1981b, 234 Anm. 3: 447 von insgesamt 686 Nummern). BLENKINSOPP (1966) hält nach vergleichbaren Erzählmustern zur jahwistischen Urgeschichte Ausschau (bes. Gen 2 - 4) und findet sie im Brudermordmotiv (vgl. Gen 4,8.12 mit II Sam 14,6f.), den Schönheits- und Weisheitsprädikationen und im Motiv von der 'todbringenden Frau'. Letzteres liege u.a. der Darstellung Evas in Gen 3, Tamars in Gen 38 und Batschebas in II Sam 11 zugrunde (s. hierzu unten D. 10.).

Die vier Erzählphasen, welche die TFG gliedern, und in denen nach BLENKINSOPP (1966) jeweils der Weg vom sexuellen Verbrechen zur Strafe durchschritten wird, erkennt BRUEGGEMANN (1968) sodann in der jahwistischen Urgeschichte wieder. Seine kühne These: die literarische Gestalt und theologische Aussage der Urgeschichte (J) ist der TFG direkt nachgeahmt. In ihr werden die theologischen Erfahrungen der Davidfamilie zu allgemeinmenschlichen Paradigmen ausgearbeitet (1968, 158f.; zur Kritik vgl. SCHNABL 1988, 11ff.). Nur wenig vorsichtiger urteilt LUNDBOM (1983), der aufgrund theologischer Verbindungslinien von Gen 12,1-3 zur Natanverheißung (II Sam 7) in der TFG die entscheidende Gestaltungshilfe zur Komposition des jahwistischen Geschichtswerks sieht. Vorher machte CLEMENTS (1967) bereits theologische Berührungspunkte zwischen Abrahambund (Gen 15) und Davidbund (II Sam 7) aus. Und da Abraham wie David im judäischen Milieu agieren, in oder um Hebron residieren und zudem Träger von Verheißungen sind, werden sie nahezu identisch. Die Gestalt Abrahams und ihre Ausstrahlung sei direkt der des Königs David nachgebildet. David wiederum erscheint somit als *Abraham redivivus*, wodurch die Abrahamserzählungen unmittelbar die judäischen Interessen der davidischen Dynastie stärken. Die Faszination, David und Abraham zusammenzusehen, ist groß. Berührungspunkte sind unbestreitbar, wenn auch die Sorglosigkeit auffällt, mit der die Vergleichspunkte jeweils gefunden und zum Fundament gewichtiger Hypothesen gemacht werden. Vgl. die Kritik WAGNERS (1972), der direkte Abhängigkeiten sowie Gemeinsamkeiten im Aufriß von J und TFG bestreitet, die Komposition der Patriarchenüberlieferung ins Exil verlegt, und die Ähnlichkeiten zur TFG auf dem Hintergrund israelitischer Erzählkultur verstehen will. Seine Kritik gilt auch für RENDSBURGS Behauptung: die Charakterdarstellung der Erzählung von Juda und Tamar (Gen 38) habe sich unmittelbar an der Familiengeschichte Davids (David = Juda/Batscheba = Batschua) orientiert. VAN DIJK HEMMES (1988) konfiguriert beide Tamar-Erzählungen (Gen 38; II Sam 13) nach dem Konzept der 'Intertextualität' miteinander, ohne daraus historische Schlußfolgerungen abzuleiten. Nach LANGLAMETS Aufstellungen (1981b) verrät die Erzählung von Tamars Vergewaltigung (II 13) am stärksten 'jahwistische' Sprache, und ihre z.T. wörtlichen Berührungspunkte zur Dina- und Josephserzählung (bes. Gen 37 u. 39) sind häufiger notiert worden. Vgl. manches zu Gen 34 bei CONROY (1978), BURRICHTER

(1987b), BAR-EFRAT (1989) und KEEFE (1993); zur Josephgeschichte ALTER (1981, 73) und DIETRICH (1989b, 72).

Zudem ist auf die schonungslose Darstellung menschlicher Schuld und das pessimistische Menschenbild verwiesen worden, das beide Literaturwerke verbindet. „Manches liest sich wie eine Illustration des Wortes des zeitlich nahestehenden Jahwisten: 'Das Dichten und Trachten des menschlichen Herzens ist böse von Jugend auf' (Gen 8,21)" (so WÜRTHWEIN 1974, 54; ähnlich DIETRICH 1977a, 54; CONRAD 1983, 172f.).

WESTERMANN (1971) macht die aus der Väterüberlieferung entlehnten familiengeschichtlichen Dimensionen in der TFG geltend, denn die TFG stellt politische Geschichte mit den Mitteln der Familiengeschichte dar. Als Berührungspunkte werden u.a. genannt: das Motiv der 'Kinderlosigkeit', die 'Gefährdung der Ahnfrau', der 'Tod des Kindes der Lieblingsfrau', das 'Verhältnis von Bruder und Halbschwester', 'Brudermord und Blutrache', 'Flucht aus dem Vaterhaus und endliche Rückkehr', die 'Klage des Vaters über den toten bzw. totgeglaubten Sohn'.

Die Häufigkeit der Hinweise auf die Verbindungslinien zwischen der TFG und den J-Texten steht in einem deutlichen Mißverhältnis zur sachlichen und methodischen Sorgfalt solcher Vergleiche. Es scheint, als hätten die großen Basistheorien (siehe zu Beginn des Abschnitts) eine differenzierte, vergleichende Untersuchung der in der Tat eindrücklichen Berühungspunkte beider Literaturbereiche bisher eher gehindert als gefördert.

10. Erzählweise und literarische Gestaltung

Die Hypothese von der TFG als 'zeitgenössische Geschichtsschreibung' ließ manchmal in Vergessenheit geraten, daß die TFG zuerst ein Text ist, ein literarisches Werk und nicht einfach ein offenes Fenster auf die historischen Ereignisse der frühen Königszeit. ROST hatte der literarischen Gestaltungstechnik der TFG besondere Aufmerksamkeit zugewandt (D. 1.) und sich auf die wichtigen Studien von LUTHER (1906), CASPARI (1909a; 1911), GRESSMANN (^{2}1921) und SCHULZ (1923) stützen können. Die weitere Erforschung der literarischen Gestaltungsmuster vollzog und vollzieht sich seither fast gänzlich außerhalb des deutschsprachigen Forschungsraums. Und FOKKELMANS Kritik, daß das fortwährende Lob über die kunstvolle Erzählweise der TFG ihre genauere Untersuchung ersetzt hat, ist durchaus zutreffend (1981, 425). Doch beschäftigen sich WHYBRAY (1968) und GUNN (1978) ausführlich auch mit den literarischen Aspekten der TFG.

Was verleiht der TFG ihr literarisches Profil und ihre innere Geschlossenheit? Neben ihren Themen, der unauflöslichen Verkettung ihrer Handlungsschilderung und ihrem Erzählstil ist auch ihre kunstvolle literarische Komposition in Anschlag gebracht worden.

BLENKINSOPP (1966) unterschied vier Komplexe, die jeweils nach demselben, wenn auch variierten „basic theme“ von ‘Sex and Crime’ gestaltet sind: „sin externalised in a sexual form which leads to death“ (48). David (II 11,2-27 + 12,15b-25), Amnon (II 13f.), Abschalom (II 15 - 20, vgl. die Haremsübernahme in Jerusalem) und Adonja (I Kön 1f.) werden jeweils Opfer ihrer eigenen sexuellen Verstrickungen, nur daß anstelle Davids das Kind des Ehebruchs sterben muß.

Im Hintergrund steht für BLENKINSOPP das angeblich weisheitliche Motiv von der ‘todbringenden Frau’, das „common in ancient Literature“ sei und aus der Angst vor der (fremden, ausländischen) Frau geboren wurde. Durch diese Motivfestlegung, die GUNN folkloristisch näher abzustützen und auch auf II Sam 2 - 4 (Rizpa) auszudehnen versucht (1978, 43f.), rücken die weiblichen Opfer männlich-sexueller Begierde bzw. Machtgebarens in den Rang von Männertod verursachenden Täterinnen auf: Rizpa, Batscheba, Tamar, die Haremsfrauen in Jerusalem und Abischag von Schunem. Diese Motivbeschreibung, die bis in neueste Studien tradiert wird, hält einer kritischen Prüfung sowohl in folkloristischer Hinsicht wie auch in ihrer Relevanz für die TFG nicht stand.

BLENKINSOPP hat aber die Wichtigkeit der sexuellen Dimension in der TFG zutreffend erkannt. Bereits CARLSON (1964) las die TFG auf dem Hintergrund dtr Sexualgesetzgebung, und für FOKKELMAN (1981, 414) bleiben ‘Sex and Crime’ auch ohne das Motiv von der ‘todbringenden Frau’ wichtige Strukturmuster der Thronfolgeerzählung, die mit BAR-EFRAT eher den Namen „David’s sin and its consequences“ verdient hätte. Denn durch „a violent death following and elicited by the unjustified sexual posession of a woman“ verliert David in jedem der vier Akte der TFG einen seiner Söhne. Die Ehebruchs- und Mordgeschichte von II 11f. bildet die Struktur auch aller folgenden drei Akte vorab (1981, 413). Durch die Anordnung (nicht Verknüpfung) solcher in ihrer Tiefenstruktur jeweils ähnlichen Einheiten wird die Dimension der Vergeltung, jene „straff gespannte Kette aus Schuld und Leid“ (VON RAD 1944 = 1965, 179), literarisch erst hervorgebracht. In der Schändung der Tamar (II 13) wiederholt sich das Verbrechen des Vaters usf.

Gegen den Verdacht, in der TFG regiere nur der dumpfe Mechanismus der Vergeltung, betonen BRUEGGEMANN (1972) und GUNN (1978, 109), daß die vier Einheiten nie nur bei Schuld und Strafe stehen bleiben, sondern am Ende jeweils mit Anzeichen der göttlichen Gnade enden: Salomos Geburt trotz Davids Ehebruch, Abschaloms Heimkehr trotz seines Mordes, Davids Rückkehr auf den Thron, Salomos Befestigung seines Thrones trotz seiner politischen Morde.

Wie bei jedem Vergleich stellt sich die Frage, ob nicht auch Unvergleichbares verglichen wird, ob z.B. der Haremsübernahme Abschaloms (16, 21f.) literarisch die selbe Bedeutung für den Plot von II 15 bis 20 zukommt, wie der Vergewaltigung Tamars für den Plot von II 13f. Unbestreitbar ist, daß es die TFG liebt (aber innerhalb des ATs nicht nur sie), politische Konflikte mit sexuellen Ansprüchen oder Gewalthandlungen zu kombinieren, oder das eine aus dem anderen hervorwachsen zu lassen. SCHWARTZ (1991) sieht in dieser Verbindung von Sex und Macht geradezu ein Modell, wie im Alten Israel politische Geschichte erlebt, begriffen und strukturiert wurde.

Mit RIDOUT (1971) beginnt eine Reihe Studien, die in der TFG subtile literarische Gestaltungs- und Kompositionstechniken aufweisen, und die ihre methodischen Anregungen der modernen Literaturwissenschaft verdanken. RIDOUT arbeit Chiasmus und Inclusio als Gestaltungselemente einzelner Reden, Szenen und Szenengruppen heraus, beschäftigt sich mit Leitworten und anderen Wiederholungstechniken, die steigernd oder einzelne Szenen verbindend eingesetzt werden, sowie mit dem Stilmittel des ironischen Kontrasts. Nach FLANAGAN (1971, 175) werden die einzelnen Szenen der 'Court History' in fünfzehn Ringen um den „Turning point" in II 16,23 angeordnet. CONROY (1978), FOKKELMAN (1981) und SACON (1982) erarbeiten jeweils kompliziertere Kompositionsschemata heraus.

Wie bei RIDOUT bilden Chiasmus und Inclusio auch für diese Forscher die wichtigsten Kompositionsmuster. Die verschiedenen Versuche erarbeiten die kompositionelle Kohärenz interessanterweise für ein jeweils unterschiedlich abgegrenztes Erzählwerk. Die Grenzen eines literarischen Werks sind durch solche Strukturstudien demnach kaum zu erweisen. Dennoch treffen sich die Einzelergebnisse in vielen Punkten. Ein eindrückliches, größeres Beispiel für eine symmetrisch angelegte Ringkomposition in der TFG bietet neben II 13,1-22 (RIDOUT 1974) der fast liturgisch zelebrierte Auszug Davids aus Jerusalem und seine Rückkehr über den Jordan innerhalb II 15 - 19(20); vgl. unten E. 2.3.

CONROY (1978) untersucht II 13 - 20 dezidiert als Erzähltext. Da dieser erst im Lesevorgang erschlossen und konstituiert wird, begreift CONROY den Erzähltext ebenso als Prozeß wie als literarisches Produkt.

Er untersucht exemplarisch in II 13,1-22 und 17,24 - 19,9 u.a. Szenenaufbau und Spannungserzeugung, Ereignisverlauf und Charakterisierungsmöglichkeiten der Handlungsfiguren, Wiederholungstechniken, die Funktion der direkten Reden und den kunstfertigen Gebrauch der Sprache. Ferner rückt die Interaktion zwischen Erzähler und Leser in den Blickpunkt. Mit welchen darstellerischen Mitteln lenkt der Erzähler die Rezeptionshaltung der Leser, beeinflußt er ihre Einsicht in Motivationen und Ereignisse, ruft er ihre Sympathien oder Antipathien hervor?

Mit seiner detaillierten Studie avanciert CONROY zu einem der Pioniere der neueren Erzählforschung am Alten Testament, die in den letzten zwei Jahrzehnten aufgeblüht ist.

Naturgemäß enthalten auch die allgemeineren Werke zur alttestamentlichen Narratologie häufige Hinweise auf Erzähltexte aus der TFG. Vgl. BAR-EFRAT (1989, 239-282 zu II 13), ALTER (1981), BERLIN (1983), STERNBERG (1985, 186-229 zu II 11), SKA (1990).

VETTER geht – in Anlehnung an MARTIN BUBER und FRANZ ROSENZWEIG – den Leitworten der TFG nach und ihrer Fähigkeit, untergründige Szenenbindungen und Geschehensdeutungen zu schaffen (1986).

Am ausführlichsten beschäftigt sich jedoch FOKKELMAN (1981) mit der „stylistic and structural analyses“ von II 9 - 20 + I Kön 1f. Das Ergebnis ist ein immens detailliertes, den sprachlichen und stilistischen Strukturen des Textes genau nachgehendes ‘Close Reading’. 32 leicht überblickbare Einzelszenen fügen sich in vier Akten (II 9 - 12 + 13 - 14 + 15 - 20 + I Kön 1 - 2) derart kunstvoll zu einem in seiner Vielgestalt kohärenten Ganzen zusammen, daß die TFG nur als Werk eines Literaten denkbar ist. Einzelergebnisse sind hier nicht zu referieren, erweisen ihre Relevanz ohnehin vornehmlich am Einzeltext. FOKKELMANS Arbeit bietet die bisher subtilste Untersuchung der TFG unter literarisch-stilistischem Aspekt.

Bei FOKKELMAN wie auch bei CONROY und seither bei vielen anderen haben die traditionellen Fragestellungen historisch-kritischer Exegese nach den historischen Entstehungsbedingungen, den ursprünglichen Aussageabsichten und den Wachstumsprozessen der TFG gar kein Gewicht. Was zählt, ist der Text in seiner Endgestalt als erzählende Literatur. Seine Kohärenz und inhaltliche Vielgestaltigkeit wird jeweils mit großer Akribie aufgewiesen. Zugleich werden die Bedingungen des Verstehens literarischer Texte mitreflektiert (FOKKELMAN 1981, 1-20). Historisch-rekonstruktive Forschung wird zwar nicht generell abgelehnt, aber die Möglichkeiten, aufgrund eines literarischen Werkes die Geschichte seiner Entstehung und seines Werdens oder auch die Absichten seines historischen Autors verläßlich zu entschlüsseln, werden als sehr gering eingeschätzt. Die unaufgebbare Subjektivität der Interpretierenden und der Lesevorgang selbst geraten zunehmend in den Blickpunkt der Forschung, desgleichen die in den Texten selbst abgebildeten Kommunikationsvorgänge. Die Betonung der Vielgestaltigkeit möglicher und 'textgemäßer' Interpretationen geht einher mit der Weigerung, einem bestimmten Thema, das nur durch Vernachlässigung anderer thematischer Dimensionen zu gewinnen wäre, eine zentrale Sonderstellung einzuräumen, denn innerhalb seiner Grenzen ist ein literarischer Text unauslotbar: „the text ist so rich and so deep that it would be impossible a priori and hybridic to wish to capture its essence with a definition – a pretension which the *Thronfolgegeschichte* thesis *did* have“ (FOKKELMAN 1981, 427). In dieser Hinsicht und auf dem Hintergrund (post-) moderner Literaturtheorien hat sich inzwischen ein Trend entwickelt, der u.a. von VORSTER (1986) als Paradigmenwechsel innerhalb der exegetischen Wissenschaft begrüßt wird, und zu dem ein größerer Teil der neueren angelsächsischen Studien zur TFG gehört. Ihr Kennzeichen ist die ausschließliche Konzentration auf die Wahrnehmung der literarischen Aspekte der TFG, ohne den Versuch einer historischen Einbindung des Werks zu unternehmen. Diese Rückkehr zum Text, wie sie FOKKELMAN und CONROY eindrücklich vorführen, ist gegenüber manchen hermeneutisch naiven, historischen Spekulationen über Ursprung und Aussagegehalt der TFG ausdrücklich zu begrüßen. Ob eine solche mit einem völligen Verzicht auf historische, rekonstruktive Fragestellungen erkauft werden muß, ist m.E. fraglich. Ein Großteil der gewonnenen Erkenntnisse über Erzählweise und literarische Gestaltungen läßt sich mühelos auch in den Rahmen historischer Fragestellungen integrieren. Andererseits verdient die Kritik der Prämissen historisch-kritischer Arbeit eine literaturhermeneutische Grundlagendiskussion zwischen 'historischer' und 'literarischer' Kritik, die aber derzeit im deutschen Sprachraum ganz fehlt.

Ein wesentliches literarisches Gestaltungselement findet HAGAN (1979) im Motiv der Täuschung, das in seiner „twofold construction of deception and counterdeception“ die TFG durchzieht. In insgesamt 18 Textzusammenhängen, werde z.T. mehrfach getäuscht, wobei die Täuschung sowohl zur Durchsetzung böser Wünsche eingesetzt wird (David täuscht Urija, Amnon täuscht Tamar usw.), aber auch der Aufdeckung der Wahrheit dient (David wird von Natan ebenso wie von der Frau von Tekoa getäuscht). Daß David zwar in II 11 als 'Deceiver', sonst aber – und vor allem in I Kön 1 – als Getäuschter ('Dupe') gezeigt wird, zeigt MARCUS (1986).

KNIGHT (1985) betont (wie vor ihm schon M.SMITH 1951) die bildende Funktion der TFG als erzählter Ethik, mit der moralische Wertvorstellungen von einer Generation zur andern übermittelt werden, und macht damit auf ein wesentliches Element aller Erzählkultur aufmerksam. Nur sind die Wertvorstellungen, die gewiß auch die TFG vermittelt, alles andere als klar erkennbar, sondern tief in die Mehrdeutigkeit der Handlungen eingesenkt. J.S.ACKERMAN (1990) untersucht die Ereignisdarstellung unter dem Maßstab, den die Frau aus Tekoa im Hinblick auf David formuliert, daß der König – wie der Engel Gottes – erkenne, was gut und böse ist (II 14,17.20; vgl. 19,36). Aber genau diese Unterscheidung gelingt weder David in der Geschichte noch einem Leser der TFG: „the story seems to show both characters and readers failing in their quest to know good and evil."

Damit rückt die häufig beschriebene uneindeutige Erzählweise der TFG ('ambiguity') in den Blickpunkt, denn der Erzähler verzichtet nahezu auf jede Hilfestellung, die den Lesenden die Bewertung der erzählten Ereignisse erleichtert; sei es durch Einblicke in die inneren Absichten und Motivationen der Handlungsträger, sei es durch eigene, bewertende Kommentare oder auch nur durch eine eindeutigere Charakterisierung seiner 'Helden'. Daß sich in solcher Uneindeutigkeit nicht die Schwäche eines Erzählers offenbart, der sein Verhältnis zu seinem Gegenstand nicht zu verdeutlichen vermag, sondern eine gezielt eingesetzte, Erzähltechnik, haben erstmals PERRY und STERNBERG (1968) hervorgehoben. Der Erzähler schafft bestimmte Leerstellen ('gaps'), in denen zum Verstehen notwendige Informationen vorenthalten werden, um den Lesenden die Möglichkeit zu geben, solche Leerstellen auf dem Hintergrund ihrer eigenen Erfahrung aufzufüllen und zu vereindeutigen, oder die Spannung, die sich aus den verschiedenen Verstehensmöglichkeiten ergibt, produktiv zu nutzen. Ist damit die Suche nach einer eindeutigen Aussageabsicht der TFG schon deswegen zum Scheitern verurteilt, weil der Erzähltext sie nicht enthält? Das Problem wird exemplarisch anhand der Arbeiten von PERRY/STERNBERG zu II 11 unten E. 1.3 vorgestellt.

'Ambiguity' bestimmt nach PERDUE (1984) die Charakterzeichnung der Person Davids, der weder als ein besonderes menschliches Vorbild (so BRUEGGEMANN 1972) noch einfach als schwächlicher Charakter dargestellt wird (so JACKSON 1965), sondern 'most complex' ist. Einerseits werde David als mutiger und tapferer König und (im Umgang mit Abschalom, den Sauliden und Schim'i) als gütiger und verzeihender gezeigt, der nur später zunehmend zynisch und verbittert wird, um in seinem Testament endlich die Methoden der Zerujasöhne zu übernehmen. Andererseits kann er als der skrupellose Machtmensch und Täuscher verstanden werden, der von seinen Leuten Loyalität fordert, aber diese nur zurückgibt, solange es in seine Interessen paßt. Welches Bild sollen wir wählen? Nach PERDUE alle beide: „the narrator's characterization of David ist intentionally ambiguous so that two very different interpretations of David may emerge, depending on the reader's own assessment of the motives resting behind the kings's actions and speeches" (71). Vermutlich läßt sich die Zahl der möglichen Lesarten Davids noch mühelos erhöhen. Und eine ähnliche 'ambiguity' liegt über einer ganzen Reihe weiterer Charaktere.

Gehen CONROY, BAR-EFRAT und FOKKELMAN noch weitgehend von der TFG als einer *geschlossenen* (Text-) Einheit aus, deren Bedeutungen aus ihren sprachlichen Strukturen prinzipiell erhebbar sind, so führt u.a. das Problem der 'ambiguity' zu der Einsicht, daß wesentliche inhaltliche Festlegungen nicht im Text selbst liegen, sondern erst durch den Leser ('in the reader's mind') konstruiert werden. Der Erzähltext besitzt in bestimmten Grenzen eine *offene* Struktur. „The text is open to many interpretations depending on one's image of the characters", meint VORSTER (1986), der wesentliche Einsichten der Rezeptionsästhetik im Hinblick auf die Erforschung der TFG formuliert.

Eine leserorientierte Forschung zur TFG hätte sich doppelt zu orientieren: einmal auf die im Erzähltext selbst zu findenden Techniken der Leserlenkung und zum anderen auf die Analyse der Forschungsgeschichte der TFG unter dem Aspekt der „production of mind". In der historisch-kritischen Forschung zeige sich zur Genüge, wie die jeweils subjektive Sinnkonstruktion eines modernen Lesers der TFG zur Aussageabsicht ihres historischen Autors umgeformt wird. Für VORSTER ist es unmöglich, durch den literarischen Text historisch Verläßliches in Erfahrung zu bringen. Vom literarischen David führt kein Weg zurück zum David aus Fleisch und Blut.

Das Interesse an den Erzähl- und Lesevorgängen der TFG hat auch zur Untersuchung der in ihr selbst abgebildeten Kommunikationssituationen geführt, zumal David in II 12 und 14 selbst zweimal als Hörer einer (fiktiven) Erzählung erscheint. Vgl. ALONSO SCHÖKEL (1976), PYPER (1993), LASINE (1984; 1989), VORSTER (1985) und unten E. 1.4.

Die von PERDUE u.a. gezeigte Schwierigkeit, angesichts der Ambivalenzen der Darstellung der TFG ein stimmiges Charakterbild Davids zu entnehmen, klingt in GUNNS Porträt 'The David of Biblical Narrative' wider und ist charakteristisch für manche der gegenwärtigen Interpretationen, die von der widersprüchlichen Vieldeutigkeit der Texte ausgehen. Wenn jede Vereindeutigung des Bildes Davids nur um den Preis der Eliminierung entgegenstehender Aussagen und damit durch eine Verkürzung des Textes gewonnen werden kann, bleibt für GUNN nichts anderes als ein Verfahren, das die Einzelbilder beschreibt und auf jede Vereindeutigung verzichtet: „ It seeks to hear some voices in the text. And, lest it silence them, it attempts to come to no certain conclusion“ (1989, 133).

E. DIE THRONFOLGEGESCHICHTE – EINZELNE TEXTBEREICHE

1. Davids Ehebruch und seine Folgen (II Sam 10 - 12)

1.1 Die Kriegserzählungen in II Sam 10; 11,*1; 12,26-31

Die Erzählung von Davids Ehebruch und dessen Folgen (11,*1 bis 12,25) ist fest eingebettet in Kriegshandlungen, deren Nachrichten sich wie ein Rahmen um die Erzählung legen (10,1 - 11,*1; 12,26-31). Der Krieg bietet die Szenerie für die Abwesenheit Urijas von Jerusalem wie für die Umstände seines Todes. Der gegenüber der übrigen Erzählung knappere Stil der Kriegsschilderungen sowie die relative Unabhängigkeit dieses 'Rahmens' von der sonstigen Erzählung gelten traditionell als Beweis für eine selbständige Kriegsberichtsquelle, in welche die Erzählung 11,(*1)2 - 12,25 eingearbeitet wurde.

So erstmals Winckler; vgl. das Referat bei ROST (1926 = 1965, 184). Die annalenhafte Gestalt der Kriegsberichte, die mit II 8 verglichen werden kann, bot dabei die Gewähr, in ihnen Auszüge aus zeitgenössischen Archivmaterialien zu sehen (GRESSMANN ²1921, 153f.). ROST modifizierte diese These, indem er in dem ausführlicheren Erzählstil in der Episode vom Anlaß des Krieges (10,1-6a) den Thronfolgeerzähler selber am Werk sah. Der habe den ursprünglichen Anfang des Annalenberichts ersetzt (187ff.). Die Theorie von einer selbständigen Kriegsberichtsquelle galt bis unlängst als wissenschaftlicher Konsens, auch dort, wo ROSTS stilistische Unterscheidung innerhalb von Kap.10 keine Zustimmung fand (HERTZBERG 1956, 243). Vgl. die Übersichten bei SCHNABL (1988, 189f. Anm. 324) und BAILEY (1990, 51ff.).

Gegen eine solche Trennung von Kriegsbericht und Erzählung, die bereits BUDDE (1902, 246) abgelehnt hatte, wies SEGAL (1964/65 = 1967) darauf hin, daß der Stil als Unterscheidungskriterium nicht ausreiche, denn über Kriege werde eben anders erzählt als über familiäre Tragödien. 11,1 sei zudem unverzichtbar für den Eroberungsbericht wie für die Ehebruchsgeschichte, der Anschluß von 11,1 an 12,26 ist ungenügend, und die Urijaerzählung beinhaltet manche zusätzlichen Details zum Kriegsgeschehen, die vom Rahmen nicht getrennt werden dürfen. Daher stammt alles vom selben Erzähler. Ähnlich sieht STOLZ im Hauptstrang der Kriegserzählung eine vom Erzähler selbst „mit intimer Kenntnis der historischen Zusammenhänge" speziell für den David-Batscheba-Komplex geschaffene „historische Exposition" (1981, 232).

Für STOEBE (1977 = 1989a u. 1986) ist die literarische Trennung der Kampfnachrichten des 'Rahmens' von denen der Urijaepisode ebenfalls nicht akzeptabel. Auch wenn 11,16-25 weder den Namen der belagerten Stadt noch die Kriegsgegner nennt, muß dies nach Lage der Dinge „die Hauptstadt der Ammoniter gewesen sein" (1977, 141). Der Ammoniterkriegsbericht umfaßt nach STOEBE (1986) ursprünglich auch die Überlieferung vom Tod des Kriegshelden Urija in 11,16-25 und steht am Anfang der Überlieferungsgeschichte von Kap.11, denn Davids dunkle Verwicklungen in den Tod seines Offiziers (11,6-13.14f.) sind erst später und die Ehebruchsgeschichte (11,2-5) noch später zugewachsen. Damit wird entstehungsgeschichtlich der zufällige Tod des Urija zur Ursache für Davids Todesbrief und seinen Ehebruch mit Batscheba. Macht STOEBE einerseits die Verflechtung der Kampfberichte von Erzählung und 'Rahmen' eindrücklich klar, leidet sein überlieferungsgeschichtlicher Versuch, das Pferd vom Schwanz aufzuzäumen, u.a. daran, daß er einen Grund dafür nicht nennen kann, weshalb unter den Kriegstoten von Rabba Ammon gerade und zufällig der Hethiter Urija genannt werden mußte.

Die Bereitschaft, die narrativen Elemente der Kriegsschilderungen in II 10 - 12 insgesamt hervorzuheben und sie der Verantwortung eines Gesamterzählers zu unterstellen, wächst gegenwärtig. Falls Überlieferungen aus Archiven benutzt wurden, sind sie deutlich überarbeitet.

Literarische Integrität: „Die größte Schwierigkeit beruht in der Unklarheit über die Zahl der Feldzüge" (BUDDE 1902, 150) und ihre jeweiligen Akteure. Der jetzige Text legt insgesamt 3 Feldzüge nahe: a.) 10,6-14; b.) 10,15-19; c.) 11,1 + 12,26-31. Am Ende ist Rabba Ammon erobert. Stehen hinter der Überlieferung verschiedene Kriege oder nur verschiedene Phasen desselben?

Vgl. zu letzterer Auffassung GRESSMANN (^{2}1921) u. ROST (1926 = 1965, 184ff.). Schon früh allerdings wurde in 10,15-19a eine redaktionelle Überarbeitung vermutet, weil hier offenbar ein Aramäerkrieg vorausgesetzt wird (mit David als Heerführer und dem übergroßen Machtbereich der Aramäerkoalition), wodurch sich eine markante Parallele zu den Aramäerpassagen von II 8,3-8 ergibt. Von den Neueren vermutet STOLZ (1981, 233) hinter den fraglichen Versen eine ehemals selbständige Lokalüberlieferung von einem Davidsieg in Helam anläßlich eines kleinräumigen Grenzkonflikts mit aramäischen Gruppen, der später gesamtsyrisch ausgeweitet wurde, wobei Hadadeser nachträglich in die Überlieferung eingedrungen ist, „wahrscheinlich aus 8,3ff." (232). Nach VAN SETERS (1983, 286) gehört 10,15-19a ursprünglich zu II 8, während umgekehrt MCCARTER (1984, 275) II 8,3-8 in seine Ammoniterkriegsquelle integriert, die II 10,1-19 + 8,3-8 + 11,1 + 12,26-31 umfaßt haben soll.

FLANAGAN hält insgesamt 10,6-19 für nachträgliche Auffüllungen, denn der ab 11,1 erzählte Ammoniterkrieg braucht eigentlich nur noch seinen in 10,1-5 erzählten Anlaß, der später in der Episode von der ammonitischen Hilfe für den fliehenden David (II 17,27ff.) vorausgesetzt wird (1972, 176). Damit kommt ein neuer Ton in die Forschung. Denn auch die Eröffnung 10,1-6a, die den Grund für den Krieg erzählt, ist keineswegs notwendig (auch nicht für II 17), und gerade sie zieht den Verdacht auf sich, einen alten Eroberungsbericht von Rabba Ammon (11,*1; 12,26ff.) nachträglich in einen Verteidigungskrieg verwandelt zu haben.

Daher mehren sich die Stimmen, die II 10 nicht mehr als eine unverzichtbare Vorgeschichte der folgenden David-Batscheba-Urija-Erzählung ansehen (HENTSCHEL 1990b, BAILEY 1990). Denn diese erscheint durch den Eroberungsbericht in 11,*1 + 12,26-31 als ausreichend gerahmt. HENTSCHEL macht auf die im gesamten Kap.10 deutliche Entlastungstendenz Davids aufmerksam. Während 11,1 + 12,26-31 die Einnahme Rabbas – ganz im Stil von II 8 – als geglückten und ethisch unbedenklichen Eroberungsfeldzug schildert, betont Kap.10 mit unterschiedlichen Kriegsüberlieferungen die jeweils völlig defensive Haltung Davids, dem diese Kriege immer nur aufgenötigt wurden.

Für HENTSCHEL steht der Eroberungsbericht 11,*1 + 12,26-31 am Anfang der Überlieferung. Spätere Zusätze: a.) V.1-5 setzen die prophetische Kritik am Eroberungskrieg voraus; b.) V.6-14 versieht die aus II 8 bekannten Aramäerkriege mit dem Glanz des Verteidigungskrieges; c.) die einst selbständige Tradition von der Schlacht bei Helam (STOLZ) V.15c.16c.17-18b wird durch einen „Sammler" (57) eingefügt; d.) noch jüngere Zusätze V.*6.*8.16a.b.d.18c.19a-d betonen weniger Davids „defensive Haltung" als seine „überwältigenden Siege", indem sie die Reihe seiner aramäischen Gegner erweitern.

HENTSCHELS Wachstumsmodell ist (zu) kompliziert, seine Beschreibung unterschiedlicher Haltungen zum Krieg in Kap.10 und

12,26ff. und die Ausgrenzung von Kap.10 aus dem Erzählzusammenhang der TFG aber ist einleuchtend. In dieser Richtung wird nahezu zeitgleich in zwei weiteren Arbeiten gedacht.

HÜBNER (1992) kommt in seinem großen historischen Werk über die Ammoniter zu einer ähnlichen Bestimmung der Intention der Kriegsberichte: „Die Ammoniter sind die Kriegsverursacher, militärischen Versager und Heiden, die ihrer gerechten Bestrafung zugeführt werden, nämlich der Eroberung ihrer Hauptstadt, der Annexion ihres Staates und der wirtschaftlichen Ausbeutung durch die angegriffenen Sieger“ (173f. Anm. 80).

In Kap.10 erkennt HÜBNER „drei verschiedene, voneinander unabhängige Überlieferungen (10,6b-14; 10,16-19a sowie 11,1; 12,26-31) von drei Kriegszügen Davids gegen drei unterschiedliche Gegner, die durch 10,15.19b redaktionell miteinander verschränkt und um eine gemeinsame Einleitung 10,1-6a erweitert wurden“ (171). Diesem zeitlich nicht näher definierten, einmaligen Redaktionsvorgang ist auch der Einschub der David-Batscheba-Urija-Natan-Erzählung zu verdanken (174), wodurch „die 'konstruierte' Einleitung 10,1-6a“ programmatische Bedeutung für die ideologische Grundierung der Gesamtkomposition in II 10 - 12 bekommt: „Der große Sieger der ersten Gefechte kommt tief zu Fall und steht nach diesem tiefen Fall wieder als großer Sieger auch der letzten und endgültigen Schlacht dieser Kriege da“ (175).

Auch für BAILEY (1990) gehört Kap.10 nicht zu dem die Haupterzählung rahmenden Ammoniterkriegsbericht. Dieser soll sogar nur 11,*1 und 12,26 umfaßt haben. Der Eroberungsbericht Rabbas in 12,29-31 sei aus II 8 entlehnt und redaktionell durch die Rede Joabs 12,27f. eingearbeitet worden. V.26 und 29ff. sind „different traditions referring to the same event“ (74). Kap.10 ist dagegen eine dtr Komposition dreier selbständiger Einheiten (1-6a.6b-15.16-19), die deuteronomistisch standardisierte Ammoniterkriegstradition (64) widerspiegeln (bes. V.6b-15). Nur wenige Bruchstücke älterer Überlieferung sind zu erkennen: V.2b-4 gehört historisch und sachlich nach den Abschalomaufstand (setzt II 17,27 voraus); V.16-18 ist eine ausschließlich aramäische – aber von II 8 unabhängige – Kriegserzählung (70).

Mit den genannten Arbeiten ist der lange gehütete Konsens von der alten, einheitlichen und historisch glaubwürdigen Ammoniterkriegsquelle als Bestandteil der TFG mit guten Gründen ins Wanken geraten. Die Kriegsüberlieferung in Kap.10 erweist sich als eine redaktionell geschaffene Komposition verschiedener Materialien unter einem klaren ideologischen Gestaltungsinteresse, das sich im Eroberungsbericht von Rabba Ammon 11,*1 + 12,26-30 nicht findet, der wiederum als historische Szenerie für die Batscheba-Urija-Erzählung aus reicht. Ein ‘Rahmen’ ist auch dieser aber nur insoweit, als er notfalls die Erzählung entbehren könnte, was aber umgekehrt keinesfalls gilt. Die Batscheba-Urija-Erzählung ist auf dem Hintergrund des Ammoniterkriegsberichts entwickelt, aber nicht als vormals selbständige in diesen eingeschoben worden (anders MCCARTER 1984, 285). Dies bringt Konsequenzen für die Interpretation, weil die Szenerie des Krieges und damit die politischen Dimensionen aus der oft individualistisch verkürzt interpretierten Schuldgeschichte Davids nicht herausgehalten werden können.

Historisch vorstellbar ist – neben begrenzten Konflikten mit (Proto-) Aramäern im nördlichen Ostjordanland – vor allem, was II 12,26ff. berichtet, daß David mit den Ammonitern Krieg geführt, mit ihrem Hauptort zugleich die ammonitische Krone (HORN 1973) erobert und die Ammoniter wirtschaftlich ausgebeutet hat. Zu allen historischen, geographischen und religionsgeschichtlichen Fragen ist jetzt HÜBNER (1992; Lit.) zu vergleichen.

Da aber David während des Abschalomaufstands vom Ammoniter Schobi, Sohn des Nachasch, hingebungsvolle Hilfe erfahren haben soll (17,27), wird traditionell angenommen, daß es sich hierbei um ein besonderes Zeichen der Vasallentreue eines von David mit der Herrschaft in Ammon beauftragten Ammoniters handelt, oder daß der historische Ammoniterkrieg Davids erst nach dem Abschalomaufstand stattgefunden hat (so MCCARTER 1984, 274, dem BAILEY 1990 folgt).

1.2 Zur Komposition von II Sam 11,1 - 12,25

Die auf dem politischen Hintergrund der Belagerung und Eroberung Rabbas angesiedelte Erzählung läßt sich grob in drei Einheiten gliedern:

1. Davids Ehebruch mit Batscheba, der zum Tod Urijas und zur Geburt eines Kindes führt 11,1-27a[27b],
2. der Auftritt Natans [11,27b] 12,1-15a,
3. die Episode vom Tod des Kindes und Davids Trauer 12,15b-23, der in 12,24f. theologisch stark überhöhte Bemerkungen über Geburt und Namensgebung Salomos angefügt werden.

Diese drei Einheiten sind relativ locker untereinander verbunden und weisen auch thematisch ein verschiedenes Gepräge auf. Ihre Zuordnung führt in diachroner Perspektive zu drei unterschiedlichen Modellen der Literaturentwicklung von II 11 - 12.

1. ROST (1926 = 1965) sah im wesentlichen den Thronfolgeerzähler

selbst am Werk. Unter Zuhilfenahme alten Archivmaterials (s. oben) erzähle er mit den Umständen der Geburt Salomos eine „in sich geschlossene Vorgeschichte“ (200) des Thronfolgers (Nachträge: 12,7b-10.11f.). Dem Auftritt des Propheten Natan kommt eine Schlüsselposition in der literarkritischen Diskussion zu, denn seine Rede überschreitet den Horizont der TFG beträchtlich, und sein Auftritt bringt ein gerichtsprophetisches Gestaltungsmuster in die Erzählung ein. Zudem entdeckte schon SCHWALLY (1892, 153ff.), daß sich die gesamte Auftrittszene 12,1-15a mühelos aus dem Grundbestand der Erzählung lösen läßt.

An der Frage, ob der Natanauftritt überhaupt zur ursprünglichen Gestalt von Kap.10 - 12 hinzugehört, polarisiert sich die Diskussion: Wer in dem unerschrockenen Auftreten Natans vor dem schuldig gewordenen König ein für die ältere Königszeit auch historisch wahrscheinliches Prophetenbild erkennt, wird einen Grundbestand festhalten, nach Überarbeitungen der Rede fahnden und darüberhinaus auf die Unverzichtbarkeit des Auftritts im Kontext der Erzählung hinweisen. Kann das Ausmaß sekundärer Erweiterungen durchaus unterschiedlich bewertet werden, wird in diesem weithin vorherrschenden Modell mit einer prophetischen (und damit göttlichen) Antwort auf die Verbrechen Davids bereits innerhalb der ursprünglichen Erzählung gerechnet. Auch die letzte ausführliche Studie zu den Natanerzählungen von JONES (1990, 93-117) setzt trotz mancher Modifikationen diese Linie fort.

Nach JONES hätte der Kompositor der TFG zwei eigenständige Natanüberlieferungen (12,1-7a und 12,24b.25) mit der David-Batscheba-Urija-Erzählung (11,2-27a + 12,15b.18a.24a) verbunden; Nachträge sind V.11,27b; 12,7b-10.11f. 13f.16f.18b-23; davon dtr 11,27b; 12,7b-12. Das Hauptaugenmerk seiner Studie legt JONES darauf, alte Jerusalemer Traditionen von Natan zu eruieren, in dem er einen einflußreichen Vertreter jebusitischer Interessen erkennt.

2. Wer hingegen im prophetischen Auftritt Natans bereits jüngere (gerichts-) prophetische Erfahrungen verarbeitet sieht, denkt an eine Grundform der TFG ohne die prophetische Reaktion Natans, und verweist neben der Entbehrlichkeit von 12,1-15a im Kontext noch auf ein gegenüber I Kön 1 denkbar verändertes Bild Natans; denn zwischen dem von Gott geschickten Gerichtspropheten von Kap.12 und dem intriganten Höfling von I Kön 1 scheinen Welten zu liegen. DIETRICH

sieht im Grundbestand von *11,27b - 12,15a „eine abgerundete Erzählung“, die „in Prophetenkreisen überliefert“ und erst „von DtrP an passender Stelle ins Geschichtswerk eingesetzt wurde“ (1972, 132). VEIJOLA (1979 = 1990) geht weiter und löst mit COOK (1899/1900) noch die folgende Episode vom Tod des ersten Kindes und Davids Trauer 12,15b-24a aus dem ursprünglichen Zusammenhang der TFG; denn 11,27a läßt sich ebensogut – eher noch besser – mit 12,*24b verbinden. Damit bekommt für VEIJOLA das erstgeborene Kind der Batscheba endlich seinen wirklichen Namen: es ist Salomo. Die Episode hat allein den Zweck, von Salomo den Makel zu nehmen, Frucht ehebrecherischer Verhältnisse zu sein und gehört zu der von WÜRTHWEIN (1974) eruierten dynastiefreundlichen und vordtr Bearbeitungsschicht.

In dieser Linie skizzieren DIETRICH (^{2}1992) und WERNER (1988) zwei ähnliche, im Detail aber unterschiedliche Wachstumsmodelle:

Nach DIETRICH gehört zur Grundschicht der TFG 11,1-27a; 12,*24-25.26ff. Damit bleibt eine ungemein königskritische, finstere Skandalgeschichte übrig, als deren Sproß Salomo erscheinen soll. Ihre Unerträglichkeit mildern erst höfisch dynastische Kreise durch Einbau einer „fromm erbaulichen Legende 15,15b-23 und der theologischen Urteile 12,24bβ.25b“ über Salomo (111). Das geschieht im Zuge einer gründlichen Umarbeitung der einst uneingeschränkt machtkritischen, antidynastischen TFG (106) zu einer Dynastiesaga, die DIETRICH in die Zeit nach 722 verlegt (130f.) und zu der auch die prodavidischen Kriegsüberlieferungen aus Kap.10,5ff. gehören (111 Anm. 33). Den Auftritt des Natan steuert erst DtrP unter kräftiger Bearbeitung (11,27b; 12.7b-8.9bβ.10aß.b-14) einer älteren Erzählung aus dem „Buch der Prophetengeschichten“ bei, einer Sammlung in sich abgeschlossener Prophetenerzählungen über den konfliktträchtigen „Grenzraum zwischen Prophetie und Politik“ (38), die sich der staatskritischen Prophetie der späten Königszeit verdankt (38ff.).

Nach WERNER ist der Grundstock der Natanszene redaktionell bereits im Hinblick auf II 11 entstanden, und die Episode vom Tod des 1. Kindes eine späte, nachdtr Einschaltung (Einzelheiten s. oben D. 6.).

Bei diesen Modellen wird der Zusammenhang von Schuld, Gericht und Sühne des Machtmenschen David, der in vielen Auslegungen die Bedingung für die schonungslose Darstellung seiner Verbrechen ist, zerrissen. Übrig bleibt das literarische Porträt eines ungezügelten und unzügelbaren Menschen im Zentrum der Macht als Bestandteil der frühesten Version der TFG, die damit fast nur noch in Analogie zu moderner Dissidentenliteratur denkbar ist. Ein Problem dieser Rekonstruktion liegt darin, daß ein so entschieden dunkles Davidbild mit den Charakterisierungen Davids in den folgenden Episoden der TFG kaum mehr vermittelt werden kann. Vgl. ferner die Einwände bei JÜNGLING (1988, 449f.).

3. Ein drittes Modell erarbeitet MCCARTER (1984). Mit FLANAGAN (1972) betont er den thematischen und stilistischen Unterschied von II 10 - 12 gegenüber II 13 - 20, was sich besonders einschneidend an der Ausgestaltung des Charakters Davids zeigt. Doch anders als FLANAGAN meinte (s. oben D. 6.), gehören die Kapitel nicht gemeinsam mit I Kön 1f. zu einer erweiterten Auflage der 'Court History'. Die von I Kön 1f. signifikant verschiedenen, prophetischen Gestaltungselemente sprechen für „a later Composition with prophetic point of View comparable to that of similar materials in I Sam" (275). Dabei stellte der „prophetic writer" seine Komposition „as a kind of theological preface" (276) vor II 13 - 20, wodurch das dort Berichtete als eine unmittelbare, von Gott gewirkte Folge von Davids Ehebruch und Mord erscheint. Bis auf eine Sammlung Kriegsberichte aus der Tradition hat er keine weiteren schriftlichen Quellen benutzt, vielleicht eine mündliche Tradition der Ehebruchs- und Mordgeschichte. Seine eigene Arbeit wird aber vor allem in 11,27b - 12,25 erkennbar (305f.), wobei in 12,7b-12 besonders klar sein „viewpoint" zum Ausdruck kommt (300).

Bei MCCARTER tritt das prophetische Element nicht nur ergänzend zu einer älteren Schicht hinzu, sondern wird von vornherein zum grundlegenden Kompositionsprinzip. Anders als bei DIETRICH und WERNER hat es literarisch die Sündengeschichte Davids von Kap.11 nie ohne die ausdrücklich mitgeteilte Mißbilligung Gottes, nie ohne prophetische Zurechtweisung, nie ohne die Sühne des Schuldigen gegeben. Mit DIETRICH trifft sich MCCARTER in der zunehmend stärkeren Beachtung des prophetischen Elements bei der Bearbeitung der Samuelüberlieferungen, nur seien diese Prozesse vorexilisch und nicht erst deuteronomistisch zu datieren, was einen Dtr(P) überflüssig macht (ähnlich CAMPBELL 1986a). MCCARTER begibt sich aber der Möglichkeit stärkerer Differenzierung, indem er die allgemein akzeptierte literarische Uneinheitlichkeit des Natanauftritts ignoriert. Elastischere Modelle bieten – wenn auch in sehr unterschiedlicher Weise –

CAMPBELL (1986a) einerseits, sowie – je verschieden – WERNER (1988) und DIETRICH ([2]1992) andererseits.

Wie MCCARTER sieht BAILEY (1990) in II 10 - 12 eine gegenüber II 13 - 20 unabhängige Komposition, die sich wieder der kräftig arbeitenden Hand des Deuteronomisten verdankt, auch wenn dieser auf einer prophetischen Redaktionsstufe aufbaut. Der Deuteronomist ordnet verschiedenes Material neu nach dem Vorbild der „birth narrative formula" und bindet, durch eine Reihe redaktionell geschaffener Reden, unterschiedliche Überlieferungen zusammen (1990, 83-123): Am Anfang eines zweistufigen Redaktionsprozesses stand mit *(11,6-27a) eine schriftliche „wife of Uriah narrative which involved David in a scheme to have a soldier killed and then marry his wife" (121f.). Auf einer prophetischen Redaktionsstufe kommt 12,1-7a.9a.13-15 hinzu. Der Dtr endlich nutzte einige in der Davidtradition vorgefundene Erzählstücke über Davids Ehe mit Batscheba, den Tod des ersten Kindes wie die Geburt Salomos (11,2-5; 12,24f.) und arbeitete alles kräftig ein und um. Von ihm selbst verfaßt sind: 11,10b-11.19-22.27b; 12,7-8.9b-12.16-23.

1.3 Davids Ehebruch und der Mord an Urija (II Sam 11)

Mehr als die Szenerie der Kriege hat die aus ihr herausentwickelte Erzählung zu allen Zeiten die Gemüter – nicht nur die wissenschaftlichen – erhitzt, erzählt doch Israel in II Sam 11 von seinem größten und frömmsten König, dem Prototyp des Messias, daß er ein Ehebrecher und heimtückischer Mörder war.

Die traditionelle Begrenzung des Erzählthemas auf Davids Ehebruch und seine Hochzeit mit Batscheba verdankt sich einer moralisch individualistisch verengten Sichtweise und läßt Wesentliches außer Betracht (ROSENBERG 1989). Denn wenn das Thema einer Erzählung danach bestimmt wird, was in ihr narrativ am stärksten Raum einnimmt, ist sie weder eine von David und Batscheba noch eine von der Geburt oder Vorgeschichte des späteren Thronfolgers, sondern eine von David und Urija. Die David-Batscheba-Szenen (11,2-5.26f.) bilden nurmehr eine *inclusio* um die beiden zentralen Episoden, in deren Mittelpunkt jeweils David und Urija stehen. In der ersten versucht David erfolglos, den von der Kriegsfront nach Jerusalem zitierten Soldaten dazu zu bringen, bei seiner Frau zu schlafen (V.6-13). Die zweite erzählt Plan und Ausführung des Mordes an Urija (14-25). Die Erzählung handelt in ihrem Kern von Davids mißglückter Vertuschung seines Ehebruchs und dem Mord an Urija (BAR-EFRAT 1980, 159f.).

Diese inkludierende Komposition (A.FISCHER 1989, 50f.) setzt sich in einer Reihe konzentrischer Strukturen in V.14-25 fort: Auf die inkludierende Redeform der Ploke (a b a') in V.20f.25b hatte schon ROST aufmerksam gemacht. Einen raffinierten konzentrischen Aufbau der Handlungselemente in V.14-25 entdeckt FOKKELMAN (1981, 61ff.).

Erzählweise und 'ambiguity': Einen Teil seiner Faszination bezieht der Text aus seiner Erzählweise, in der mindestens ebenso viel verschwiegen wie dargestellt wird. Der Erzähler beschränkt sich fast ganz auf die Wiedergabe der äußeren Handlung. Innere Motivationen, die Haltungen der beteiligten Personen oder die des Erzählers selbst zu den von ihm geschilderten Vorgängen werden mit keinem Wort erwähnt. Damit bleibt der Erzähltext die Antwort auf viele Fragen, die er selbst provoziert und die sich die Lesenden notwendig stellen, schuldig. Diese trockene, unkommentierte Wiedergabe eines so heiklen Geschehens vermittelt nicht nur den Eindruck, daß das Furchtbare im Gewand des Alltäglichen daherkommt, sondern auch den Eindruck einer distanzierten, objektiven Perspektive des Erzählers. Im Rahmen der Hypothese des Erzählers als eines zeitgenössischen Berichterstatters historischer Vorgänge hat VON RAD die „wohltuende Zurückhaltung und Keuschheit" dieses Stils gerühmt, mit dem das Geschehen zwar benannt, aber David letztlich geschont werden sollte (1944 = 1965, 163); ähnlich GRESSMANN (^{2}1921, 155): „Heikle Dinge werden so zart umschrieben, daß man keinen Anstoß daran nehmen kann, ja daß man sie bisweilen kaum merkt". Nicht jeder Leser oder jede Leserin wird dies bestätigen, denn ebenso ist die entgegengesetzte Sichtweise denkbar: „Der Erzähler schenkt ihm (sc. David) nichts, sondern schildert die Stufen seines Sündenfalls, seiner sittlichen Erniedrigung, mit grauenhafter Wahrheit" (BUDDE 1902, 252).

Mit derart entgegengesetzten Interpretationen gleicher Textbeobachtungen – die sich im Hinblick auf die Bewertung der Charaktere und ihre Handlungen mühelos vermehren lassen – wird zugleich ein Grundproblem der kaum zählbaren Verstehensversuche der David-Batscheba-Urija-Erzählung und darüber hinaus der TFG sichtbar. Denn ihre in vielem mehrdeutige Textstruktur hat zur Folge, daß sie eine Vielzahl unterschiedlicher, auch einander ausschließender, Sichtweisen zuzulassen scheint.

Den Prozeß des Lesens und der Interpretation von II 11 haben die israelischen Autoren PERRY und STERNBERG in einem programmatischen Artikel (1968) selbst zum Gegenstand der wissenschaftlichen Diskussion gemacht.

Da ihre Arbeit wie die umfangreiche Diskussion, die sie auslöste, vor allem in hebräischer Sprache geführt wurde, ist sie in Europa wenig beachtet worden. Zur Diskussion vgl. ARPALI (1968), SIMON (1968) sowie die Replik von PERRY und STERNBERG (1970); ferner GARSIEL (1973; 1976; 1993) und LEVINE (1975). Eine deutsche Zusammenfassung des Aufsatzes von PERRY/STERNBERG ist 1985 und eine englische Übersetzung 1986 erschienen. Inzwischen hat STERNBERG die wesentliche Argumentation in sein monumentales Werk «The Poetics of Biblical Narrative. Ideological Literature and the Drama of Reading» (1985, 186-229) aufgenommen.

PERRY/STERNBERG nehmen ihren Ausgangspunkt bei einer rezeptionsästhetischen Perspektive. Jedes literarische Werk – so auch unsere Erzählung – läßt sich als eine Vielzahl von Einzelteilen und Fragmenten beschreiben, die erst während des Lesevorgangs im Kopf des Lesers miteinander verbunden werden. Gleichzeitig enthält der Text eine Reihe von Leer- oder Unbestimmtheitsstellen (gaps), die jeweils einen größeren Auslegungsspielraum ermöglichen, und die vom Leser im Prozeß des Verstehens gefüllt werden müssen (gap filling). Die Batscheba-Urija-Erzählung hat für das Problem des 'gap-filling' geradezu Modellcharakter, weil der Erzähler viel zum Verständnis Notwendiges verschweigt und es der Phantasie der Leser überläßt, sich die Dinge durch subjektive Hypothesenbildung zurechtzulegen. PERRY/STERNBERG untersuchen nun Ort, Funktion und Bedeutung solcher Leerstellen für den Lesevorgang, den sie als einen fortschreitenden Prozeß der Hypothesenbildung und Hypothesenfalsifikation seitens der Leser bestimmen. Durch die Art seiner Darstellung provoziert der Erzähler Fragen, die jeder Leser unweigerlich stellt, die aber im Verlauf der Erzählung nicht beantwortet werden:

1. Warum bleibt der König in der Stadt, während ganz Israel im Krieg ist? – (Schwäche und Bequemlichkeit/ Schutz für die 'Leuchte Israels').

2. Was ging in David vor, als er in Batschebas Ehe einbrach? – (Liebe, sexuelle Lust, Besitzgier des Mächtigen, politisches Kalkül).

3. Wie bewertet Batscheba die Ereignisse? – (als wehrlose Untertanin, als [Vergewaltigungs-] Opfer, als Mittäterin, als heimliche Initiantin)

4. Geht David davon aus, daß Urija Bescheid weiß, oder daß er von alldem nichts weiß, oder ist sich David in dieser Hinsicht unsicher?

5. Ist Urija tatsächlich ahnungslos oder über alles im Bild und vereitelt des Königs hilflose Manipulationsversuche aus einer überlegen-ironischen Perspektive? –

6. Warum überbringt er den Brief, ohne dessen Inhalt zu kontrollieren? (ahnungslos, vertraut auf Joab, lebensmüde).

7. Welche Haltung nimmt Joab zu dem Tötungsauftrag ein, und warum führt er Davids Weisung anders als befohlen aus? Warum weicht seine Botenbeauftragung so stark von dem ab, was der Bote dem König dann tatsächlich übermittelt?

Keine der Fragen läßt sich anhand der sprachlichen Signale des Erzähltextes sicher beantworten, keine der hier nur stellvertretend ausgewählten Hypothesen definitiv ausschließen (zur Rolle Batschebas s. jedoch unten). Gerade an den Interaktionen zwischen David und Urija zeigen die Autoren, daß völlig konträre Interpretationen dadurch erreicht werden, daß die angebotenen Leerstellen unterschiedlich gefüllt werden. Für den Erzähltext ist konstitutiv, daß unvereinbare Systeme des „gap filling“ gleichzeitig aufgebaut werden. PERRY/STERNBERG sehen in einer solchen Unbestimmtheit (‘ambiguity’) aber nicht eine erzählerische Unfähigkeit oder mangelnde Einsicht in die erzählten Vorgänge, vielmehr eine bewußt eingesetzte erzählerische Technik zur Spannungserzeugung und Ironisierung. (Die Ironisierung bestreitet GARSIEL, zuletzt 1993). Natürlich hat der Erzähler eine eigene Haltung zu den Ereignissen, und er kennt das Innenleben seiner Figuren, aber er verbirgt gezielt einen Teil seines Wissens. Er ist allwissend aber nicht allkommunikativ. Ein solcher ambiguitärer Erzählstil bezieht seinen Reiz und seine Wirkkraft aus der Unentscheidbarkeit verschiedener Verstehensalternativen. Mit ihrer Arbeit nahmen PERRY/STERNBERG bereits 1968 eine Entwicklung vorweg, die sich erst gegenwärtig als ‘Reader Response Criticism’ – vor allem innerhalb der angelsächsischen Bibelwissenschaft – entfaltet (MCKNIGHT 1988). Für die traditionelle historisch-kritische Hermeneutik der TFG birgt dieser Ansatz Probleme. Denn wer die TFG auf der Suche nach der einzigen, richtigen Interpretation erforschen will oder sie als Bericht von historischen Ereignissen begreift, wird sich mit der These von der bewußt eingesetzten literarischen Vieldeutigkeit, ja beabsichtigten Widersprüchlichkeit, nicht zufrieden geben. Denn historisch ist eben nur das eine oder das andere möglich. Daher wird man immer dahin tendieren, die eigene Vereindeutigung der Leerstellen (gap-filling) durch historische Spekulationen hinter dem Text zu vergewissern. Der Versuch, durch die Historisierung der eigenen Interpretation zur historischen Wirklichkeit selbst zu gelangen, ist für PERRY und STERNBERG zum Scheitern verurteilt.

Die ambiguitäre Erzählweise in II Sam 11 ist von YEE (1988) noch einmal untersucht worden. Sie beschreibt die formalen Mittel, mit denen der Erzähler seine ‘intentional ambiguity’ verwirklicht, auf dreierlei Weise: „(1) in the tension between character action and motiv, (2) by using the same words for different characters to produce character contrasts, and (3) in the variations between narration and dialogue“ (250).

Die Anerkennung gezielt eingesetzter Mehrdeutigkeiten bedeutet für ein historisches, an der Textproduktion orientiertes Frageinteresse, daß schon dem historischen Erzähler an einem großen Spielraum der Verstehensmöglichkeiten gelegen war. Daß sich der Erzähltext der Bestimmung einer eindeutigen Tendenz verweigert – was die wissenschaftlichen Auslegungen hinreichend belegen – ist daher nicht auf mangelnde Sorgfalt der Lektüre zurückzuführen, sondern vom Text selbst vorgegeben und in die historische Hypothesenbildung einzubeziehen.

Allerdings wird der Optimismus, über die Erforschung der Leerstellen zu den Wirkabsichten eines historischen Erzählers selbst zu gelangen, durch die rezeptionsästhetische Einsicht erschwert, nach der nicht jede Leerstelle, die ein Leser bemerkt, vom Urheber dieses Textes auch gezielt (intentional) plaziert worden sein muß. Leerstellen werden auch durch die Erwartungshaltung des Lesers – 'in the reader's mind' – konstruiert.

Obschon die Erzählung mehr- und vieldeutig ist und dies historisch offenbar auch sein will, wird sich nicht jede Intepretation mit dem Hinweis auf die Ambiguität eines Textes rechtfertigen lassen. Auch das Auffüllen von Leerstellen ist kein willkürlicher Vorgang, sondern wird vom Erzähltext gelenkt und dadurch begrenzt, daß bestimmte Hypothesen durch seine sprachlichen Signale verunmöglicht werden. Als ein umstrittenes Beispiel mag hier die Beurteilung der Rolle Batschebas in Kap.11 gelten:

In vielen Interpretationen wird ihr mehr oder weniger offen die Mitbeteiligung oder sogar die Initiative zum Ehebruch zugewiesen. Sie hätte durch ihr Bad (zu nah am Palast und zu offensichtlich unter des Königs Augen) Davids Begierde geweckt, sei freiwillig zum König gekommen und habe sich nicht gegen den Beischlaf gewehrt, wie das später Tamar gegenüber Amnon tut. Was etwa HERTZBERG (1956, 249) als „vielleicht weibliche Koketterie" deutet, „im Bewußtsein der Ehre, dem König begehrenswert zu erscheinen" ist für BAILEY (1990, 84ff.) ein handfester politischer Deal, mit dem sich Batscheba als Vertreterin einer einflußreichen Familie über das Bett des Königs und unter Opferung ihres Ehemannes zur Mutter des Thronfolgers emporarbeitet (nur wenig verhaltener NICOL 1988). M.E. stehen einer solchen Deutung auf Mittäterinnenschaft Batschebas die Textsignale hinreichend deutlich entgegen. Denn Batscheba wird in den Handlungssätzen der ganzen Ehebruchsszene (V.2-4) als passives Objekt der Handlungen Davids gezeigt. David sieht, erkundigt sich, schickt und nimmt. Noch bevor Batscheba kommt und den Palast betritt – hält der Erzähler fest – hat David sie bereits „genommen" (V.4aα): „der herrscherliche Gestus des 'Nehmens' steht voran" (JÜNGLING 1988). Genau dieses Verhalten wird später in der Natanparabel aufgenommen, die das Ehebruchsgeschehen interpretiert. Das negative Batschebabild, das in älteren Arbeiten von dem offensichtlichen Bedürfnis nach Entlastung Davids geprägt war, speist sich in neueren Arbeiten aus dem salomokritischen Verständnis der TFG (LANGLAMET 1976a, 338 u.a.). Der passive und literarisch unausgeformte Charakter Batschebas in Kap.11 wird mit Merkmalen angereichert, die sich aus ihrer intriganten Rolle in I Kön 1f. ableiten lassen. Es empfiehlt sich aber, literarische Charakterisierungsmerkmale, die in verschiedenen Erzählungen oder Episoden unterschiedlich sein können, nicht zu vermischen, oder sich mindestens ihre Unterschiedlichkeit bewußt zu halten. Vgl. dazu BERLIN (1982; 1983, 25-30); ganz gegenteiliger Meinung ist allerdings NICOL (1988). Eine solche Unterscheidung setzt freilich eine literarische und keine historisch-biographische Betrachtungsweise Batschebas voraus.

Das zentrale Thema in V.14-25 sind die Umstände des Todes Urijas, vor allem die Haltung der verschiedenen Personen zu diesem Mord. David gibt den Befehl (V.14), schickt Urija als Boten seines eigenen Todes zu Joab an die Front. Dieser führt den Mordbefehl auf seine Weise aus, beauftragt sodann einen Boten, der David die Nachricht wiederum in eigener Version überbringt, die jener dann mit dem zynischen Satz von V.25 quittiert, daß Späne fallen, wo gehobelt wird. Auf den Tod Urijas wird somit fünffach unterschiedlich Bezug genommen. Das dadurch geknüpfte Netz aus Variation und Repetition desselben Themas (ALTER 1981, 88ff.) verleiht der Szene eine hintergründige Vielschichtigkeit; vgl. dazu ausführlich STERNBERG (1985, 213ff.), FOKKELMAN (1981, 59ff.).

Die inhaltlichen Spannungen der Kampfberichte untereinander sowie der gegenüber MT veränderte und erweiterte Text von LXX (bes. V.22) haben oft zu erheblichen Umstellungsversuchen geführt (vgl. HERTZBERG 1956, 246; MCCARTER 1984, 278.282). Doch sprechen sich die neueren textkritischen Behandlungen des Problems von BARTHÉLEMY (1982, 257-261) und PISANO (1984, 49-55) für MT-Priorität aus. Ein überzeugender literaturgeschichtlicher Lösungsversuch der inhaltlichen Spannungen zeichnet sich bisher nicht ab (vgl. die Diskussion bei STOEBE 1986, WERNER 1988, 229ff. und den kompositionskritischen Versuch BAILEYS 1990, 94ff.).

Besonders die Art, wie Davids General Joab den Mordbefehl in die Tat umsetzt und ihren Vollzug an David melden läßt, stärkt den Eindruck, daß Joab hier nicht nur als willfähriger Vollstreckungsgehilfe seines Herrn (u.a. HERTZBERG 1956, 250) gezeigt werden soll. Für STERNBERG (1985) spiegelt der Text die „hidden opposition“ Joabs, denn seine Rede an den Boten nimmt psychologisch wirkungsvoll Davids Reaktion vorweg und ironisiert sie damit. Joab vertraut darauf, daß der Bote – trotz der im Kontrast zum heimlichen Briefeschreiber David mündlichen Kommunikationsform – nicht merkt, welche Nachricht er eigentlich übermitteln soll. Ferner enthält einzig Joabs Rede mit dem Hinweis auf den königlichen Nichtsnutz Abimelech, der durch eine Frau erschlagen wurde (Ri 9) eine mögliche Kritik, nicht nur an der Strategie des Kampfes, sondern am Machthaber David selber (STERNBERG 1985, 219).

Die fast wörtliche Aufnahme von Ri 9,53 in V.21 setzt eine literarische Abhängigkeit zu der nordisraelitischen, bereits königskritisch ausgearbeiteten Abimelechtradition voraus und zeigt bei Annahme einer alten Fassung von Kap.11 eine *königskritische* Nachbearbeitung der TFG (VEIJOLA 1977, 103-114; STOLZ 1981, 237 [21 sek.]; WERNER 1988, 231 [20b.21.24aα sek.]).

Erzählmotive und das Problem der Fiktionalität: David wird durch die Gesamttendenz von Kap.11 in einem äußerst negativen Licht präsentiert. Die Frage ist, ob es sich dabei um ein ungeschminkt kritisches Bild des historischen David oder um das dunkel geschminkte Porträt eines literarischen David handelt? Die Historizität der Ereignisse wird – wenigstens der Sache nach – vor allem mit dem Hinweis verteidigt, daß ein solches Verbrechen von David nicht erzählt worden wäre, hätte es nicht der historischen Wirklichkeit entsprochen. Denn derlei Negativfiktionen auf dem Feld des Politischen sind gefährlich für diejenigen, die sie ohne Anhalt an der Realität in Umlauf setzen. Das Motiv vom 'Todesbrief' scheint jedoch ein klares Beispiel einer solchen Negativfiktion in der TFG zu sein. Es besitzt in der Erzähltradition vielfältige Parallelen (SCHICK 1912/1932). Die biblische Variante kann aber nicht als Ausgangspunkt dieser Tradition angesehen werden.

Eingebunden in einen relativ stabilen Plot begegnet das Todesbriefmotiv bei Homer im Zusammenhang des Bellerophontesstoffes (Ilias VI, 167ff.), aber bereits innerhalb der Sargonlegenden auf sumerischen Texten des 3. Jt. v. Chr.; veröffentlicht von COOPER/HEIMPEL (1983), folkloristisch diskutiert bei AFANAS'EVA (1987) und ALSTER (1987). Zu Herkunft und Verbreitung des Motivs vgl. zuletzt FREI (1993).

Damit ist nicht von der Hand zu weisen, daß der Erzähler ein literarisches Motiv benutzt, um David in der Rolle eines besonders arglistigen Königs auftreten zu lassen (GUNKEL [2]1921 = 1987, 151f.; WÜRTHWEIN 1974, 55f. u. zuletzt A.FISCHER 1989, 57). Ganz auf dieser

Linie liegt dann auch, daß der Erzähler den Inhalt dieses streng geheimen Briefs im Wortlaut zu zitieren vermag. Unabhängig von der historischen Frage nach der Beteiligung Davids am Tod von Batschebas erstem Mann zeigt die fiktionale Art der Darstellung, daß nicht die Treue gegenüber den historischen Ereignissen für das Bild verantwortlich ist, das der Erzähler von Davids Ehebruch und seinen Folgen entwirft.

Weitere Erzählmuster werden im Motiv vom 'Herrscher, der sich der schönen Frau seines fremden Untertanen bemächtigt', sichtbar. Vgl. Gen 12; 20; 26 und dazu AUGUSTIN (1983) mit z.T. problematischen Schlußfolgerungen und weitgehenden Parallelisierungen. Vgl. die Kritik bei I.FISCHER, die Gen 12 als 'Kontrastgeschichte' zu II 11 bestimmt (1994, 236-244); desweiteren A.FISCHER (1989). Bei letzterem findet sich der Hinweis auf Dan 13,5ff.; Jub 33,2: 'Die Beobachtung der schönen Frau im Bad'.

Zur literarischen Integrität von Kap.11: Die Versuche, sekundäre Bearbeitungen in Kap.11 abzuheben, konzentrieren sich neben dem Abimelechverweis in V.21 (s. oben) noch auf die Urijarede V.11 sowie die theologische Deutestelle in V.27b. Mit Überarbeitungen von V.11 im Sinn der Jahwekriegsideologie rechnen KEGLER (1977, 170f.) sowie WERNER (1988, 227f.). A.FISCHER (1989) grenzt darüberhinaus die im Zusammenhang allerdings kaum ganz entbehrlichen V.10b-12 als „vermutlich königsfeindliche Nachinterpretation“ (55) aus.

Die theologische Bewertung des Geschehens in 11,27b bestimmt DIETRICH als „eine dem Kontext angepaßte Fassung der Formel vom 'Tun des Bösen in den Augen Jahwes'“, mit der DtrP die Verbindung zum Natanauftritt hergestellt habe (1972, 132). Diese in der Forschung breit akzeptierte These hat A.FISCHER mit dem (bekannten) Argument in Zweifel gezogen, daß sich die Wendung vom sonstigen dtr Gebrauch der Formel unterscheide und sprachlich dem erzählerischen Kontext verhaftet sei (1989, 55). Besonders V.25a und V.27b sind literarisch aufeinander bezogen. Die göttliche Bewertung des Geschehens nimmt die zynische Antwort Davids auf die Nachricht vom Tod Urijas in V.25 wörtlich auf und negiert sie:

V.25 David: 'Es sei die Sache nicht böse in deinen Augen',

V.27b 'Und es war die Sache, die David getan hatte, böse in den Augen JHWHs'.

Wenn in V.27b ein Späterer das Wort führt (bei SCHULTE 1972, 158 ist es der vorliegende Erzählungen redigierende Jahwist; vgl. Gen 38,7.10), formuliert er unter sensibler Wahrnehmung des Erzählzusammenhangs.

1.4 Der Auftritt des Propheten Natan (II Sam 12,1-15a)

Ein Satz wie 11,27b erfordert eine Reaktion Gottes, die mit der Sendung des Propheten Natan auch prompt folgt. Der Prophet ist Mittler des göttlichen Willens, der den schuldig gewordenen König mit seiner

Tat konfrontiert, Gericht verkündet und so zur Reue verhilft. Schon der erste Erzähler dieses deutlich überarbeiteten Zusammenhangs steht ganz auf der Höhe israelitischer Prophetie (STOLZ 1981, 240). Natan erzählt dem König die berühmte Geschichte vom armen Mann, dessen einziges und liebevoll gepflegtes Schaf der Macht und Besitzgier eines reichen Mannes zum Opfer fällt. Darauf gerät David in Zorn, fordert den Tod des Mächtigen sowie Schadenersatz für den Armen und bekommt Natans unnachahmliches 'Du bist der Mann!' zu hören.

Die kleine Erzählung wird hier als eine Parabel gebraucht, in der das in II 11 erzählte Verbrechen David gleichermaßen verfremdet wie verdeutlicht werden soll. Die Parabelfunktion verlangt nicht Übereinstimmung in allen Details. Vielmehr wird zur Ehebruchs- und Mordgeschichte ein vielfältiges Netz metaphorischer Anspielungen geknüpft, die sich zwar in einem zentralen Vergleichspunkt bündeln (COATS 1981) aber nicht auf diesen beschränken lassen. Dieser Vergleichspunkt wird weithin in der 'skrupellosen Gewalthandlung an sozial Schwächeren unter Ausnutzung der eigenen Machtstellung' gesehen; so oder ähnlich u.a. SEEBASS (1974), ROTH (1977), MCCARTER (1984), JÜNGLING (1988), JONES (1990, 100), DIETRICH (^{2}1992, 30).

Auf die machtpolitischen Aspekte wies SEEBASS (1974) hin. Das entscheidende Stichwort ist 'nehmen' (V.4b), ein Ausdruck des Mißbrauchs herrscherlicher Macht. Vgl. auch das von GUNN (1978) in der TFG durchgängig eruierte Gestaltungsmuster 'giving and grasping' (s. oben D. 4.). MCCARTER verweist zudem auf die ebenfalls königtumskritische Reihe I Sam 8,11-18, in welcher der König „as the taker par excellence" (1984, 299) erscheint. Das Stichwort vom 'Nehmen' findet sich aber bereits an syntaktisch hervorgehobener Stelle (11,4) der Ehebruchsepisode.

Die Parabelfunktion kann die vielfältigen Anspielungen und die offensichtlichen Inkongruenzen zwischen fiktivem und gemeintem Fall verständlich machen, denn David hat nicht nur – wie der Reiche das Schaf – die Frau des Urija 'genommen', sondern diesen auch heimtückisch morden lassen. Und die Todesdrohung, mit der David auf den Fall reagiert (V.5) ist angesichts des Diebstahls eines Schafes unter juristischem Gesichtspunkt sicher überzogen, entspricht hingegen viel besser einem Urteil über Ehebruch und Mord (II 11).

Weil der beschriebene Fall nur ungenau auf Davids Verbrechen paßt, hat GUNKEL vermutet, daß der Erzähler die märchenhafte Geschichte nicht selbst geschaffen, sondern „von irgendwoher genommen und zu neuem Zweck verwandt" habe (^{2}1921 = 1987, 47). Er sah in ihr ursprünglich eine „Fabel ... erdichtet zur Darstellung der empörenden Gewalttätigkeit der unbarmherzigen Reichen gegen die Armen“, die neben die Jotamsfabel (Ri 9) gestellt werden könne (vgl. auch COATS 1981). Die Inkongruenzen haben zu der Vermutung geführt, das Gleichnis hätte einst einem anderen Vorfall aus Davids Leben gegolten. So spielt die kleine Erzählung nach LEBEN (1903) eher auf die Geschichte an, nach der die Saultochter Michal (das Schaf) ihrem Mann Paltiel (arme Mann) weggenommen wird. Gemäß DAUBE (1982) hätte sie einst auf Saul gezielt, der das Lämmchen Michal dem armen Mann David weggenommen habe. Über derlei Mutmaßungen zur Vorgeschichte des Erzählstoffes geraten im jetzigen Kontext hergestellte Bezüge allzuleicht in den Hintergrund.

Während Natan in seiner Interpretation Davids Mord und Ehebruch mit der Handlung des reichen Mannes identifiziert (V.7.9), sieht DELEKAT im reichen Mann Gott selbst abgebildet und damit einen versteckten Vorwurf an Gott, der Davids Mordintrige geschehen ließ: „Getötet wurde Urija. Wenn er mit dem Schaf gemeint wäre, wäre David der Gast und der reiche Mann Jahwe selbst ... so erscheint er als der eigentlich Schuldige“ (1967, 33).

Inkongruenzen sieht DIETRICH auch zwischen Natans Anklage Davids in V.9a (Ehebruch und Mord) und der jetzigen Version vom Tod Urijas in II 11. Vielleicht sei die Natanszene in ihrem ursprünglichen literarischen Zusammenhang (im ‘Buch der Prophetengeschichten’) mit einer Version vom Tod Urijas verknüpft gewesen, „nach der David den Mord an Urija persönlich besorgt hätte“ (^{2}1992, 30).

Der Begriff ‘Parabel’ wird oft terminologisch unscharf als Gattungsbegriff benutzt, was er nicht ist. Er bezeichnet die literarische Funktion der Geschichte in ihrem Kontext. Ohne die Bezugshandlung in II 11 wäre sie keine Parabel.

Vgl. GUNN (1978, 41ff.) sowie COATS (1981), der nur den übergreifenden Erzählzusammenhang als Parabel bezeichnet wissen will, für die Beispielgeschichte hingegen die Bezeichnungen „fable“ (II 12) und „anecdote“ (II 14) vorschlägt.

Die Forschung konzentriert sich einerseits auf das Problem der Funktionsweise und Gattung der Parabel, die besonders im Verhältnis zwischen Beispielerzählung und Applikation in V.5-7 deutlich wird. Andererseits ist die Szene auch hermeneutisch im Hinblick auf Erzählvorgänge selbst interessant, werden doch mit den beiden Reaktionen Davids und Natans auf die Erzählung zwei höchst verschiedene Interpretationen derselben Geschichte gleich mit erzählt: „Nathan’s parable and its application is a textbook example for illustrating problems of the interpretation of ancient texts“ (VORSTER 1985, 97).

Zur Gattung: Im Vergleich mit ähnlichen Parabeln (II Sam 14; I Kön 20; Jes 5; Jer 3) hat SIMON (1967) ihre Gattung als „juridical parable" (Gerichtsparabel) präzisiert. In ihr werde ein fiktiver, aber realistisch wirkender Fall von Rechtsverletzung jemandem vorgelegt, der als Richter zu fungieren hat. Durch die Täuschung, mit der ein ahnungsloser Hörer in dem fremden Fall seinen eigenen erkennt, wird er zu einem (Gerichts-) Urteil („judgement") über sein eigenes Verhalten gebracht (220f.). Den 'Sitz im Leben' sieht SIMON im israelitischen Gerichtswesen. Gegen eine solche juristische Engführung wendet sich u.a. GUNN (1978, 41): „the legal element is merely an accident of these particular cases". Die Urteile und Wertungen, die solche in der Erzählliteratur häufigen Parabeln hervorlocken, können auf einen gerichtlichen Zusammenhang ganz verzichten und auch moralischer oder anderer Natur sein. GUNN schlägt daher die Bezeichnung „judgement eliciting parable" vor und denkt weniger an eine feste Gattung als an ein traditionelles Erzählmuster, das in verschiedenen literarischen Kontexten und Variationen begegnet.

Mit SIMON teilt auch NIEHR das Bestreben, zu einer möglichst eng umrissenen Gattungsbestimmung zu gelangen. Ausgehend von Jesajas Weinberglied (Jes 5) werden alle „Paralleltexte" als „anklagende Gerichtsparabeln" verstanden: ihre Funktion ist die „Selbstverurteilung der Hörer". „Ihr Sitz im Leben ist in der prophetischen Gerichtsverkündigung zu sehen" (1986b, 104). GUNNS Bestimmung hat zwar den Nachteil größerer Ungenauigkeit, wirkt aber elastischer und kann so m.E. den unterschiedlichen Verwendungen der Parabel besser gerecht werden. Vgl. noch GRAFFY (1979): „self condemnation parable" mit einem „common 'spiritual' Sitz im Leben"; STOLZ: Gleichnis und Parabel sind „didaktische Redeformen, wie sie der Weisheitslehrer gern braucht" (1981, 240).

Gemäß dieser Gattungsbestimmungen schwanken die Auslegungen der Natanparabel zwischen juristischen oder eher literarischen Interpretationen.

Im ersteren Fall wäre die Szene als ein Akt der Rechtssprechung konzipiert: Natan käme – wie die weise Frau von Tekoa in II 14 – mit einem zwar fingierten, aber real möglichen Rechtsfall zum König, worauf der König als königlicher Richter und Rechtshelfer der Armen, ein Todesurteil spricht (PHILLIPS 1966; SIMON 1967; SEEBASS 1974; WERNER 1988; HENTSCHEL 1990a). Die Probleme einer solchen juristischen Interpretation sind allerdings nicht gering:

In Frage steht die Zuständigkeit des Königs in einem solchen nicht gerade ungewöhnlichen Diebstahlfall, die Abwesenheit der betroffenen Konfliktpartei, die Rolle Natans als klagende dritte Partei. Zudem ist das Todesurteil für Diebstahl juristisch gesehen unvertretbar (anders PHILLIPS 1966). Die rechtliche Unvereinbarkeit konstatiert SEEBASS (1974), der zwar im juristischen Interpretationsrahmen bleibt, aber durch Davids Todesurteil nicht den Diebstahl, sondern den in der Parabel letztlich abgebildeten Mißbrauch der königlichen Macht verurteilt sieht. Dann würde hier aber nicht mehr ein konkreter Vorgang der Rechtssprechung gezeigt, sondern ein allgemeineres Rechtsparadigma; denn das Urteil trifft nicht mehr den fiktiven, sondern den gemeinten Fall. Vgl. in dieser Linie auch MCCARTER (1984, 299), WERNER (1988, 234), JÜNGLING (1988).

In der Tat läßt sich über die Beobachtung hinaus, daß die Schadenersatzforderung von V.6 mit den Bestimmungen von Ex 21 vergleichbar ist, und David sich hier als König präsentiert, der dem beraubten armen Mann zu seinem Recht verhelfen will, für die Praxis israelitischer Rechtssprechung nichts gewinnen. So MABEE (1977, 182-208), WHITELAM (1979, 123-129), NIEHR (1987, 119), vgl. aber MACHOLZ (1972a, 165f. u. 1972b).

Dies läßt fragen, ob die Parabel überhaupt unter vornehmlich juristischen Gesichtspunkten verstanden werden will. Die Eröffnung der Szene deutet mit keinem Wort an, daß es sich um einen Fall von Rechtssprechung handelt. Natan erzählt David (nicht dem 'König') eine Geschichte, die gewiß einen klaren Fall von Ungerechtigkeit beinhaltet, sich in ihrer märchenhaft übertriebenen, für manche auch sentimental oder rührselig kitschigen Präsentation kaum als Bericht eines realistischen Rechtsfalls eignet, den SIMON (1967) zur Bedingung seiner „juridical parable" erkoren hat und hier annimmt. Zur Kritik vgl. neben GUNN (1978), ACKROYD (1977, 109), HAGAN (1979), COATS (1981), besonders VORSTER (1985, 101f.) und LASINE (1984). Das Problem der Inkongruenz von Todesurteil und Diebstahlvergehen, bzw. Todesurteil und Wiedergutmachungsforderung verschwindet, wenn die Todesdrohung nicht als Gerichtsurteil, sondern als Ausdruck der emotionalen Erregung (V.5a) und Empörung Davids aufgefaßt wird, der einer Weisung zur Wiedergutmachung des Schadens des armen Mannes nachfolgt.

Die Gleichnisgeschichte hat nach LASINE (1984, 103ff.) wenig mit realer Wirklichkeit und viel mit Darstellungsformen zu tun, die wir heute melodramatisch nennen würden. Sie arbeitet mit scharfen Kontrasten (arm - reich/mitleidig - mitleidlos), ist emotional überbetont, aber darin ganz eindimensional und verkürzend (hilflose Unschuld - ruchloser Ausbeuter), ist ethisch einem steilen Leitbild der jeweils konventionellen Moral verpflichtet, und damit vor allem darauf aus, ihre Hörer zu starken Gefühlsreaktionen zu bewegen, wofür David ein Paradebeispiel bietet. Sie hat kein literarisches Interesse an einer realistischen Wiedergabe alltäglicher Erfahrungen, „is fundamentally opposed to mimetic art“, vielmehr eine „sensationalistic form“ (106), die vor allem Gefühle mobilisieren will. In dieser Hinsicht reagiert David erwartungsgemäß mit der Entrüstung eines emotional ergriffenen Hörers und in der Pose des Herrschers, der Unrecht nicht duldet. Aber er erkennt nicht den parabolischen Zweck der Geschichte, ihren Verweischarakter auf seine eigenen Untaten. Erst Natan als Erzähler stellt die Beziehung von fiktivem und gemeintem Fall her.

Modellfall literarischer Hermeneutik: Die fiktive Beispielgeschichte erfährt zwei unterschiedliche Interpretationen, wobei die Interpretation des Erzählers Natan nicht mit der des Adressaten David übereinstimmt und wirft damit eine Reihe interessanter hermeneutischer Probleme auf. Erstmals hat ALONSO SCHÖKEL (1976) die Frage thematisiert, indem er den Auftritt der weisen Frau von Tekoa (II 14) als Modellfall für die Wirkweise biblischer Erzählungen untersucht. David wird als Hörer und Interpret einer frei erfundenen Erzählung gezeigt. Die Fiktion ermöglicht ihm eine veränderte Perspektive auf seine eigene Wirklichkeit, was David unmittelbar zu einem anderen Verhalten bringt. Die fiktive Geschichte wird ihm Schlüssel zur Wahrheit, ohne daß die Fiktion als Problem (etwa der Lüge oder Täuschung) auch nur am Rand begegnet. Denn die Wahrheit der Erzählungen erweist sich nicht daran, daß sie im historischen Sinn wahr sind, sondern in ihrer Davids eigene Wirklichkeit erschließenden Kraft. Für ALONSO SCHÖKEL wird in der Art, wie David als Interpret einer solchen Erzählung erscheint, ein Modell sichtbar, wie der Erzähler der Gesamtgeschichte sich seinen ‘idealen Hörer/Leser’ vorstellt. Die These von David als dem ‘model reader’ hat FOKKELMAN (1981, 81f.) auch auf die Natanparabel übertragen. LASINE (1984) und VORSTER (1985) jedoch melden, indem sie die hermeneutische Fragestellung weiter treiben, erhebliche Zweifel an der Interpretationsleistung Davids an.

Wenn die Beispielgeschichte David zur Erkenntnis und Verurteilung seiner selbst bringen soll, betont LASINE, dann hat sie versagt. Denn anders als in II 14 mißversteht David die Fiktion. Natan erzählt die Geschichte auf dem Hintergrund des Batscheba-Urija-Geschehens. Die Hörererwartungen der Leser werden durch 11,27b; 12,1 eindeutig darauf gelenkt, die Beispielgeschichte im Horizont von II 11 und damit als Parabel zu sehen. Anders David, der sie als Unrechtsfall interpretiert, der nichts mit seinem Leben zu tun hat. Erst Natan legt die intendierte Interpretation fest, indem er David mit dem reichen Mann der Geschichte identifiziert. Die Erzählung selbst bringt diese Identifikation nicht hervor. Für LASINE (1984) zeigt Davids emotionale Reaktion und (Miß-) Interpretation der Geschichte weniger sein „Gefühl für Gerechtigkeit“ (HERTZBERG 1956, 251), wodurch er nach der Urija-Affäre sein Image als gerechter Herrscher wiederherstellt (WHITELAM 1979, 129); sondern sie zeigt gerade die Unfähigkeit Davids, sein Idealbild als eines gerechten Herrschers, das er sich selbst an einem unrealistischen Fall bestätigt, mit seinem tatsächlichen Leben in Verbindung zu bringen (118). Die Rolle des Richters wendet er nicht auf sich an.

Während für ALONSO SCHÖKEL und FOKKELMAN der emotionale Aufwand Davids die Bedingung dafür ist, daß er den Bezug der Geschichte zu seinem eigenen Verhalten begreifen kann, wird dies bei LASINE geradezu zum Kennzeichen der Verweigerung nötiger Konsequenzen für sein eigenes Leben. Sowohl die sogenannte Reue in II 12 als auch der Fortgang der Ereignisse zeigen für LASINE, daß David die Parabel weder begiffen noch Konsequenzen aus ihr gezogen hat. Den Grund vermutet er in Davids emotionaler Wechselhaftigkeit, seinen „Topsy-Turvy Emotions“, von denen bereits II 12 eine bemerkenswerte Kostprobe bietet und die sich auch an anderen Stellen der TFG mit jeweils verheerenden Folgen für König und Königtum zeigen (vgl. II 13,21.26; 19). Das Ziel dieses Porträts Davids sei gedacht als ein Gegenbild zum Idealbild des Königs.

VORSTER fragt grundsätzlicher: Worin liegt begründet, daß bereits David die Geschichte Natans nicht so versteht, wie sie gemeint ist? „Hardly any other text in the Bible could better illustrate the influence which views on text type have on reader-response and reference“ (1985, 98). Die unterschiedlichen Interpretationen Davids und Natans gründen darin, daß beide den Referenzcharakter der Gleichnisgeschichte und somit ihre semantische Funktion unterschiedlich einschätzen. Der von Natan anvisierte Referenzrahmen ist intratextuell die Verbrechensgeschichte von II 11, während David den Text als einen Bericht versteht, der auf einen konkreten Rechtsfall außerhalb des Textes verweist: „the fact that David read the story as a report, while Nathan intended it as a story about David's handling of his affair with Uriah's wife, explains the lack of communication between David and Nathan and also tells the reader how to read it“ (112).

Wie bei LASINE, so wird auch für VORSTER an der Art, wie David die Parabel mißinterpretiert, eine kritisch-ironische Distanz des Erzählers gegenüber David sichtbar. Diese findet ihre Fortsetzung darin, daß die weitere Erzählung die Spannung zwischen Vergeltung und Vergebung nicht völlig löst (109). Damit ist ein weiteres inhaltliches Problem des Kapitels angesprochen, das von Vergebung, Reue und Sühne.

Zur literarischen Integrität von 12,1-15a: Die Entbehrlichkeit der Natanszene im Kontext, mehr noch die prophetischen Gerichtsdrohungen in V.7b-12, die z.T. über den literarischen Horizont der TFG hinausgreifen und das Prinzip von Weissagung und Erfüllung (II 16,21f.) innerhalb der TFG zur Geltung bringen, haben zu unterschiedlichen literarkritischen Lösungen geführt. Über dem großen Horizont der angedrohten Vergeltung allerdings den engeren und kontextuell vorgegebenen der Batscheba-Urija-Geschichte nicht zu vergessen, mahnt SCHENKER (1981, 47).

– 12,1-15a werden gesamthaft als Nachträge von u.a. BUDDE (1902, 255 – Elohist) und GRESSMANN ([2]1921, 156; V.10.11f. tertiär) beurteilt.

– ROST sieht die Episode in der Grundgestalt V.1-7a.13-15a als Bestandteil der TFG. Sekundär seien zunächst V.11-12, später V.7b-10 hinzugekommen (1926 = 1965, 201ff.).

– DIETRICH vermutet hinter V.*1-14 eine eigenständige, in Prophetenkreisen überlieferte Geschichte, die erst DtrP bearbeitet und mit der Überleitung 11,27b in den Zusammenhang der TFG gestellt hat: DtrP = V.7b.8aβγ.*9aα.9aβγ.10abα (1972, 127ff.). Inzwischen rechnet DIETRICH mit einer eigenen literarischen Quelle (‘Buch der Prophetengeschichten’), die DtrP benutzt hat und schätzt dessen redaktionellen Anteil höher ein: DtrP = V.6.7b.9b.10b-14 ([2]1992, 28f.).

– Nach SEEBASS sind sicher dtr Anteile: V.7b.8.9aβ-10bα. Alles andere, besonders auch Natans Androhung in V.11f., daß Davids Frauen öffentlich entehrt werden sollen, gehört der Grundgestalt der TFG zu (1974, 207f. Anm. 10).

– SCHULTE (1972) sieht in V.1-4.5.7a.9aβ(?).13a.15b (158) einen für den Zusammenhang verfaßten Einschub durch den Jahwisten, weil vor allem das „Gleichnis vom Schaf des armen Mannes“ und Davids „Reaktion auf Nathans Rede“ zur „alten Sprachschicht von J“ gehörten (156).

– BICKERT übernimmt für V.*7b-10 die Unterscheidungen DIETRICHS (1972), rechnet aber mit dem vordtr Einschub einer weisheitlichen Prophetenlegende in die TFG, die DtrP dann weiter bearbeitet hat; noch später V.13f. (1979b, 15f.).

– Zu WERNER (1988) s. oben D. 6.

– HENTSCHEL (1990a) rechnet mit einer zeitgenössischen Überlieferung in V.1-5. 7a.b.15a. Nachträge: zuerst V.13, danach V.9b.c.10a, sodann V.6, endlich V.7c-8d.10b-12 (vordtr u. prophetisch), zuletzt V.14. (V.9a.d sind Glossen zu V.9b und 10b).

– JONES zufolge hat der Autor der TFG zwei alte Natanüberlieferungen (12,1-7a.24b-25) mit der David-Batscheba-Urijageschichte verbunden; spätere Nachträge sind 12,7b-10(dtr).11-12(dtr).13f. (1990, 108.117).

Davids Reue und Sühne: Nach verbreiteter Ansicht wird in der Art, wie David auf Natans Schuldspruch und Gerichtsdrohung reagiert, eine geradezu modellhaft vorbildliche Bußgeste gesehen: „Der vom Propheten zur Rechenschaft gezogene König demütigt sich vor Gott, gesteht seine Schuld ein und bereut sie. Auf diese Weise geht er in die Geschichte ein als wohl fehlbarer, sich sogar ungemein schwer verschuldender, aber dann auch buß- und umkehrfähiger Mensch“ (DIETRICH [2]1992, 29). Diesem menschlichen Vorbild entspricht auch das göttliche, denn Gottes Vergebungsbereitschaft auch schwerster Verfehlungen macht die Episode geradezu zur Illustration christlicher

Gnadentheologie, weshalb deren Begriffe und Vorstellungsraster die Auslegungen oftmals bestimmen.

Der Text jedoch enthält einige inhaltliche Schwierigkeiten:

David fordert für den reichen Mann der Parabel den Tod. Warum verhängt die prophetische Rede Natans ein Todesurteil zwar über Davids Haus (Sippe/Dynastie), nicht aber über David selbst? Weshalb bekommt David auf das bloße Eingeständnis seiner Schuld (V.13) sofortige Sündenvergebung zugesprochen, ohne daß Davids Reue oder Buße in irgendeiner Weise zur Geltung gebracht wird? Weshalb muß nicht David, sondern das Kind sterben, und warum ist dieser Tod nötig, wenn doch nach V.13 Gott bereits Davids Schuld vergeben hat?

a.) Provokant bestritt DELEKAT eine wie auch immer geartete Bußleistung Davids und nannte diese Erzählpassage „ein Labyrinth von Unbegreiflichkeiten“, das die für den Erzähler unheimliche Solidarität JHWHs gegenüber David beleuchtet: „Jahwe hat seinen Unmut zu erkennen gegeben, lenkt dann aber seinem Auserwählten zuliebe rasch wieder ein“ (1967, 32).

b.) In der dynastisch-messianischen Perspektive von SEEBASS (1974) ist Davids nacktes Schuldbekenntnis geradezu ein besonderes Qualitätsmerkmal der Rückhaltlosigkeit von Davids Schuldeingeständnis:

„Keine Buße, keine Reue, keine contritio können die Härte und Unbedingtheit erreichen, mit denen David sich dem Urteil Jahwes zur Verfügung stellte“ (208). Indem sich David durch dieses „lösende Wort“ gänzlich von seinem Mißbrauch des königlichen Amtes distanziert, werde „für das Königtum die Gerechtigkeit“ wieder hergestellt und die Fortführung der Regierungsgeschäfte durch den Sünder auf dem Thron ermöglicht. Der Sohn muß nicht als „Träger einer Schuld“ (210) oder als „Ersatz für seinen Vater“ (211) sterben, denn David hat völlige Vergebung erfahren. Sein Tod soll gemäß SEEBASS’ komplizierter Ausdeutung der Natanparabel „ein Eintreten Jahwes für den Mann Urija über dessen Tod hinaus“ bedeuten (211).

c.) Die Grundlage von GERLEMANS (1977) Interpretation ist ein fast naturhaft wirkender Tun-Ergehen-Zusammenhang, nach welchem die Schuld von ihren (tödlichen) Folgen nicht zu trennen ist.

Daher ist V.13 kein „bloßes Sündenbekenntnis“ oder „das Eingeständnis einer gottwidrigen Tat“, sondern Davids bewußte Annahme seiner eigenen Todesverfallenheit. „Durch seine Tat hat er sich der Strahlkraft des Unheils ausgesetzt.“ Nun wird auch die Zusage Natans, daß David nicht sterben wird, verständlich. Diese zeigt dann keine „schrankenlos anmutende Gnadenverkündigung“ (so HERTZBERG 1956, 134), mit der „Davids Tat und ihre böse Unheilswirkung getilgt oder verschwunden seien, sondern nur, daß sie an dem eigentlichen Täter vorbeigehen werden“ (134). Durch den stellvertretenden Sühnetod des Kindes, den GERLEMAN nicht als Strafe sondern als Heilshandeln Gottes versteht, werde „Davids Tat mitsamt ihrer Unheilswirkung aufgehoben“ (135) und die Gemeinschaft von diesem Fluch der bösen Tat entlastet.

d.) Gegen GERLEMAN betont SCHENKER (1981, 41-53) wieder die individuelle Freiheit der ethischen Entscheidung Davids, der seine große Schuld vorbildlich durch Einsicht und Reue (V.13) überwindet. Dadurch wird eine Todesstrafe unnötig. Der Tod des Kindes ist keine Strafe, sondern ersetzt eine nicht mehr mögliche Wiedergutmachung für den Tod Urijas, und ist damit ein Kennzeichen der Reue Davids.

Jede der vier Interpretationen, von denen die GERLEMANS breiter rezipiert wurde, arbeitet mit z.T. schwierigen Annahmen, die hier nicht einzeln zu diskutieren sind. Eine befriedigende Lösung der genannten Probleme gibt es bislang nicht.

Bei aller Unsicherheit im einzelnen ist die Aporie des Gesamterzählers von II 12 deutlich. Die todwürdigen Verbrechen Davids erfordern eine angemessene und sichtbare Antwort Gottes. Ihr Täter aber mußte wider alle vergeltende Vernunft diese Antwort überleben, weil es die Person des Königs David ist, an der der Mißbrauch der königlichen Macht ebenso wie die Fähigkeiten eines von Gott autorisierten und gegenüber der Staatsmacht kritischen Prophetentums zu demonstrieren waren. Ein von Gott und dem Propheten seiner Verbrechen überführter König beugt sich mit seinem Schuldeingeständnis dem Propheten und bleibt dadurch am Leben. In der idealtypischen Art, wie hier ein König sich rückhaltlos Gott und dem Prophetenwort gegenüber verhält, ist diese Episode ohne Beispiel in der altorientalischen wie antiken Literatur; und dies macht es schwer, ihre Intention als eine ironisch-kritische Distanzierung von David (LASINE 1984) zu bestimmen.

1.5 Der Tod des ersten Kindes und die Geburt Salomos (II Sam 12,15b-25)

Im jetzigen literarischen Zusammenhang ist der Eindruck ganz unvermeidlich, daß der Tod des Kindes und Davids Reaktion im Horizont von Strafe und Sühne für begangene Schuld zu verstehen ist und damit eine bestimmte – allerdings schwer faßbare – Sühnetheologie spiegelt. Nimmt man die recht lose angefügte Szene aber für sich, verschwindet dieser Horizont nahezu. David versucht mit verschiedenen Selbstminderungsriten das Leben seines erkrankten Kindes zu retten (in V.16b erkennt NIEHR 1991 Nekromantie). Als dies nicht gelingt und das Kind stirbt, schockiert der König seine Umgebung mit dem

Verzicht auf die üblichen Trauerriten. Aus diesem Grund rechnet DIETRICH ([2]1992, 109) mit einer ursprünglich selbständigen Lehr-Erzählung in V.15b-23b, die das Thema „Umgang mit dem Leid" behandelt und an David exemplarisch vorführt.

Davids rätselhafte Verweigerung der Trauer, die er mit einer merkwürdig rational anmutenden Sentenz begründet, hat zu einer Fülle verschiedenster Deutungsversuche geführt. Zur Erklärung wurde erstens auf Davids Charakter, zweitens auf theologische Gründe, sowie drittens auf die besonderen Umstände der Situation verwiesen:

1.) BUDDE: „Beweis gesunden Menschenverstandes und männlicher Haltung" (1902, 257); SCHULZ: „Willensstärke in der Überwindung unnötigen Schmerzes" (1920, 135);

2.) ROST: „mehr als bloße Resignation: die Anerkennung der unbeugsamen Gerechtigkeit Gottes" (1926 = 1965, 206), der sich David nur noch unterwerfen kann. HERTZBERG: die Versöhnung ist endgültig, „die Sache zwischen Gott und ihm (David) ist nunmehr wirklich in Ordnung" (1956, 254). Für GERLEMAN ist mit dem Tod des Kindes die notwendige Sühnehandlung abgeschlossen. Nur mußte David diese Sühne wie auch sein Verbrechen vor seinen Höflingen geheimhalten und griff daher mit seiner übertriebenen Bußhandlungen und seiner eigenartigen Erklärung, zu einer Taktik, die den wirklichen Grund verschleiert (1977, 137f.).

3.) CASPARI: „Rücksicht auf den augenblicklichen Kriegszustand" (1926, 534). Einflußreich wurde PEDERSENS (1940, 455-458) Überlegung, der eine neuartige, liberale Einstellung gegenüber dem Tod und den althergebrachten Trauerbräuchen Israels abgebildet sah, und die sich mit der Idee VON RADS von der 'davidisch-salomischen Aufklärung' bzw. mit der gesellschaftlichen Umbruchsituation in der Zeit des frühen Köngtums vorzüglich verbinden ließ. Aufklärerisches Pathos gegenüber überlieferten Bräuchen sieht u.a. STOLZ (1981); einen Vorwurf gegenüber David, der sich über Bewährtes hinwegsetzt, diagnostiziert WÜRTHWEIN (1974, 26.31f.). VEIJOLA denkt an das Zeitproblem, das durch den redaktionellen Einbau der Geschichte zweier Geburten in den Rahmen eines Ammoniterkrieges entstanden ist, weshalb der Erzähler David die üblichen Trauerbräuche vorziehen läßt, damit David rasch zur Neuzeugung des nächsten Sohnes schreiten konnte (1979 = 1990, 96ff.; so auch WERNER 1988, 242; doch vgl. die Kritik MCCARTERS 1984, 301f.).

Literaturgeschichtliche Fragen: VEIJOLA (1979 = 1990) hatte die Vermutung COOKS näher zu begründen gesucht, wonach die Erzählung vom Tod des ersten Kindes eine spätere Legende ist, die von Salomo den Makel nimmt, eine Frucht ehebrecherischer Verhältnisse zu sein (s. oben E. 1.2.1). In der alten TFG schloß die Notiz von der Namengebung Salomos unmittelbar an 11,27a an, wurde zunächst durch V.15b-24a und später durch 11,27b - 12,15a (DtrP) erweitert. Damit entsteht die Schwierigkeit, daß die Episode vom Tod des Kindes und Davids Ringen den Horizont von Schuld und Sühne verliert, der ihr durch den Natanauftritt verliehen wird: „... erst durch die Hereinnahme Nathans wird die sonst nur lose angefügte Erzählung vom Sterben des Kindes zu einem wichtigen Gliede des Ganzen" (ROST 1926 = 1965, 205). Nach WERNERS ebenfalls minutiöser Redaktionskritik steht die Episode chronistischem Vergeltungsglauben nahe (12,9a.10.14.15-25) und setzt den Natanauftritt bereits voraus (1988, 240-261; s. oben D. 6.).

Nach V.20 geht David ins „Haus Jahwes", was ein Anachronismus sein kann, denn nach der biblischen Überlieferung gab es einen JHWH-Tempel in Jerusalem erst seit Salomo. Da die TFG sonst dezidiert vom 'Zelt' als dem Ort des Kultes spricht, wird hierin meistens ein Hinweis auf spätere Abfassung gesehen. Wer hingegen der These RUPPRECHTS folgt, nach der David einen jebusitischen Tempel übernommen hat, den Salomo später nur ausbaute, wird hier einen unverdächtigen Hinweis auf die Existenz eines vorsalomonischen JHWH-Tempels in Jerusalem finden (STOLZ 1981, 220; ALBERTZ 1992, 195). Dann allerdings müßten in den anderen Hinweisen auf das 'Zelt' innerhalb der TFG Retuschen angenommmen werden.

Salomos Geburt in V.24f.: Von Salomo wird ausdrücklich gesagt, daß JHWH ihn liebte. Wieder fungiert Natan als Mittler des göttlichen Willens und verleiht Salomo 'um JHWHs willen' einen zusätzlichen Namen, der diese Liebe dauerhaft bestätigt: 'Jedidja' – Liebling Jah's. Damit wird nicht nur diese eine Geschichte (II 11f.) zu einem versöhnlicheren Abschluß gebracht, sondern zugleich werden nicht zu unterschätzende Weichen für das Ende der TFG gestellt. In all den Wirren, von denen in II 13 - 20 erzählt wird, ist von Salomo, Natan oder Batscheba nie die Rede. Beim Kampf um den Thron Davids in I Kön 1 taucht dieses Dreigespann wieder auf, und Salomo wird König. Es scheint somit, als hätte JHWH bereits bei der Geburt beschlossen, Salomo zum Nachfolger Davids werden zu lassen. Seine Herrschaft am Ende erscheint unter der Perspektive von 12,24f. als das geheime Ziel der von Gott gelenkten Geschichte, als Ergebnis eines göttlichen Plans (WERNER 1988, 261). Eine prosalomonische Bestimmung der Gesamttendenz der TFG hat hierin ihren stärksten Halt.

Doch ist der Nachtragscharakter der theologischen Bewertung Salomos – deutlicher als die theologischen Deutestellen in 11,27b; 17,14 – unabweisbar.

Dies hatte schon BUDDE (1902, 257) gesehen und hat in der neueren Forschung WÜRTHWEIN (1974, 29f.) hinreichend begründet. V.24bß-25 sind insgesamt sekundär. Vgl. dazu LANGLAMET (1976a, 136.506), WERNER (1988, 260f.). DIETRICH (^{2}1992, 106.108) hebt nur V.24bβ.25b als Bearbeitung ab und erhält dadurch eine noch zur alten TFG gehörende Version, nach der König, Königin und der Prophet Natan in einem Komplott bereits bei der Geburt Salomos-Jedidjas die Thronfolgefrage geregelt hätten (106). Wer am hohen Alter der Texte festhält, vermutet jebusitisch-königsideologische Prägungen (zuletzt ausführlich JONES 1990, 113f.). WYATT (1985 u. 1987) verbindet dies mit weitreichenden historischen Spekulationen: Urija wird als jebusitischer König von seinem Mitregenten David zur Strecke gebracht, dessen Ehe mit der jebusitischen *G^ebîrā* Batscheba bringt dann zwangsläufig den Thronfolger hervor. Im königsideologischen Kontext wird auch die doppelte Namensgebung diskutiert (HONEYMAN 1948; WYATT 1984; JONES 1990, 113f.). Zum Namen Salomos als Ersatzname vgl. STAMM (1960 = 1980), GERLEMAN (1973); zu seiner möglicherweise ursprünglichen Verwendung als Ersatzname zum Andenken an Urija vgl. VEIJOLA (1979 = 1990).

2. Die Krise in der Davidfamilie und im davidischen Staat (II Sam 13 - 20)

II 13,1 könnte der Anfang einer eigenständigen Erzählung sein. Es werden neue Handlungspersonen eingeführt. Die folgenden Kapitel handeln von den schweren Konflikten in der königlichen Familie, bei denen eine Tochter Davids vergewaltigt wird und ein Bruder den andern erschlägt, wobei jener als Anführer einer großen, das Reich erschütternden Revolte gegen den eigenen Vater den Tod findet. Aus der Krise der königlichen Familie entspringt die Krise des davidischen Staates. Von dem in II 11f. Erzählten wird nichts notwendig vorausgesetzt. Doch gewinnt die Tamar-Amnon-Erzählung mit Blick auf den vorgeordneten David-Batscheba-Urija-Komplex nicht zu unterschätzende inhaltliche Bezüge. Denn an Amnon wird sichtbar, „daß der Sohn von der gleichen, über Menschenschicksale hinwegschreitenden Sinnlichkeit beherrscht wird wie sein Vater“ (HERTZBERG 1956, 259). Natans Drohwort scheint sich unmittelbar auszuwirken. Und mit Amnon und Abschalom verliert David seine erst- und drittgeborenen Söhne (vgl. II 3,2). Das könnte – mit den meisten Kommentatoren – auf das Problem der Thronfolge hinweisen, auf das die Erzählung innerhalb von II 13 - 20 jedoch keinen direkten Hinweis gibt. (Auf 13,21^{LXX} ist sogleich zurückzukommen). Strittig ist natürlich, auf welcher Ebene der Literaturentwicklung II 11f. mit II 13ff. verbunden wurde (s. oben D. 6.).

Die relative Selbständigkeit der Erzählblöcke wird durch die Überleitungsformel 'Und es geschah danach' (13,1) noch unterstrichen. Erst durch sie wird die chronologische Abfolge der erzählten Ereignisse hergestellt. Sie tritt in II Sam gehäuft, aber nicht allein innerhalb der TFG auf (II 2,1; 8,1; 10,1; 21,18; modifiziert 15,1). Ihr redaktioneller Charakter ist unbestritten. SEELIGMANN betrachtet sie als Merkmal der frühen Historiographie, die einzelne Überlieferungen miteinander verklammert und zeitlich geordnet hat (1962, 310.319). CARLSON sieht den Deuteronomisten am Werk, der auch sonst mit ähnlichen Formeln Zeitabschnitte markiere (1964, 21.42); so mit umfangreichem Begründungsversuch auch BAILEY (1990, 54-56). Für CONROY (1978, 42) spricht die Häufung der Formel in II Sam wie ihr Fehlen in den anderen Bereichen des dtr Geschichtswerks eher für eine – schwer bestimmbare – „pre-Dtr. organization of the material".

2.1 Die Vergewaltigung Tamars und Abschaloms Mord an Amnon (II Sam 13)

Das zunehmende Interesse an hebräischen Erzähltexten wie an biblischen Frauengestalten hat II 13,1-22 zu einer der am sorgfältigsten untersuchten Erzählungen im 2. Samuelbuch werden lassen.

Vgl. RIDOUT (1974), CONROY (1978, 17-39), FOKKELMAN (1981, 99-114), LONG (1981a), TRIBLE (1984, 37-63), ROSENBERG (1986), BURRICHTER (1987a), VAN DIJK HEMMES (1988), BAR-EFRAT (1989, 239-282), SMITH (1990), KEEFE (1993).

RIDOUT (1974) fand bemerkenswerte stilistische Entsprechungen zwischen dem aufsteigenden Teil (V.1-14a) und dem absteigenden Teil der Handlung (15b-22). Dadurch ergibt sich eine kunstvolle Ringkomposition um das Zentrum in V.14b-15a (die Vergewaltigungsszene mit dem Umschlagen von Amnons Liebe in Haß). Am Anfang steht Amnons Liebe zu Tamar und am Ende Abschaloms Haß gegen Amnon. Die einzelnen Auftritte sind durch 'szenische Zweiheit' bestimmt und so miteinander verkettet, „that the second character in each of them is the first in the succeeding one" (BAR-EFRAT 1989, 278). Auf der Handlungsebene geschieht die Verkettung der Auftritte durch das Muster von Auftrag und Erfüllung (CONROY 1978, 37f.), was sich in raffinierten Wiederholungen niederschlägt.

Abschalom, an hervorragender Stelle innerhalb der Exposition genannt, überschattet als unbeteiligter Beteiligter die ganze Handlung, obwohl er erst am Ende aktiv in Erscheinung tritt. Damit ist die Amnon-Tamar-Erzählung auch eine von Abschalom und gehört in einen größeren literarischen Zusammenhang, wie CONROY gegen manche Versuche zeigt, eine ehemals literarisch selbständige Tamarnovelle abzugrenzen. Das bestätigt auch der Schluß, der zwar Tamar endgültig aus der Erzählung verabschiedet, aber mit dem Hinweis auf Abschaloms Haß einen Teil der Erzählspannung aufrechterhält und das Tor zu weiteren Verwicklungen weit aufstößt.

Allerdings haben eine einseitige thematische Fixierung auf Abschalom und das Thronfolgethema sowie auf die politischen Ereignisse des Abschalomaufstands die exegetische Aufmerksamkeit zu einseitig auf den Konflikt der potentiellen Thronfolger gelenkt. Person und Schicksal der Tamar schrumpfen damit schnell zur „Nebenfigur" (HERTZBERG 1956, 259). Ihre Vergewaltigung wird lediglich zu einem die kommenden Ereignisse auslösenden Moment, das auch ein anderes hätte sein können. (Vgl. dazu BURRICHTERS 1987a, 30-33 gewichtige Kritik). Gegen eine solche exegetische Marginalisierung der Leidensgeschichte Tamars steht der Erzähltext selbst. In ihm ist Tamar Hauptperson und Zielpunkt der Anteilnahme des Erzählers (zu den literarischen Mitteln vgl. CONROY 1978, 22f., TRIBLE 1984, BAR-EFRAT 1989).

Die besonders von Exegetinnen forcierte, verstärkte Konzentration auf die Person Tamars hat u.a. die Bedeutung der beiden Reden Tamars besser verstehen gelehrt. TRIBLE (1984) und BURRICHTER (1987a) betonen die vorausschauende Weisheit und illusionslose Vernunft, mit der Tamar in ihrer Einsprache V.12-13 ihrem gewalttätigen Bruder begegnet.

Tamar erkennt Amnons Beischlafbegehren (V.11b) sofort als Vergewaltigungsversuch und verweigert sich mit einer dreifachen Aufforderung, ihr nicht Gewalt anzutun. Mit 'so etwas tut man nicht in Israel' appelliert sie an die Schutzfunktionen allgemein geltender gesellschaftlicher Normen und ruft damit den öffentlichen Verantwortungshorizont mit den hier zu erwartenden Sanktionen auf, die freilich später ausbleiben. Sodann konfrontiert Tamar ihren Bruder mit den Folgen seiner Tat im Hinblick auf die Zukunft beider. Für sie selbst wird es nach der Vergewaltigung keine Zukunft mehr geben; dazu BURRICHTER (1987a, 16): „Wohl einzigartig im Alten Testament ist hier das Schicksal der mißhandelten und mißachteten Frau von ihr selbst vorausschauend beschrieben." Aber auch für Amnon, dessen Tat sie als *nebala* charakterisiert (zum Begriff vgl. zuletzt CRÜSEMANN 1992, 94f.), wird künftig Leben innerhalb der gesellschaftlichen Gemeinschaft nicht mehr möglich sein. Und endlich macht Tamar mit dem Hinweis auf eine vom König (nicht vom Vater!) ermöglichte Eheschließung einen Vermittlungsvorschlag, der im Rahmen der bestehenden gesellschaftlichen Ordnung den Schaden begrenzen könnte. Doch Amnons Ohren sind genauso taub wie sie einst willig auf Jonadab gehört haben, so daß solche *nebala*-verhindernde Weisheit Tamars in auffälligem Kontrast zum Rat des Jonadab zu stehen kommt, den der Erzähler immerhin als 'sehr weisen' Mann (V.3) eingeführt hat, was in der Regel – aber vielleicht nicht zu Recht – als moralisch neutrale Klugheit angesehen wird. So ist für HAGAN (1979, 310) Tamar „the real wise one in the story" und nach TRIBLE (1984, bes. 61 Anm. 45) handelt die Erzählung zentral von der „Royal Rape of Wisdom".

Rechtliche Probleme: Die Erzählung verschweigt den in ihr geltenden Rechtshintergrund weitgehend, so daß die Meinungen darüber auseinander gehen, welche Verhaltensnormen von Amnon im einzelnen gebrochen werden und welche Sanktionen dafür zu erwarten waren: ein Gebot, das Jungfräulichkeitstabu zu achten; ein Vergewaltigungsverbot; ein Gebot, im Vergewaltigungsfall das Mädchen zu heiraten oder ein Inzestverbot? An der Beantwortung dieser Frage entscheidet sich sowohl die Bestimmung des Grundkonflikts der Erzählung wie die Beurteilung von Tamars Vermittlungsvorschlag oder der Passivität Davids. Übersichten über die Auslegungsvarianten bieten MCCARTER (1984) und BURRICHTER (1987a, 24ff.)

Während die Ehe bzw. der sexuelle Kontakt zwischen Geschwistern nach Dtn 27,22; Lev 19,9.11 u.a. verboten wird, rechnet Gen 20,12 mit der Möglichkeit der Geschwisterehe.

Wer für II 13 ein geltendes Inzestverbot annimmt, sieht Amnons Vergehen vor allem hierin, wobei die Vergewaltigung dann leicht als weniger folgenschwerer Rechtsbruch erscheint. Ist eine Geschwisterehe rechtlich unmöglich, muß auch Tamars Vermittlungsvorschlag entweder als naiv und in Unkenntnis der wahren Rechtsverhältnisse gesprochen gelten. Oder sie rechnet damit, daß der König das geltende Gesetz bricht. David war dann so klug, der Sache nicht allzuviel Bedeutung beizumessen. So CASPARI (1926), FLANAGAN (1972, 180), HENDLMEIER (1982, 76-81), MCCARTER (1984, 324).

Wer von der eingeschränkten Geltung oder Nichtexistenz eines Inzestverbots ausgeht, wird die Vergewaltigung Tamars und ihre Verstoßung als das eigentliche Verbrechen Amnons ansehen. Dann wäre Tamars Vorschlag einer durch den König vermittelten Geschwisterehe plausibel, und Davids Untätigkeit bekommt eine weitere negative Konnotation: auch auf Tamars (Not-) Ehevorschlag geht er nicht ein. DE VAUX maß einem Inzestverbot Geltung nur im Hinblick auf die Geschwister einer Mutter zu (^{2}1964); CONROY nur für traditionelle Familienstrukturen, nicht aber „in the urban setting of Jerusalem" (1978, 17f. Anm. 3). Nach STOLZ sind Ehen zwischen Halbgeschwistern zur Zeit Davids „nicht unmöglich, aber doch unüblich"

(1981, 246), und für DAUBE ist zur Zeit Davids noch erlaubt, was erst später verboten wurde (1969, 69). ELLIGER endlich insistiert darauf, daß die sogenannten Inzestverbote keine die Ehe regulierende Funktion haben, sondern „den Frieden innerhalb der Wohn- und Wirtschaftsgemeinschaft“ der Familie sichern wollen (1966, 239).

Die in der Erzählung verschwiegenen, aber mitgesetzten Rechtsverhältnisse sind kaum mehr rekonstruierbar, und die mehr oder weniger engen Parallelen aus der Gesetzesliteratur stehen unter Datierungs- bzw. Geltungsvorbehalt.

Im Erzähltext selbst beruft sich Tamar nicht auf kodifizierte Gesetze, sondern auf ein nichtkodifiziertes Gewohnheitsrecht, nach dem bereits Vergewaltigung (nicht erst Vergewaltigung + Inzest, wie MCCARTER meint) als *nebala* angesehen und durch Ausschluß aus der Gemeinschaft sanktioniert wird. Dabei rechnet Tamar mit der Möglichkeit einer (Halb)geschwisterehe und betrachtet ihren brutalen Hinauswurf aus Amnons Haus als eine noch ‘größere Bosheit’ (V.16), wobei diese Wendung einen rechtlichen Hintergrund nicht zu erkennen gibt. Der Erzähltext selbst bietet aber jedenfalls keine Signale dafür, daß diese durch den Mund Tamars vorgetragene Sicht der Dinge von eingeschränkter Gültigkeit ist, bzw. sich von der Haltung des Erzählers unterscheidet. Zu Recht stellen daher die Mehrzahl der neueren Arbeiten den Gewalt- und Vergewaltigungsaspekt in den Vordergrund und entsprechen damit inhaltlich dem auch stilistisch aufgewiesenen Zentrum der Erzählhandlung (V.14b.15a).

Dagegen spricht nicht, daß der erste Teil der Erzählung mit deutlichen, erotischen Komponenten erzählt wird. (Die von CASPARI 1926, 546 und CONROY 1978, 27 genannten Anklänge an ägyptische wie israelitische Liebeslyrik sind leicht vermehrbar.) Daraus auf eine vielleicht anfängliche Zuneigung Tamars für Amnon zu schließen (BUDDE 1902, 261 u.a.) ist nicht unmöglich, bleibt aber gefährlich, wenn dadurch die Gewaltgeschichte eine Wendung hin zur inzestuösen Love-Story mit unglücklichem Ausgang bekommt (so CASPARI 1926; vgl. BURRICHTERS 1987a Kritik). Aller erotischer Zauber bricht bereits in V.11 mit Amnons Handgreiflichkeit und Tamars allererster Reaktion darauf zusammen.

Amnons Vergehen verlangt eine Antwort von David. Die aber bleibt aus. David ahndet weder als pater familias ein Gewaltverbrechen innerhalb der eigenen Familie, noch setzt er als königlicher Richter die von Tamar angerufenen, in Israel geltenden Lebensnormen durch. Weder geht er auf Tamars Vermittlungsvorschlag einer Ehe ein, noch läßt er sich durch das öffentliche Klagegeschrei der Geschändeten zur Hilfeleistung verpflichten (BURRICHTER 1987a). Davids Zorn bleibt folgenlos. Ein Motiv für diese Passivität bleibt die masoretische

Textgestalt der Erzählung schuldig. Psychologisierend ist auf Davids „sträfliche Schwäche seinen Kindern gegenüber" hingewiesen worden (VON RAD 1944 = 1965, 179), politisierend auf entsprechende Rücksichten gegenüber dem Thronfolger (etwa HENDLMEIER 1982, 80f.).

Beide Aspekte haben Anhalt an der Begründung, die der Septuagintatext in V.21 bietet. Danach hat David nichts unternommen, weil er Amnon liebte und weil dieser sein Erstgeborener war. Die Version der LXX, teilweise durch $4Q^{Sam}$ gestützt, gilt traditionell (WELLHAUSEN 1871) als der ursprüngliche Text (vgl. MCCARTER 1984; BARTHÉLEMY 1982, 265). Trifft dies zu, motiviert der Erzähler selbst die folgenschwere Passivität Davids durch seine persönliche Sympathie für den Täter, während das Ergehen des Opfers gänzlich außerhalb seines Blickfeldes liegt (TRIBLE 1984, 53). Das entspricht insofern der Erzählung, als auch in ihr die Beziehung David – Tamar konsequent als ein Nichtverhältnis gestaltet wird. Zudem kann der Hinweis auf den Erstgeborenen als versteckter und in II 13 - 20 einziger Fingerzeig auf die Relevanz des Thronfolgethemas gewertet werden.

Allerdings sind so deutliche Motivierungen durch den Erzähler innerhalb der TFG selten. MT ergibt einen guten Sinn und manche Doppelung mit I Kön 1,6 könnte darauf hinweisen, daß hier ein späterer Erklärer die ursprüngliche Begründungslücke durch Wendungen geschlossen hat, mit denen Davids Verhältnis zu Adonja in I Kön 1,6 zum Ausdruck gebracht wird (CONROY 1978, 152f.; STOLZ 1981, 247; TRIBLE 1984, 53).

Nicht charakterliche Mängel, sondern Davids Versagen in seiner Funktion als Richter werden von SEEBASS (1980, 15) und STOLZ (1980, 247) in Anschlag gebracht. Kein Versagen indes vermag HENDLMEIER (1982, 80f.) zu erkennen. Für sie ist Davids Zurückhaltung sogar „ziemlich vernünftig" (81), weil der König aus innenpolitischen Erwägungen eine Geschwisterehe des im Mittelpunkt des öffentlichen Interesses stehenden Thronfolgers nicht wünschen konnte und „die Verführung einer Jungfrau kein besonders schlimmes Delikt war" (76).

Ein wichtiger innerliterarischer Aspekt ergibt sich mit Blick auf die vorhergehende Batscheba-Urija-Geschichte. Woher auch kann der Ehebrecher und Mörder von einst die moralische wie rechtliche Legitimität nehmen, seinen Sohn für ein Verbrechen zu bestrafen, das dem seinen so verblüffend ähnlich sieht (GROS LOUIS 1977, 30; GUNN 1978, 98-100; TRIBLE 1984, 53: „the adulterer supports the rapist").

David schweigt und Abschalom übernimmt die Initiative, aber wohl nicht, weil ihm als Bruder innerhalb fratriarchaler Strukturen die Pflicht zur Blutrache oblag (HOFTIJZER 1970a; zur Kritik CONROY

1978, 18 Anm. 5). Ist Abschaloms Verhalten gegenüber Tamar nun Trost (TRIBLE 1984, 51-53) oder eher der Versuch, das Opfer zum Schweigen zu bringen, um die Rache in die eigenen Hände zu nehmen (HOFTIJZER 1970a; VAN DIJK HEMMES 1988, 61) oder beides (SCHROER 1992, 172)? In rechtlicher Hinsicht jedenfalls tritt Abschalom in die Funktion ein, die David unausgefüllt läßt (SEEBASS 1980, 15), nicht als Richter (wie in II 15,2ff.), sondern als anarchischer Bluträcher. Die Erzählung motiviert diese Rache ausschließlich mit Amnons Verbrechen an Tamar (V.22.32). Dennoch ist als Hauptantriebskraft oft auch Abschaloms Wille, auf den Thron zu kommen, zwischen den Zeilen vermutet worden, bis hin zu HENDLMEIERS gewagter Behauptung, Abschalom habe Jonadab gezielt als Ratgeber Amnons eingeschleust, um den Kronprinzen „in Unannehmlichkeiten zu verwickeln", die ihm seine Beseitigung ermöglichen würden (1982, 84). Zur Rolle Jonadabs vgl. ausführlich BAR-EFRAT (1989, 245-252).

Abschaloms Rache 13,23-39: Eine Gelegenheit der Rache bietet sich Abschalom 2 Jahre später anläßlich eines Schafschurfestes in Baal Hazor.

Der Text der Episode ist schwerer als sonst gestört. Unklar ist auch, wo sie endet: ob in V.37 (HERTZBERG, MCCARTER), in V.38 (FOKKELMAN) oder mit V.39 (STOLZ)? Der Erzähler ist vor allem an Abschaloms Aktionen und Davids Reaktionen interessiert. Amnon hingegen bleibt reines Objekt des Handelns und Redens. Nicht einmal seine Ermordung wird erzählt, was weder mit der „äußersten Knappheit" der Erzählweise (HERTZBERG 1956, 263) noch mit der Rücksicht „für zartere Gemüter" (CASPARI 1926, 552) zu erklären ist, sondern die bewußte Wahl eines Erzählers darstellt, der Morde – wie II 18 und I Kön 2 zeigen – auch ganz anders zu schildern vermag (FOKKELMAN 1981, 114), aber an einer näheren Charakterisierung Amnons offenbar nicht interessiert ist.

Abschaloms Dialog mit dem doppelt zögerlichen König, der im Ereignisablauf der Erzählung entbehrt werden könnte, weil schon V.24 von der Einladung der Königssöhne berichtet, baut eine raffinierte literarische Spannung auf. Zunächst lehnt David die ihn selbst und sein Gefolge betreffende Einladung höflich ab, und läßt sich auch trotz Drängen nicht umstimmen. Praktisch bereits nach dem Abschiedssegen geht Abschalom aufs Ganze und erbittet unverhüllt die Teilnahme allein seines Bruders Amnon. Davids knisternde Frage 'Warum?' bleibt unbeantwortet. Stattdessen bedrängt Abschalom den

König solange, bis jener nachgibt und – anders als Abschalom verlangt hat – Amnon samt allen Königssöhnen zum Schafschurfest schickt, wodurch David zum Gehilfen des Mörders wird.

Entspricht die literarische Logik einem historisch vorstellbaren Ablauf der Dinge? Es scheint, daß zwischen beidem schärfer getrennt werden muß. Wer sich die Szene historisch vorstellt, dem bleibt die literarisch gestaltete Ahnungslosigkeit Davids trotz Abschaloms Unverfrorenheit genauso schleierhaft wie die Passivität Amnons, der sich willenlos zur Schlachtbank schicken läßt, als wäre Abschaloms Rache nicht zu erwarten gewesen.

HOFTIJZER (1970a) versucht anhand von V.22.32 nachzuweisen, daß Abschalom seinen Haß vor den Augen anderer so sorgfältig verborgen hat, daß niemand Verdacht schöpfen konnte. MCCARTER vermutet eine apologetische Absicht, David von dem später erhobenen Vorwurf einer Beteiligung an Amnons Mord reinzuwaschen (1984, 334). Nach HENDLMEIERS historisch-psychologischer Phantasie leistete der historische David Beihilfe zum Mord, denn die Warum-Frage zeigt, daß David zwar Verdacht schöpft, aber nichts unternimmt, weil er den „unbewußten Wunsch“ hat, „Amnon loszuwerden“, der unter „einem erheblichen Mangel an Intelligenz“ litt und als Thronfolger nicht geeignet war (1982, 89).

Die tatsächlichen Ausmaße des Mordes werden dem König erst bekannt, nachdem er in der gigantischen Übertreibung des Gerüchts mit dem Tod aller Königssöhne rechnen mußte. Der literarische Kunstgriff bewirkt, daß Amnons alleiniger Tod schon fast erleichternd wirkt. Dabei tritt wieder der aus 13,3f. bekannte Amnonfreund Jonadab in die Helferfunktion ein, von seinem ersten Auftritt allerdings charakteristisch unterschieden. Jonadabs Rede steht diesmal ganz im Einklang mit den Zielen Abschaloms und ist gelinde gesagt „not in harmony with the friendship between him and Amnon“ (BAR-EFRAT 1989, 248). Woher weiß Jonadab als einziger in Davids Umgebung den Hergang der Dinge? Ist es weise Einsicht und kluge Vermutung oder sicheres Wissen und damit „yet another product of Absalom's perfect organization?“ (FOKKELMAN 1981, 118).

Die doppelte, exzessive Trauerszene Davids erinnert an ähnliche Gestaltungen in II 1,11f.; 3,31-35; 12,16f.; 19,1ff. Der jetzige Text von V.37 läßt die Vermutung zu, daß es der geflohene Abschalom war, um den David lange Zeit trauerte (MCCARTER 1984, 332; vgl. aber V.39).

2.2 Der Auftritt der weisen Frau von Tekoa und die Rückkehr Abschaloms (II Sam 14)

Zwischen den hektischen zurückliegenden Ereignissen und den Wirren des Abschalomaufstands erzählt das Kap.14 von Abschaloms Rückkehr nach Jerusalem, die Joab mit Hilfe einer 'weisen' Frau aus Tekoa listig betreibt, und schließt mit Abschaloms bei Joab erzwungener Aussöhnung mit dem König. Besonders durch die ausgiebige Gesprächsszene verlangsamt sich das Erzähltempo spürbar (GUNN 1978, 100). Zum Aufbau des Kapitels hat SCHULZ (1923) auf insgesamt 7 Auftritte mit jeweils zwei der vier Handlungsfiguren hingewiesen, wobei immer die in einer Szene passivere Figur in der nächsten die aktive Rolle spielt. Weiteres zur Erzählstruktur bei FOKKELMAN (1981) und BAR-EFRAT (1989, 101f.).

Besondere Schwierigkeiten bereitet die bemerkenswerte und weitschweifige Rede der „weisen Frau" mit dem König, die mit ihren wechselnden Gedankengängen und unvollständigen Sätzen formale und inhaltliche Rätsel aufgibt. Lösungen für diese Eigenart werden in drei Richtungen gesucht:

1. Traditionell gilt die Rede als durch den Erzähler bewußt eingesetztes Charakterisierungsmittel für ihre Sprecherin. Das hat je nach dem ästhetischen Maßstab der Exegeten zu unterschiedlichen Bewertungen der Redeleistung der Frau geführt, die sich zwischen 'typisch weiblicher Geschwätzigkeit' und 'äußerst geschickter Überredungskunst' bewegen.
2. Eine zweite Möglichkeit besteht darin, durch Textumstellungen oder das Abheben von Bearbeitungen der 'Unordnung' abzuhelfen.
3. Endlich kann man versuchen, die Rede der Frau in ihrer jetzigen Textgestalt als stilistisches Meisterwerk zu erweisen, wodurch Eingriffe in den Text unnötig werden.

Letzteres haben in bisher gründlichster Form vor allem HOFTIJZER (1970b) und nach ihm FOKKELMAN (1981, 130-142) versucht. So gilt die Rede der Frau heute weithin als ein stilistisch brillantes Werk von hoher Redekunst. Allerdings meldet sich mit WILLEY (1992) auch wieder Kritik an HOFTIJZERS mühevollem Versuch, die sprachlichen Konfusionen der Rede mit der hebräischen Schulgrammatik zu versöhnen. Die Rede sei sprachlich wie syntaktisch wirr und konfus und spiegele in ihrer „garbled and ungrammatical form of speech" (121) genau die Situation einer klugen und vorsichtigen Frau vor dem König, die weiß, wie dünn das Eis ist, auf dem sie sich bewegt, und die den König überzeugen will, indem sie ihn (und die Leser) verwirrt. Damit ist WILLEY wieder beim ersten Interpretationstyp angelangt.

Zur literarischen Integrität: Traditionell überwiegt die Beurteilung literarischer Einheitlichkeit der Redeszene. Nur V.15-17 wird seit

COOK häufig als sachlich zwischen V.7 und 8 gehörend umgestellt; denn während die Frau in V.13f. die Maske der Witwe fallen gelassen hat und von des Königs eigener Situation redet, kehrt sie mit V.15 wieder in ihre fiktive Witwenrolle zurück (1899/1900, 158 Anm. 34).

Vgl. BUDDE (1902, 267), MCCARTER (1984, 345f.). Gegen diese Umstellung plädieren mit wichtigen Argumenten HERTZBERG (1956, 268f.), HOFTIJZER (1970b, 429) u.a., die hier eine subtile Rhetorik am Werk sehen, mit der die Frau ihre eigentliche Absicht nur kurz enthüllt und am Ende scheinbar wieder zu ihrem Anfangspunkt zurückkehrt. Zu V.13-15 vgl. ausführlich CAQUOT (1991).

Die rhetorische Geschicklichkeit der Rede in ihrer jetzigen Gestalt bestreitet DELEKAT (1967, 35). Sie sei „voll von Ungereimtheiten und gibt unlösbare Rätsel auf, solange man sie rein als Rede der Frau verstehen will.“ Vielmehr ist sie mit versteckten Äußerungen durch den Erzähler nachträglich ergänzt worden.

WÜRTHWEIN setzt zwar die innere Einheitlichkeit der Rede voraus, schneidet aber die gesamte Episode 14,2-22 als eingeschobene, weisheitliche Anekdote aus dem Kontext der TFG heraus (1974, 46f.). Sie sei im Zusammenhang entbehrlich, ja unnötig, da David schon nach 13,39 gewillt ist, Abschalom zu verzeihen, was jetzt als Leistung Joabs und der „weisen“ Frau erscheint. Der Einschub gehört zur joabfeindlichen Überarbeitungsschicht (s. oben D. 6.), denn sie betont, „wie sehr Joab aktiven Anteil an der Rückkunft Absaloms hatte“ und will „seine Verantwortung für die folgenden Verwicklungen“ hervorheben (47).

BICKERT (1979a) sondiert innerhalb dieses Einschubs (*14,2-22) weitere zwei spätdeuteronomistische Bearbeitungen, die jünger sind „als die jüngste bisher bekannte dtr. Redaktionsschicht DtrN“ (51). Durch die eine (A = V.4aβ.8.9.12aβb.22) werde höfische Sprache eingetragen und Davids Unschuld wie Großmut betont (literarisch geschult an der Rede Abigails in I Sam 25). Die andere (B = V.7aβb.11a.13a.14.16.17) interpretiert einen „ursprünglich von expliziter Theologie freien“ (47) Abschnitt unter „theokratisch-dynastischem Vorzeichen“ (49).

Naturgemäß bleibt hier vieles unsicher, nicht zuletzt das Verständnis des schwierigen Textes von 13,39; 14,1, mit dem WÜRTHWEIN die Entbehrlichkeit des ganzen Abschnitts erweisen will. Vgl. FOKKELMAN (1981, 126f.), MCCARTER (1984, 335.338), JONGELING (1990), WILLEY (1992, 129f. Anm. 4). Die deutlichsten Indizien für eine literaturgeschichtliche Lösung bleiben die in Einzelheiten verblüffend nahen Berührungspunkte mit der Rede Abigails in I Sam 25,24-31, die mit GUNNS Hinweis auf 'traditional stereotyping' kaum befriedigend erklärt werden können (1978, 42). Die Vergleichspunkte diskutieren HOFTIJZER (1970b, 424-427), GUNN (1978, 42-43), BICKERT (1979a, 42f.). Wichtige Berührungspunkte zur Rede der 'weisen Frau' von Abel-Bet-Maacha (II 20,16-19) notiert CONROY (1978, 142 Anm. 99) und diskutieren CAMP (1981) und WESSELIUS (1991).

Zum Auftritt der 'weisen' Frau vor dem König: BUDDE sah in der Episode – auslegungsgeschichtlich wirkungsvoll – „ein köstliches Bild weiblicher Geschwätzigkeit und Zudringlichkeit und königlicher Langmut" (1902, 265). Die in einem solchen Urteil evozierte Rollenverteilung von schwatzhaft-hilfloser Frau und mildem männlichem Herrscher verdeckt völlig die nahezu prophetische Autorität, wodurch die 'weise Frau' aus Tekoa erst in die Lage versetzt wird, mit dem König eine solche Täuschungskomödie zu veranstalten und ihn selbst mit einer für ihn folgenreichen Schuld zu konfrontieren.

Vgl. V.13f. und dazu HOFTIJZER (1970b, 429ff.). Auf die unbestreitbare Parallelität zum Auftritt des Natan in II 12 wird inzwischen so oft hingewiesen (vgl. u.a. SIMON 1967; ALONSO SCHÖKEL 1976; HAGAN 1979; CAMP 1981), daß WILLEY (1992) wieder auf die deutlichen Unterschiede zweier so ähnlich gelagerter Szenen aufmerksam macht: Unterschiede des Rechtsfalles, der Redeweise und des Status der Sprechenden. Die Differenzen bei aller Ähnlichkeit zeigen für PYPER (1993) die „parodic relationship" beider Episoden.

Die Gattungsprobleme der als Parabel eingesetzten Geschichte der Frau und die hermeneutische Relevanz dieser erzählten Erzählsituation sind oben (E. 1.4) beschrieben worden. Im Unterschied zum Auftritt des Natan kennt II 14 keine prophetische Sprecherin. Der König soll durch seine Rechtsentscheidung im fiktiven Fall zur Begnadigung Abschaloms und nicht etwa zur Selbstverurteilung bewegt werden (HOFTIJZER 1970b, 421.442ff.). Anders als in der juristisch wie moralisch leicht bewertbaren, märchenhaften Geschichte vom Lamm des armen Mannes, geht es hier doch scheinbar um einen echten, von der Frau selbst erlittenen und dadurch verbürgten Fall, mit dem sie als vermeintliche Bittstellerin die Rechtskompetenz des Königs in einer Sache in Anspruch nimmt, deren Ausgang durchaus ungewiß scheint (WILLEY 1992).

Innerhalb der TFG wird zweimal von 'weisen' Frauen erzählt, die als anerkannte Autoritäten in besonderen, staatspolitischen Situationen Konflikte lösen. (Vgl. neben Kap.14 noch die weise Frau von Abel-Bet-Maacha in 20,16-22). Durch Vergleich beider Texte versucht CAMP auch sozialgeschichtlich die bedeutende Stellung solcher 'weisen' Frauen im Israel der frühen Königszeit zu erweisen und ihr Funktionsfeld näher zu bestimmen (1981).

Diese 'weisen' Frauen agieren auf Ortsebene, nicht im höfischen Milieu, und genießen hohe Autorität als Ratgeberinnen in politischen Konfliktsituationen. Sie sind weisheitlicher Rede mächtig und nutzen diese Fähigkeit, um durch geschickte Diplomatie im Umgang mit Herrschern drohende Gefahren für Volk oder Stadt abzuwenden. Ihre Entscheidungen werden von der städtischen Gemeinschaft und ihren politischen Repräsentanten akzeptiert. Vgl. zustimmend BRENNER (1985, 34f.) und SCHROER (1990, 45f.), aber auch die Kritik NICOLS (1982, 102 Anm. 4) an einer solch optimistischen historischen Auswertung einzelner Erzähldetails der TFG für die frühe Königszeit.

Zum Rechtsfall: Die Frau erzählt dem König, daß einer ihrer beiden Söhne seinen Bruder auf dem Feld erschlagen hat, worauf die 'ganze Sippe' den Tod des Mörders verlangt, was ihre Familie letztlich ausrotten würde. Lassen sich diesem Fall Hinweise auf die historische Rechtspraxis in Israel und der Stellung des Königs in ihr entnehmen? Immerhin rechnet die Erzählung mit der Machtbefugnis des Königs, einen Blutrachefall auch über schon gesprochenes Recht der Sippe hinweg zu entscheiden.

KÖHLER vermutete ein der traditionellen Rechtsprechung übergeordnetes, königliches Berufungsgericht in Jerusalem (1953, 159). PHILLIPS denkt m.E. plausibler an ein Gnadengesuch beim König, das auch ohne rechtlich ausgebauten Instanzenweg praktisch immer möglich war (1970, 21). Vgl. dazu WHITELAM mit altbabylonischen Parallelen (1979, 132) und CRÜSEMANN (1992, 96f.).

Für BELLEFONTAINE (1987) zeigt Davids Behandlung des Rechtsfalles seine juristische Autorität im Übergang einer segmentären zu einer staatlichen Gesellschaft. Galt einst die Sippe als die entscheidende Instanz des „customary law“, zentralisiert die Monarchie das Rechtswesen. David agiert als „Paramount Chief“ mit bereits weitreichender juristischer, militärischer und wirtschaftlicher Kompetenz. Doch zeigt sein Zaudern (V.8), daß die verlangte Außerkraftsetzung des traditionellen Sippenrechts auch für ihn noch heikel bleibt. David löst das Problem mit einer Ausnahmeregelung kraft seiner Kompetenz, die das geltende „customary law“ nicht generell negiert. Vgl. ähnlich CRÜSEMANN (1992, 91).

Für MACHOLZ (1972a, 167) handelt es sich weder um Berufung noch um ein Gnadengesuch. Vielmehr ist das Blutrechtsverfahren noch offen, denn es überfordert die traditionelle Sippengerichtsbarkeit. Das Gebot zur Sicherung des Familienfortbestandes kollidiere mit dem Blutracherecht und ist daher „mit den Mitteln der hergebrachten Rechtsbestimmungen nicht lösbar" (167). So werde der Fall aus Gründen der Normenkollision in erster Instanz dem König vorgelegt.

Allerdings erweckt V.7 den Eindruck, als wäre das Todesurteil durch die Sippe längst gefällt, nur noch nicht vollstreckt. Auch wären bei einem noch offenen Verfahren wohl beide Konfliktparteien beim König zu erwarten. Endlich will auch nicht überzeugen, daß die traditionelle Rechtsprechung mit einem solchen Fall von Brudermord überfordert sein sollte.

Zunehmend mehren sich Bedenken gegen die Bestrebungen, den in der Erzählung geschilderten und literarischen Interessen untergeordneten Rechtsfall durch einfaches Rückschlußverfahren für die historische Rechtspraxis Israels auszuwerten.

NIEHR macht auf rechtshistorische Forschungen in traditionellen Gesellschaften aufmerksam, die zeigen, daß es eine Pflicht zur Blutrache innerhalb der eigenen Familie nicht gegeben hat. Weil die Blutrache den Ausgleich zwischen unterschiedlichen Gruppen im Auge hat und auf die Wiederherstellung des status quo zielt, bleiben beim Selbsthilferecht Verbrechen innerhalb der eigenen Familie in der Regel ungesühnt, denn der Täter gehört zur geschädigten Gruppe (1987, 45.119). NIEHRS Behauptung (118), daß der Rechtsfall „weder in die israelitische Rechtsgeschichte noch in die israelitische Gerichtspraxis passt" und daher eine literarische Fiktion sein müsse, ist vielleicht voreilig. Denn auch als fiktiver Fall müßte er für die anvisierten Rezipienten der Erzählung als ein möglicher Fall erscheinen, um plausibel zu sein.

Auf literarische Stilisierungen weisen auch manche Verbindungslinien zur Brudermorderzählung in Gen 4 hin. Vgl. BLENKINSOPP (1966), GUNN (1978, 43), ACKROYD (1977, 131). MABEE zeigt, daß die juristischen Elemente in der Erzählung gar keine Prozeßfolge abbilden wollen, sondern als Gestaltungsmittel der erzählerischen Strategie untergeordnet werden (1977, 209-239). Das führt auf das hermeneutische Problem der rechtshistorischen Auswertung von Erzähltexten, mit dem sich neben MABEE (1977, 23-27) auch SCHULZ (1969, 95-99) und NIEHR (1987, 15ff.) befassen.

Endlich ist im Hinblick auf die Richterrolle Davids auf nicht zu übersehende königsideologische Stilisierungen hinzuweisen. Vgl. WHITELAM (1979, 134).

Welche Funktion hat die Episode innerhalb der TFG? David wird gegenüber dem Anliegen einer Schutz suchenden Witwe als wohlwollender Herrscher und 'weiser Richter' gezeigt, der an der Wohlfahrt seines Volkes interessiert ist und zwischen Gut und Böse vollmächtig zu entscheiden vermag (V.17) und geradezu als Repräsentant Gottes auf Erden erscheint (V.20). Ist damit eine juristische Entlastung Davids intendiert, nachdem er im Vergewaltigungsfall der Tamar sträflich passiv geblieben war und der Abschalomaufstand (II 15ff.) wiederum mit einem Versagen königlicher Rechtsprechung motiviert wird? So denkt WHITELAM (1979, 136). Auch nach BELLEFONTAINE (1987) und CRÜSEMANN (1992) hat Davids Urteil als Ausdruck seiner richterlichen Autorität zu gelten. Für SEEBASS allerdings verfolgt die Erzählung allein den Zweck, Davids Richtertätigkeit „erneut in Mißkredit“ (18) zu bringen, weil David mit einem von Joab besorgten Rechtstrick sein „höchstrichterliches Amt“ zu Eingriffen in tradierte Rechtsnormen aus Gründen des persönlichen Machterhalts benutzt haben soll (1980, 16ff.).

Es ist im Auge zu behalten, daß hinter der Szene die unheimliche Figur Joabs aufleuchtet, der seine Worte der ‘weisen Frau’ in den Mund legt. Auch wenn es letztlich die Weisheit der Frau und nicht die Weisheits Joabs ist, die zum Erfolg des Unternehmens führt (so u.a. CAMP 1981, 17f. gegen WHYBRAY 1968, 59; NICOL 1982), bleibt es doch Joab, der das Geschehen in einem für ihn günstigen Sinne manipuliert.

Nach V.1 greift Joab zu seiner List, als er Davids Sinneswandel im Hinblick auf Abschalom wahrnimmt, und V.21ff. zeigen ihn als ehrerbietigen Untertan. Handelt Joab aus Loyalität gegenüber David und Mitleid mit einem seinen Söhnen gegenüber schwachen Vater? Weshalb ist dann aber der Umweg über eine richterliche Entscheidung nötig? Oder handelt er aus politischer Verantwortung für den Staat und vielleicht als starker Mann einer Abschalom-Partei, die den Verbannten als Thronfolger unterstützt, wobei die anfängliche Sympathie für Abschalom dann später umschlägt? Oder prüft Joab den König nach dessen Versagen im Amnon-Tamar-Fall auf seine richterliche Kompetenz? Ist David unfähig, den eigenwilligen Zerujasohn in seinen Aktivitäten zu kontrollieren oder muß sich Joab seiner List bedienen, weil er nicht in der Machtposition ist, einen direkten Aussöhnungsversuch zwischen dem König und dessen verbanntem Sohn zu wagen?

14,25-27: Der Erzähler nutzt den markanten Handlungsabschluß und die zweijährige Pause im erzählten Geschehen, um in V.25-27 einige Nachrichten über Abschaloms Schönheit, Popularität, Haarpracht und Nachkommen mitzuteilen. Der klare stilistische Unterbruch des erzählten Handlungsverlaufs und der passende Anschluß von V.24 an V.28 ist für viele der Kommentatoren seit KLOSTERMANN (1887, 195) Kennzeichen für einen späteren Einschub. Zum Stilmittel der 'Wiederaufnahme' vgl. neben KUHL 1952, der den Begriff prägte und als sicheres literarkritisches Kriterium empfahl, noch SEELIGMANN (1962), RICHTER (1971, 70f.), TALMON (1978), BERLIN (1983, 125), ANBAR (1988).

Von Abschaloms Haarpracht muß erzählt worden sein, sollen die besonderen Umstände seines Todes (II 18,1-8) verständlich werden. Dies mahnt zur Vorsicht bei literarkritischen Schnitten und läßt nach der erzählerischen Funktion auch der anderen Angaben fragen (HERTZBERG 1956, 270; WHYBRAY 1968, 27f.; CONROY 1978, 110; FOKKELMAN 1981, 147-150; MCCARTER 1984, 349).

Unter den Kindern Abschaloms, von deren Geburt berichtet wird, bleiben seine drei Söhne anonym. Allein seine Tochter wird mit ihrem Namen Tamar genannt und der Erzähler begleitet ihr Leben durch den Hinweis, daß sie zu einer schönen Frau wurde. Eine solche Hervorhebung einer Tochter ist in derartigen Genealogien äußerst ungewöhnlich und verfolgt – wenn sie begegnet – jeweils ein besonderes erzählerisches Ziel (FOKKELMAN 1981, 150). Gewinnend ist der Gedanke, daß die Notiz der Erinnerung an das traurige Schicksal der schönen Abschalomschwester gleichen Namens dient: „Absalom has created a living memorial for his sister" (TRIBLE 1984, 55).

Idealtypisch wird die Person Abschaloms gezeichnet. Seine äußere Schönheit und Popularität 'in ganz Israel', die im seltsamen Kontrast zu Davids Weigerung steht, seinen Sohn überhaupt nur zu *sehen*, weisen Abschalom als königlichen Menschen und Anwärter auf den Thron aus und machen sein Agieren in 15,1-6 erst voll verständlich. So lenkt der Erzähler mit seiner Parenthese die Aufmerksamkeit seiner Hörer auf die Hauptperson der kommenden Ereignisse.

Das stilistische Problem hat CASPARI (1911) durch Umstellung der Verse 25-27, bzw. 25-26 (1926, 571) unmittelbar vor 15,1ff. lösen wollen, weil sie die für den Beginn einer einst selbständigen Abschalomnovelle notwendigen persönlichen Informationen bereitsstellen (so auch SEELIGMANN 1962, 318f.). Doch sind vielleicht unsere Begriffe von einem eng geschlossenen Handlungsverlauf, den ein literarisch arbeitender Erzähler nicht unterbrechen darf, nicht immer angemessen; erscheint es doch wohlüberlegt und durchaus kunstvoll, daß zwei lange Jahre erzählter Zeit auf eine derartige Weise ausgefüllt werden. HERTZBERG (1956, 270), STOLZ (1981, 252) sehen volkstümliches Gut vom Erzähler aufgenommen, was sehr gut möglich ist. Denn daß man sich auch in späterer Zeit lebendig an Abschalom erinnerte, beweist sein Gedenkstein 'jad Abschalom' im Tal der Könige (18,18).

2.3 Wirren im davidischen Reich (II Sam 15 - 20)

Zur Komposition: Die Gesamterzählung II 15 - 20 zeigt in der symmetrischen Anordnung der erzählten Ereignisse unübersehbar die Merkmale einer sorgfältigen, literarischen Stilisierung und Komposition. Der Weg, den David auf seiner Flucht aus Jerusalem über den Jordan nach Mahanajim und von dort wieder nach Jerusalem zurücklegt, wird als Abfolge einzelner, einander korrespondierender Begegnungsszenen erzählt.

Eine wichtige Klammer bilden zudem die Hinweise auf die Nebenfrauen Davids. Zu Beginn der Flucht in den Königspalast zurückgeschickt (15,16b), werden sie zu Opfern von Abschaloms Machtergreifung auf dem Dach des Palastes (16,22), um nach Davids Rückkehr nach Jerusalem für immer ein- und weggeschlossen zu werden (20,3). Die „menschliche Tragödie dieser 'Witwen auf Lebenszeit' ... wird, wie s.Zt. bei Absaloms Schwester Thamar, nur eben angedeutet" (HERTZBERG 1956, 307).

Diese Entsprechungen sind öfter notiert, aber genauer erst von CONROY (1978, 89); GUNN (1980b) und ausführlich von FOKKELMAN (1981, 338ff.) untersucht worden. So ergibt sich in Anlehnung an CONROY die folgende Kompositionsstruktur von II 15 - 20, die FOKKELMAN noch erheblich differenziert:

A	15,1-12	Vorbereitung und Ausbruch des Abschalomaufstands.
B	15,13 - 16,14	Die Flucht Davids.
		Begegnungsszenen mit:
	a) 15,13-37	den loyalen Freunden (Ithai, Priester, Huschai),
	b) 16,1-4	den Sauliden <u>Ziba</u>/Meribaal,
	c) 16,5-13	dem Benjaminiten Schim'i.
C	16,15 - 17,23	Vorbereitung des Krieges (Ratgeberszene 16,15 - 17,14).
C'	17,24 - 19,9a	Der Krieg (Abschaloms Tod, Davids Trauer).
B'	19,9b-41	Die Rückkehr Davids.
		Begegnungsszenen mit:
	c') 19,17-24	dem BenjaminitenSchim'i (Ziba V.18b.19),
	b') 19,25-31	den Sauliden Ziba/<u>Meribaal</u>,
	a') 19,32-41a	dem loyalen Freund (Barsillai).
A'	19,42 - 20,22	Heimkehr nach Jerusalem und Niederschlagung einer weiteren Rebellion.

2.3.1 Vorbereitung und Beginn des Abschalomaufstands (II Sam 15,1-12)

a.) Rechtliche Probleme: Die Szene, da sich Abschalom allmorgendlich den beim König Recht suchenden Israeliten als gerechterer Herrscher als sein Vater empfiehlt, hat zu der rechtshistorischen Frage geführt, in welchem Sinn hier der König als oberste Rechtsinstanz in Israel gezeigt wird und wie sich seine juristische Kompetenz zur 'traditionellen' Gerichtsbarkeit Israels auf Orts- und Familienebene verhält.

Eine derartige Rechtsstellung des Königs neben und über den Ältestengerichten ist im Alten Orient durchaus üblich (NIEHR 1987, 19-38) und bestätigt, was eigentlich naheliegt: daß „ein Staat mit seinem Gewaltmonopol gerade auch das Gebiet des Rechts weitgehend zu seiner Sache machen und prägen wird" (so CRÜSEMANN 1992, 96; NIEHR 1987, 72). Nur gibt es weder in Gesetzestexten noch in den Nachrichten über die praktizierte israelitische Rechtspflege sichere Hinweise auf eine so hervorgehobene, landesweite Richterstellung des Königs, wie sie uns in der Abschalomgeschichte entgegentritt. Über den sachlichen Gehalt der Rechtsbegehren wird im Text (V.2) nichts Konkretes gesagt.

An einen zentralen Berufungsgerichtshof dachte DE VAUX ([2]1964, 244). MACHOLZ, der eine solche rechtliche Allzuständigkeit des Königs bestreitet, läßt nur solche Rechtsfälle gelten, die durch die Ortsgerichtsbarkeit nicht zu lösen waren, z.B. alle die königliche Verwaltung betreffenden Probleme (1972a, 169; vgl. schon ALT 1934 = 1953, 299). Zur Stützung dieser These weist BOECKER darauf hin, daß offenbar nur jeweils eine Streitpartei zu Abschalom nach Jerusalem kommt, weswegen die andere Rechtspartei der Staat bzw. die Administration selbst sein müsse (1976, 38; vgl. auch CRÜSEMANN 1978, 98f.; WHITELAM 1979, 139; NIEHR 1987, 73). Doch ist dieser Vermutung nicht günstig, daß in der TFG auch die Frau von Tekoa (II 14) in einer eindeutig familienrechtlichen Frage ohne die Gegenpartei zum König kommt.

Das Verhältnis des Königs zur traditionellen Rechtsprechung wurde von der älteren Forschung als *Konkurrenz* verstanden. Durch die juristische Zentralinstanz wird die traditionelle lokale Gerichtsbarkeit zugunsten der juristischen Oberhoheit des Königs zunehmend entmachtet. Da es aber im Alten Testament nirgends Hinweise auf ein juristisches Kompetenzgerangel beider Organisationsformen gibt, ordnet sie MACHOLZ in seiner bis heute einflußreichen Studie (1972a) *komplementär* zueinander. Das Ältestengericht bleibt danach Hauptorgan der israelitischen Gerichtsverfassung, während sich die königliche Jurisdiktion auf die Probleme beschränkt, die mit dem traditionellen Instrumentarium nicht zu lösen waren, etwa der staatlichen Administration (Heer, Steuern, Fron, Krongut). Gegen dieses schiedlich-friedliche Miteinander wenden sich zugunsten des Konkurrenzmodells inzwischen neuere Arbeiten, die z.B. an den verschiedenen rechtsrelevanten Erzählungen der David-Salomo-Epoche zeigen wollen, wie der König die Gerichtsbarkeit für seine politischen Interessen nutzbar gemacht bzw. mißbraucht hat, und zwar nahezu unangefochten von den traditionellen Organen der Rechtsprechung (WHITELAM 1979; NIEHR 1987, bes. 77ff.). In diesen Erzählungen kommt eine kaum beschränkbare juristische Verfügungsgewalt des Königs zum Vorschein. CRÜSEMANN spitzt das Problem noch dadurch zu, daß er das Ältestengericht erst als eine vom Königtum geschaffene Rechtsinstanz des Staates auf Ortsebene ansieht. In der vorstaatlichen Zeit habe es Konfliktregelungen nur durch die am Konflikt selbst beteiligten Gruppen gegeben. Zu diesem Selbsthilferecht der Frühzeit, nicht zur Ältestengerichtsbarkeit, trat der König in Konkurrenz (1992).

Manche Typisierungen der Szene mahnen zur Vorsicht bei einer zu schnellen, rechtshistorischen Auswertung der Erzählung. Abschalom spricht ja nicht eigentlich Recht, sondern propagiert ohne Ansehen des Einzelfalles, daß jeder Bittsteller mit seinem Anliegen im Recht sei, nur eben beim König kein Gehör fände. Deutlich stehen königsideologische Muster vom König als dem gerechten Richter seines Volkes im Hintergrund; eine Rolle, in der ein König – wie David – versagen kann und in der sich Abschalom als die bessere Alternative empfiehlt. Auch Umfang und Art der Machtinsignien, mit denen Abschalom seinen Herrschaftsambitionen Ausdruck verleiht, orientieren sich an königlichen Idealvorstellungen (I Sam 8,11).

Mit dem Titel *šofeṭ ba'aræṣ* (V.4), den Abschalom für sich reklamiert, wird nach MACHOLZ „kein vom König zu unterscheidendes Rechtsprechungsorgan bezeichnet, sondern der König selbst, sofern er Recht spricht" (1972a, 169). SEEBASS denkt geradezu an einen juristischer Amtstitel des Königs (1980, 13f.), den Abschalom für sich reklamieren kann, weil David versagt hat. Die juristische Fixierung des Begriffs bestreitet NIEHR zugunsten eines politischen Herrschaftstitels der vorstaatlichen Zeit (Gouverneur, Statthalter), mit dem Abschalom sich zum Fürsprecher der althergebrachten Stammesinteressen in der Hauptstadt macht (1986a, 131ff.).

b.) Anlaß und Ursachen des Abschalomaufstands: In der Perspektive der TFG ist der Abschalomaufstand die Revolte des Sohnes gegen seinen Vater. Er wird als konfliktreiches Zusammenspiel weniger Handlungsträger gezeichnet, der aus dem durch Tamars Vergewaltigung entzündeten Bruderzwist zwischen Abschalom und Amnon herausgewachsen ist und in einer Fluchtlinie mit Davids Batschebaaffäre und dem Mord an Urija liegt. Neben und unter dieser familiengeschichtlichen Oberfläche treten stellenweise auch die politischen Dimensionen dieser landesweiten Revolte hervor. Der Heerbann als Militärmacht der Stämmegemeinschaft trat geschlossen auf die Seite Abschaloms wie auch Davids Ratgeber Ahitophel. Sie alle kämpften für den Sturz Davids, der bis auf wenige Anhänger und seine Söldnertruppe in ganz Israel politisch völlig isoliert erscheint.

Die geschichtliche Ursachen für eine so weitreichende Staatskrise, die sich politisch natürlich nicht aus Familienskandalen erklären läßt, wurde oft in einem allgemeinen staatlichen Niedergang in der zweiten Regierungshälfte Davids und seiner zunehmenden Schwäche gesehen. Aufgrund einer einfachen Historisierung der von der Erzählung angebotenen Hinweise denkt WEINGREEN (1969) an die für David und seine politische Akzeptanz verheerenden gesellschaftlichen Auswirkungen des Batscheba-Urija-Skandals und an die rücksichtslose Kriegsführung gegenüber den Sauliden, die Davids Ruf als Blutmensch begründen (II Sam 16,7f.; I Chr 22,8; 28,3).

Historisch wahrscheinlicher, wenn auch ohne (deutlichen) Anhalt im Erzähltext, werden die politischen Gründe vor allem in den Veränderungen innerhalb der israelitischen Gesellschaft gesucht, die binnen einer Generation den Übergang von einer egalitären Stämmegesellschaft zu einem beträchtlichen Territorialstaat zu bewältigen hatte. Mit dieser historisch plausiblen, heute verbreiteten gesellschaftspolitischen Theorie wird der Konflikt nicht aus einer allgemeinen Schwäche des späten Davidstaates erklärt, sondern als Ergebnis einer zwangsläufigen Konfrontation der traditionellen Stämmegesellschaft mit einem zunehmend stärker werdenden Zentralstaat.

ALT dachte an die ostjordanische Eroberungspolitik (1930 = 1953, 56); COHEN (1971), STOLZ (1981, 253f.) weisen auf die Einbeziehung von Jerusalem als Hauptstadt hin, wodurch der politische Einfluß und die traditionellen Rechte der Stämme zunehmend zurückgedrängt wurden. SOGGIN glaubt aus Abschaloms Reden in 15,1-6 herauszulesen, „wie eine unfähige, willkürliche und harte Bürokratie die alten gewohnten Freiheiten eingeengt oder gar abgeschafft hat" (1967, 75). Wirtschaftliche und steuerpolitische Gründe nannte schon CASPARI (1909b, 27ff.). CRÜSEMANN (1978, 94ff.) sieht den zentralen Konflikt im Aufeinanderprallen von segmentärer Stammesordnung mit den zentralistischen Machtstrukturen des Staates auf vielfältigen Gebieten. Mit Abschalom würden sich dann die Hoffnungen der israelitischen Stämme auf ein Königtum verbinden, an dessen Machtausübung sie stärker als bisher beteiligt wären.

Der Königssohn stellt sich nach 15,1ff. mit den entsprechenden Herrschaftsinsignien als neuer König vor, der die Macht seines Vaters erben will. Daß er sie mit den Stämmen zu teilen bereit ist, ist aus der Anfangsszene nicht zu erschließen. Wäre Abschalom der Wunschkandidat der Stämme gewesen, hätte die Erzählung dies gründlich verkehrt, denn in ihrer Perspektive ist es Abschalom, der das Herz der Männer Israels raubt. Von den Stämmen selbst geht keine Initiative aus.

Aus diesem Grund vermutet BARDTKE (1973) hinter 15,1-6 eine ältere, abschalomfreundliche Fassung, der erst eine spätere, prodavidische Überarbeitung das Bild vom ehrgeizigen Usurpator Abschalom eingezeichnet hätte. Für COHEN (1971, 98) ist V.1-6 eine die historischen Gegebenheiten verunklarende Eröffnung.

Doch ist der Aufstand auch auf der Ebene der Erzählung nicht einfach die Palastrevolte einer benachteiligten Hofpartei um einen arroganten Königssohn, der antidavidische Stimmen im Volk benutzt, als die er nach ISHIDAS historischem Rekonstruktionsversuch erscheint (1977, 123). Die wichtige machtpolitische Position der Stämme tritt sehr deutlich in der Ratgeberszene in Erscheinung: König Abschalom entscheidet das weitere Vorgehen gemeinsam mit den 'Ältesten' bzw. 'Männern Israels' (II 17,4.14), was einzigartig in der israelitischen wie altorientalischen Überlieferung ist (TADMOR 1982, 247). Auch der Umstand, daß David nach Abschaloms Tod nicht einfach zur Tagesordnung übergehen konnte, sondern sich durch eine differenzierte Stämmepolitik seine Machtbasis erst wieder schaffen mußte, zeigt die politische Bedeutung der Stämme, die sich einst Abschalom zum König gesalbt hatten (19,11). Vgl. TADMOR (1982), METTINGER (1976, 122), CRÜSEMANN (1978, 100ff.).

Abschalom motiviert in V.7f. seine Reise in die alte judäische Königsstadt Hebron mit einem Gelübde aus den Tagen seines Exils in Geschur, das er 'für JHWH in Hebron' einlösen müßte. DONNER (1973, 49f.) sieht hier ein religionsgeschichtlich interessantes Indiz für eine an einen bestimmten Ort gebundene Jahweverehrung nach Analogie zum lokalen Baal- und El-Kult. Der Ausdruck *l^eyhwh b^eḥæbrôn* meine eigentlich 'für den JHWH von Hebron' und sei „als Ersatz eines nicht konstruierbaren Genitivverhältnisses" zu lesen (50).

V.8 weist mit der Erwähnung von Abschaloms Exil auf II 13 - 14 zurück und ist ein starkes Indiz für den literarischen Zusammenhalt beider Erzählkomplexe.

c.) Die Teilnehmer des Abschalomaufstands: Traditionell wurden die treibenden Kräfte des Aufstands in Juda gesehen. Abschalom läßt sich in der alten judäischen Königsstadt Hebron zum König ausrufen. Ratgeber Ahitophel wie Heerbannführer Amasa sind Judäer. David flieht von Jerusalem nach Mahanajim ins Ostjordanland. Offenbar hatte er in seiner judäischen Heimat keine Machtbasis mehr. Nach dem Aufstand muß David mit besonderen Angeboten Juda zur neuerlichen Akzeptanz seiner Herrschaft bringen, während die Nordstämme aus eigenem Antrieb zurückkehren. Aber auch die Nordstämme gehören zu denen, die Abschalom zum König gesalbt haben (19,11), wie auch andere Stellen auf die gemeinsame Teilnahme von Nord- und Südstämmen verweisen. (15,2; 17,1.10). Vgl. die Argumente bei METTINGER (1976, 122) und MCCARTER (1984, 358).

Im deutschsprachigen Raum ist eine Überlegung ALBRECHT ALTS lange einflußreich gewesen, der den in der TFG oft gebrauchten Begriff 'Israel' generell als territorialen und politischen Terminus allein auf die Nordstämme bezog (so unstrittig in Kap.19f.) und die These vertrat, daß nur die Nordstämme sich aktiv am Aufstand beteiligt hätten, während Juda neutral geblieben sei (1930 = 1953, 57f.). Dagegen macht neben WEINGREEN (1969) noch BARDTKE (1973), der allerdings II 19,41-44 als sekundär ansieht, die starke Mitbeteiligung Judas geltend: Der Aufstand ging von Juda aus, organisiert von Ahitophel, dem militärischen Führer der großjudäischen Amphiktyonie. Er gründet in der Enttäuschung, daß David die alten judäischen Herrschererwartungen (Gen 49,10) nicht erfüllt hat. Inzwischen hat CRÜSEMANN (1978, 95-98) nach gründlicher Untersuchung eine doppelte Verwendung der Israel-Belege in der TFG postuliert. Wenn 'Israel' allein vorkommt, bezeichnet es das Reichsganze und schließt Juda mit ein. In allen Kontexten, in denen es neben Juda als eigenständige Größe begegnet, steht es für die Nordstämme. Damit würde das Hauptargument ALTS wegfallen. Die Beobachtung, daß erst mit Davids besonderer Gewinnungspolitik Juda als eigenständige Größe in Erscheinung tritt (II Sam 19) und fortan bleibt, hat CRÜSEMANN zu der historischen Vermutung geführt, Davids ungleichgewichtige Stämmepolitik nach dem Abschalomaufstand habe die bisherige Einheitsfront der Stämme durchbrochen und so den Gegensatz von Nord- und Südstämmen erst politisch produziert, um nach dem Prinzip divide et impera „die südliche Reichshälfte erneut an sich zu binden“ (1978, 101; ähnlich auch BARDTKE 1973 und TADMOR 1982, 247). Um eine sozialgeschichtlich präzisere Bestimmung der häufigen Gruppenbezeichnungen in der TFG (Älteste, Volk bzw. Männer Israels, Knechte Davids, Joabs usw.) haben sich TADMOR (zuletzt 1982) und CRÜSEMANN (1978) bemüht.

2.3.2 Verschiedene Texte innerhalb von II Sam 15,13 - 20,22

a.) II 15,13 - 16,14: Die Flucht Davids aus Jerusalem wird in ihrem ersten Teil als Trauer- und Bittprozession eines demütigen Königs und seines Volkes erzählt (vgl. V.23.24b.30 und dazu FOKKELMAN 1981, 175ff., POLZIN 1993).

Spuren späterer Bearbeitungen werden häufig in der Szene gesehen, in der David die Priester Zadok und Abjatar samt der Lade nach Jerusalem zurückschickt und als Geheimagenten instruiert (15,24-29).

Die ältere Literarkritik sah in den die Ladeprozession begleitenden Leviten und in der unvermittelt auftauchenden und Abjatar vorgeordneten Priestergestalt Zadok spätere Interessen am Werk (BUDDE 1902, 273). Für die jüngere Forschung ergibt sich zudem noch eine Spannung zwischen Davids nüchterner, geheimdienstlicher Instruktion (V.27f.) und seiner frommen und demütigen Rede (V.25f.). Vgl. SCHULTE (1972, 160f.): sek. V.25f. (dtr?); WÜRTHWEIN (1974, 43): sek. V.24-26.29 (und damit alle Stellen, die die Lade erwähnen); VEIJOLA (1975, 44f.): V.25f. dtr wie II 3,39 und 16,11-12. In V.24 sei Abjatar als ursprünglicher Mitträger der Lade „im Interesse chronistischer Theologie durch die Leviten ersetzt worden" (44).

b.) II 16,5-14: Dem Umgang Davids mit dem fluchenden Schim'i, der den Benjaminiten gewähren läßt und das Rachebegehren Abischais zurückweist (16,5-14), widmet BRUEGGEMANN eine eigene theologische Studie (1974): David erscheine als Vorbild des Glaubens, der mit der Freiheit von Gottes Gnadenhandeln rechnet, während Schim'i als Vertreter des alten sakralen Systems einzig der Vergeltungswirkung des Fluches traut und Abischai als Vertreter der neuen staatlichen Macht nur die Sprache der Waffen kennt. Ein Teil der edlen Gesten Davids wird sich wohl einer späteren Überarbeitung verdanken, denn Davids Auseinandersetzung mit den Zerujasöhnen ist ein geprägtes Motiv, das die TFG und Aufstiegsgeschichte verbindet (s. oben D. 2.).

SCHULTE sah die erste der beiden Reden Davids an Abischai (V.10) als Zusatz an; VEIJOLA (1975, 33) beläßt V.10 als eigentliche Antwort auf Schim'i und entfernt V.11f. (wie auch 19,22f.29). WÜRTHWEIN (1974) betrachtet die gesamte Redeszene V.9-12 als Zusatz, ursprünglich hätte David auf Schim'i überhaupt nicht reagiert. V.13 schließt nahtlos an V.5-8 an. Zudem ist die ganze Szene 16,5-13 Zusatz, „teilweise geradezu unwirklich" (43) und vielleicht „aus 19,17ff. herausgesponnen" (44; sek. 19,22f.). Für SCHNABL wiederum ist die Herauslösung des gesamten Dialogs V.9-12 der „vernünftigste Weg" (1988, 126). LANGLAMET (1976a) rechnet sowohl in II 16,5-14 als auch in II 19,17-24 mit einer noch intensiveren prodavidischen Überarbeitung. Vgl. seine Auflistung oben D. 6., dort auch zu den benjaminitischen Episoden insgesamt.

c.) Die Ratgeberszene II 16,15 - 17,14: Die Szene von Huschais Ankunft an Abschaloms Königshof ist ein Lehrbeispiel für die Funktionsweise ironischer Kontraste in der TFG. Huschai muß sich Abschalom als echter Überläufer empfehlen und betont wortgewandt seine Loyalität dem 'König' gegenüber, was Abschalom auf sich selbst bezieht, während die Leser wissen, daß Huschai mit dem 'König' niemand anderen als David meint (RIDOUT 1971, 167; CONROY 1978, 114; HAGAN 1979, 315f.; BAR-EFRAT 1989, 70f.).

Dem eigentlichen Duell der beiden Ratgeber geht ein erster Rat Ahitophels voraus, der Abschalom die öffentliche Inbesitznahme des väterlichen Harems vorschlägt, was dieser prompt ausführt (16,20-23). Mit der Episode sind sowohl literarische wie historische Probleme verbunden.

Unübersehbar sind die relative Isolierung von V.21f. im Kontext wie die Verbindungslinien zur (sekundären) Gerichtsdrohung des Natan, denn was der Prophet in 12,11b-12 androht, scheint sich in 16,22 zu erfüllen. Zwei weitere, in ihrem Kontext isoliert stehende Erwähnungen der Haremsfrauen Davids bereiten die Szene vor bzw. nach (II 15,16b; 20,3). EISSFELDT sah in diesen Texten Reste einer zweiten Erzählung, die nachträglich in die Haupterzählung eingearbeitet wurde (1931, 42). WÜRTHWEIN schlägt noch das Urteil über Ahitophels Rat V.23 hinzu, das in 15,31 vorbereitet wird und erhält mit 15,16b.31; 16,21-23; 20,3 „das Resultat einer planvollen Überarbeitung zur Verunglimpfung Ahitophels" (1974, 36f. Anm. 62). LANGLAMET (1977a) differenziert stärker und weist innerhalb von 16,21-23 nur V.21b.23 seiner Schicht S^3 zu, II 12,11f. dagegen gehören einer späteren dtr Schicht zu. WERNER (1988) denkt insgesamt an DtrP, der 16,21-23 (vordtr) an seinen jetzigen Platz einfügte und mit 12,11f. verband (1988, 268f.).

Der Vorgang ist auch historisch schwierig, weil es bisher eine überzeugende altorientalische Analogie zu Abschaloms öffentlicher Inbesitznahme der Nebenfrauen seines Vaters nicht gibt. Meistens wird in der Szene ein königlicher Machterweis bei Regierungsantritt gesehen. Nach dem Text (V.21) soll sie einer allgemeinen Beschimpfung Davids dienen, mit der Abschalom sich unwiderruflich von David distanziert und dadurch seine Gefolgschaft in Israel stärkt. WÜRTHWEIN erkennt – im Interesse seiner ahitophelkritischen Bearbeitung – vor allem eine Beschimpfung des Ratgebers Ahitophel selbst, der Abschalom zu solch schändlichem Tun verführt habe (1974, 37f.). Das kehrt den Text gegen seinen Wortsinn. Zur Kritik dieser These vgl. LANGLAMET (1977a, 171), WERNER (1988, 268).

17,1-14: Dem Rededuell zwischen Ahitophel und Huschai hat CONROY (1983) eine eigene stilistische Untersuchung gewidmet. Beide Reden haben ein völlig unterschiedliches Profil und charakterisieren zugleich ihre Sprecher: hier der knappe, an der politischen Pragmatik orientierte Rat Ahitophels, dort die ausufernde, aber brillante Überredungskunst Huschais, die in all ihrer bildreichen Weitschweifigkeit zugleich einen raffinierten, wohlüberlegten Aufbau besitzt. Zur Stilistik vgl. ferner BAR-EFRAT (1980; 1989, 223ff.), ALTER (1981, 74) und FOKKELMAN (1981, 215ff.).

Mit Huschais Rede ist die theologische Bewertung in V.14b verbunden, nach der JHWH es war, der den strategisch sinnvolleren Rat Ahitophels vereitelt habe. Die literarische Integrität des Abschnitts stellte nach COOK (1899/1900, 162f.) erst WÜRTHWEIN wieder in Frage (1974, 41f.).

Die gesamte Rede Huschais in 17,5-14 + 15b sei sekundär nachgetragen und Teil der gegen Ahitophel gerichteten Bearbeitung. Die ursprüngliche Ratsszene kenne nur die Befragung Ahitophels und ende mit V.4. Daran schließe V.15a unmittelbar an. Die folgenden Ereignisse zeigten zudem, daß allein Ahitophels Rat befolgt wird, der durch Huschais Rede doch außer Wirkung gesetzt werden sollte. Damit ist auch die Notiz von Ahitophels Selbstmord, der mit dem Scheitern seines Rates begründet wird (17,23), sekundär. Die alte Erzählung kenne Huschai nur als einen in die Umgebung Abschaloms eingeschleusten Spion, noch nicht als wortgewaltigen Gegenspieler Ahitophels.

Die Bewertung der Huschairede als Einschub ist von METTINGER (1976, 29 [dtr]) und ACKROYD (1977, 161) sowie von LANGLAMET (1978 [S^3]) und WERNER (1988, [dtr H]) im Rahmen differenzierter Modelle übernommen worden (s. oben D. 6.). SEEBASS sieht den Nachtrag nur in der Rede V.5-14a, nicht in ihrer theologischen Bewertung V.14b (1980, 20f.); doch ist V.14b nicht ohne V.*5-14a zu haben. WERNER folgt der redaktionskritischen Lösung, bezweifelt aber die gegen Ahitophel gerichtete Tendenz der Bearbeitungsschicht (1988, 276). Einwände gegen die Überzeugungskraft der literarkritischen Argumente äußern KEGLER (1977, 179f.), CRÜSEMANN (1978, 183f.), GUNN (1978, 115-116) sowie SCHNABL (1988, 126ff. [sek nur V.14b]).

Neben dem Umstand, daß WÜRTHWEINS Grundschicht nur noch eine stark amputierte Ratgeberszene kennt und Ahitophel, der sich in ihr als der eigentliche Heerführer empfahl, danach nie wieder erwähnt, bleibt auch das Argument fragwürdig, daß in der Erzählung der Rat Ahitophels – und nicht der Huschais – tatsächlich ausgeführt wird. Denn Ahitophels Rat sah vor, daß er selber in den Kampf zieht und Abschalom in Jerusalem bleibt, während es dann doch Abschalom ist, der mit allen Männern Israels (17,24) die Verfolgung Davids aufnimmt (POLAK 1994).

17,17-21: Zu der Szene, in der die beiden Priestersöhne Ahimaaz und Jonatan in Bahurim von einer Frau im Brunnen versteckt werden und dadurch den Häschern Abschaloms glücklich entkommen, notiert GUNN auffallende Ähnlichkeiten mit Jos 2.

Beide Male werden zwei in Gefahr geratene Kundschafter durch den beherzten Einsatz einer Frau versteckt (im Brunnen unter einer Decke mit Körnern hier, auf dem Dach unter Flachsspreu dort), wobei sie die Verfolger jeweils erfolgreich in die falsche Richtung schickt. Hinter beiden Varianten, die sich literarisch jeweils nicht gänzlich in ihren Kontext einfügen, vermutet GUNN ein geprägtes Motiv mündlicher Erzählkultur 'The Woman and the Spies' (1974; 1978, 44f.), VAN SETERS jedoch literarische Abhängigkeit (1976b, 27f.). Vgl. auch oben D. 7.

Vers 17 verträgt sich geographisch und sachlich schwer mit V.18-21, weshalb BUDDE (1902, 280) V.17 und CASPARI (1926, 585) V.18-21 als Zusatz streichen. Nach BAR-EFRAT hätte die geographische Angabe Bahurim vor allem den erzählerischen Zweck zu zeigen, daß es in der benjaminitischen Heimat Schim'is auch Anhänger Davids gegeben hat (1989, 190f.; vgl. auch CARTUN, 1991).

d.) Der Krieg und Davids Sieg und Abschaloms Tod (II 17,24 bis 19,9a): Der hochdramatische Abschnitt ist wiederum bestimmt durch eine Reihe von Einzelbildern: die Verpflegung in Mahanajim (17,24-29); die Musterung und Verabschiedung des Heeres (18,1-5); die Tötung Abschaloms (18,9-17.18); die Botenszene (18,19-32); Davids Trauer und Joabs Drohung (19,1-9a). Vgl. neben FOKKELMAN (1981, 232-297) die detaillierten Untersuchungen zur narrativen Gestaltung und Spannungserzeugung bei CONROY (1978, 43-83). Die Kampfschilderung selbst nimmt den allerkleinsten Raum ein (18,6-8). Im Mittelpunkt steht das Verhältnis Davids zu seinem Sohn und die Rolle Joabs bei Abschaloms Tod und angesichts der Trauer Davids.

– Zur Erwähnung des Ammoniterkönigs Schobi ben Nachasch in 17,27 vgl. oben E. 1.1.

– Das plastische Bild, wie der durch den Wald von Ephraim reitende Abschalom mit seinen langen Haaren hilflos im Baum hängen bleibt, ist durch den Text von II 18,9 nicht vollends gedeckt. Nach ihm bleibt Abschalom mit seinem Kopf in der Terebinte hängen. Die langen Haare sind dagegen nur in einem Text erwähnt, der gern als Einschub angesehen wird (II 14,25-27). „Dass Absaloms langes Haar sich um die Äste festgeschlungen habe, ist ein Missverständnis, das sich schon in der Glosse 14^{25-27} geltend macht", schreibt etwa BUDDE (1902, 283) und stellt sich Abschalom unglücklich mit dem Genick im Geäst festgeklemmt vor (so u.a. auch ACKROYD 1977). Nicht jedem leuchtet das ein, denn die Art und Weise wie Abschalom zu Tode kommt, scheint so deutlich im Hinblick auf seine Haarpracht ausgewählt und gestaltet zu sein, daß ihre direkte Erwähnung wohl auch unterbleiben kann: Was Abschalom berühmt machte (II 14,26), bringt ihn zu Fall. So etwa HERTZBERG (1956), CONROY (1978), STOLZ (1981), MCCARTER (1984).

– Rituelle Züge in der Tötung Abschaloms vermutet JENSEN (1992), der die TFG unter der Perspektive der mimetischen Opfertheorie René Girards liest: Ein zentraler Konflikt wird dadurch gelöst, daß ein Einzelner kollektiv (durch 10 Waffenträger Joabs) getötet und anschließend als Frevler außerhalb der Gemeinschaft unter einem Steinhaufen begraben wird (wie Achan nach Jos 7,26).

– 18,18: Der Hinweis auf die Gedenkmazzebe 'jad Abschalom', die der Davidsohn im Tal der Könige aufrichten ließ, weil er keinen Sohn hatte, stößt sich mit der Notiz von 14,27, wo drei Söhne Abschaloms erwähnt werden. So wird entweder der eine, oder der andere Text als Glosse angesehen, meist aber V.18. (LANGLAMET 1976a, 355; CONROY 1978, 65 mit ausführlicher Diskussion; MCCARTER 1984, 406).

Harmonisierend dachte HERTZBERG, daß Abschalom den Stein dem Gedenken seiner drei früh verstorbenen Söhne gestiftet habe (1956, 297); nach GUNN unterdrückt der Erzähler absichtlich diesen eigentlichen Anlaß des Steins, weil er Abschaloms Ruhmsucht habe zeigen wollen (1978, 32). Interessant ist, daß der Erzähler von V.18 seine Adressaten auf einen zu seiner Zeit allgemein bekannten Abschalomgedenkstein hinweist und damit eine Erinnerungskultur voraussetzt, die kaum nur dem Frevler Abschalom gegolten haben wird. Unklar ist allerdings der genaue Sinn einer solchen Gedenkmazzebe:

a.) allgemeines Gedenken (BEYERLIN, 250),

b.) Totenkult und Ahnenverehrung (BUDDE 1902, 285 mit Hinweis auf SCHWALLY), vgl. BLOCH-SMITH (1992, 222): „burial markers". Die einst beliebten Vergleiche der Stelle mit dem aus Ugarit bekannten königlichen Ahnenkult (genannt bei CONROY 1978, 65) werden heute zurückhaltend beurteilt.

c.) magische Funktion zur Förderung der Zeugungskraft seines Eigners (STOLZ 1981, 267f.).

– WÜRTHWEIN versucht II 18,2b-4a.10-14 als Teil einer joabkritischen bzw. davidfreundlichen Überarbeitung zu erweisen (1974, 44f.). Doch sind hier die Anhaltspunkte für eine literarikritische Lösung besonders gering. (Zur Kritik vgl. MCCARTER 1984, 406; SCHNABL 1988, 129ff.).

Ein besonderes narratologisches Interesse hat die überaus breit angelegte Botenszene (II 18,19 - 19,1) gefunden. Die Beauftragung der beiden Boten, ihr Lauf und Davids banges Erwarten der herannahenden Läufer wie seine Reaktion auf den Tod seines Sohnes: das alles wird mit höchster Meisterschaft der Spannungserzeugung erzählt.

Zur Funktion der auch in der TFG häufiger gebrauchten Botenszene, die hier noch mit der Mauerschau des Wächters (Teichoskopie) gekoppelt ist (wie in II 13,34f.; II Kön 9,20), vgl. BAUMGARTNER (1923), GUNN (1978, 45f.), CONROY (1978, 47.66-75), STERNBERG (1985, 404f. u.ö.), BAR-EFRAT (1989, 141ff. u.ö.).

Wie in der Tötungsszene der Tod Abschaloms zwischen dem namenlosen Knecht und Joab gänzlich verschieden bewertet wird, so wird dieses Ereignis auch jetzt in der Vielfalt der verschiedenen Stimmen und Haltungen gespiegelt (zwei Boten, Joab, David), ohne daß deutlich ersichtlich wird, welche Haltung der Erzähler favorisiert. Die fassungslose Trauer Davids um seinen Sohn, eine der emotional stärksten Szenen der Bibel (CONROY 1978, 49), bezieht ihre besondere Dramatik aus dem Widerspruch von persönlichem Empfinden und den Erfordernissen der Staatsräson. Der betrauerte Sohn ist zugleich Rebell und politischer Feind. Der als Vater trauernde David hätte als König den Sieg zu feiern, einen für David freilich verlorengegangenen Sieg. Ebenso pathetisch wie Davids Trauer ist Joabs bittere Kritik am

König, durch die die tatsächlichen Machtverhältnisse schlaglichtartig offengelegt werden.

Die Schilderung von Davids starker Trauer hat zu der Vermutung geführt, der Erzähler wolle hier durch seine Übertreibung die ungerechtfertigte Trauer eines sentimentalen und politisch unfähigen David darstellen (WHYBRAY 1968, 38; LASINE 1984, 116ff.). Aber wo liegt das Maß, an dem gemessen sich diese Szene als übertrieben ausweist? Nach GUNN u.a. fördert ein so starker Einblick in die inneren Gefühlsbewegungen eines Charakters eher die Sympathie und Identifikation seitens der Leser (1978, 103, vgl. auch SCHULZ 1923, 197ff.).

e.) 19,9b-44: In den Bericht von Davids Stämmepolitik und dem Zwist der Stämme untereinander (vgl. hierzu CRÜSEMANNS historischen Rekonstruktionsversuch 1978, 101ff.) sind drei Begegnungsszenen am Jordan eingelagert: 19,17-24 (Schim'i [Ziba in V.18b.19]); 19,25-31 (Meribaal); 19,32-41a (Barsillai). An sich könnte V.*41b fast nahtlos an V.16 anschließen (COOK 1899/1900, 169), doch würde dadurch die kompositionelle Symmetrie von Davids Auszug und Rückkehr nach Jerusalem (s. oben) völlig zerbrochen.

VEIJOLA will daher alle 'benjaminitischen Episoden' und die Barsillaiszene einer späteren prodynastischen Bearbeitung zuweisen (1978 = 1990, 78f.). Die Probleme diskutiert ausgiebig LANGLAMET (1979, 1980, 1981a zu 19,17-31; 1977b/1983 zu II 19,32-41a), der zwar spätere prodynastische Überarbeitungen in den Szenen ausmacht, aber die 'benjaminitischen' Episoden einschließlich II 19,*32-41a den alten Fassungen der TFG (S^{1-2}) beläßt (s. oben D. 6.).

Eine Analyse der Kommunikationsverhältnisse zwischen David, Meribaal, Ziba und dem Leser, der hier gezielt als Richter zwischen Meribaal und Ziba eingesetzt sei, bietet LASINE (1989).

f.) Der Aufstand des Scheba: Sachlich ist die Erzählung vom Abschalomaufstand mit Kap.19 abgeschlossen, und doch geht sie unversehens in die von Schebas Aufstand und Joabs Mord an Amasa über und ist mit ihr durch manche feste Brücke verbunden.

– Die Verse 19,42-44 können ebensogut als Abschluß von Kap.19 wie auch in Vorbereitung von Kap.20 erzählt sein, weil sie bereits den Konflikt sichtbar machen, der zum Schebaaufstand führt. Ersteres etwa bei SEEBASS (1980, 25 Anm. 56), der mit einem abrupten Ende in 19,44a rechnet; Letzteres u.a. bei CONROY (1978, 89), FOKKELMAN (1981, 315), STOLZ (1981, 273), MCCARTER (1984, 412).

– Feste Brücken sind die folgenden: erst 20,3 erzählt von Davids Rückkehr nach Jerusalem und der Verwahrung der Haremsfrauen, V.6 erwähnt den Abschalomaufstand. Die Amasaepisode setzt dessen Ernennung zum Heerbannführer in 19,14 voraus (vielleicht auch 17,25). Der Auftritt der 'weisen Frau' von Abel-Bet-Maacha

(20,16-22) weist auffällige Ähnlichkeiten und z.T. wörtliche Berührungspunkte zu dem der weisen Frau von Tekoa in II 14 auf (CONROY 1978, 141f.).

Stärker als in früheren Kapiteln zeigen sich aber auch Brüche, die auf die Aufnahme selbständiger Überlieferungen oder auf nachträgliche Bearbeitung verweisen. Unklar ist etwa, warum David nach V.4 den judäischen Heerbann aufbietet, der ihn doch nach Jerusalem begleitet hat (19,42; 20,2b). Nach 20,2 ist ganz Israel auf Schebas Seite, am Ende geht es nur um die Verfolgung eines einzelnen Mannes ohne nennenswerten Anhang. WÜRTHWEIN hat 20,3.4f.8-13 als Bearbeitungen einer Grunderzählung bestimmt, „die davon handelt, daß Joab mit der Verfolgung Sebas beauftragt wurde und sie zu einem vollen Erfolg führte" (1974, 45; LANGLAMET 1976a, 356; vgl. ähnlich O.KAISER 1988, 17f.).

Die Bearbeitung V.4f.8-13 (vorbereitet durch II 17,25; 19,14) führt erst Amasa in die Erzählung ein, um Joab mit seiner Ermordung zu belasten, und nimmt dazu eine höfisch gefärbte Einzelüberlieferung (V.8-13, vgl. die 'Wiederaufnahme' in V.7.13) über den wenig beliebten Joab auf. Die Verwahrung der Haremsfrauen in 20,3 gehört zur ahitophelkritischen Bearbeitung und ist durch 15,16b.31; 16,21-23 vorbereitet.

– Bereits LUTHER sah in II 20 eine von II 15 - 19 unabhängige 'ausgeführte Anekdote', die vielleicht eine historische Erzählung von Schebas Aufstand benutzt hat, aber einzelne Elemente nur noch dafür einsetzt, um „die Anekdote von der klugen Frau zu erzählen, die den Krieg beendigt hat" (1906, 188.194f.). V.8-13 gehört nicht in den ursprünglichen Zusammenhang, sondern verdankt sich einer Tradition von einer Bluttat auf dem 'Feld der Messer', die in drei Variationen wiederkehrt: II 2,14-16; 4,1-12; 20,8-13, wobei Verbindungslinien auch zur Erzählung vom Tod Asahels führen (vgl. 2,23b mit 20,12). Eingehender vergleicht GUNN die Passagen II 20,10-22 und II 2,23-32 miteinander und denkt an die Aufnahme mündlicher Überlieferung (1974, 303ff.).

Die traditionelle Themenbestimmung 'Thronnachfolge Davids', unter der die Ereignisse von Kap.20 nicht unterzubringen sind, hat die Isolierung von II 20 zusätzlich verstärkt. Für BARDTKE (1981) ist Kap.20 grundverschieden vom Vorhergehenden, und beinhaltet drei redaktionell zusammengefügte Episoden, die alle um das Thema 'Bestrafung von Aufrührern' kreisen sollen (Schebaaufstand 20,1f.14-22; Ermordung Amasas durch Joab V.8-13; Verwahrung der Haremsfrauen V.3). Die Redaktion, der auch die Überleitung II 19,41-44 zuzurechen wäre, ist davidfreundlich und höfisch, blickt bereits auf die Reichstrennung (I Kön 12) zurück und hat „die moralische Verunglimpfung des politischen Gegners" (17) auf ihre Fahnen geschrieben. (Zur Kritik SCHNABL 1988, 132f.212f.)

Was verbirgt sich historisch hinter der Schebarevolte? Sah man diese in der Regel als Sezessionskrieg und den Versuch, den einen

Herrscher durch den anderen zu ersetzen (vgl. etwa ALT 1930 = 1953, 58f.; SOGGIN 1967, 76; COHEN 1971), so hat CRÜSEMANN die These zu erhärten versucht: das Ziel der Bestrebungen Schebas ist nicht die Spaltung des Nordreichs vom Südreich, sondern viel grundlegender, die Rückkehr zu den vorstaatlichen, segmentären Gesellschaftsverhältnissen (1978, 104ff.). STOLZ denkt, daß Scheba überhaupt „keinen Aufstand gegen David anzetteln" will, sondern einfach die Verhandlungen zwischen den Nordstämmen und David für gescheitert erklärt (1980, 276). BARDTKE sah das Motiv in der Verpflichtung zur Blutrache, welche die benjaminitische Sippe der Bichriter angesichts der Ausrottung der Sauliden durch David übernommen hatte (1981, 25). Insgesamt skeptisch beurteilt O.KAISER die historische Auswertbarkeit der Erzählung, denn sie zeigt ihm „unübersehbar, daß der Erzähler schlechterdings gar nichts über revolutionäre Umtriebe im Lande zu erzählen wußte" (1988, 18).

Soziologisch interessant ist, daß in Abel-Bet-Maacha eine weise Frau als politische Sprecherin der Stadt fungiert und den Kriegskonflikt schlichtet (CAMP 1981, WESSELIUS 1991, SCHROER 1992, vgl. ferner oben E. 2.2). Sie konfrontiert Joab mit einem (textlich schwierigen) Sprichwort, das aber die Bedeutung der hoch im Norden liegenden Stadt (nebst Dan) seit alters für *ganz Israel* hervorhebt, so daß an eine eigenständige Tradition zu denken ist, die ihrerseits eine langandauernde Bedeutung der Stadt für Israel voraussetzt.

3. Salomos Thronnachfolge und die Befestigung seiner Herrschaft (I Kön 1 - 2)

Im Hinblick auf das Gesamtverständnis der TFG kommt den beiden letzten Kapitel in vielen Studien eine Schlüsselstellung zu, weil sich die aufgezeigten Probleme der Interpretation besonders deutlich in ihnen wiederfinden. Das ist hier nicht mehr zu beschreiben. Literarisch lassen sich drei Abschnitte unterscheiden: zunächst die eigentliche Erzählung von der Thronnachfolge Davids, bei der am Ende Salomo obsiegt und Adonja unter Hausarrest gestellt wird (I Kön 1,1-53), sodann Davids Testament und Tod (I Kön 2,1-9.10-12) und endlich die Maßnahmen Salomos zur Sicherung seiner Herrschaft: die

Ermordung Adonjas (2,13-25), die Verbannung Abjatars (2,26-27), die Ermordung Joabs (2,28-35) und Schim'is (2,36-46).

3.1 Zur literarischen Integrität

Die Versuche, das ursprüngliche Ende der TFG früher als in I Kön 2,46 zu sehen und in Kap.1f. mit einer Reihe Nachträgen zu rechnen, sind oben (D. 2.2) beschrieben worden. Bis auf das literarkritisch schon lange umstrittene Testament Davids (2,1-9.10-12) galten der älteren Forschung nur sehr wenige Texte als spätere Überarbeitungen:

– Der Erfüllungsvermerk 2,27b weist auf die dtr Gerichtsverkündigung über das Priestergeschlecht Elis in I Sam 2,27-36 zurück.

– 2,31b-33.44-45 bieten für GRESSMANN (^{2}1921, 191) sekundäre Bezugnahmen auf Formulierungen des gleichfalls nachgetragenen Testaments 2,1-12.

– Innerhalb der überfüllt wirkenden 2,31b-33 sind sowohl V.33 als auch V.32 (etwa NOTH 1968, 36) als sekundär ausgeschieden worden. (Eine detaillierte Aufarbeitung der älteren Literarkritik bietet LANGLAMET 1976a, 346f.)

Ein sehr viel umfangreicheres Maß sekundärer Anteile postulieren hingegen die Untersuchungen VEIJOLAS, LANGLAMETS und WÜRTHWEINS (s. oben D. 6.).

In LANGLAMETS Bahnen geht auch HENTSCHEL (1984, 19ff.):

1. Am Anfang der Überlieferungsbildung steht eine frühe mündliche Tradition von Davids Entschluß zur Krönung Salomos, dem Jubel des Volkes und dem Entsetzen Adonjas, dem Salomo großmütig vergibt: I Kön 1,9f.32-34.38-40.41 bis 45.49.50. 51a.bα.53.

2. Wenige Jahre später entsteht unter dem Eindruck der blutigen Säuberungsmaßnahmen Salomos die erste schriftliche Fassung der TFG mit einer salomokritischen Tendenz. Sie trägt das Bild von David als hilflosem Greis und jenes von Salomos Krönung als Folge einer Hofintrige in die Überlieferung ein: 1,1-4.*11-31 und 2,*13-46.

3. Durch die vordtr höfische Bearbeitung(en) wird die Thronbesteigung Salomos theologisch legitimiert und das Bild Adonjas als Aufrührer eingeschwärzt: I Kön 1,*(5.6a.7f.).*9.*30.35-37.46-48.51bβ.52; 2,1f.5-9.15bβ.*22b.24.26.31b bis 33.37b.42-45.

4. Spätere Bearbeitungen sind 2,3f. (DtrN). 10f. (DtrH). 12 (nachdtr). 27 (DtrP).

Die Annerkennung tiefgreifender Bearbeitungen läßt sich auch mit der Annahme einer prodynastisch ausgerichteten Grundschicht der TFG verbinden.

Nach METTINGER (1976, 27ff.) sind als vordtr 1,46-48; 2,5-9 und als dtr 2,1-4.12.24.31b-33.44-45 anzusprechen. JONES (1990, 38f.) untersucht nur I Kön 1 und rechnet zur späteren Bearbeitung V.*30.35b-37.46-48 (und die Ergänzung Natans in der Salbungsszene V.34.45). ROGERS (1988, 412) weist innerhalb von I Kön 2 die Verse 3-4.11-12(?).22b.24.26-27.31b-33.35.44-45 einer einzigen dtr Bearbeitung zu.

3.2 Der Kampf um die Thronnachfolge Davids (I Kön 1)

a.) Nach der Einleitung beginnt und endet die Erzählung mit Adonjas Aktivitäten und Opferfest am Schlangenstein. Dazwischen liegt die Intrige im Palast, die – im Zentrum des Geschehens – Salomo auf den Thron bringt, so daß FOKKELMAN eine inkludierende Anordnung der Szenen um das Zentrum V.28-31 (Davids Schwur an Batscheba) aufzeigt (1981, 365). BAR-EFRAT interessiert sich dafür, wie die zeitgleichen Vorgänge auf unterschiedlichen Schauplätzen (Adonjas Opferfest und die Ereignisse im Palast) miteinander verbunden und so erzählt werden, daß das Geschehen am anderen Schauplatz jeweils als Szenenhintergrund präsent bleibt (1989, 167ff.). CONROY (1985) beschäftigt sich exemplarisch mit der synchronen Analyse von V.41-53, indem er u.a. die erzählerische Unverzichtbarkeit der Verse 46-48 zu erweisen sucht und in V.47f. deutliche Anklänge an die Sterbeszene Jakobs (Gen 47,31; 48,10f.) ausmacht.

LONG (1981b) untersucht V.1-53 als selbständige Erzählung, hinter deren Aufbau er „a mythic pattern in the idiom of historical narrative“ (90) findet. In ihrer Abfolge ‘Exposition’ (V.1-10), ‘Komplikation’ (V.11-37), ‘Höhepunkt’ (V.38-40) und ‘Konfliktlösung (V.41-53) spiegelt sich das auch sonst häufige archetypische und zugleich mythische Schema ‘harmony/cosmos – disruption/chaos – restoration/cosmos’, nach dem der Erzähler seine Darstellung anlegt. Doch ist damit wohl nur der allgemeinste Spannungsbogen nahezu jeder Erzählung, auch der mythischen, bezeichnet.

b.) Welchen Status hat die schöne Abischag aus Schunem inne? Sie wird als *sokænæt* bezeichnet und dem altersschwachen König ins Bett gelegt, um in seinem Schoß zu ruhen und ihn zu wärmen. Und doch betont der Erzähler, daß David mit ihr keinen sexuellen Verkehr hatte (V.4b). Zwei Antwortmöglichkeiten mit jeweils weitreichenden Konsequenzen für das Gesamtverständnis von I Kön 1-2 sind erwogen worden:

1. Ist Abischags Engagement das einer bediensteten Pflegerin oder Krankenschwester, die nach den Vorstellungen antiker Medizin Davids „fröstelnden Greisenleib mit ihrem hitzigen jungen Körper“ neue Lebenskräfte zuführen soll (SCHOTTROFF 1989, 276), dann würde sie nicht zum königlichen Harem, eher zum Dienstpersonal gehören. Ein sexueller Umgang hätte bei dieser Art von Pflege nicht stattgefunden und V.4b will dies auch ausdrücklich ausschließen. Adonjas spätere Bitte um Abischag hätte Salomo daher leicht entsprechen können; daß er es nicht tat, sondern die Angelegenheit zur Ermordung seines Bruders benutzte, zeigt seine Willkür. Vgl. NOTH (1968), LANGLAMET (1976a, 331ff.), WÜRTHWEIN (1977), HENTSCHEL (1984).

2. Ist Abischag dagegen als „Kebsweib Davids und Glied seines Harems“ anzusehen (BENZINGER 1899, 2), dann betont die Szene vor allem die Impotenz und Hinfälligkeit des altersschwachen Königs und erweist gleichzeitig Adonjas ‘kleine’ Bitte um Abischag entweder als selbstmörderische Dummheit oder als hochverräterische Absicht. Vgl. noch ROST (1926 = 1965, 230), VON RAD (1944 = 1965, 173), HAGAN (1979, 324), ARIRI (1985, 259f.). MULDER kommt nach eingehender philologischer Erörterung zu der Ansicht, daß *sokænæt* ein Titel sei und die „Verwalterin bestimmter Rechte der Hauptfrau“ bezeichnet, eine Art Ersatzkönigin für die gleichfalls impotent gewordene Batscheba, was den sexuellen Umgang mit David zur vorrangigen Aufgabe Abischags machen würde (1972, 53). Diese Deutung findet JONES (1990, 158) „unnecessary“. Doch auch nach ihm wird Abischag in den königlichen Harem gebracht, um die Potenz des greisen Königs anzuregen und zu testen, mit folgendem Ergebnis: „the king had lost his virility and was no longer able to guarantee the wellbeing of his people“ (1990, 46). Die in altorientalischen Texten belegte Vorstellung, nach der die Fruchtbarkeit des Herrschers die Bedingung für das Wohlergehen von Volk und Land ist (vgl. etwa das ugaritische Kirta-Epos), wird regelmäßig zum Verständnis der Szene beigezogen; vgl. aber auch WÜRTHWEINS Bedenken (1977, 10). M.E. scheint es kaum möglich, die eindeutig sexuellen Konnotationen mit dem allgemeinen Hinweis auf Vorstellungen antiker Medizin aus der Szene herauszuhalten.

c.) Adonjas Streben nach dem Königsthron ist zum einen nach Analogie der das Reich erschütternden politischen Umsturzversuche (wie diejenigen Abschaloms und Schebas) verstanden worden, zum andern als das – wegen mangelnder väterlicher Kontrolle – fehlgeleitete Begehren eines zügellosen Sohnes (wie diejenigen Amnons und Abschaloms). Zur ersten Position vgl. ROST (1926 = 1965, 229), COHEN (1971), zur zweiten WHYBRAY (1968, 38f.). In neuerer Zeit hat FLANAGAN (1972) die Schwächen solcher Parallelisierungen aufgedeckt: In einer Situation, in welcher der König regierungsunfähig ist, schickt sich Adonja als nächstältester Sohn und gegebener Thronfolger selbstverständlich und öffentlich an, die Königswürde zu übernehmen, und stützt sich dabei auf die engsten Vertrauten Davids bei Hof.

In diesen normalen Gang der Dinge greifen dann erst Natan und Batscheba ein (ISHIDA 1982, 179). Das Urteil, daß sich Adonja ohne Davids Wissen und gegen seinen Willen zum König gemacht hat, findet sich nur im Mund Natans und Batschebas (V.11.18). Den Anspruch Adonjas auf dem Thron erkennt Salomo in 2,22 selbst an. Wenn auch die alte Annahme KITTELS kaum zutrifft, daß der Erzähler von I Kön 1-2 ein Anhänger Adonjas gewesen sei, so ist er dem älteren Bruder Salomos jedenfalls nicht feindlich gesinnt: NOTH (1968), FLANAGAN (1972), WÜRTHWEIN (1977), ISHIDA (1982), LANGLAMET (1976a), der in 1,*5-7 (vgl. die Bezüge zu II Sam 15,1ff.) eine nachträgliche, adonjafeindliche Überarbeitung erwägt (desgleichen HENTSCHEL 1984).

d.) Die Szene, in der Batscheba durch Natan instruiert wird und dem König einen Schwur entlockt, der Salomo auf den Thron bringt, ist ein „kleines Kabinettstück psychologischer Raffinesse" (Würthwein 1977, 14). Meisterhaft sind die erzählerischen Mittel der Wiederholung und gleichzeitigen Variation desselben Themas gehandhabt (FOKKELMAN 1981, 360). Die genaue Kenntnis höfisch-höflicher Etikette betont JONES (1990, 54f.). Im Erzähltext weist vieles darauf hin, daß David den Schwur nie geleistet hat, auf den er von Batscheba behaftet wird. So ist die Interpretation der Szene als Intrige und vorsätzliche Täuschung Davids weithin akzeptiert. Vgl. u.a. NOTH (1968, 20ff.), LANGLAMET (1976a, 334), WÜRTHWEIN (1977, 14f.), ISHIDA (1982, 179), JONES (1990, 51ff.).

AHLSTRÖM verweist jedoch darauf, daß Salomo bei seiner Geburt von Natan den Namen Jedidja bekommt. „Hinter der Angabe ... steckt vielleicht eine Designierung als 'Kronprinz' oder ein Eid, in dem der Prophet den Namen des Thronfolgers verkündet" (1961, 122f.). Zur Kritik vgl. Jones (1990, 51f.).

e.) Ist mit der Darstellung der intriganten Vorgänge eine Kritik an Natan, Batscheba und vor allem Salomo verbunden? Die Anhänger einer salomokritischen Grundschicht der TFG sehen die Akteure der Intrige durch die Art der Darstellung unverhohlen kritisiert: vgl. LANGLAMET (1976a, 330ff.), WÜRTHWEIN (1977, 14f.), HENTSCHEL (1984, 22f.). JONES geht davon aus, daß Natans Leistung in der Grundschicht der TFG (ohne V.*30.35b-37.46-48) positiv gesehen wird, weil er es durch seine Intrige fertiggebracht hat, Salomo „with

David's blessing and authority" auf den Thron zu bringen (1990, 56). Der Erfolg rechtfertigt die Mittel und darf des Segens Gottes gewiß sein. Ganz ähnlich erlange in der Geschichte von Jakob und Esau (Gen 27) der jüngere Sohn durch Täuschung und auf Betreiben seiner Mutter den Erstgeburtssegen, der ihm dann dauerhaft bleibt. Beide Erzählungen verbinde „a common motif: succession passes on to the younger son rather than the elder by deceiving the one bestowing the right of succession" (55). Nach ARIRI sind beide Täuschungsmanöver „presented as the wise act of a woman guided by Yahweh" (1985, 271). Für andere rechtfertigen eher politische Erfordernisse die Mittel und auch die theologischen Wertungen bei der Thronerhebung Salomos. SEEBASS (1980, 40f.) sieht den gefährlichen Joab als den heimlichen Kopf der Adonjapartei, den auszuschalten ein vorrangiges um den Erhalt der Dynastie besorgtes Interesse beanspruchen mußte (so auch ISHIDA 1982, 179f.).

f.) Nach der Erzählhandlung wird Salomo noch zu Lebezeiten Davids zum König gekrönt; fortan erscheint und handelt er als königlicher Herrscher (V.51-53). Zwar wird auch David noch König genannt, aber er agiert nicht mehr als solcher. Liegt hier die Vorstellung einer Koregentenschaft zugrunde, auf die vielleicht auch die Bestrebungen Adonjas hinzielen?

Während mesopotamische und hethitische Quellen nur die feierliche Installation des Kronprinzen noch bei Lebzeiten des alten Herrschers kennen, hat BALL (1977) auf ägyptische Belege verwiesen und gemeint, das junge Jerusalemer Königtum hätte den Brauch der Koregentenschaft von dort adaptiert. Nach VEIJOLA rechnet die alte Erzählung allerdings nur mit der Inthronisation Salomos nach dem Lebensende Davids, während erst die dtr Bearbeitung mit V.35-37.46-48 „die volle Inthronisierung Salomos schon zu Lebzeiten Davids herausgearbeitet" habe (1975, 16.27). Die alte Thronfolgeformulierung benutze immer *'aḥar* – 'hinter, nach' (Davids Lebensende), während die dtr Bearbeitung *taḥat* – 'an (meiner) Stelle' (V.30.35) bevorzugt. So auch LANGLAMET (1976a), HENTSCHEL (1984, 23), JONES (1990, 38f.); zur Kritik vgl. BALL (1977, 279).

g.) Die Krönungszeremonie folgt offenbar einem festen Ritual: Der Thronanwärter wird auf dem königlichen Maultier zum Gichon geführt, dort durch den Priester gesalbt und öffentlich gehuldigt, um sodann in einer feierlichen Prozession zur Inthronisierung in den Palast zurückbegleitet zu werden.

Vgl. II Kön 11 und VON RAD (1947 = 1965), WÜRTHWEIN (1977, 15ff.). Der Priester Zadok nimmt auf Davids Auftrag die Salbung vor, kein von Gott ermächtigter Prophet oder etwa die Repräsentanten der Stämme, die hier im Unterschied zur Königswahl Davids (II 2,4; 5,3) oder der Abschaloms (vgl. II 19,11) fehlen. (Die Erwähnung Natans in V.34.45, der bei der Salbungshandlung gar keine Rolle spielt, gilt häufig als Ergänzung. Vgl. u.a. BENZINGER (1899), WÜRTHWEIN (1977), JONES (1990).

Oft wurde in dieser Art der Krönung die eigentliche Geburtsstunde der davidischen Dynastie in Jerusalem erblickt, deren Stabilität mit einer Abkehr von den alten Idealen der Mitbeteiligung der Stämme an der Königskrönung erkauft worden sei (Vgl. ALT 1930 = 1953, 61f.; SOGGIN 1967, 78). In dieser Neuerung, die FOHRER als „Staatsstreich von oben“ beschrieb (1959, 6), sah ALT das politisch einzig Notwendige, weil dem komplizierten, davidischen Reich nur so innere Festigkeit zu verleihen war. Nach WÜRTHWEIN denkt der Erzähler in dieser Frage ganz anders: „David reißt also ein Recht an sich, das eigentlich dem Volk gebührt“ (1977, 16).

Darüber, in welchem Sinn der *nagîd*-Titel in V.35 für Salomo verwendet wird, gehen die Meinungen auseinander: – als „grober (und gewiß beabsichtigter) Mißbrauch eines inhaltlich längst bestimmten Ausdrucks“, der die göttliche Designation des künftigen Königs beinhaltet (ALT (1930 = 1953, 62 Anm. 1); – als inhaltlich inzwischen gewandelte Bezeichnung für den Herrscher des davidischen Reichs (NOTH 1968, 25); – als religiöser Ehrentitel, der sich der dtr Geschichtskonzeption verdankt (VEIJOLA 1975, 129; WÜRTHWEIN 1977, 17); – als „Kronprinz“ (LIPINSKI 1974) oder als „Feldherr“ (SCHMIDT 1970, 162).

h.) Daß hinter den beiden Thronanwärtern jeweils bestimmte einander bekämpfende Fraktionen am Königshof stehen, macht die Erzählung selbst deutlich. Die Auseinandersetzung entsteht nicht aus einer Rivalität der Brüder, sondern an der Frage, ob Adonja König werden soll oder nicht (ARIRI 1985, 269). Salomo tritt erst ins Geschehen ein, nachdem er zum König gemacht worden ist. Umstritten ist, wo die Gründe für diesen Parteienstreit liegen. Da dem Königssohn Adonja mit dem Heerbannführer Joab und dem Priester Abjatar bewährte Mitstreiter aus der früheren Zeit Davids zu Seite stehen und er als nunmehr ältester Sohn der gegebene Thronfolger ist, sieht man in der Adonjapartei gern die judäischen Traditionalisten, während sich um Natan, Batscheba, Benaja und Zadok Hofleute scharen, die erst nach Davids Eroberung von Jerusalem ins Blickfeld getreten sind.

Dieser Antagonismus zwischen dem Machtanspruch Jerusalems und einem judäischen Traditionalismus ist in verschiedenen Spielarten beschrieben worden: AHLSTRÖM (1961) u.a. sehen im Hintergrund den Kampf zwischen Jahwismus und der kanaanitisch-jebusitischen Religion. Folgerichtig rücken Zadok, Natan und Batscheba zu Notabeln der jebusitischen Aristokratie des vorisraelitischen Jerusalem auf (zuletzt ausführlich JONES 1990, 40-46). Wer eher die politischen Dimensionen beleuchtet, weist darauf hin, daß dem vormals jebusitischen Jerusalem dringend an der Stärkung seiner Position gegenüber den israelitischen Stämmen gelegen sein mußte (ALT 1930 = 1953, 62; DONNER 1984, 214). Die Jerusalempartei hätte mit ihrem Kandidaten Salomo dann zugleich ihr an altorientalischen Despotien orientiertes Monarchiekonzept durch- und das traditionelle, an der Stämmemitbestimmung orientierte Modell außerkraftgesetzt. (Vgl. WÜRTHWEIN 1977, 11; ARIRI 1985, 225-235).

ISHIDA (1982) bestreitet, daß der Riß zwischen Kanaan (Jerusalem) und Israel verläuft, denn daß Adonja als Vertreter judäischer Stammesinteressen auftritt, läßt sich ebenso schwer erweisen wie die jebusitische Herkunft der einzelnen Mitglieder der gegen Adonja gerichteten Fraktion. Den Konflikt sieht er vor allem im Machtkampf zwischen alten Autoritäten und Emporkömmlingen am Königshof; so auch GROS LOUIS (1977, 19f.) und ARIRI (1985, 236-266). NOTH will zudem handfeste persönliche Machtgelüste (Natan und Batscheba) und Rivalitäten (der Priester Zadok und Abjatar sowie der Offziere Benaja und Joab) als Triebfedern des Thronfolgekampfes in I Kön 1f. nicht ausschließen (1968, 19f.). Nach SEEBASS ist es vor allem die Machtposition und der Einfluß Joabs, der die Parteien polarisiert hat (1980, 39ff.).

3.3 Davids Testament

In 2,1-9 wird erzählt, wie der sterbende David seinen Nachfolger Salomo ermahnt und ihm neben der treulichen Beachtung der Mosetora und der Fürsorge für die Söhne Barsillais auch die Tötung des Heerführers Joab und des Benjaminiten Schim'i ans Herz legt. Die Aufträge, die David seinem Sohn aufgibt (V.5-9) sind nicht völlig kongruent mit der Erzählung über ihre Ausführung (2,13-46).

Joab muß nach 2,28 als Parteigänger Adonjas sterben, nach Davids Testament jedoch, weil auf ihm eine Blutschuld lastet, die Sühnung verlangt (V.5f.). Schim'i muß nach 2,36ff. sterben, weil er gegen den von Salomo (aus machtpolitischen Gründen?) verordneten Zwangsaufenthalt in Jerusalem verstoßen hat, nach dem Testament aufgrund des Fluches, mit dem Schim'i den König bei dessen Flucht nach Mahanajim belegt hatte (V.8f.). Die Verse 31b-33.44f. tragen die Gründe des Testaments jeweils in der Erzählung nach und gleichen so die beiden Versionen aus. Andererseits verlautet im Testament von Adonja und Abjatar, die gleichfalls von Salomos Säuberungsmaßnahmen betroffen sind, gar nichts, und eine Ausführung der von David im Testament (V.7) gewünschten Gunsterweise an die Söhne Barsillais fehlt in der Erzählung ganz.

Da sich in V.3-4 zudem die unübersehbaren Spuren dtr Nacharbeit finden, galt der älteren Forschung überwiegend das ganze Testament als späterer Einschub (BENZINGER 1899, 8f.; GRESSMANN ^{2}1921, 191). Erst ROST wehrte sich gegen die seinerzeit übliche pauschale Zuweisung an die Redaktion, indem er an I Kön 1,1f.5-9 als einer alten Überlieferung festhielt, die der Verfasser der TFG trotz mancher Inkongruenzen in seine Erzählung eingearbeitet hat (1926 = 1965, 198f.). Diesem Interpretationsmuster sind seither viele gefolgt. Vgl. WHYBRAY (1968), SCHULTE (1972, 174), ISHIDA (1982), MCCARTER (1981), ROGERS (1988). Die Zugehörigkeit des Testaments zur alten TFG bestritt NOTH (1968) und fand in I Kön 2,1b.2*.5-9 einen „bereits vordeuteronomistischen Nachtrag" zur TFG (9), der aber noch vor den Nachträgen in 2,13-46 hinzugefügt worden sein muß, weil sich die Inkongruenzen zwischen Testament und Erzählung nur erklären lassen, wenn der Verfasser des Testaments die Erzählung von V.*13-46 noch nicht kannte (11). Zu NOTHS Theorie über den Schluß der TFG s. oben D. 2.2.

VEIJOLA (1975, 19ff.) versucht auch für die Instruktionen in V.5-9 den Nachweis dtr Herkunft zu erbringen (DtrG[H]). In Weiterentwicklung seiner These wird die dtr Herkunft von V.5-9 durch LANGLAMET (1976a), WÜRTHWEIN (1977), HENTSCHEL (1984) zugunsten einer prosalomonischen Bearbeitungsschicht aus vordtr Zeit in Zweifel gezogen; vgl. auch O.KAISER (1988, 15).

Einen Grund für das eingeschobene Testament hatte NOTH in der Entlastung Salomos gesehen, weil die rigide Ausschaltung seiner Gegner jetzt auf den letzten Willen Davids zurückgeführt wird (1968, 31). Diese Entlastung bedeutet nach WÜRTHWEIN aber keine Belastung Davids, als solle er als der eigentliche Drahtzieher der Racheakte gezeigt werden, der von seinem Nachfolger verlangen muß, was er unfähig war, selbst zu besorgen. Vielmehr will das Testament durch die gegebenen Begründungen die Maßnahmen Salomos als im Interesse des Dynastieerhalts notwendige erscheinen lassen (1977, 27). Ganz ähnliche Tendenzen sind auch von den Forschern erwogen worden, die das Testament als ursprünglichen Bestandteil der TFG ansehen:

Entlastung Salomos auf Kosten Davids (McCARTER (1981), Maßnahmen im Interesse der Dynastie (ROGERS 1988).

In der Theorie VEIJOLAS, LANGLAMETS und WÜRTHWEINS werden die Instruktionen (V.5-9) ebenso wie die Passagen, die sie in der Erzählung verankern, zu einer einzigen Bearbeitungsschicht gerechnet. Die Schwierigkeit, etwa V.5f. und V.31b-33 derselben Hand zuzuweisen, diskutiert LANGLAMET (1976a, 502f.) und betonen SEEBASS (1980, 43: 2,5-6 ist „von V.28-31.34f. abhängig" und „nicht umgekehrt") sowie O.KAISER (1988, 14) und ROGERS (1988, 401f.). Nach letzterem gehört das Testament mit seinen realpolitisch notwendigen Maßnahmen zum Grundbestand der TFG, während die Verse 31b-33.44f. einer größeren dtr Bearbeitung zugewiesen werden. Vergleichbar teilt METTINGER (1976) zwischen vordtr (V.5-9) und dtr (V.31b-33.44f.) Redaktion.

Als gattungsgeschichtliche Parallelen eines solchen Königsvermächtnisses ist besonders auf weisheitliche Instruktionen aus Ägypten verwiesen worden (WHYBRAY 1968, 110ff.) und PERDUE (1983). KOOPMANS (1991) versucht den Text nach colometrischen Gesichtspunkten zu lesen, um so einigen Parallelismen besser gerecht zu werden, namentlich denen in V.5.

3.4 Salomos Maßnahmen zur Sicherung seiner Königsherrschaft

Die Verse 2,*13-35 schließen nahe an I Kön 1,53 an und erzählen, wie sich Salomo nach dem Tod Davids der Reihe nach seiner Gegner beim Kampf um die Thronfolge entledigt, um am Ende seine Gefolgsleute Zadok und Benaja in die freigewordenen Positionen des (Ober)priesters und Heerbannführers einrücken zu lassen (V.35). Die Beseitigung des Benjaminiten Schim'is in V.36-46 wird indes nur durch Davids Testament (V.8f.), nicht durch die Erzählung I Kön *1f. selbst vorbereitet. Die Episode gewinnt aber im Zusammenhang der TFG eine wichtige Funktion: der Umgang mit latenten benjaminitischen Machtansprüchen bildet nicht nur ein immer wiederkehrendes Element der Handlung, sondern markiert Anfang und Schluß der TFG (vgl. II 2 - 4 bzw. II 9)

Salomo trat im Kampf um den Thron selbst nicht in Erscheinung. Hier wird er sogleich als Despot gezeigt, der Joab unter Mißachtung des Altarasyls (dazu CRÜSEMANN 1992, 205ff.) niederstechen und Schim'i (und wohl auch Adonja) ohne triftigen Grund beseitigt. „Es ist ziemlich deutlich, daß dieser Abschnitt Salomo ins Unrecht setzen will dadurch, daß die Maßnahmen gegen die drei als Willkürakte des neuen Königs geschildert werden" (NOTH 1968, 32f.; vgl. WÜRTHWEIN 1977, CRÜSEMANN 1978, 184f. u.v.a.). Dieser Eindruck ist durch verschiedene Annahmen abgeschwächt worden:

– Die blutige Säuberung „entspricht ganz den Gepflogenheiten orientalischer Herrscher aller Zeiten" und verrät „keine Parteinahme gegen Salomo" sondern die Objektivität der Anschauung (BENZINGER 1899, 11).

– Die Maßnahmen sind im Sinn des Machterhalts nötig, betreffen nur wirklich Schuldige, verhindern weit Schlimmeres und werden vom Erzähler durch die Art der Darstellung gerechtfertigt. Vgl. SEEBASS (1980, 39ff.), MCCARTER (1981; 1984, 12), CONRAD (1983), ARIRI (1985, 271), ROGERS (1988).

– Dem Erzähler sei allein wichtig gewesen, daß mit Salomo das Königtum und die davidische Dynastie etabliert wird. Die Art und Weise, wie dies geschah, ist für ihn unerheblich und bedarf daher auch keiner Rechtfertigung (ISHIDA 1982, 180).

Die Audienz Batschebas bei Salomo (2,19) zeichnet ein eindrucksvolles Bild der hervorgehobenen Stellung der Königinmutter im judäischen Hofzeremoniell: der König selbst vollzieht vor ihr die Proskynese, und Batscheba setzt sich auf einen Thron zur Rechten ihres Sohnes, während sie in der Audienz bei ihrem Gemahl David (1,16) einen deutlich niedrigeren Status innehatte.

Mit der besonderen Stellung der Königinmutter als *G^e^bîrā* am judäischen Hof (der Begriff fehlt aber in I Kön 2) beschäftigen sich IHROMI (1974), ANDREASEN (1983), BRENNER (1985), SCHROER (1990, 49f.). MOLIN spekuliert über die Herkunft dieses Amtes aus matriarchalen Vorstellungen in Südjuda (1954), und S.ACKERMAN (1993) will die Machtstellung der *G^e^bîrā* aus deren Funktion als Repräsentantin der Göttin Aschera im judäischen Kult herleiten. WYATT (1985; 1987) sieht wie andere vor ihm Batscheba als Trägerin eines hohen Amtes schon am jebusitischen Hof. DONNER (1959) zieht mit Sorgfalt das reichhaltige altorientalische Vergleichsmaterial bei und findet ein am stärksten bei den Hethitern institutionalisiertes und mit eigenen Machtbefugnissen ausgestattetes Amt der Königin (-mutter). Für BEN BARAK sprechen die Belege weniger für ein fest installiertes Hofamt. Der Ausdruck *G^e^bîrā* bezeichnet machtbewußte und -fähige Königinnen bzw. Königinmütter, die es vereinzelt im Alten Orient wie in Juda gegeben hat und die auf die Staatsgeschäfte wesentlichen politischen Einfluß gewinnen konnten (1991). Daß es unter solchen einflußreichen Frauen im Alten Orient des öfteren Mütter gegeben hat, die ihre Machtposition genutzt haben, um ihren Söhnen gegen die traditionelle Erbfolge auf den Thron zu verhelfen, belegen DONNER (1959), BEN BARAK (1986 und 1991, 32f.) sowie ISHIDA (1977, 155ff. und 1985).

F. LITERATURVERZEICHNIS

Ackerman, J.S. (1990): Knowing Good and Evil. A Literary Analysis of the Court History in 2 Samuel 9-20 and 1 Kings 1-2: JBL 109, 41-60.

Ackerman, S. (1993): The Queen Mother and the Cult in Ancient Israel: JBL 102, 385-401.

Ackroyd, P.R. (1971): The First Book of Samuel (CNEB).

– (1975): The Verb Love – *ʾāhēb* in the David-Jonathan Narratives – A Footnote: VT 25, 213f.

– (1977): The Second Book of Samuel (CNEB).

– (1981): The Succession Narrative (so-called): Interp. 35, 383-396.

Afanas'eva, V. (1987): Das sumerische Sargon-Epos. Versuch einer Interpretation: Altorientalische Forschungen 14, 237-246.

Aharoni, Y. (1974): The Building Activities of David and Solomon: IEJ 24, 13-16.

Ahlström, G.W. (1961): Der Prophet Nathan und der Tempelbau: VT 11, 113-127.

– (1984): The Travels of the Ark. A Religio-Political Composition: JNES 43, 141-149.

Albertz, R. (1992): Religionsgeschichte Israels in alttestamentlicher Zeit (ATD Ergänzungsreihe 8).

Alonso Schökel, L. (1976): David y la mujer de Tecua: 2 Sm 14 como modelo hermenéutico: Bib. 57, 192-205.

Alster, B. (1987): A Note on the Uriah Letter in the Sumerian Sargon Legend: ZA 77, 169-173.

Alt, A. ([1930] 1953 = ³1964): Die Staatenbildung der Israeliten in Palästina: ders., Kleine Schriften zur Geschichte des Volkes Israel II, München, 1-65.

– ([1934] 1953): Die Ursprünge des israelitischen Rechts: ders., Kleine Schriften zur Geschichte des Volkes Israel I, München, 278-332.

Alter, R. (1981): The Art of Biblical Narrative, New York.

Altpeter, G. (1982): II Sam. 12,1-15a. Eine strukturalistische Analyse: ThZ 38, 46-52.

Anbar, M. (1988): La «reprise»: VT 38, 385-398.

Andreasen, N.-E.A. (1983): The Role of the Queen Mother in Israelite Society: CBQ 45, 179-194.

Ap-Thomas, D.R. (1961): Saul's "Uncle": VT 11, 241-245.

Ariri-Chidomere, A.C. (1985): The Background to the Accession of Solomon to the Throne of David. An Exegetical and Historical Study of I Kg. 1-2 Within the Context of the Succession Narrative (2 Sam. 9-20, I Kg. 1-2), Diss. masch. Leuven.

Arpali, B. (1968): Caution, A Biblical Story! Comments on the Story of David and Bathsheba (hebr.): Ha-Sifrut 1, 580-597, engl. summary: Ha-Sifrut 2 (1969-1971), 686-684.

Auerbach, E. (1932): Wüste und gelobtes Land. Geschichte Israels von den Anfängen bis zum Tode Salomos, Berlin.

Augustin, M. (1983): Die Inbesitznahme der schönen Frau aus der unterschiedlichen Sicht der Schwachen und Mächtigen. Ein kritischer Vergleich von Gen 12, 10-20 und II Sam 11, 2-27a: BZ 27, 145-154.

Auld, A.G. (1992): s. Ho, C.Y.S. (1992).

Bailey, R.C. (1990): David in Love and War. The Pursuit of Power in 2 Samuel 10-12 (JSOT.S 75).

Bal, M. (1987): The Emergence of the Lethal Woman, Or the Use of Hermeneutical Models: dies., Lethal Love. Feminist Literary Readings of Biblical Love Stories, Bloomington, 10-36.

Ball, E. (1977): The Co-Regency of David and Solomon (1 Kings I): VT 27, 268-279.

– (1982): Introduction to Rost's Work: L.Rost: The Succession to the Throne of David (transl. M.D. Rutter and D.M.Gunn), Sheffield, XV-L.

Baltzer, K. (1975): Die Biographie der Propheten, Neukirchen.

Bar-Efrat, S. (1978): Literary Modes and Methods in the Biblical Narrative in View of 2 Sam 10-20 and 1 Kings 1-2: Imm. 8, 19-31.

– (1980): Some Observations on the Analysis of Structure in Biblical Narrative: VT 30, 154-173.

– (1989): Narrative Art in the Bible (JSOT.S 70).

Bardtke, H. (1973): Erwägungen zur Rolle Judas im Aufstand des Absalom: Wort und Geschichte, FS K.Elliger (AOAT 18), 1-8.

– (1981): Der Aufstand des Scheba (2 Samuelis 20): F. Paschke (Hg.), Überlieferungsgeschichtliche Untersuchungen (TU 125), 15-27.

Bartelmus, R. (1987): Tempus als Strukturprinzip. Anmerkungen zur stilistischen und theologischen Relevanz des Tempusgebrauchs im „Lied der Hanna“ (1 Sam 2,1-10): BZ 31, 15-35.

Barthélemy, D. (1982): Critique textuelle de l'Ancien Testament (OBO 50/1).

Barthélemy, D. / Gooding, D.W. / Lust, J. / Tov, E. (1986): The Story of David and Goliath. Textual and Literary Criticism (OBO 73).

Baumgartner, W. (1923): Ein Kapitel vom hebräischen Erzählungsstil: Eucharisterion, FS H.Gunkel (FRLANT 36), 145-157.

Bechmann, U. (1988): Michal - Retterin und Opfer Davids: K.Walker (Hg.), Zwischen Ohnmacht und Befreiung. Biblische Frauengeschichten, Freiburg/Basel/ Wien, 71-80.

Becker, U. (1987): Der innere Widerspruch der deuteronomistischen Beurteilung des Königtums (am Beispiel von 1 Sam 8): Altes Testament und christliche Verkündigung, FS A.H.J.Gunneweg, Stuttgart, 246-270.

Becker-Spörl, S. (1992): „Und Hanna betete, und sie sprach...". Literarische Untersuchungen zu 1 Sam 2,1-10 (Textwissenschaft - Theologie - Hermeneutik. Linguistik - Literaturanalyse - Informatik 2), Tübingen.

Bellefontaine, E. (1987): Customary Law and Chieftainship. Judicial Aspects of 2 Samuel 14,4-21: JSOT 38, 47-72.

Ben Barak, Z. (1979): The Mizpah Covenant (I Sam 10,25) - The Source of the Israelite Monarchic Covenant: ZAW 91, 30-43.

– (1986): Succession to the Throne in Israel and in Assyria: OLoP 17, 85-100.

– (1991): The Status and Right of the *Gĕbîrâ* : JBL 110, 23-34.

Bentzen, A. (1948): The Cultic Use of the Story of the Ark in Samuel: JBL 67, 37-53.

Benzinger, I. (1899): Die Bücher der Könige (KHC IX).

Berges, U. (1989): Die Verwerfung Sauls. Eine thematische Untersuchung (FzB 61).

Berlin, A. (1982): Characterization in Biblical Narrative. David's Wives: JSOT 23, 69-85.

– (1983): Poetics and Interpretation of Biblical Narrative (BiLiSe 9).

Bettenzoli, G. (1986a): Samuel und das Problem des Königtums. Die Tradition von Gilgal: BZ 30, 222-236.

– (1986b): Samuel und Saul in geschichtlicher und theologischer Auffassung: ZAW 98, 338-351.

Beuken, W.A.M. (1978): I Samuel 28 – The Prophet as "Hammer of Witches": JSOT 6, 3-17.

Beyerlin, W. (1961): Das Königscharisma bei Saul: ZAW 73, 186-201.

– (1975): Religionsgeschichtliches Textbuch zum Alten Testament (ATD Ergänzungsreihe 1), W.Beyerlin (Hg.).

Bič, M. (1974): Davids Kriegsführung und Salomos Bautätigkeit: Travels in the World of the Old Testament, FS M.A.Beek, 1-12.

Bickert, R. (1979a): Die List Joabs und der Sinneswandel Davids. Eine dtr bearbeitete Einschaltung in die Thronfolgeerzählung 2 Sam 14,2-22: J.A. Emerton (Ed.), Studies in the Historical Books of the OT (VT.S 30), 30-51.

– (1979b): Die Geschichte und das Handeln Jahwes. Zur Eigenart einer deuteronomistischen Offenbarungsauffassung in den Samuelbüchern: Textgemäß. Aufsätze und Beiträge zur Hermeneutik des Alten Testaments, FS E.Würthwein, Göttingen, 9-27.

Birch, B.C. (1976): The Rise of the Israelite Monarchy. The Growth and Development of I Samuel 7-15 (SBL.DS 27).

Blenkinsopp, J. (1964): Jonathan's Sacrilege. 1 Sm 14,1-46. A Study in Literary History: CBQ 26, 423-449.

– (1966): Theme and Motif in the Succession History (2 Sam XI,2ff.) and the Yahwist Corpus: Volume du Congrès, Genève 1965 (VT.S 15), 44-57.

– (1969): Kiriath-Jearim and the Ark: JBL 88, 143-156.

Bloch-Smith, E. (1992): The Cult of the Dead in Judah. Interpreting the Material Remains: JBL 111, 213-224.

Boecker, H.J. (1969): Die Beurteilung der Anfänge des Königtums in den deuteronomistischen Abschnitten des 1. Samuelbuches (WMANT 31).
– (1976): Recht und Gesetz im Alten Testament und im Alten Orient, Neukirchen.
Boer, P.A.H. de (1963): Confirmatum est cor meum: OTS 13, 173-192.
– (1966): 2 Samuel 12:25: Studia Biblica et Semitica, FS T.C.Vriezen, Wageningen, 25-29.
– (1977): Einige Bemerkungen und Gedanken zum Lied in 1.Sam 2,1-10: Beiträge zur Alttestamentlichen Theologie, FS W.Zimmerli, Göttingen, 53-59.
Bogaert, P.-M. (1980): Pour une phénoménologie de l'appropriation de la prière. Le cantique d'Anne dans le 1er livre de Samuel, dans les Antiquités Bibliques et dans le Nouveau Testament: HoRe 5, 245-259.
Bourke, J. (1954): Samuel and the Ark. A Study in Contrasts: DomSt 7, 81-82.
Bowman, R.G. (1981): The Crisis of King David. Narrative Structure, Compositional Technique, and the Interpretation of II Sam 8,15-20,26: Diss. theol. Richmond.
Brenner, A. (1985): The Israelite Woman. Social Role and Literary Type in Biblical Narrative, Sheffield.
Brentjes, B. (1969): Zur „Beulen“-Epidemie bei den Philistern in 1.Samuel 5-6: Altertum 15, 67-74.
Brueggemann, W. (1968): David and His Theologian: CBQ 30, 156-181.
– (1969): The Trusted Creature: CBQ 31, 484-498.
– (1972): On Trust and Freedom. A Study of Faith in the Succession Narrative: Interp. 26, 3-19.
– (1974): On Coping with Curse. A Study of 2 Sam 16:5-14: CBQ 36, 175-192.
– (1979): Trajectories in Old Testament Literature and the Sociology of Ancient Israel: JBL 98, 161-185.
– (1985): David's Truth in Israel's Imagination and Memory, Philadelphia.
– (1988): 2 Samuel 21-24. An Appendix of Deconstruction?: CBQ 50, 383-397.
– (1990a): First and Second Samuel (Interpretation. A Bible Commentary for Teaching and Preaching), Louisville.
– (1990b): I Samuel 1. A Sense of Beginning: ZAW 102, 33-48.
Buber, M. (1951): Das Volksbegehren: In memoriam E.Lohmeyer, Stuttgart, 53-66.
– (1956): Die Erzählung von Sauls Königswahl: VT 6, 113-173.
Budde, K. (1890): Die Bücher Richter und Samuel, ihre Quellen und ihr Aufbau, Gießen.
– (1902): Die Bücher Samuel (KHC 8).
Burrichter, R. (1987a): Die Klage der Leidenden wird stumm gemacht. Eine biblisch- literarische Reflexion zum Thema Vergewaltigung und Zerstörung der Identität: AnFragen 1. Diskussionen feministischer Theologie, C.Schaumberger (Hg.), Münster, 11-46.
– (1987b): Frauenleid - profanes Leid? Zum theologischen Topos biblischer Leidensgeschichten von Frauen, Diplomarbeit masch. Münster.

Busink, T.A. (1970): Der Tempel von Jerusalem von Salomo bis Herodes. Eine archäologisch-historische Studie unter Berücksichtigung des westsemitischen Tempelbaus, Bd.1: Der Tempel Salomos, Leiden.

Calderone, P.J. (1966): Dynastic Oracle and Suzerainty Treaty. 2 Samuel 7,8-16 (Logos 1), Manila.

Camp, C.V. (1981): The Wise Women of 2 Samuel. A Role Model for Women in Early Israel?: CBQ 43, 14-29.

Campbell, A.F. (1975): The Ark Narrative (1 Sam 4-6; 2 Sam 6). A Form-Critical and Traditio-Historical Study (SBL.DS 16).

– (1979): Yahweh and the Ark. A Case Study in Narrative: JBL 98, 31-43.

– (1986a): Of Prophets and Kings. A Late Ninth-Century Document (1Samuel 1 - 2Kings 10) (CBQ.MS 17).

– (1986b): From Philistine to Throne. 1 Samuel 16:14 - 18:16: ABR 34, 35-41.

– (1993): The Prophetic Record. The Complete RSV Text of a Late Ninth-Century Document (1 Samuel - 2 Kings 10), noch unveröffentlicht.

Caquot, A. (1963): La prophétie de Nathan et ses échos lyriques: Congress Volume, Bonn 1962 (VT.S 9), 213-224.

– (1991): Un point difficile du discours de la Téqoïte (II Samuel 14,13-15): Storia e tradizione di Israele, FS J.A. Soggin, Brescia, 15-30.

Carlson, R.A. (1964): David, the Chosen King. A Traditio-Historical Approach to the Second Book of Samuel, Stockholm/Göteborg/Uppsala.

Cartun, A. (1991): Topography as Template for David's Fortunes During his Flight Before Avshalom: Journal of Reform Judaism, Spring 1991, 17-34.

Caspari, W. (1908): Die Bundeslade unter David: Theologische Studien, FS T.Zahn, Leipzig, 23-45.

– (1909a): Literarische Art und historischer Wert von 2 Sam 15-20: ThStKr 82, 317-348.

– (1909b): Aufkommen und Krise des israelitischen Königtums unter David. Ursachen, Teilnehmer und Verlauf des absalomschen Aufstandes, Berlin.

– (1911): Der Stil des Eingangs der israelitischen Novelle: ZWTh 53, 218-253.

– (1926): Die Samuelbücher (KAT 7).

Cazeaux, J. (1987): Ecriture biblique et dialectique. 1 Samuel 24-26: L.Derousseaux (Ed.), La création dans l'Orient Ancien (LeDiv 127), 451-461.

Charbel, A. (1974): La «peste bubbonica» in 1 Sam 5,6: BeO 16, 183-191.

Clements, R. (1967): Abraham and David. Gen 15 and its Meaning for Israelite Tradition (SBT II/5).

Clines, D.J.A. (1980): Story and Poem. The Old Testament as Literature and as Scripture: Interp. 34, 115-127.

– (1991): Michal Observed. An Introduction to Reading Her Story: ders./ T.C.Eskenazi (Ed.), Telling Queen Michal's Story. An Experiment in Comparative Interpretation (JSOT.S 119), 24-63.

Coats, G.W. (1981): Parable, Fable, and Anecdote. Storytelling in the Succession Narrative: Interp. 35, 368-382.

– (1986): II Samuel 12,1-7a: Interp. 40, 170-175.

Cody, A. (1979): Sin and its Sequel in the Story of David and Bathsheba: D.Durken (Ed.), Sin, Salvation, and the Spirit, Collegeville, 115-126.
Cohen, H.H. (1965): David and Bathsheba: JBR 33, 142-148.
Cohen, M.A. (1965): The Role of the Shilonite Priesthood in the United Monarchy of Ancient Israel: HUCA 36, 59-98.
– (1971): The Rebellions During the Reign of David: An Inquiry into Social Dynamics in Ancient Israel: Studies in Jewish Bibliography, History and Literature, FS I.E.Kiev, New York, 91-112.
Conrad, J. (1972): Zum geschichtlichen Hintergrund der Darstellung von Davids Aufstieg: ThLZ 97, 321-332.
– (1983): Der Gegenstand und die Intention der Geschichte von der Thronfolge Davids: ThLZ 108, 161-176.
Conrad, L.I. (1984): The Biblical Tradition for the Plague of the Philistines: JAOS 104, 281-287.
Conroy, C. (1978): Absalom Absalom! Narrative and Language in 2 Sam 13-20 (AnBib 81).
– (1983): A Literary Study of 2 Sam 17, 1-14: El misterio de la palabra, FS D.L.Alonso Schökel, Madrid, 177-192.
– (1985): A Literary Analysis of 1 Kings I 41-53, with Methodological Reflections: Congress Volume, Salamanca 1983 (VT.S 36), 54-66.
Cook, S.A. (1899/1900): Notes on the Composition of 2 Samuel: AJSL 16, 145-177.
Coons, C.S. (1975): Contemporary Thought Processes and Ideologies Underlying the Biblical Passage of II Samuel 7, Diss. phil. New York.
Cooper J.S. / Heimpel, W. (1983): The Sumerian Sargon Legends: JAOS 103, 67-87.
Coppens, J. (1982): La prophétie de Nathan. Sa portée dynastique: Von Kanaan bis Kerala, FS J. van der Ploeg (AOAT 211), 91-100.
Coxon, P.W. (1981): A Note on 'Bathsheba' in 2 Samuel 12,1-6: Bib. 62, 247-250.
Crenshaw, J.L. (1969): Method in Determining Wisdom Influence Upon "Historical" Literature: JBL 88, 129-142.
Crüsemann, F. (1978): Der Widerstand gegen das Königtum. Die antiköniglichen Texte des Alten Testaments und der Kampf um den frühen israelitischen Staat (WMANT 49).
– (1980): Zwei alttestamentliche Witze. I Sam 21,11-15 und II Sam 6,16.20-23 als Beispiele einer biblischen Gattung: ZAW 92, 215-227.
– (1992): Die Tora. Theologie und Sozialgeschichte des alttestamentlichen Gesetzes, München.
Cryer, F.H. (1985): David's Rise to Power and the Death of Abner. An Analysis of 1 Samuel XXVI 14-16 and its Redaction-Critical Implications: VT 35, 385-394.
Daube, D. (1969): Studies in Biblical Law, New York.
– (1982): Nathan's Parable: NT 24, 275-288.

Davies, P.R. (1977): The History of the Ark in the Books of Samuel: JNWSL 5, 9-18.

Deem, A. (1978): "...and the Stone Sank into his Forehead". A Note on I Samuel XVII, 49: VT 28, 349-351.

Deist, F.E. (1984/85): David. A Man After God's Heart? An Investigation into the David Character in the So-Called Succession Narrative: OTWSA 27/28, 99-129.

Delcor, M. (1964 = 1979): Jahweh et Dagon. Ou le Jahwisme face à la religion des Philistins, d'après 1 Sam. V: VT 14, 136-154 = ders., Etudes bibliques et orientales des religions comparées, Leiden, 30-48.

Delekat, L. (1967): Tendenz und Theologie der David-Salomo-Erzählung: Das ferne und das nahe Wort, FS L.Rost (BZAW 105), 26-36.

Dibelius, M. (1906): Die Lade Jahves. Eine religionsgeschichtliche Untersuchung (FRLANT 7).

Dietrich, W. (1972): Prophetie und Geschichte. Eine redaktionsgeschichtliche Untersuchung zum deuteronomistischen Geschichtswerk (FRLANT 108).

– (1976): Von einem, der zuviel wußte. Versuch über Stefan Heyms „König David Bericht": ders., Wort und Wahrheit. Studien zur Interpretation alttestamentlicher Texte, Neukirchen, 41-67.

– (1977a): David in Überlieferung und Geschichte: VF 22, 44-64.

– (1977b): Gott als König. Zur Frage nach der theologischen und politischen Legitimität religiöser Begriffsbildung: ZThK 77, 251-268.

– (1979): Israel und Kanaan. Vom Ringen zweier Gesellschaftssysteme (SBS 94).

– (1987, ^{2}1992): David, Saul und die Propheten. Das Verhältnis von Religion und Politik nach den prophetischen Überlieferungen vom frühesten Königtum in Israel (BWANT 122).

– (1989a): Gott, Macht und Liebe. Drei neue Romane über die Davidszeit: Ref. 38, 301-308.

– (1989b): Die Josephserzählung als Novelle und Geschichtsschreibung. Zugleich ein Beitrag zur Pentateuchfrage (BThSt 14).

– (1995): Martin Noth and the Future of the Deuteronomistic History (erscheint 1995 in einem von S.L.McKenzie und M.P.Graham herausgegebenen JSOT.S-Band).

Dijk Hemmes, F. van (1988): Tamar und die Grenzen des Patriarchats; zwischen Vergewaltigung und Verführung: M.Bal / F.van Dijk Hemmes / G.van Ginneken (Hg.), Und Sara lachte ... Patriarchat und Widerstand in biblischen Geschichten, Münster, 51-75.

Donner, H. (1959): Art und Herkunft des Amtes der Königinmutter im Alten Testament: FS J.Friedrich, Heidelberg = ders., Aufsätze zum Alten Testament (BZAW 224), 1994, 1-24.

– (1970a): Die Schwellenhüpfer. Beobachtungen zu Zephanja 1,8f: JSS 15, 42-55.

– (1970b): Herrschergestalten in Israel, Berlin/Heidelberg/New York.

– (1973): „Hier sind deine Götter ‚Israel!": Wort und Geschichte, FS K.Elliger (AOAT 18), 45-50 = ders., Aufsätze zum Alten Testament (BZAW 224), 1994, 67-75.
– (1983): Die Verwerfung des Königs Saul: SbWGF 19, 229-259 = ders., Aufsätze zum Alten Testament (BZAW 224), 1994, 133-164.
– (1984): Geschichte des Volkes Israel und seiner Nachbarn in Grundzügen (ATD Ergänzungsreihe 4/1).
Doob Sakenfeld, K. (1983): Loyalty and Love. The Language of Human Interconnections in the Hebrew Bible: Michigan Quarterly Review 22, 190-204.
Dorn, L. (1978): Chronological Sequence in Two Hebrew Narratives: BiTr 29, 316-322.
Dragga, S. (1987): In the Shadow of the Judges. The Failure of Saul: JSOT 38, 39-46.
Dus, J. (1961): Der Brauch der Ladewanderung im alten Israel, ThZ 17, 1-16.
– (1963): Die Erzählung über den Verlust der Lade 1 Sam IV: VT 13, 333-337.
– (1963/64): Die Länge der Gefangenschaft der Lade im Philisterland: NThT 18, 440-452.
– (1968): Die Geburtslegende Samuels I.Sam 1. (Eine traditionsgeschichtliche Untersuchung zu I.Sam 1-3): RSO 43, 163-194.
Ebach, J. / Rüterswörden, U. (1977/1980): Unterweltsbeschwörung im Alten Testament: UF 9, 57-70 / UF 12, 205-220.
Edelman (Vikander), D. (1984): Saul's Rescue of Jabesh-Gilead (I.Sam 11,1-11). Sorting Story from History: ZAW 96, 195-209.
– (1985): The 'Ashurites' of Eshbaal's State (2 Sam. 2.9): PEQ 117, 85-91.
– (1986): Sauls Battle Against Amaleq (1 Sam. 15): JSOT 35, 71-84.
– (1988): Saul's Journey through Mt. Ephraim and Samuel's Ramah (1 Sam 9:4-5; 10:2-5): ZDPV 104, 44-58.
– (1990): The Deuteronomistic Story of King Saul - Narrative Art or Editorial Product: C.Brekelmans / J.Lust (Ed.), Pentateuchal and Deuteronomistic Studies (BEThL 94), 207-220.
– (1991): King Saul in the Historiography of Judah (JSOT.S 121).
Eichler, M. (1982): The Plague in I Samuel 5 and 6: Dor le Dor 10, 157-165.
Eißfeldt, O. (1928): Noch einmal: Text-, Stil- und Literarkritik in den Samuelbüchern: OLZ 31, 801-812.
– (1931): Die Komposition der Samuelisbücher, Leipzig.
– (1934, ^{4}1976): Einleitung in das Alte Testament, Tübingen.
– (1957 = 1966): Silo und Jerusalem: Volume du Congrès, Strasbourg 1956 (VT.S 4), 138-147 = ders., Kleine Schriften III, Tübingen, 417-425.
Elliger, K. (1935 = 1966): Die dreißig Helden Davids: PJ 31, 29-75 = ders., Kleine Schriften zum AT (TB 32), 72-118.
– (1966): Leviticus (HAT I/4).
Eppstein, V. (1969): Was Saul also among the Prophets?: ZAW 81, 287-304.

Eslinger, L.M. (1983): Viewpoints and Point of View in 1 Samuel 8-12: JSOT 26, 61-76.
– (1985): Kingship of God in Crisis. A Close Reading of 1 Samuel 1-12 (BiLiSe 10).
Exum, J.C. (1992): Tragedy and Biblical Narrative. Arrows of the Almighty, Cambridge.
Fensham, F.C. (1970): The Battle between the Men of Joab and Abner as a Possible Ordeal by Battle?: VT 20, 356-357.
Ficker, R. (1977): Komposition und Erzählung. Untersuchungen zur Ladeerzählung (1 S 4-6; 2 S 6) und zur Geschichte vom Aufstieg Davids (1 S 15 - 2 S 5), Diss. theol. Heidelberg.
Fischer, A. (1989): David und Batseba. Ein literarkritischer und motivgeschichtlicher Beitrag zu II Sam 11: ZAW 101, 50-59.
Fischer, I. (1994): Die Erzeltern Israels. Feministisch-theologische Studien zu Genesis 12-36 (BZAW 222).
Fishbane, M. (1982): I Samuel 3. Historical Narrative and Narrative Poetics: K.R.R. Gros Louis (Ed.), Literary Interpretations of Biblical Narratives II, Nashville, 191-203.
Flanagan, J.W. (1971): A Study of the Biblical Traditions Pertaining to the Foundation of the Monarchy in Israel: Diss. masch. Notre Dame.
– (1972): Court History or Succession Document? A Study of 2 Samuel 9-20 and 1 Kings 1-2: JBL 91, 172-181.
– (1983): Social Transformation and Ritual in 2 Samuel 6: The Word of the Lord Shall Go Forth, FS D.N.Freedman, Winona Lake, 361-372.
– (1988): David's Social Drama. A Hologram of Israel's Early Iron Age (JSOT.S 73/SWBAS 7).
Floss, J.P. (1987): David und Jerusalem. Ziele und Folgen des Stadteroberungsberichts 2 Sam 5,6-9 literaturwissenschaftlich betrachtet (ATSAT 30).
Fohrer, G. (1959): Der Vertrag zwischen König und Volk in Israel: ZAW 71, 1-22.
– (1971 = 1981): Die alttestamentliche Ladeerzählung: JNWSL 1, 23-31 = ders., Die Ladeerzählung: Studien zu alttestamentlichen Texten und Themen (BZAW 155), 3-10.
Fokkelman, J.P.: Narrative Art and Poetry in the Books of Samuel. A Full Interpretation Based on Stylistic and Structural Analyses, Vol. I-IV:
– (1981) I: King David (II Sam. 9-20 and I Kings 1.2) (SSN 20).
– (1986) II: The Crossing Fates (SSN 23).
– (1990) III: Throne and City (II Sam. 2-8 and 21-24) (SSN 27).
– (1993) IV: Vow and Desire (I Sam. 1-12) (SSN 31).
Fontaine, C. (1986): The Bearing of Wisdom on the Shape of 2 Samuel 11-12 and 1 Kings 3: JSOT 34, 61-77.
Foresti, F. (1984): The Rejection of Saul in the Perspective of the Deuteronomic School. A Study of 1 Sm 15 and Related Texts, Roma.

Freedman, D.N. (1972 = 1980): The Refrain in David's Lament over Saul and Jonathan: Ex Orbe Religionum, FS G.Widengren (SHR 21/22), 115-126 = ders., Pottery, Poetry and Prophecy, Winona Lake, 263-274.

– (1976): Divine Names and Titles in Early Hebrew Poetry: "Magnalia Dei". The Mighty Acts of God, FS G.E.Wright, New York, 55-107.

– (1978 = 1980): Psalm 113 and the Song of Hannah: FS H.L. Ginsberg, Jerusalem, 56-69 = ders., Pottery, Poetry and Prophecy, Winona Lake, 243-261.

Frei, P. (1993): Die Bellerophontessage und das Alte Testament: B.Janowski u.a. (Hg.), Religionsgeschichtliche Beziehungen zwischen Kleinasien, Nordsyrien und dem Alten Testament im 2. und 1. vorchristlichen Jahrtausend (OBO 129), 39-65.

Fretheim, T.E. (1985): Divine Foreknowledge, Divine Constancy, and the Rejection of Saul's Kingship: CBQ 47, 595-602.

Fritz, V. (1976): Die Deutungen des Königtums Sauls in den Überlieferungen von seiner Entstehung I Sam 9-11: ZAW 88, 346-362.

Fuß, W. (1962): II Samuel 24: ZAW 74, 145-164.

Galling, K. (1966): Goliath und seine Rüstung: Volume du Congrès, Genève 1965 (VT.S 15), 150-169.

Garbini, G. (1979): «Narrativa della successione» o «storia dei re»?: Henoch 1, 19-41.

– (1988): History and Ideology in Ancient Israel, New York.

Garsiel, M. (1973): A Review of Recent Interpretations of the Story of David and Bathsheba 2 Sam 11: Imm. 2, 18-20.

– (1976): David and Bathsheba: Dor le Dor 5, 24-28.85-90.134-137.

– (1985): The First Book of Samuel. A Literary Study of Comparative Structures, Analogies and Parallels, Ramat Gan.

– (1993): The Story of David and Bathsheba. A Different Approach: CBQ 55, 244-262.

Gelston, A. (1972): A Note on II Sam 7,10: ZAW 84, 92-94.

Gerleman, G. (1973): Die Wurzel *šlm*: ZAW 85, 1-14.

– (1977): Schuld und Sühne. Erwägungen zu 2.Samuel 12: Beiträge zur alttestamentlichen Theologie, FS W. Zimmerli, Göttingen, 132-139.

Gese, H. (1964 = 1974): Der Davidsbund und die Zionserwählung: ZThK 61, 10-26 = ders., Vom Sinai zum Zion (BEvTh 64), 113-129.

Geyer, J.B. (1981): Mice and Rites in 1 Samuel V-VI: VT 31, 293-304.

Gitay, Y. (1992): Reflections on the Poetics of the Samuel Narrative. The Question of the Ark Narrative: CBQ 54, 221-230.

Giveon R. (1964): "The Cities of our God" (II Sam 10,12): JBL 83, 415-416.

Glück, J.J. (1963): Nagid-Shepherd: VT 13, 144-150.

– (1965): Merab or Michal?: ZAW 77, 72-81.

– (1966): The Conquest of Jerusalem in the Account of II Sam 5:6-8a with Special Reference to "the Blind and the Lame" and the Phrase "*w^e^yigga^ʿ^ baṣṣinôr*": OTWSA, 98-105.

Gnuse, R.K. (1982): A Reconsideration of the Form-Critical Structure in I Samuel 3. An Ancient Near Eastern Dream Theophany: ZAW 94, 379-390.
Good, E.M. ([2]1981): Irony in the Old Testament (BiLiSe 3).
Gooding, D.W. (1986): s. Barthélemy, D. (1986).
Gordon, C.H. (1960): David the Dancer: Studies in Bible and Jewish Religion, FS Y.Kaufmann, Jerusalem, 46-49.
Gordon, R.P. (1980): David's Rise and Saul's Demise: Narrative Analogy in 1 Samuel 24-26: TynB 31, 37-64.
– (1990): Word-Play and Verse-Order in 1 Samuel XXIV 5-8: VT 40, 139-144.
– (1993): The Variable Wisdom of Abel. The MT and Versions at 2 Samuel XX 18-19: VT 43, 215-226.
Görg, M. (1975): Gott-König-Reden in Israel und Ägypten (BWANT 105).
– (1986): Goliat aus Gat: BN 34, 17-21.
Gosselin, E.A. (1976): The King's Progress to Jerusalem. Some Interpretations of David during the Reformation Period and Their Patristic and Medieval Background, Malibu.
Gottlieb, H. (1967): Die Tradition von David als Hirten: VT 17, 190-200.
Graffy, A. (1979): The Literary Genre of Is 5,1-7: Bib. 60, 400-409.
Greßmann, H. (1910, [2]1921): Die älteste Geschichtsschreibung und Prophetie Israels (SAT II/1).
– (1926): Rez. L.Rost (1926): ZAW 44, 309-310.
Grønbæk, J.H. (1965): David og Goliat: DTT 28, 65-79.
– (1971): Die Geschichte vom Aufstieg Davids (1.Sam.15 - 2.Sam.5). Tradition und Komposition (AThD 10).
Gros Louis, K.R.R. (1977): The Difficulty of Ruling Well. King David of Israel: Semeia 8, 15-33.
Gunkel, H. (1917, [2]1921 = 1987): Das Märchen im Alten Testament, Tübingen = Nachdr., Frankfurt.
Gunn, D.M. (1974): Narrative Patterns and Oral Tradition in Judges and Samuel: VT 24, 286-317.
– (1975): David and the Gift of the Kingdom: Semeia 3, 14-45.
– (1976a): On Oral Tradition. A Response to John Van Seters: Semeia 5, 155-163.
– (1976b): Traditional Composition in the “Succession Narrative”: VT 26, 214-229.
– (1978): The Story of King David. Genre and Interpretation (JSOT.S 6).
– (1980a): The Fate of King Saul. An Interpretation of a Biblical Story (JSOT.S 14).
– (1980b): From Jerusalem to the Jordan and back. Symmetry in 2 Samuel XV-XX: VT 30, 109-113.
Gunneweg, A.H.J. (1972): Geschichte Israels bis Bar Kochba (ThW 2).
Gutmann, J. (1971): The History of the Ark: ZAW 83, 22-30.
Haag, H. (1970 = 1980): Gad und Nathan: Archäologie und Altes Testament, FS K.Galling, Tübingen, 135-143 = ders., Das Buch des Bundes. Aufsätze zur Bibel und zu ihrer Welt, Düsseldorf, 194-200.

Hagan, H. (1979): Deception as Motif and Theme in 2 Sm 9-20; 1 Kgs 1-2: Bib. 60, 301-326.
Hallevy, R. (1975/76): To David's Life Story (hebr.): BetM 64, 154-157.
Haupt, P. (1904): The Prototype of the Magnificat: ZDMG 58, 617-632.
Heimpel, W. (1983) s. Cooper, J.S. (1983).
Heller, J. (1965 = 1988): David und die Krüppel (2.Sam. 5.6-8): CV 8, 251-258 = ders., An der Quelle des Lebens. Aufsätze zum Alten Testament (BEAT 10), 25-32.
Hendlmeier, I. (1982): Das Herz der Männer Israels. Untersuchungen zum Verständnis des Absalomaufstands, Diss. theol. Regensburg.
Hentschel, G. (1984): 1 Könige (NEB).
– (1990a): Der Auftritt des Natan (2 Sam 12,1-15a): Die alttestamentliche Botschaft als Wegweisung, FS H. Reinelt, Stuttgart, 117-133.
– (1990b): Die Kriege des friedfertigen Königs David (2 Sam 10,1-11,1; 12,26-31): Überlieferung und Geschichte, FS G.Wallis, Wissenschaftliche Beiträge der Martin-Luther-Universität Halle-Wittenberg 1990/38 (A 125), 49-58.
– (1992): Gott, König und Tempel. Beobachtungen zu 2 Sam 7,1-17 (EThS 22).
Hermisson, H.-J. (1971): Weisheit und Geschichte: Probleme biblischer Theologie, FS G.v.Rad, München, 136-154.
Herrmann, S. (1953/54 = 1986): Die Königsnovelle in Ägypten und in Israel, WZ(L).GS 3, 51-62 = ders., Gesammelte Studien zur Geschichte und Theologie des Alten Testaments (TB 75), 120-144.
– (1973): Geschichte Israels in alttestamentlicher Zeit, München.
– (1985): 2 Samuel VII in the Light of the Egyptian Königsnovelle - Reconsidered: S.J.Groll (Ed.), Pharaonic Egypt. The Bible and Christianity, Jerusalem, 119-128.
Hertzberg, H.W. (1956 = ^{3}1965): Die Samuelbücher (ATD 10).
Heym, S. (1972): Der König David Bericht. Roman, München.
Ho, C.Y.S. / Auld, A.G. (1992): The Making of David and Goliath: JSOT 56, 19-39.
Hoffner, H.A. (1968): A Hittite Analogue to the David and Goliath Contest of Champions?: CBQ 30, 220-225.
Hoftijzer, J. (1970a): Absalom and Tamar. A Case of Fratriarchy?: Schrift en Uitleg, FS W.H.Gipsen, Kampen, 45-61.
– (1970b): David and the Thekoite Woman: VT 20, 419-444.
Holladay, W.L. (1970): Form and Word-Play in David's Lament over Saul and Jonathan: VT 20, 153-189.
Honeyman, A.M. (1948): The Evidence for Regnal Names among the Hebrews: JBL 67, 13-25.
Horn, S.H. (1973): The Crown of the King of the Ammonites: AUSS 11, 170-180.
Horner, T.M. (1978): Jonathan Loved David. Homosexuality in Biblical Times, Philadelphia.

Hübner, U. (1992): Die Ammoniter. Untersuchungen zur Geschichte, Kultur und Religion eines transjordanischen Volkes im 1. Jahrtausend v. Chr. (ADPV 16).

Humphreys, W.L. (1978): The Tragedy of King Saul. A Study of the Structure of 1 Samuel 9-31: JSOT 6, 18-27.

– (1980): The Rise and Fall of King Saul. A Study of an Ancient Narrative Stratum in 1 Samuel: JSOT 18, 74-90.

– (1982): From Tragic Hero to Villain. A Study of the Figure of Saul and the Development of 1 Samuel: JSOT 22, 95-117.

– (1985): Novella: G.W.Coats (Ed.), Saga, Legends, Fable, Tale, Novella. Narrative Forms in Old Testament Literature (JSOT.S 35), 82-96.

Hurvitz, A. (1985): Originals and Imitations in Biblical Poetry. A Comparative Examination of 1 Sam 2:1-10 and Ps 113:5-9: Biblical and Related Studies, FS S.Iwry, Winona Lake, 115-121.

Hylander, I. (1932): Der literarische Samuel-Saul-Komlex (I.Sam.1-15). Traditionsgeschichtlich untersucht, Uppsala.

Ihromi (1974): Die Königinmutter und der *ʿamm haʾarez* im Reich Juda: VT 24, 421-429.

Ishida, T. (1977): The Royal Dynasties in Ancient Israel. A Study of the Formation and Development of Royal-Dynastic Ideology (BZAW 142).

– (1982): Solomon's Succession to the Throne of David - A Political Analysis: ders. (Ed.), Studies in the Period of David and Solomon and Other Essays, Winona Lake, 175-187.

– (1985): Solomon Who is Greather than David. Solomons Succession in 1 Kön I-II in the Light of the Inscription of Kilamuwa, King of *yʾdy-śamʾal*: Congress Volume, Salamanca 1983 (VT.S 36), 145-153.

– (1987): Adonija the Son of Haggith and His Supporters: R.E.Friedman/ H.G.Williamson (eds.), The Future of Biblical Studies. The Hebrew Scriptures, Atlanta/Georgia, 165-187.

Jackson, J.J. (1965): "David's Throne". Patterns in the Succession Story: CJT 11, 183-195.

Janowski, B. (1989 = 1993): Das Königtum Gottes in den Psalmen. Bemerkungen zu einem neuen Gesamtentwurf: ZThK 86, 389-454 = ders., Gottes Gegenwart in Israel. Beiträge zur Theologie des Alten Testaments, Neukirchen, 148-213.

Jason, H. (1979): The Story of David and Goliath. A Folk Epic?: Bib. 60, 36-70.

Jenni, E. (1961): Zwei Jahrzehnte Forschung an den Büchern Josua bis Könige: ThR 27, 1-32.97-146.

Jensen, H.J.L. (1992): Desire, Rivalry and Collective Violence in the "Succession Narrative": JSOT 55, 39-59.

Jobling, D. (1976): Saul's Fall and Jonathan's Rise. Tradition and Redaction in 1 Sam 14:1-46: JBL 95, 367-376.

– (1978 = ^{2}1986): The Sense of Biblical Narrative I. Structural Analysis in the Hebrew Bible (JSOT.S 7).

– (1986): The Sense of Biblical Narrative II. Structural Analysis in the Hebrew Bible (JSOT.S 39).
Jones, G.H. (1990): The Nathan Narratives (JSOT.S 80).
Jongeling, K. (1990): Joab and the Tekoite Woman: JEOL 30, 116-122.
Josipovici, G. (1988): David and Tears: ders., The Book of God. A Response to the Bible, New Haven a.o., 191-209.
Jüngling, H.-W. (1988): Die religiöse Doppeldeutigkeit des davidisch-salomonischen Staates: Conc. 24, 446-454.
Kaiser, O. (1969, [5]1984): Einleitung in das Alte Testament. Eine Einführung in ihre Ergebnisse und Probleme, Gütersloh.
– (1988): Beobachtungen zur sogenannten Thronnachfolgeerzählung Davids: EThL 64, 5-20.
– (1990): David und Jonathan. Tradition, Redaktion und Geschichte in I Sam 16-20. Ein Versuch: EThL 66, 281-296.
– (1992): Grundriß der Einleitung in die kanonischen und deuterokanonischen Schriften des Alten Testaments I, Gütersloh.
Kaiser, W.C. (1974): The Blessing of David. The Charter for Humanity: The Law and the Prophets, FS O.T.Allis, Nutley, 298-318.
Kapelrud, A.S. (1974): The Ugaritic Text RS 24.252 and King David: JNWSL 3, 35-39.
Keefe, A.A. (1993): Rapes of Women / Wars of Men: Semeia 61, 79-97.
Keel, O. (1974): Die Weisheit „spielt“ vor Gott: FZPhTh 21, 1-66.
Kegler, J. (1977): Politisches Geschehen und theologisches Verstehen. Zum Geschichtsverständnis in der frühen israelitischen Königszeit (CThM A 8).
Kessler, M. (1970): Narrative Technique in 1 Sm 16,1-13: CBQ 32, 543-554.
Keys, G. (1988): The So-Called Succession Narrative: A Reappraisal of Rost's Approach to Theme in II Samuel 9-20 and I Kings 1-2: IBS 10, 140-155.
Klaehn, T. (1914): Die sprachliche Verwandtschaft der Quelle K der Samuelbücher mit der Quelle J des Heptateuch, Diss. Rostock, Borna-Leipzig.
Klein, R.W. (1970): The Song of Hannah: CTM 41, 674-684.
– (1983): 1 Samuel, Waco (Word Biblical Commentary 10).
Klostermann, A. (1887): Die Bücher Samuelis und der Könige (KK Abt. 3).
Knierim, R. (1968): The Messianic Concept in the First Book of Samuel: Jesus and the Historian, FS E.C.Colwell, Philadelphia, 20-51.
– (1970): Die Messianologie des ersten Buches Samuel: EvTh 30, 113-133.
Knight, D.A. (1985): Moral Values and Literary Traditions: The Case of the Succession Narrative (2 Samuel 9-20; 1 Kings 1-2): Semeia 34, 7-23.
Koch, K. (1964, [2]1967): Was ist Formgeschichte? Neue Wege der Bibelexegese, Neukirchen.
Kochavi, M. (1989): The Land of Geshur - The Regional Archaeology of the Southern Golan Heights in the Biblical Period: Qad. 22, 21-26.
Köhler, L. (1953): Die hebräische Rechtsgemeinde: ders., Der hebräische Mensch, Tübingen, 143-171.

Koopmans, W.T. (1991): The Testament of David in 1 Kings II 1-10: VT 41, 429-449.

Krause, M. (1983): II Sam 11,4 und das Konzeptionsoptimum: ZAW 95, 434-437.

Krinetzki, L. (1973): Ein Beitrag zur Stilanalyse der Goliathperikope (1Sam 17,1-18,5): Bib. 54, 187-236.

Kruse, H. (1985): David's Covenant: VT 35, 139-164.

Kuhl, C. (1928): Rez. zu L.Rost (1926): ThLZ 53, 99-100.

– (1952): Die „Wiederaufnahme" - ein literarkritisches Prinzip?: ZAW 64, 1-11.

Kumaki, F.K. (1981): The Deuteronomistic Theology of the Temple - As Crystalized in 2 Sam 7, 1 Kgs 8: AJBI 7, 16-52.

Kutsch, E. (1961 = 1986): Die Dynastie von Gottes Gnaden. Probleme der Nathanweissagung in 2.Sam 7: ZThK 58, 137-153 = ders.: Kleine Schriften zum Alten Testament (BZAW 168), 129-145.

– (1963): Salbung als Rechtsakt im Alten Testament und im Orient (BZAW 87).

Lang, B. (1983): Persönlicher Gott und Ortsgott. Über Elementarformen der Frömmigkeit im alten Israel: Fontes atque Pontes, FS H.Brunner (ÄAT 5), 271-301.

Langlamet, F. (1976a): Pour ou contre Salomon? La rédaction prosalomonienne de I Rois I-II: RB 83, 321-379.481-528.

– (1976b): Rez. zu E.Würthwein (1974) und Veijola (1975): RB 83, 114-137.

– (1977a): Absalom et les concubines de son père. Recherches sur II Sam 16,21-22: RB 84, 161-210.

– (1977b/1983): David et Barzillaï. 2 Samuel 19:32-41a: Le récit primitif et sa «forme»: Essays on the Bible and the Ancient World, FS I.L.Seeligmann, Vol. III, Jerusalem 1983, 149-167.

– (1978): Ahitofel et Houshaï. Rédaction prosalomonienne en 2 Sam 15-17?: Studies in Bibel and the Ancient Near East, FS S.E. Loewenstamm, Jerusalem, 57-90.

– (1979): David et la maison de Saül. Les épisodes «benjaminites» de II Sam., IX; XVI, 1-14; XIX, 17-31; I Rois, II, 36-46: RB 86, 194-213. 385-436. 481-513.

– (1980): David et la maison de Saül. Les épisodes «benjaminites» de II Sam., IX; XVI, 1-14; XIX, 17-31; I Rois, II, 36-46: RB 87, 161-210.

– (1981a): David et la maison de Saül. Les épisodes «benjaminites» de II Sam., IX; XVI, 1-14; XIX, 17-31; I Rois, II, 36-46: RB 88, 321-332.

– (1981b): Affinités sacerdotales, deutéronomiques, élohistes dans l'Histoire de la succession (2 Sam 9-20; 1 Rois 1-2): FS H. Cazelles (AOAT 212), 233-246.

– (1982): David, fils de Jessé. Une édition prédeutéronomiste de l'«Histoire de la succession»: RB 89, 5-47.

– (1984): Les divisions massorétiques du livre de Samuel, RB 91, 481-519.

Lasine, S. (1984): Melodrama as Parable. The Story of the Poor Man's Ewe-Lamb and the Unmasking of David's Topsy-Turvy Emotions: HThR 8, 101-124.

– (1989): Judicial Narratives and the Ethics of Reading. The Reader as Judge of the Dispute between Mephibosheth and Ziba: Hebrew Studies (Univ. of Wisconsin) 30, 49-69.

Lawlor, J.I. (1982): Theology and Art in the Narrative of the Ammonite War (2 Samuel 10-12): GTJ 3, 193-205.

Leach, E. (1966): The Legitimacy of Solomon. Some Structural Aspects of Old Testament History: AES 7, 58-101 = ders., Genesis as Myth and Other Essays, London 1969, 25-83.

Leben, H. (1903): Eine Vermutung zum Schäfchen des armen Mannes: OLZ 6, 152-155.

Lemche, N.P. (1978a): Davids vej til tronen: DTT 38, 241-263.

– (1978b): David's Rise: JSOT 10, 2-25.

Lettinga, J.P. (1984): Das alttestamentliche Magnificat: Fundamentum, FS S.Külling, Basel, 32-39.

Levenson, J.D. (1978): 1 Samuel 25 as Literature and as History: CBQ 40, 11-28.

– (1979): The Davidic Covenant and its Modern Interpreters: CBQ 41, 205-219.

Levin, C. (1985): Die Verheißung des neuen Bundes in ihrem theologiegeschichtlichen Zusammenhang ausgelegt (FRLANT 137).

– (1987): Rez. zu F.Foresti (1984): ThRv 83, 105-107.

Levine, M.H. (1975): Irony and Morality in Bathsheba's Tragedy: CCAR.J 22, 69-77.

Lewis, J.T. (1994): The Textual History of the Song of Hannah. 1 Samuel II 1-10: VT 44, 18-46.

Linafelt, T. (1992): Taking Women: Readers / Responses / Responsibility in Samuel: D.N.Fewell (Ed.), Reading Between Texts. Intertextuality and the Hebrew Bible, Louisville, 99-113.

Lingen, A. van der (1983): David en Saul in I Samuel 16 - II Samuel 5. Verhalen in politik en religie, 's Gravenhage.

Lipiński, E. (1974): *Nāgīd*, der Kronprinz: VT 24, 497-499.

Liver, J. (1967): The Book of the Acts of Solomon: Bib. 48, 75-101.

Loader, J.A. (1984/85): Jedidiah or Amadeus. Thoughts on the Succession Narrative and Wisdom: OTWSA 27/28, 167-201.

Lohfink, G. (1973): Jetzt verstehe ich die Bibel. Ein Sachbuch zur Formkritik, Stuttgart.

Long, B.O. (1981a): Wounded Beginnings. David and Two Sons: ders. (Ed.), Images of Man and God. Old Testament Short Stories in Literary Focus (BiLiSe 1), 26-34.

– (1981b): A Darkness Between Brothers. Solomon and Adonijah: JSOT 19, 79-94.

Loretz, O. (1973): Psalmenstudien (II): UF 5, 213-214.

Löwenclau, I. von (1980): Der Prophet Nathan im Zwielicht von theologischer Deutung und Historie: Werden und Wirken des Alten Testaments, FS C.Westermann, Göttingen/Neukirchen, 202-215.

Lundbom, J.R. (1983): Abraham and David in the Theology of the Yahwist: The Word of the Lord Shall Go Forth, FS D.N.Freeman, Winona Lake, 203-209.

Lust, J. (1986): s. Barthélemy, D. (1986).

Luther, B. (1906): Die Novelle von Juda und Tamar und andere israelitische Novellen: E.Meyer, Die Israeliten und ihre Nachbarstämme. Alttestamentliche Untersuchungen, Halle, 177-206.
Mabee, C.R. (1977): The Problem of Setting in Hebrew Royal Judicial Narratives, Diss. Claremont.
– (1980): David's Judicial Exoneration: ZAW 92, 89-107.
Macholz, G.C. (1972a): Die Stellung des Königs in der israelitischen Gerichtsverfassung: ZAW 84, 157-182.
– (1972b): Zur Geschichte der Justizorganisation in Juda: ZAW 84, 314-340.
Madl, H. (1974): Literarkritische und formanalytische Untersuchungen zu 1 Sam 14, Diss. kath. theol. Bonn.
Maier, J. (1965): Das altisraelitische Ladeheiligtum (BZAW 93).
Malamat, A. (1963): Aspects of the Foreign Policies of David and Solomon: JNES 22, 1-17.
– (1980): A Mari Prophecy and Nathan's Dynastic Oracle: Prophecy, FS G.Fohrer (BZAW 150), 68-82.
Mann, T.W. (1977): Divine Presence and Guidance in Israelite Traditions. The Typology of Exaltation, Baltimore.
Marcus, D. (1986): David the Deceiver and David the Dupe: Prooftexts 6, 163-183.
Margalith, O. (1983): The Meaning of *ʿplym* in 1 Samuel V-VI: VT 33, 339-341.
Marx, A. (1988): Sacrifice de Réparation et Rites de Levée de Sanction: ZAW 100, 183-198.
Mathys, H.P. (1994): Dichter und Beter. Theologen aus spätalttestamentlicher Zeit (OBO 132).
Mayes, A.D.H. (1978): The Rise of the Israelite Monarchy: ZAW 90, 1-19.
Mazar, B. (1963a): David's Reign in Hebron and the Conquest of Jerusalem: In the Time of the Harvest, FS L.Silver, New York, 235-244.
– (1963b): The Military Elite of King David: VT 13, 310-320.
McCarter, P.K. (1980): The Apology of David: JBL 99, 489-504.
– (1980): I Samuel (AncB 8).
– (1981): "Plots, True or False". The Succession Narrative as Court Apologetic: Interp. 35, 355-367.
– (1983): The Ritual Dedication of the City of David in 2 Samuel 6: The Word of the Lord Shall Go Forth, FS D.N.Freedman, Winona Lake, 273-278.
– (1984): II Samuel (AncB 9).
McCarthy, D.J. (1965 = 1985): II Samuel 7 and the Structure of Deuteronomic History: JBL 84, 131-138 = ders., Institution and Narrative. Collected Essays (AnBib 108), 127-134.
– (1973 = 1985): The Inauguration of Monarchy in Israel. A Form-Critical Study of I Samuel 8-12: Interp. 27, 401-412 = ders., a.a.O., 213-224.
– (1985): Hero and Anti-Hero in 1 Sam 13,2-14,46: ders., a.a.O., 250-259.
McKenzie, J.L. (1962): The Four Samuels: BR 7, 3-18.

McKnight, E.V. (1988): Most-Modern Use of the Bible. The Emergence of Reader-Oriented Criticism, Nashville.

Meadows, J.N. (1975): A Traditio-Historical Study of 2 Sam 9-20, 1 King 1-2: Diss. Southern Baptist Theol. Seminary (o.O.).

Mendelsohn, J. (1956): Samuel's Denunciation of Kingship in the Light of the Akkadian Documents from Ugarit: BASOR 143, 17-22.

Merwe, C.H.J. van der (1984/85): The Particle *gm* in the Succession Narrative. The Application of Reconsidered Linguistic Methodology: OTWSA 27/28, 301-320.

Mettinger, T.N.D. (1976): King and Messiah. The Civil and Sacral Legitimation of the Israelite Kings (CB.OT 8).

Meyer, E. (^{2}1931): Die Geschichte des Altertums II/2, Stuttgart/Berlin.

Meyers, C.L. (1987): David as Temple Builder: Ancient Israelite Religion, FS F.M. Cross, Philadelphia, 357-376.

Mildenberger, F. (1962): Die vordeuteronomistische Saul-Davidüberlieferung, Diss. theol. Tübingen.

Miller, J.M. (1974): Saul's Rise to Power. Some Observations Concerning 1 Sam 9:1-10:16; 10,26-11:15 and 13:2-14:46: CBQ 36, 157-174.

Miller, P.D. / Roberts, J.J.M. (1977): The Hand of the Lord. A Reassessment of the "Ark Narrative" of 1 Samuel, Baltimore/London.

Miscall, P.D. (1983): The Workings of Old Testament Narrative, Semeia Studies, Philadelphia.

– (1986): 1 Samuel. A Literary Reading, Bloomington.

– (1991): Michal and Her Sisters: D.J.A. Clines / T.C.Eskenazi (Ed.), Telling Queen Michal's Story. An Experiment in Comparative Interpretation (JSOT.S 119), 246-260.

Möhlenbrink, K. (1940/41): Sauls Ammoniterfeldzug und Samuels Beitrag zum Königtum des Saul: ZAW 58, 57-70.

Molin, G. (1954): Die Stellung der Gebira im Staate Juda: ThZ 10, 161-175.

Mommer, P. (1987): Ist auch Saul unter den Propheten? Ein Beitrag zu 1 Sam 19,18-24: BN 38/39, 53-61.

– (1991): Samuel. Geschichte und Überlieferung (WMANT 65).

Morgenstern, J. (1959): David and Jonathan: JBL 78, 322-325.

Mowinckel, S. (1947): Natanforjettelsen, 2 Sam. Kap. 7: SEÅ 12, 220-229.

– (1963): Israelite Historiography: ASTI 2, 4-26.

Mulder, E.S. (1960): The Prophecy of Nathan in II Samuel 7: OTWSA, 36-42.

Mulder, M.J. (1968): Un euphémisme dans 2 Sam. XII 14?: VT 18, 108-114.

– (1972): Versuch einer Deutung von sokènèt in 1. Kön. I 2,4: VT 22, 43-53.

Muntingh, L.M. (1984/85): The Role of Joab in the Succession Narrative: OTWSA 27/28, 202-217.

Nicol, G.G. (1982): The Wisdom of Joab and the Wise Woman of Tekoa: ST 36, 97-104.

– (1988): Bathsheba. A Clever Woman?: ET 99, 360-363.

Niehr, H. (1986a): Herrschen und Richten. Die Wurzel *špṭ* im Alten Orient und im Alten Testament (FzB 54).

– (1986b): Zur Gattung von Jes 5,1-7: BZ 30, 204-221.

– (1987): Rechtsprechung in Israel. Untersuchungen zur Geschichte der Gerichtsorganisation im Alten Testament (SBS 130).

– (1991): Ein unerkannter Text zur Nekromantie in Israel. Bemerkungen zum religionsgeschichtlichen Hintergrund von 2 Sam 12,16a: UF 23, 301-306.

Nielsen, E. (1960): Some Reflections on the History of the Ark: Congress Volume, Oxford 1959 (VT.S 7), 61-74.

Nordheim, E. von (1977): König und Tempel. Der Hintergrund des Tempelbauverbotes in 2 Samuel VII: VT 27, 434-453.

– (1991): Die Selbstbehauptung Israels in der Welt des Alten Orients (OBO 115).

North, R. (1982): David's Rise. Sacral, Military, or Psychiatric?: Bib. 63, 524-544.

Noth, M. (1943 = ^{2}1957 = ^{3}1967): Überlieferungsgeschichtliche Studien I. Die sammelnden und bearbeitenden Geschichtswerke im Alten Testament (SKG.G 18) = Nachdr., Tübingen.

– (1957 = ^{2}1960): David und Israel in 2. Samuel 7: Mélanges Bibliques, FS A.Robert, Paris, 122-130 = ders., Gesammelte Studien zum Alten Testament (TB 6), 334-345.

– (1968): Könige (I,1-16) (BK IX/1).

Nowack, W. (1902): Die Bücher Samuelis (HK 1/4.2).

Nübel, H.-U. (1959): Davids Aufstieg in der Frühe israelitischer Geschichtsschreibung, Diss. ev. theol. Bonn.

Ota, M. (1974): A Note on 2 Samuel 7: A Light unto My Path, FS J.M.Myers, Philadelphia, 403-407.

Otto, E. (1977): Die „synthetische Lebensauffassung“ in der frühköniglichen Novellistik Israels: ZThK 74, 371-400.

Payne, D.F. (1984): Estimates of the Character of David: IBS 6, 54-70.

Peckham, B. (1985): The Deuteronomistic History of Saul and David, ZAW 97, 190-209.

Pedersen, J. (1926/1940): Israel. Its Life and Culture, I-II/III-IV, London/Copenhagen.

Perdue, L.G. (1983): The Testament of David and Egyptian Royal Instructions: W.W. Hallo a.o. (Ed.), Scripture in Context II. More Essays on the Comparative Method, Winona Lake, 79-96.

– (1984): “Is There Anyone Left of the House of Saul” ...? Ambiguity and the Charakterization of David in the Succession Narrative: JSOT 30, 67-84.

Perry, M. / Sternberg, M. (1968): The King Through Ironic Eyes. The Narrator's Devices in the Biblical Story of David and Bathsheba and Two Excursuses on the Theory of the Narrative Text (hebr.): Ha-Sifrut 1, 262-292, (engl. summary 452-449); engl. transl.: The King Through Ironic Eyes. Biblical Narrative and the Literary Reading Process: Poetics Today 7 (1986), 275-322; dt. Zusammenfassung: Der König, ironisch betrachtet. Die Erzähltechniken in der biblischen

Erzählung von David und Bathseba und zwei Exkurse zur Theorie des Erzählens: Hebräische Beiträge zur Wissenschaft des Judentums deutsch angezeigt, M. Graetz/K.Gründer (Hg.), I (1985), 98-103.
– (1970): Caution, a Literary Text! Problems in the Poetics and the Interpretation of Biblical Narrative (hebr.): Ha-Sifrut 2, 608-63, (engl. summary 682-679).
Peterca, V. (1990): Der Bruch zwischen Samuel und Saul und seine theologischen Hintergründe (1 Sam 15,24-31): C.Brekelmans / J.Lust (Ed.), Pentateuchal and Deuteronomistic Studies (BEThL 94), 221-225.
Petersen, D.L. (1986): Portraits of David. Canonical and Otherwise: Interp. 40, 130-142.
Phillips, A. (1966): The Interpretation of 2 Samuel XII 5-6: VT 16, 242-244.
– (1969): David's Linen Ephod: VT 19, 485-487.
– (1970): Ancient Israel's Criminal Law, Oxford.
Philonenko, M. (1962): Une paraphrase du cantique d'Anne: RHPhR 42, 157-168.
Pisano, S. (1984): Additions or Omissions in the Books of Samuel. The Significant Pluses and Minuses in the Massoretic, LXX and Qumran Texts (OBO 57).
Pleins, J.D. (1992): Son-Slayers and Their Sons: CBQ 54, 29-38.
Polak, F. (1994): David's Kingship - A Precarious Equilibrium: H.Graf Reventlow a.o. (Ed.), Politics and Theopolitics in the Bible and Postbiblical Literature (JSOT.S 171), 119-147.
Polzin, R.M. (1985): The Speaking Person and His Voice in 1 Samuel: Congress Volume, Salamanca 1983 (VT.S 36), 218-229.
– (1987): The Monarchy Begins. 1 Samuel 8-10: SBL.SP 123, 120-143.
– (1989): Moses and the Deuteronomist. A Literary Study of the Deuteronomic History, Part 2. 1 Samuel, San Francisco.
– (1991): A Multivoiced Look at the Michal Narratives: D.J.A.Clines / T.C.Eskenazi (Ed.), Telling Queen Michal's Story. An Experiment in Comparative Interpretation (JSOT.S 119), 261-269.
– (1993): Curses and Kings. A Reading of 2 Samuel 15-16: J.C.Exum / D.J.A. Clines (Ed.), The New Literary Criticism and the Hebrew Bible (JSOT.S 143), 201-226.
Porter, J.R. (1954): The Interpretation of 2 Samuel VI and Psalm CXXXII: JThS 5, 161-174.
Poulssen, N. (1967): König und Tempel im Glaubenszeugnis des Alten Testaments (SBM 3).
– (1978): De Mikalscène: 2 Sam 6,16.20-23: Bijdr. 39, 32-58.
Press, R. (1938): Der Prophet Samuel. Eine traditionsgeschichtliche Untersuchung: ZAW 56, 177-225.
Preston, T.R. (1982): The Heroism of Saul. Patterns of Meaning in the Narrative of the Early Kingship: JSOT 24, 27-46.
Preuß, H.D. (1993): Zum deuteronomistischen Geschichtswerk: ThR 58, 229-246. 341-395.
Prince, J.D. (1913): Ichabod: JBL 32, 151-154.

Propp, W.H. (1993): Kinship in 2 Samuel 13: CBQ 55, 39-53.

Pyper, H.S. (1993): The Enticement to Re-Read. Repetition as Parody in 2 Samuel: Biblical Interpretation 1, 153-166.

Rad, G. von (1944 = 1965): Der Anfang der Geschichtsschreibung im alten Israel: AKuG 32, 1-42 = ders., Gesammelte Studien zum Alten Testament (TB 8), 148-188.

– (1947 = 1965): Das judäische Königsritual: ThLZ 72, 211-216 = ders., a.a.O. (TB 8), 205-213.

– (1970): Weisheit in Israel, Neukirchen.

Radjawane, A.N. (1974): Das deuteronomistische Geschichtswerk. Ein Forschungsbericht: ThR 38, 177-216.

Reis, P.T. (1994): Collusion at Nob. A New Reading of 1 Samuel 21-22: JSOT 61, 59-73.

Rendsburg, G.A. (1986): David and his Circle in Gen XXXVIII: VT 36, 438-446.

Rendtorff, R. (1962 = 1975): Erwägungen zur Frühgeschichte des Prophetentums in Israel, ZThK 59, 145-167 = ders., Gesammelte Studien zum Alten Testament (TB 57), 220-242.

– (1971): Beobachtungen zur altisraelitischen Geschichtsschreibung anhand der Geschichte vom Aufstieg Davids: Probleme biblischer Theologie, FS G.v.Rad, München, 428-439.

– (1991): Die Geburt des Retters. Beobachtungen zur Jugendgeschichte Samuels im Rahmen der literarischen Komposition: ders., Kanon und Theologie. Vorarbeiten zu einer Theologie des Alten Testaments, Neukirchen, 132-140.

Richter, W. (1964): Die Bearbeitungen des „Retterbuches" in der deuteronomischen Epoche (BBB 21).

– (1965): Die *nāgīd*-Formel. Ein Beitrag zur Erhellung des *nāgīd*-Problems: BZ 9, 71-84.

– (1971): Exegese als Literaturwissenschaft, Göttingen.

Ridout, G. (1971): Prose Compositional Techniques in the Succession Narrative (2 Sam 7, 9-20; 1 Kings 1-2), Diss. Theol. Union, Berkeley.

– (1974): The Rape of Tamar. A Rhetorical Analysis of 2 Sam 13:1-22: Rhetorical Criticism, FS J.Muilenburg, Pittsburgh, 75-84.

Riepl, C. (1993): Sind David und Saul berechenbar? Von der sprachlichen Analyse zur literarischen Struktur von 1 Sam 21 und 22 (ATSAT 39).

Rinaldi, G. (1966): Golia e David (1Sam 17,1-18,8): BeO 8, 11-29.

Robert, P. de (1979): La gloire en Exil. Réflexions sur I Samuel 4,19-22: RHPhR 59, 351-356.

Roberts, J.J.M. (1977): s. Miller, P.D. (1977).

– (1982): Zion in the Theology of the Davidic-Solomonic Empire: T.Ishida (Ed.), Studies in the Period of David and Solomon and other Essays, Winona Lake, 93-108.

Rofé, A. (1987): The Battle of David and Goliath. Folklore, Theology, Eschatology: J.Neusner / B.A.Levine / E.S.Frerichs (Ed.), Judaic Perspectives on Ancient Israel, 117-151, Philadelphia.

Rogers J.S. (1988): Narrative Stock and Deuteronomistic Elaboration in I Kings 2: CBQ 50, 399-413.

Rooy, H.F. van (1984/85): Nathan's Promise and the Succession History: OTWSA 27/ 28, 321-338.

– (1990): Prophetic Utterances in Narrative Texts, with References to 1 Samuel 2:27-36: OTE 3, 203-218.

Rosen, B. (1988): Early Israelite Cultic Centers in the Hill Country: VT 38, 114-117.

Rosenberg, J. (1986): Amnon and Tamar: ders., King and Kin. Political Allegory in the Hebrew Bible, Bloomington, 140-148.

– (1989): The Institutional Matrix of Treachery in 2 Samuel 11: Semeia 46, 103-116.

Rost, L. (1926 = 1965): Die Überlieferung von der Thronnachfolge Davids (BWANT 42) = ders., Das kleine Credo und andere Studien zum Alten Testament, Heidelberg, 119-253; engl. trans., The Succession to the Throne of David, Sheffield 1982.

Roth, W. (1977): You are the Man! Structural Interaction in 2 Samuel 10-12: Semeia 8, 1-13.

Rupprecht, K. (1977): Der Tempel von Jerusalem. Gründung Salomos oder jebusitisches Erbe? (BZAW 144).

Rüterswörden, U. (1977/1980): s. Ebach, J. (1977/1980).

Sacon, K.K. (1982): A Study of the Literary Structure of "the Succession Narrative": T.Ishida (Ed.), Studies in the Period of David and Solomon and other Essays, Winona Lake, 27-54.

Sasson, J.M. (1974): Reflections on an Unusual Practice Reported in ARM X:4: Or. 43, 404-410.

Schade, H. (1962/63): Zum Bild des tanzenden David im frühen Mittelalter: StZ 172, 1-16.

Schäfer-Lichtenberger, C. (1983): Stadt und Eidgenossenschaft im Alten Testament. Eine Auseinandersetzung mit Max Webers Studie „Das antike Judentum" (BZAW 156).

– (1993): David und Jerusalem. Ein Kapitel biblischer Historiographie: FS A.Malamat (ErIs 24), *197-*211.

Schelhaas, J. (1974): II Samuel 7:1-5: The Law and the Prophets, FS O.T.Allis, Nutley, 283-297.

Schenker, A. (1981): Schuld und Sühne des Königs David: ders., Versöhnung und Sühne. Wege gewaltfreier Konfliktlösung im Alten Testament. Mit einem Ausblick auf das Neue Testament (BiBe 15), 41-53.

– (1982): Der Mächtige im Schmelzofen des Mitleids. Eine Interpretation von 2 Sam 24 (OBO 42).

Schick, J. (1912/1932): Das Glückskind mit dem Todesbrief: Corpus Hamleticum. 1. Abt. I: Orientalische Fassungen, Berlin; Corpus Hamleticum 1. Abt. II: Europäische Sagen des Mittelalters und ihr Verhältnis zum Orient, Leipzig.

Schicklberger, F. (1973a): Die Ladeerzählungen des ersten Samuel-Buches. Eine literaturwissenschaftliche und theologiegeschichtliche Untersuchung (FzB 7).

– (1973b): Der Davidzyklus. Biblisches Zeugnis und historische Wirklichkeit: CPB 86, 14-24.

– (1974a): Die Davididen und das Nordreich. Beobachtungen zur sog. Geschichte vom Aufstieg Davids: BZ 18, 255-263.

– (1974b): Jonathans Heldentat. Textlinguistische Beobachtungen zu 1 Sam. XIV 1-23a: VT 24, 324-333.

Schley, D.G. (1989): Siloh. A Biblical City in Tradition and History (JSOT.S 63).

Schmidt, L. (1970): Menschlicher Erfolg und Jahwes Initiative. Studien zur Tradition, Interpretation und Historie in Überlieferungen von Gideon, Saul und David (WMANT 38).

– (1983): Deuteronomistisches Geschichtswerk: H.J.Boecker u.a. (Hg.), Altes Testament (Neukirchener Arbeitsbücher), 101-114.

Schmitt, H.-C. (1992): Das sogenannte vorprophetische Berufungsschema. Zur „geistigen Heimat" des Berufungsformulars von Ex 3,9-12; Jdc 6,11-24 und I Sam 9,1 - 10,16: ZAW 104, 202-216.

Schmitt, R. (1972): Zelt und Lade als Thema alttestamentlicher Wissenschaft. Eine kritische forschungsgeschichtliche Darstellung, Gütersloh.

Schnabl, H. (1988): Die „Thronfolgeerzählung Davids". Untersuchungen zur literarischen Eigenständigkeit, literarkritischen Abgrenzung und Intention von 2 Sam 21,1-14; 9-20; 1 Kön 1-2, Diss. kath. theol. Regensburg.

Schottroff, W. (1970): Das Weinberglied Jesajas (Jes 5,1-7). Ein Beitrag zur Geschichte der Parabel: ZAW 82, 68-91.

– (1989): Der Zugriff des Königs auf die Töchter. Zur Fronarbeit von Frauen im alten Israel: EvTh 49, 268-285.

Schreiner, J. (1963): Sion-Jerusalem, Jahwes Königssitz. Theologie der Heiligen Stadt im Alten Testament (StANT 7).

Schroer, S. (1990): Weise Frauen und Ratgeberinnen in Israel. Literarische und historische Vorbilder der personifizierten Chokmah: BN 51, 41-60.

– (1992): Die Samuelbücher (Neuer Stuttgarter Kommentar. Altes Testament 7).

Schulte, H. (1972): Die Entstehung der Geschichtsschreibung im Alten Israel (BZAW 128).

Schulz, A. (1919/1920): Die Bücher Samuel (EHAT 8), 2 Bde.

– (1923): Erzählungskunst in den Samuel-Büchern (BZfr 11.F.6/7).

Schulz, H. (1969): Das Todesrecht im Alten Testament (BZAW 114).

Schunck, K.-D. (1963): Benjamin. Untersuchungen zur Entstehung und Geschichte eines israelitischen Stammes (BZAW 86).

Schwally, F. (1892): Zur Quellenkritik der historischen Bücher: ZAW 12, 153-161.

Schwartz, R. (1991): The Histories of David. Biblical Scholarship and Biblical Stories: J.P.Rosenblatt / J.C.Jr.Sitterson (Ed.), “Not in Heaven”. Coherence and Complexity in Biblical Narrative, Bloomington, 192-210.

– (1992): Adultery in the House of David. The Metanarrative of Biblical Scholarship and the Narratives of the Bible: Semeia 54, 35-55.

Seebass, H. (1966): I Sam 15 als Schlüssel für das Verständnis der sogenannten königsfreundlichen Reihe I Sam 9,1 - 10,16; 11,1-15 und 13,2 - 14,52: ZAW 78, 148-179.

– (1967): Die Vorgeschichte der Königserhebung Sauls: ZAW 79, 155-171.

– (1974): Nathan und David in II Sam 12: ZAW 86, 203-211.

– (1980): David, Saul und das Wesen des biblischen Glaubens, Neukirchen.

Seeber, W. (1956): Der Weg der Tradition von der Lade Jahwes im Alten Testament, Diss. ev. theol. Kiel.

Seeligman, I.L. (1962): Hebräische Erzählung und biblische Geschichtsschreibung, ThZ 18, 305-325.

Segal, M.H. (1964 = 1967): The Composition of the Books of Samuel: JQR 55 (1964-65) 318-339; 56 (1965-66) 32-50.137-157 = ders., The Pentateuch. Its Composition and its Authorship and Other Biblical Studies, Jerusalem, 173-220.

Seidl, T. (1986): David statt Saul. Göttliche Legitimation und menschliche Kompetenz des Königs als Motive der Redaktion von I Sam 16-18: ZAW 98, 39-55.

Seybold, K. (1972): Das davidische Königtum im Zeugnis der Propheten (FRLANT 107).

Shaviv, S. (1984): *nābîʾ* and *nāgîd* in 1 Samuel IX.1 - X.16: VT 34, 108-113.

Simon, M. (1952): La prophétie de Nathan et le Temple (Remarques sur II Sam. 7): RHPhR 32, 41-58.

Simon, U. (1967): The Poor Man's Ewe-Lamb. An Example of a Juridical Parable: Bib. 48, 207-242.

– (1968): An Ironic Approach to a Bible Story. On the Interpretation of the Story of David and Bathsheba (hebr.): Ha-Sifrut 1, 598-607, engl. summary: Ha-Sifrut 2 (1969-1971), 684-83.

Ska, J.L. (1990): „Our Fathers Have Told Us“. Introduction to the Analysis of Hebrew Narratives (SubBi 13).

Skehan, P.W. (1969): Joab's Census. How far North (2 Sm 24,6)?: CBQ 31, 42-49.

Smelik, K.A.D. (1989): The Ark Narrative Reconsidered: A.S.van der Woude (Ed.), New Avenues in the Study of the Old Testament (OTS 25), 128-144.

– (1992): Hidden Messages in the Ark Narrative: ders., Converting the Past. Studies in Ancient Israelite & Moabite Historiography (OTS 28), 35-58.

Smend, R. (1978 = ^{4}1989): Die Entstehung des Alten Testaments (ThW 1).

Smith, H. (1899, ^{4}1951): A Critical and Exegetical Commentary on the Books of Samuel (ICC).

Smith, J. (1990): The Discourse Structure of the Rape of Tamar (2 Samuel 13:1-22): VoxEv 20, 21-42.

Smith, M. (1951): The So-Called 'Biography of David' in the Books of Samuel and Kings: HThR 44, 167-69.
Smith, P.J. (1984/85): The Main Principle Underlying the Combination of Content-Items in 1 King 1: OTWSA 27/28, 259-271.
Soggin, J.A. (1959): Zur Entwicklung des alttestamentlichen Königtums: ThZ 15, 401-418.
– (1963): Charisma und Institution im Königtum Sauls: ZAW 75, 54-65.
– (1965;1975): Il regno di Ešbaʿal, figlio di Saul: RSO 40, 89-106; engl.: The Reign of Ešbaʿal, Son of Saul: ders., Old Testament and Oriental Studies (BibOr 29), 31-49.
– (1966): Der offiziell geförderte Synkretismus in Israel während des 10. Jahrhunderts: ZAW 78, 179-204.
– (1967): Das Königtum in Israel. Ursprünge, Spannungen, Entwicklung (BZAW 104).
Spangenberg, I.J.J. (1984/85): Who is the Wise One in 2 Samuel 14:1-24?: OTWSA 27/28, 272-278.
Spina, F.A. (1991): A Prophets 'Pregnant Pause'. Samuel's Silence in the Ark Narrative (1 Sam 4:1-7:2): HBT 13, 59-73.
Stamm, J.J. (1960 = 1980): Der Name des Königs Salomo: ThZ 16, 285-297 = ders., Beiträge zur Hebräischen und Altorientalischen Namenkunde (OBO 30), 47-57.
– (1980): Der Name Nabal: ders., a.a.O. (OBO 30), 205-213.
Stansell, G. (1992): Honor and Shame in the David Narratives: Was ist der Mensch ...?, FS H.W.Wolff, München, 94-114.
Stern, P.D. (1989): I Samuel 15. Towards an Ancient View of the War-Ḥerem: UF 21, 413-420.
Sternberg, M. (1968) s. Perry, M. (1968).
– (1970) s. Perry, M. (1970).
– (1985): The Poetics of Biblical Narrative. Ideological Literature and the Drama of Reading, Bloomington.
Stoebe, H.-J. (1956): Die Goliathperikope 1 Sam XVII 1 - XVIII 5 und die Textform der Septuaginta: VT 6, 397-413.
– (1957 = 1989a): Die Einnahme Jerusalems und der Sinnôr: ZDPV 73, 73-99 = ders., Geschichte, Schicksal, Schuld und Glaube (BBB 72), 241-267.
– (1958 = 1989a): David und Mikal. Überlegungen zur Jugendgeschichte Davids: Von Ugarit nach Qumran, FS O.Eißfeldt (BZAW 77), 224-243 = ders., a.a.O. (BBB 72), 91-110.
– (1965 = 1989a): Zur Topographie und Überlieferung der Schlacht von Mikmas, 1.Sam 13 und 14: ThZ 21, 269-280 = ders., a.a.O. (BBB 72), 111-122.
– (1967 = 1989a): Gedanken zur Heldensage in den Samuelbüchern: Das ferne und das nahe Wort, FS L.Rost (BZAW 105), 208-218 = ders., a.a.O. (BBB 72), 123-133.
– (1973): Das erste Buch Samuelis (KAT VIII/1).

– (1977 = 1989a): David und der Ammoniterkrieg: ZDPV 93, 236-246 = ders., a.a.O. (BBB 72), 134-144.
– (1986): David und Urija. Überlegungen zur Überlieferung von 2 Sam 11: Bib. 67, 388-396.
– (1989b): Überlegungen zur Exegese historischer Texte – dargestellt an den Samuelisbüchern: ThZ 45, 290-314.
Stolz, F. (1981): Das erste und zweite Buch Samuel (ZBK).
Sturdy, J. (1970): The Original Meaning of "Is Saul also among the Prophets?" (1 Samuel X 11,12; XIX 24): VT 20, 206-213.
Tadmor, H. (1968): 'The People' and the Kingship in Ancient Israel. The Role of the Political Institutions in the Biblical Period: CHM 11, 46-68.
– (1982): Traditional Institutions and the Monarchy. Social and Political Tensions in the Time of David and Solomon: T.Ishida (Ed.), Studies in the Period of David and Solomon and Other Essays, Winona Lake, 239-257.
Talmon, S. (1978): The Presentation of Synchroneity and Simultaneity in Biblical Narrative: ScrHie 28, 9-26.
Thompson, J.A. (1974): The Significance of the Verb Love in the David-Jonathan Narratives in 1 Samuel: VT 24, 334-338.
Thornton, T.C.G. (1968): Solomonic Apologetic in Samuel and Kings: CQR 169, 159-166.
Timm, H. (1966): Die Ladeerzählung (1.Sam. 4-6; 2.Sam. 6) und das Kerygma des deuteronomistischen Geschichtswerks: EvTh 26, 509-526.
Tournay, R.J. (1981): Le cantique d'Anne. I Samuel II.1-10: Mélanges Bibliques, FS D.Barthélemy (OBO 38), 554-576.
Tov, E. (1986): s. Barthélemy, D. (1986).
– (1987): Some Sequence Differences between the MT and LXX and Their Ramifications for the Literary Criticism of the Bible: JNWSL 13, 151-160.
Trible, P. (1984; 1987): Tamar. The Royal Rape of Wisdom: dies., Texts of Terror. Literary-Feminist Readings of Biblical Narratives, Philadelphia, 37-63; dt., Mein Gott, warum hast du mich vergessen. Frauenschicksale im Alten Testament, Gütersloh, 61-97.
Tropper, J. (1989): Nekromantie. Totenbefragung im Alten Orient und im Alten Testament (AOAT 223).
Tsevat, M. (1963 = 1980a): Studies in the Book of Samuel, III: The Steadfast House. What Was David Promised in II Sam 7:11b-16?: HUCA 34, 71-82 = ders., The Meaning of the Book of Job and Other Biblical Studies, New York, 101-117.
– (1965): The House of David in Nathan's Prophecy: Bib. 46, 353-356.
– (1980b): The Biblical Account of the Foundation of the Monarchy in Israel: ders., a.a.O., 77-99.
– (1980c): The Death of the Sons of Eli: ders., a.a.O., 149-153.
– (1987): Die Namensgebung Samuels und die Substitutionstheorie: ZAW 99, 250-254.

Tur-Sinai, N.W. (1951): The Ark of God at Beit Shemesh (1 Sam. VI) and Pereṣ Uzza (2 Sam. VI; 1 Chron. XIII): VT 1, 275-286.

Ulrich, E.C. Jr.(1979 = 1980): 4 QSam[c]: A Fragmentary Manuscript of 2 Samuel 14-15 from the Scribe of the *Serek Hay-yaḥad*: BASOR 235, 1-25 = E.Tov (Ed.), The Hebrew and Greek Texts of Samuel (Proceedings IOSCS Vienna 1980), Jerusalem, 166-88.

Ulshöfer, H.K. (1977): Nathan's Opposition to David's Intention to Build a Temple in the Light of Selected Ancient Near Eastern Texts, Diss. phil. Boston.

Van Seters, J. (1976a): Problems in the Literary Analysis of the Court History of David: JSOT 1, 22-29.

– (1976b): Oral Patterns or Literary Conventions in Biblical Narrative: Semeia 5, 139-154.

– (1983): In Search of History. Historiography in the Ancient World and the Origins of Biblical History, New Haven/London 1983.

Vanderkam, J.C. (1980): Davidic Complicity in the Deaths of Abner and Eshbaal. A Historical and Redactional Study: JBL 99, 521-539.

Vaux, R. de (1961): Single Combat in the Old Testament: The Bible and the Ancient Near East, FS W.F.Albright, London, 122-135.

– ([2]1964): Das Alte Testament und seine Lebensordnungen I, Freiburg.

Veijola, T. (1975): Die ewige Dynastie. David und die Entstehung seiner Dynastie nach der deuteronomistischen Darstellung (AASF Ser.B 193).

– (1977): Das Königtum in der Beurteilung der deuteronomistischen Historiographie. Eine redaktionsgeschichtliche Untersuchung (AASF Ser.B 198).

– (1978 = 1990): David und Meribaal: RB 85, 338-361 = ders., David. Gesammelte Studien zu den Davidüberlieferungen des Alten Testaments, Helsinki/ Göttingen, 58-83.

– (1979 = 1990): Salomo - der Erstgeborene Bathsebas: J.A. Emerton (Ed.), Studies in the Historical Books of the OT (VT.S 30), 230-250 = ders., a.a.O., 84-105.

– (1984 = 1990): David in Keïla. Tradition und Interpretation in 1 Sam 23,1-13: RB 91, 51-87 = ders., a.a.O., 5-42.

Vetter, D. (1971): Jahwes Mit-Sein – ein Ausdruck des Segens (ATh I/45).

– (1986): Was leistet die biblische Erzählung? Beobachtungen einer Stilform als Lese- und Verstehhilfe: BThZ 3, 190-206.

Vorster, W.S. (1985): Reader-Response, Redescription, and Reference: "You Are the Man" (2 Sam. 12:7): B.C.Lategan / W.S.Vorster (Ed.), Text and Reality. Aspects of Reference in Biblical Texts, Semeia Studies, 95-112.

– (1986): Readings, Readers, and the Succession Narrative. An Essay on Reception: ZAW 98, 351-362.

Vries, S.J. de (1973): David's Victory over the Philistine as Saga and as Legend: JBL 92, 23-36.

Wagner, N.E. (1972): Abraham and David?: FS F.V.Winnett, Toronto, 117-140.

Wallis, G. (1968): Die Anfänge des Königtums in Israel. Gedanken über alttestamentliche Darstellungen der Frühgeschichte Israels und der Anfänge des Königtums: ders., Geschichte und Überlieferung, Berlin, 45-66.

Waschke, E.-J. (1987): Das Verhältnis alttestamentlicher Überlieferungen im Schnittpunkt der Dynastiezusage und die Dynastiezusage im Spiegel alttestamentlicher Überlieferungen: ZAW 99, 157-179.

Watson, W.G.E. (1970): David Custs the City Ruler of Jebus: VT 20, 501-502.

– (1985): The Structure of 1 Sam 3: BZ 29, 90-93.

Weimar, P. (1976): Die Jahwekriegserzählungen in Exodus 14, Josua 10, Richter 4 und 1 Samuel 7: Bib. 57, 38-73.

Weingreen, J. (1969): The Rebellion of Absalom: VT 19, 263-266.

Weippert, H. (1985): Das deuteronomistische Geschichtswerk. Sein Ziel und Ende in der neueren Forschung: ThR 50, 213-249.

Weippert, M. (1981): Assyrische Prophetien der Zeit Asarhaddons und Assurbanipals: F.M.Fales (Ed.), Assyrian Royal Inscriptions. New Horizons (Orientis antiqui collectio XVII), Rom, 72-111.

Weiser, A. (1962): Samuel. Seine geschichtliche Aufgabe und religiöse Bedeutung. Traditionsgeschichtliche Untersuchungen zu 1. Samuel 7-12 (FRLANT 81).

– (1965): Die Tempelbaukrise unter David: ZAW 77, 153-168.

– (1966): Die Legitimation des Königs David. Zur Eigenart und Entstehung der sogen. Geschichte von Davids Aufstieg: VT 16, 325-354.

Weisman, Z. (1976): Anointing as a Motif in the Making of the Charismatic King: Bib. 57, 378-398.

Welten, P. (1979): Lade – Tempel – Jerusalem. Zur Theologie der Chronikbücher: Textgemäß, FS E.Würthwein, 169-183.

Wellhausen, J. (1871): Der Text der Bücher Samuelis untersucht, Göttingen.

– (^{3}1899 = ^{4}1963): Die Composition des Hexateuchs und der historischen Bücher des Alten Testaments, Berlin.

Wénin, A. (1988): Samuel et l'instauration de la monarchie (1S 1-12). Une recherche littéraire sur le personnage, Diss. theol. Rom (EHS XXIII 1342).

Werner, W. (1988): Studien zur alttestamentlichen Vorstellung vom Plan Jahwes (BZAW 173).

Wesselius, J.W. (1990): Joab's Death and the Central Theme of the Succession Narrative (2 Samuel IX - 1 Kings II): VT 40, 336-351.

– (1991): De wijze vrouwen in 2 Samuel 14 en 20: NThT 45, 89-100.

Westermann, C. (1971): Zum Geschichtsverständnis des Alten Testaments: Probleme biblischer Theologie, FS G.v.Rad, München, 611-619.

Wharton, J.A. (1981): A Plausible Tale. Story and Theology in II Samuel 9-20, I Kings 1-2*: Interp. 35, 341-354.

Whitelam, K.W. (1979): The Just King. Monarchical Judicial Authority in Ancient Israel (JSOT.S 12).

– (1984): The Defence of David: JSOT 29, 61-87.

Whybray, R.N. (1968): The Succession Narrative. A Study of II Samuel 9-20; I Kings 1 and 2 (SBT II/9).
– (1982): Wisdom Literature in the Reigns of David and Solomon: T.Ishida (Ed.), Studies in the Period of David and Solomon and Other Essays, Winona Lake, 13-26.
Wicke, D.W. (1986): The Structure of 1 Sam 3. Another View: BZ 30, 256-258.
Wildberger, H. (1957): Samuel und die Entstehung des israelitischen Königtums: ThZ 13, 442-469 = ders., Jahwe und sein Volk. Gesammelte Aufsätze zum Alten Testament, 1979 (TB 66), 28-55.
Wilkinson, J. (1977): The Philistine Epidemic of I Samuel 5 and 6: ET 88, 137-141.
Willey, P.K. (1992): The Importunate Woman of Tekoa and How She Got Her Way: D.N.Fewell (Ed.), Reading between Texts. Intertextuality and the Hebrew Bible, Louisville, 115-131.
Willis, J.T. (1971): An Anti-Elide Narrative Tradition from a Prophetic Circle at the Ramah Sanctuary: JBL 90, 288-308.
– (1972): Cultic Elements in the Story of Samuel's Birth and Dedication: StTh 26, 33-61.
– (1973a): The Function of Comprehensive Anticipatory Redactional Joints in I Samuel 16-18: ZAW 85, 294-314.
– (1973b): The Song of Hannah and Psalm 113: CBQ 35, 139-154.
– (1979): Samuel versus Eli. I Sam. 1-7: ThZ 35, 201-212.
Wilson, R.R. (1979): Anthropology and the Study of the Old Testament: USQR 34, 175-181.
Wittenberg, G.H. (1984/85): Ideology Critique and the Succession Narrative: OTWSA 27/28, 354-379.
Wozniak, J. (1983): Drei verschiedene literarische Beschreibungen des Bundes zwischen Jonathan und David: BZ 27, 213-218.
Wright, G.E. (1966): Fresh Evidence for the Philistine Story: BA 29, 70-86.
Würthwein, E. (1974): Die Erzählung von der Thronfolge Davids - Theologische oder politische Geschichtsschreibung? (ThSt 115) = ders., Studien zum Deuteronomistischen Geschichtswerk (BZAW 227), 1994, 29-79.
– (1977): Das erste Buch der Könige. Kapitel 1 - 16 (ATD 11/1).
Wyatt, N. (1984): "Jedidiah" and Cognate Forms as a Title of Royal Legitimation: Bib. 66, 112-125.
– (1985): "Araunah the Jebusite" and the Throne of David: StTh 39, 39-53.
– (1987): Echoes of the King and his Ka: An Ideological Motif in the Story of Solomon's Birth: UF 19, 39-404.
Yee, G.A. (1988): "Fraught with Background". Literary Ambiguity in II Samuel 11: Interp. 42, 240-53.
Yonick, S. (1970): Rejection of Saul as King of Israel. According to 1 Sm 15. Stylistic Study and Theology, Jerusalem.

Nicht mehr berücksichtigt werden konnten u.a. vier nach Abschluß des Manuskripts erschienene Kommentare:

Caquot, A./Robert, P. de (1994): Les livres de Samuel (CAT 6).
Hentschel, G. (1994): 2 Samuel (NEB Lfg. 34).
Scharbert, J./Hentschel, G. (1994): Rut. 1 Samuel (NEB Lfg. 33).
Stoebe, H.-J. (1994): Das zweite Buch Samuelis (KAT 8/2).

G. REGISTER

1. Autorinnen und Autoren

2. Bibelstellen in Auswahl